UNE HISTOIRE DE L'ART DU XXᵉ SIÈCLE

NOUVELLE ÉDITION

par Bernard Blistène

*Revue et augmentée, cette nouvelle édition comprend
trois nouveaux chapitres :
«L'art aujourd'hui "vers d'autres territoires"»,
«Graphisme» et «Expositions»,
ainsi qu'une actualisation des chapitres «Architecture 1944-2000»,
«Le design» et «Photographies».*

SOMMAIRE

SOMMAIRE

6

7

to deal with the unknown...

TRAFIQUER L'INCONNU

par Bernard Blistène

10

works
Deux œuvres. Deux images choi- *between so many*
sies parmi tant d'autres qui
pourraient composer cette «histoire». Deux images, entre deux mondes
et deux attentes, pour pointer un écart
absolu et irréconciliable et signifier
immediately
d'emblée les limites de l'entreprise.
Deux images pour en appeler à la mé- *spring up*
moire et voir surgir toutes les autres :
celles que l'on retrouve au fil des artistes *joined*
réunis ici et celles que chacun de nous
summon since without fail
convoque, puisque, indéfectiblement,
cette histoire-là est aussi celle de tous
ses manques, de tous ses oublis, et la
certitude d'une impossible taxonomie.

Bit by bit
Au fur et à mesure des chapitres, vécus
comme autant de dilemmes puisqu'il
fallait s'en tenir aux pages imposées,
les rudiments d'une histoire de l'art
du XXᵉ siècle et des mouvements qui
la composent – quand bien même
l'art n'est que de l'individu – ont constitué un ensemble d'informations que
l'on a voulu rassembler. Tout cela, malgré la multiplicité des perspectives et
tracks
des pistes offertes, ne souhaite pas
pour autant constituer un livre, moins
encore une somme, mais une suite de
stake bet
jalons et de mises en perspective dans
l'écheveau des contradictions et des

similar
hypothèses que constituent de pareils *tales*
récits. L'entreprise, si modeste et pratique qu'elle ambitionne d'être, n'est
pas nouvelle... Que dire de celle-ci, tant
la demande faite à la création est à la
mesure des tragédies et des désenchantements, tant ses utopies face
aux normes ou, pire encore, face au
pragmatisme, ont subi l'épreuve du
feu en autant de recommencements,
de réinventions, tant la géographie de
nos histoires s'est trouvée mise à mal,
tant la construction de ce que nous
appelons encore l'art contemporain
est apparue comme la construction

PABLO PICASSO
Guernica
1937.
huile sur toile,
351 x 782 cm.
Musée national Reina Sophia,
Madrid.
© AKG Paris.

MAURIZIO CATTELAN
Action dans le cadre
du «Project-Room # 65»,
MoMA, New York
6 nov.-4 déc. 1998.
Un homme déguisé
en Picasso
(ici devant une œuvre
de Roy Lichtenstein)
saluait le public à l'entrée
de l'exposition rétrospective
«Jackson Pollock», au MoMA.
Courtesy Emmanuel Perrotin,
Paris.
Photo Maurizio Guillen.

II

d'un espace imaginaire peuplé, au gré des arbitraires et des excommunications, de ce qui nous arrange ? De nombreux territoires, encore et toujours, se dessinent, qui rendent caducs les anciens règnes et le tracé, par trop immuable, de la narration. À l'âge de la circulation des images, de l'invention inexorable de nouveaux outils, d'un impact toujours plus grand de la *speed* vitesse des communications et des techniques, conduisant à autant de mutations des sens et du sens, d'anciennes traditions et de vieux découpages ont désormais perdu leur légitimité.

Parce qu'une histoire de l'art est d'abord un travail sur l'histoire, que son mode est incertain et ses schémas précaires, *figures precarious* et que celle-ci se livre plutôt tel un chantier, pour le risque du choix et quelque chose d'«à soi-même», on acceptera que ce qui la constitue appa- *seems* raisse comme des rudiments pour certains, des incises pour d'autres, et la conscience que l'album d'images, si fourni soit-il, ne puisse être exhaustif et réduire l'œuvre de quiconque à un seul exemple. *assisting* En adjoignant à la fin de chaque chapitre les éléments d'une chronologie et d'une

bibliographie, aidant à souligner le parallèle entre l'histoire des civilisations et *cut* des arts, on a voulu ne pas couper la réflexion de son contexte et introduire de nécessaires points de repère. Puisse cette matière donner à celui qui s'y aventure l'envie de construire lui-même son propre récit dans la certitude qu'on ne saurait conclure et toujours préférer «trafiquer l'inconnu pour trouver du nouveau».

Bernard Blistène

REMERCIEMENTS

Je tiens à remercier toute l'équipe de « Beaux Arts magazine » qui a accompagné ce projet avec sympathie, et tout particulièrement son ancien président Charles-Henri Flammarion, mon ami Fabrice Bousteau, rédacteur en chef, qui en a eu l'idée et la volonté, ainsi que Nicolas Hoffmann, graphiste. J'exprime mon amicale reconnaissance à Christophe Perez, secrétaire de rédaction, et à Barbara Soyer, coordinatrice, sans la complicité de qui cet ouvrage n'aurait pas existé. Je souhaite également que tous ceux qui ont apporté leur aide et soutien à sa réalisation trouvent ici l'expression de ma gratitude. Parmi eux : Jean-Jacques Aillagon, Françoise Bertaux, Martin Bethenod, Sophie Blasco, Yann Chateigné, Hervé Derouault, Jean Poderos, ainsi que Philippe Bissière, Jean-Michel Bouhours, Céline Chevrier, Olivier Cinqualbre, Fabrice Crélerot, Marsha Emanuel, Catherine Fröchen, Raymond Guidot, Alain Guilheux, Alain Sayag, Christine Sorin, Nicole Toutcheff et Christine van Assche. Enfin, que Marie-Laure Verroust sache combien son soutien m'a touché. Cet ouvrage lui est dédié.

Bernard Blistène

« Une histoire de l'art du XXe siècle », sur une idée de Fabrice Bousteau, a été réalisée sous la direction de Bernard Blistène (inspecteur général de la création artistique à la Délégation aux arts plastiques, conservateur en chef du patrimoine, professeur d'art contemporain à l'école du Louvre).

Directeur de la publication : Thierry Taittinger.
Directeur exécutif : Thierry Lalande.
Éditeur : Claude Pommereau.

Directeur de la rédaction et rédacteur en chef : Fabrice Bousteau.
Assistante et relations presse : Jennifer Lafontan.
Assistante de la rédaction : Catherine Joyeux-Brouxel.
Coordination et secrétariat de rédaction : Barbara Soyer, Christophe Perez et Sabine Moinet.
Directeurs artistiques : Nicolas Hoffmann, sur un concept original de JBA.
Iconographie : Marie-Laure Vernoust, avec la collaboration de Pascale Smolski.

Directeur des éditions & partenariats : Jean-Christophe Claude – tél. 01 41 41 55 68 assisté de Marion Kling.

Chef de produit : Laure Boutouyrie.
Responsable administration des ventes : Florence Hanappe – tél. 01 41 41 55 77.

Beaux Arts / TTM Éditions
86-88, rue Thiers – 92100 Boulogne
tél. 01 41 41 55 60 – fax 01 41 41 98 35.

RCS Paris B 435 355 896
Imprimé en France par Clerc,
à Saint-Amand-Montrond (Printed in France).
Photogravure : Litho Art New, Turin, Italie.
1er dépôt légal : avril 2002.
Réimpression : janvier 2008.

Service abonnements & VPC :
DIP – Beaux Arts magazine
18/24, quai de la Marne – 75164 Paris Cedex 19
tél. 01 44 84 80 38– fax 01 42 00 56 92.

Crédits photos supplémentaires :

AKG Paris : 79 ; Albright Knox Art Galley, Buffalo : 69 ; Archipress/Halary : 97 ; Archipress/M. Loiseau : 100 ; Archipress/P. Cook : 11 ; Art Museum University, Princeton : 107 ; Baltimore Museum of Art, Baltimore : 20 ; Barnes Foundation, Merion : 18 ; Bayerische Staatsgemäldesammlungen, Munich : 57 ; Centre Georges Pompidou : 134 ; Collection Panza Di Biumo, Varese : 103, 142 ; Collection Thyssen-Bornemisza, Lugano : 17, 57, 79 ; Coproduction Barbara Gladstone Gallery, New York / Artangel, Londres / Fondation Cartier pour l'art contemporain, Paris. © Fondation Cartier pour l'art contemporain. Photo James O'Brien : 221 (pour Matthew Barney) ; Fondation Peggy Guggenheim, Venise : 85; Frac Rhône-Alpes, Lyon : 139 ; Gemeente Museum, La Haye : 37; Indiana University Art Museum, Bloomington : 91 ; Lisa Kahane : 170; Kunstmuseum, Bâle : 83; Kunstsammlung NordRhein-Westfallen, Düsseldorf : 69, 133 ; Moderna Museet, Stockholm : 65, 132 ; Museum of Fine Arts, San Francisco : 108 ; Museum of Modern Art, New York : 20, 43, 68, 81, 110, 128, 132 ; Museum of Modern Art, San Francisco : 17 ; Nationalgalerie, Berlin : 56 ; Neue Pinakothek, Munich : 83; Offentliche Kunstsammlung, Bâle : 32 ; Philadelphia Museum of Art, Philadelphie : 33, 34, 63, 104 ; Rijksmuseum Kröller-Müller, Otterlo : 85; Solomon R. Guggenheim Museum, New York : 58, 90, 139 ; Spilittini : 52 ; Staatlichesmuseum, Berlin : 84; Stadtliche Museum, Munich : 60; Stedelijk Museum, Amsterdam : 36, 41, 82; Stedelijk van Abbemuseum, Eindhoven : 59, 91; Tate Gallery, Londres : 68, 115 ; Whitney Museum of American Art, New York : 107 ; Yale University Art Gallery, New Haven : 63 ; toutes photos du chapitre Graphisme, 197 à 204 (sauf mention contraire) : droits réservés.

les FAUVES
«des objets aux signes»

« J'entends dire quelquefois : le bras est trop long... »

PAUL GAUGUIN
D'où venons-nous ?
Que sommes-nous ?
Où allons-nous ?
1897. Huile sur toile,
141 x 411 cm. Boston,
Museum of Fine Arts.
© Bridgeman-Giraudon.

«J'entends dire quelquefois :
le bras est trop long, etc.
Oui et non. Non surtout, at-
tendu qu'à mesure que vous
l'allongez, vous sortez de la
vraisemblance pour arriver à
la fable, ce qui n'est pas un
mal [...]. Si Bouguereau faisait
un bras trop long, ah oui ! Que
lui resterait-il, puisque la
vision – sa volonté artistique –
n'est que là, à cette précision
stupide qui nous rive à la
chaîne de la réalité matérielle ?» Ainsi écrit Paul Gauguin à H. de Monfreid en mars
1898. *D'où venons-nous...* est
la synthèse du credo artistique

et spirituel du peintre, un tes-
tament où se rassemblent son
ambition plastique et ses interrogations métaphysiques.
Tahiti sert de décor idyllique
et panthéiste.
À Charles Morice, un mois
avant sa mort, le 8 mai 1903,
Gauguin écrit encore : «Tu
t'es trompé un jour en disant
que j'avais tort de dire que
je suis un sauvage. Cela est
pourtant vrai : je suis un sauvage. Et les civilisés le pres-
sentent : car dans mes
œuvres, il n'y a rien qui sur-
prenne, déroute, si ce n'est
ce malgré-moi-de-sauvage.
C'est pourquoi, c'est inimi-
table.» Matisse organisera
la rétrospective de 1906. Plus
tard il écrira : «Pour que Gauguin puisse être mis avec les
Fauves, il lui manque une
construction d'espace par la
couleur qu'il emploie comme
expression du sentiment.»

to paint
= peindre
painting
= une peinture
painter
= un peintre
= une artiste

une
COULEUR

À l'instar de notre siècle
finissant, l'aube du XXᵉ siècle
est marquée par une complaisance à
affirmer qu'une irréversible décadence
est venue. Jamais cependant le *grave* fossé entre la
création d'alors et la brutalité des réactions
n'est si fort. Ce paradoxe tient sans doute à la
présence simultanée d'œuvres d'esprit et
d'expression résolument antagonistes, rendant au
demeurant toute forme de classification
improbable. L'opposition entre tenants du passé
et esprits novateurs connaît jusqu'à la Première
Guerre mondiale une tension continue. Un
univers sépare en effet l'académisme et ses
dogmes de la création nouvelle résolument
ouverte à l'expérience. Il est vrai que le poids des
institutions au travers de ses écoles et mandarins
constitue autant d'obstacles infranchissables *as many* *insurmountable*
pour quiconque veut remettre en question

> > >

teaching/education

> > > l'enseignement et la finalité même de la création. L'impressionnisme avait ouvert la voie de la dissidence que le néo-impressionnisme, à sa suite, avait systématisé. Comment l'art peut-il dès lors littéralement se soumettre aux modèles du passé ? Comment ne peut-il pas s'ouvrir aux transformations et espérances du siècle qui vient ? Contre l'imitation servile de la réalité à l'ère de la photographie et bientôt du cinématographe, contre le rêve d'un âge d'or tourné vers l'archaïsme et le souvenir, contre des formes usées parce que trop recopiées, la création vivante s'attache à penser et exprimer une vision subjective et immédiate.

Ainsi l'art de ce siècle est-il d'abord l'affirmation à résister aux modèles *who fail* indéfectiblement caduques. Dans un monde changeant et fondant ses espoirs comme ses illusions dans l'expérimentation, la formule de Rimbaud, «trafiquer l'inconnu pour trouver du nouveau», résonne pleinement. Et quand l'effondrement provoqué par la Première Guerre mondiale met fin aux utopies, les vieux modèles perdurant ne tardent pas à chercher à réapparaître. Dans un monde en pareille mutation, où progrès techniques et mécaniques fascinent, le credo moderne vient se substituer à celui du passé.

Face aux vieilles instances officielles, les créateurs, aidés par certains critiques et marchands, s'inventent de nouvelles structures de diffusion. Dès les années 1880, les artistes indépendants s'organisent. En 1884, ils ont leur salon annuel. En 1903, le salon d'Automne et en 1904, le salon des Artistes décorateurs deviennent des manifestations régulières.

La société comme ses créateurs cherchent ailleurs la possibilité de transformer ses conventions. Jamais la notion d'échange culturel n'a atteint pareille intensité. Les Expositions universelles de 1878, 1889 et 1900 proposent des synthèses où les foules se pressent. Pourtant les tenants du passé multiplient les critiques nationalistes, xénophobes et antisémites. Sur fond d'internationalisme, l'affaire Dreyfus divise la société française. Dans les années 10, à la Chambre des députés, > > >

16

« Une pochade aux confettis »

HENRI MATISSE
Luxe, Calme et Volupté
1904. Huile sur toile, 98,3 x 118,5 cm. Paris, musée d'Orsay (dépôt du centre Georges Pompidou, MNAM). © centre Georges Pompidou, MNAM.

«Une pochade aux confettis d'un peintre mal inspiré d'apporter au groupe [néo-impressionniste] son talent» : le ton est donné par Charles Morice, critique du *Mercure de France.* Matisse exécute l'œuvre chez Signac qui l'achète après son exposition au salon des Indé-

pendant de 1905. Dans *la Revue Blanche* de 1898, où Signac publie *De Delacroix au néo-impressionnisme,* on lit en guise de conclusion : «Si parmi les néo-impressionnistes ne se manifeste pas déjà l'artiste qui, par son génie, saura imposer cette technique, ils auront du moins servi à lui simplifier la tâche. Ce coloriste triomphateur n'a plus qu'à paraître : on lui a préparé sa palette.» Là est sans doute *Luxe, Calme et Volupté,* premier jalon d'un art nouveau et dernier exemple né de la synthèse d'un sujet symboliste et d'une technique divisionniste. Maurice Denis, figure de proue des Nabis, résume subtilement l'œuvre et le dilemme qu'elle inspire : «C'est proprement la recherche de l'absolu. Et cependant, étrange contradiction, cet absolu est limité par ce qu'il y a au monde de plus relatif : l'émotion individuelle.»

HENRI MATISSE
Intérieur à Collioure, la sieste
1905.
Huile sur toile, 59 x 72 cm. Zurich, coll. part. © Giraudon.

À Collioure, Matisse abandonne le divisionnisme et retrouve «la théorie de Gauguin» : «J'ai essayé de remplacer le vibrato par un accord dont la simplicité et la sincérité même m'auraient procuré des surfaces plus tranquilles. Le morcellement de la couleur amenait le morcellement de la forme, du contour. Résultat : une surface sautillante. On n'y a qu'une sensation rétinienne, mais qui détruit la tranquillité de la surface et du contour.» À l'espace-lumière se substitue ici l'espace-couleur. À la fragmentation succèdent des taches diffuses et des plans colorés. Le thème de la fenêtre que Matisse développera le conduit à ramener ce

« Je n'ai pas à rapprocher l'intérieur de l'extérieur »

que Maurice Denis appelle des «noumènes», à un ensemble de signes plastiques et chromatiques. «Si j'ai pu réunir dans mon tableau ce qui est extérieur, par exemple la mer, et l'intérieur, c'est que l'atmosphère du paysage et celle de ma chambre ne font qu'un... Je n'ai pas à rappro-

cher l'intérieur de l'extérieur.» En 1935, soucieux d'expliquer sa démarche, qu'André Gide avait dès 1905 qualifié de «raisonneuse», Matisse expliquait : «Le tableau est fait de la combinaison de surfaces différemment colorées, combinaison qui a pour résultat de créer une expression.»

« GROUPER DES CHOSES DANS LA LUMIÈRE ET LES HARMONISER

« Les plus abracadabrantes des brosses en délire »

HENRI MATISSE
Femme au chapeau
1905.
Huile sur toile,
80,6 x 59,7 cm. San Francisco
Museum of Modern Art,
bequest of Elise S. Haas. DR.

«**L**es plus abracadabrantes des brosses en délire, mélange de cires à bouteille et de plumes de perroquet, des bariolages informes; du bleu, du rouge, du jaune, du vert des taches de coloration crue juxtaposées au petit bonheur» : l'œuvre exposée au salon d'Automne de 1905, suscite colère et hilarité. Le journal *l'Illustration* alimente la polémique et publie le tableau parmi d'autres dans une «enquête sur la peinture actuelle». Au-delà du portrait de la femme du peintre, la couleur a soumis son modèle, détruit toute représentation et construit la figure. Futur critique de Gil Blas, Francis Carco racontera : «Je n'avais pas encore de sentiment très arrêté sur la peinture moderne [...] Et je me demandais si Picasso, malgré sa surprenante puissance de persuasion, ne goûtait pas plus de plaisir à nous mystifier qu'à peindre, quand la fameuse *Femme au chapeau* m'en apprit plus en un instant que tous les paradoxes. Enfin je pouvais me rendre compte de ce que mes amis appelaient un portrait. Rien n'y

était physiquement humain. On avait l'impression que l'artiste s'était beaucoup plus soucié de sa personnalité que de celle du modèle.»

« La nature a eu lieu. On n'y ajoutera pas »

GEORGES ROUAULT
Fille au miroir
1906. aquarelle, 72 x 55 cm.
Paris, centre G. Pompidou, MNAM.
© centre G. Pompidou, MNAM.

PIERRE BONNARD
Nu à contre jour
1908. Huile sur toile,
124 x 109 cm. Bruxelles, Musées royaux des Beaux-Arts. DR.

Entre Georges Rouault, élève de Gustave Moreau à l'instar de ceux qui deviennent les Fauves, et Pierre Bonnard, deux univers semblent renvoyés dos à dos. Moraliste et chrétien, le premier observe la misère humaine et son cortège d'êtres solitaires et déchus, témoin d'une désillusion proche de celle de son ami Léon Bloy. L'autre, après des recherches auprès du groupe des Nabis et sa participation à la *Revue blanche,* peint un monde tactile et lumineux, jouant à la surface des corps qui se dissolvent dans un rapport sensuel et évanescent. Et si Bonnard tend à inventer un tableau vivant et chaud qui, comme le suggère Jean-Christophe Bailly, ne vient en rien s'opposer au monde mais «se dissoudre en lui» pour reprendre à son compte l'assertion mallarméenne selon laquelle «la nature a eu lieu. On n'y ajoutera pas», Rouault laisse sur la toile les empâtements de l'obscurité et de la souffrance et transforme peu à peu la surface rugueuse de la peinture en une structure pareille à celle du vitrail.

« Inharmonies intentionnelles»

ANDRÉ DERAIN
Le Pont de Waterloo
1905-1906.
Huile sur toile,
80 x 100 cm. Lugano, collection Thyssen-Bornemisza. DR.

À la poursuite «d'inharmonies intentionnelles», deux séjours auraient conduit Derain à Londres à la fin de 1905 et au printemps 1906. Il y trouve d'autres sujets et une autre lumière que «la lumière blonde, dorée qui supprime les ombres» de Collioure. Les tableaux qu'il réalise sont au contraire d'une intensité chromatique jamais atteinte. À la recherche atmosphérique d'un Monet, Derain préfère un dessin schématique où la silhouette de l'architecture

oppose sa densité monochrome à l'irisation chromatique. Par la fulgurance du tableau, il impose un «exercice d'acrobatie» et la volonté de considérer la nature comme le lieu d'impulsions subjectives et lyriques. En proposant que le sujet ne soit plus que prétexte à la réinvention de la réalité, Derain célèbre tout autant le pouvoir de la peinture, que, à travers elle, celui de l'imagination. La suite de son œuvre démontre combien l'un des artistes les plus singuliers du fauvisme, exprimant une rare tension entre la valeur constructive de la couleur et son écho émotionnel, se rapproche alors de Cézanne et trouve avec Picasso une voie singulière.

CONCURREMMENT À LA MATIÈRE DONT ON DISPOSE » Matisse

> > > on laisse entendre que le cubisme a sans doute fort
à voir avec un complot venu de l'étranger.
Singulière continuité que celle de la réaction !
La Libre Esthétique, le salon des XX à Bruxelles,
Die Brücke à partir de 1905, Der Blaue Reiter et la
multiplication des revues contribuent à la
connaissance et à la volonté de mouvement.
Picasso et Van Dongen arrivent à Paris en 1900.
Brancusi s'y installe en 1904. Derain, à l'instar de
Monet vieillissant, se rend à Londres en 1906,
Gauguin s'exile aux Marquises, où il meurt en
1903. Adolf Loos construit à Montreux et Joseph
Hoffmann bâtit le palais Stoclet à Bruxelles.
Est-ce alors pour ces raisons que la création des
années 1900 est à ce point éclectique et résiste
à tout étiquetage ? Est-ce pour cette raison que
les courants s'entrechoquent, se contredisent
et s'étiolent sans que n'émerge avant le fauvisme
un regard singulier ? Outre les espoirs que
suscitent les techniques et les inventions du
temps, la découverte des arts primitifs accentue
le rejet des formes des années 1900,
qu'un symbolisme confus et ornemental
n'en finit pas de diluer, et accélère la
transformation du regard à un rythme brutal.
Ainsi, près d'un siècle après, la rupture que ceux
qu'un critique en mal de boutade appelle
péjorativement les «fauves» n'a-t-elle pas fini
d'être mesurée. Elle sonne, au propre comme
au figuré, le glas du monde ancien. Gustave
Moreau, auquel succède à sa mort en 1898 le
sinistre Cormon, professeur de Matisse, Marquet
et Rouault à l'école des Beaux-Arts, le comprend
bien. Il faut le scandale involontaire du tout
jeune salon des Indépendants en 1905 pour que
la rupture soit consommée et que les
rétrospectives de Seurat en 1900, de Van Gogh
en 1901, de Seurat en 1905, de Gauguin en 1906
et bien sûr de Cézanne en 1907 offrent à une
jeune génération les modèles fondateurs
où la construction de l'espace par la couleur,
intense et arbitraire, rompant avec le réalisme
optique et l'imitation des apparences,
sous la dérision et les quolibets, ouvre la voie
paroxystique d'une profonde mutation. <

18

« Matisse préparait sa première grande décoration »

HENRI MATISSE
Le Bonheur de vivre
1905-1906. Huile sur toile,
174 x 238 cm. The Barnes
Foundation, Merion. DR.

Si Charles Morice, complice et ami de Gauguin, déplore «la pauvreté d'imagination», «la plus fâcheuse froideur» d'une toile «d'une blessante indigence», il se déclare encore, avec Louis Vauxcelles, déçu par «l'abus de l'abstraction systématique». Matisse peint la toile à la fin de 1905 dans l'ancien couvent des Oiseaux, où il ouvrira une école de peinture. L'œuvre est essentielle. Elle conjugue au thème de la Pastorale et de *Luxe, Calme et Volupté* celui de la Bacchanale et de l'idéal champêtre virgilien. La Danse et la Musique y apparaissent. Mais si le sujet reste lié à la tradition classique d'une Arcadie élégiaque et sereine, la toile est une mise en œuvre splendide des principes du fauvisme. Le divisionnisme est abandonné. Le dessin synthétique et l'arabesque suggèrent les silhouettes et les esquisses. Le chromatisme somptueux renonce au ton local et Matisse élabore là le nouvel ordre plastique sur lequel il fondera désormais son œuvre.
À Louis Vauxcelles écrivant : «Il ne faut pas confondre simplification et insuffisance, schématisme et vide», on opposera le commentaire de Gertrude Stein, installée à Paris : «Matisse préparait alors sa première grande décoration, *le Bonheur de vivre*. Il faisait pour cela des études, petites d'abord, puis de plus grandes, et enfin gigantesques. C'est dans cette toile que Matisse réalisa, pour la première fois consciemment, son projet de déformer le dessin du corps humain, afin d'harmoniser et d'intensifier la valeur picturale de toutes les couleurs simples qu'il mêlait seulement au blanc. Il se servait de ce dessin tendu systématiquement comme on se sert de dissonances.»

« LES COULEURS DEVENAIENT DES CARTOUCHES DE DYNAMITE.

« Les premiers tableaux de l'Estaque étaient déjà conçus avant mon départ »

GEORGES BRAQUE
L'Estaque
1906. Huile sur toile,
59,9 x 73,3 cm. Paris, centre
Georges Pompidou, MNAM.
© centre Georges Pompidou,
MNAM.

«**C'**est dans le Midi que j'ai senti monter en moi toute mon exaltation.» Braque passe l'hiver de 1906 à l'Estaque. Il marche consciemment sur les brisées de Cézanne. À Jacques Lassaigne lui demandant si c'était là la raison, il répond : «Oui, et avec une idée déjà faite. Je peux dire que les premiers tableaux de l'Estaque étaient déjà conçus avant mon départ. Je me suis appliqué encore, néanmoins, à les soumettre aux influences de la lumière,

de l'atmosphère, à l'effet de pluie qui ravivait les couleurs.» Entre «frontalisation et affrontement», dont parle à son propos Francis Ponge, les paysages quasi tactiles peints par Braque à l'Estaque tentent de concilier la véhémence fauve à la structure cézannienne. À son intensité maximum, la couleur illumine la toile et la porte à une véritable incandescence. Georges Duthuit, dans *les Cahiers d'art*, en 1929, veut reconnaître au mouvement des similitudes avec le haut Moyen Âge : «Même simplification des masses et des contours, d'une allure moins grandiose chez le moderne que chez l'ancien, mais d'un élan plus libre qui repousse la géométrie; même gamme fulgurante où domi-

nent le chrome, l'outremer, l'émeraude et le vermillon, [...] même souci de lutter d'ardeur avec le soleil, de résister à l'assourdissement des ombres, de prendre la lumière pour collaboratrice, d'ajouter à ses vibrations celle d'une orchestration colorée qui organise le jour et l'humanise.»

« Comment parvenir à rendre non pas ce que je vois, mais ce qui est »

RAOUL DUFY
Les Affiches à Trouville,
1906. Huile sur toile, 65 x 81 cm.
Paris, centre Georges Pompidou,
MNAM.
© centre G. Pompidou, MNAM.

« Le fauvisme a été pour nous l'épreuve du feu »

ANDRÉ DERAIN
Route tournante à l'Estaque
1906. Huile sur toile,
130 x 195 cm. Coll. part. DR.

«**L**e fauvisme a été pour nous l'épreuve du feu. Je n'ai jamais perdu contact avec les maîtres et, à dix-huit ans, je connaissais toutes les reproductions de chefs-d'œuvre possibles. Que gagne-t-on à manquer de culture ? Il y avait certainement des causes obscures à notre inquiétude d'alors, notre besoin de faire autre chose que ce que tout le monde voyait. C'était l'époque de la photographie. Cela peut être une cause d'influence et qui comptait dans notre réaction contre tout ce qui ressemblait aux clichés pris sur le vif. Il n'y avait plus d'assez longues distances où nous situer pour regarder les choses et opérer à loisir notre transposition. Les couleurs devenaient des cartouches de dynamite. Elles devaient

décharger de la lumière. C'était joli, cette idée, dans sa fraîcheur, qu'on pouvait tout transporter au dessus du réel. C'était sérieux aussi. Nous gardions même, avec nos aplats, le souci de la masse, donnant par exemple à la tache du sable une lourdeur qu'elle n'avait pas, pour mettre en valeur la fluidité

de l'eau, la légèreté du ciel.» De retour de Londres, Derain peint à l'Estaque, là même où Cézanne travaillait plus de vingt ans auparavant, ce grand paysage où l'influence de Gauguin et l'ampleur de la composition le conduisent à la recherche d'une synthèse.

À Trouville en 1906 avec son ami Marquet, Dufy peint les mêmes motifs. Examinant ses pinceaux et ses tubes de couleur, il dira plus tard à Pierre Courthion : «Comment avec cela, parvenir à rendre non pas ce que je vois, mais ce qui est, ce qui existe pour moi, ma réalité ? Voilà tout le problème. Je sais qu'il est là et pas ailleurs.» Alors que son œuvre s'élabore sous l'égide de Boudin, Dufy découvre à l'été 1905 *Luxe, Calme et Volupté*.
À la recherche d'un lyrisme sensible et pittoresque, les toiles libres au tachisme bientôt sans rapport avec le divisionnisme vont le conduire à peindre sur le motif des thèmes liés à l'instantanéité et l'immédiateté de ses sensations. La critique y reconnaîtra la réminiscence d'un certain impressionnisme jusque dans les sites privilégiés et les thèmes choisis.

ELLES DEVAIENT DÉCHARGER DE LA LUMIÈRE » Derain

« Le vert émeraude devient noir, le rose, rouge flamboyant »

MAURICE DE VLAMINCK
Paysage aux arbres rouges
1906. Huile sur toile, 65 x 81 cm.
Paris, centre Georges
Pompidou, MNAM. © centre
Georges Pompidou, MNAM.

Au lyrisme des œuvres de 1904 et 1905, Vlaminck, sous l'influence grandissante de l'œuvre de Cézanne, qu'il appelle «le copain triste», réalise des œuvres de nature plus construite. «À travailler directement tube contre toile, on parvient vite à une habileté excessive, on finit par transposer mathématiquement. Le vert émeraude devient noir, le rose, rouge flamboyant, etc.» Mais à l'inverse de son ami Derain, Vlaminck ne connaît pas pour autant la nécessité de la remise en question de son œuvre. Bien qu'il ait été sans doute le premier des Fauves à s'intéresser à l'art nègre, rien de ce qu'il réalise de 1905 à 1907 ne le laisse apparaître. Son intérêt pour la figure humaine, la dramatisation du sujet le conduisent à refuser la dimension analytique vers laquelle s'orientent ses contemporains.

« J'ai été de surprise en surprise »

HENRI MATISSE
Nu bleu : souvenir de Biskra
1907.
Huile sur toile,
92,1 x 140,4 cm.
The Baltimore Museum of Art,
Cone collection. DR.

En 1906, année cruciale puisque celle de son premier voyage en Afrique du Nord, Matisse explique : «J'ai été de surprise en surprise. Sans pouvoir distinguer si mon étonnement venait des mœurs ou des types nouveaux que je voyais, ou d'émotions purement picturales.» Le modèle comme sa posture semblent une réminiscence de *Luxe, Calme et Volupté* et de *la Joie de vivre*. Mais la divinité imaginaire, dans laquelle Vauxcelles ne voit qu'une «femme nue, laide, étendue dans l'herbe d'un bleu opaque, sous les palmiers» et «une nymphe hommasse», témoigne aussi de l'influence grandissante de Cézanne succédant ici à l'emprise décorative et allégorique de Gauguin. Le cubisme se fait jour sous l'ultime poussée fauve et les résurgences expressionnistes. Jean Leymarie souligne que «les tendances s'affrontent, souverainement dominées, dans le formidable *Nu bleu*, [...] que Matisse réalise au moment même où Picasso, près de qui significativement se tourne alors Derain, termine *les Demoiselles d'Avignon* et décide d'une orientation nouvelle de la peinture.»

« Impossible de faire quelque chose de propre »

ANDRÉ DERAIN
Baigneuses
1907.
Huile sur toile,
132,1 x 195 cm.
New York, The Museum
of Modern Art. DR.

À Londres, l'année précédente, Derain a découvert les collections d'art africain du British Museum. 1907 sera pour lui, une année de crise profonde. «Impossible de faire quelque chose de propre. Très fatigué au physique et au moral.» Derain a-t-il peint *les Baigneuses* après avoir vu, à l'hiver 1906-1907, des études des *Demoiselles* dans l'atelier de Picasso ? Il veut en tous cas rompre avec le système fauve, cherche à construire des figures solides, monumentales et hiératiques : «Il y a beaucoup à faire pour le dessin comme nous avons procédé jusqu'ici pour la couleur.» La géométrisation synthétique, le masque de la figure centrale comme le traitement cylindrique de l'ensemble font des *Baigneuses* une synthèse où Cézanne, Gauguin et les arts premiers confrontent Derain au dépassement de la réalité sensible, exprimée jusqu'alors par les œuvres fauves.

« Cézanne s'efforce de donner de la solidité aux choses »

OTHON FRIESZ
Paysage à la Ciotat
1905 ou 1907. Huile sur toile,
33,5 x 41 cm. Paris, centre
Georges Pompidou, MNAM.
© centre Georges Pompidou,
MNAM.

Comme en témoignent les œuvres envoyées au salon des Indépendants, Friesz reste attaché à des principes devenus désormais traditionnels mais aussi à la réfutation de Van Gogh et même de Gauguin. De l'un, il déplore «la turbulence sensuelle», de l'autre «l'exotisme». Il leur préfère Cézanne, qui «s'efforce de donner de la solidité aux choses», ce à quoi fait songer le *Paysage à la Ciotat* daté peut-être à tort de 1905 et plus probablement peint en 1907. Les masses colorées et les arabesques privilégient la construction à toute dilution de la forme. L'architecture de la nature reste traduite de manière volumétrique. À l'été 1906, Friesz se retrouve avec Braque à Anvers. Si les toiles qu'il y réalise traduisent sa volonté de substituer au ton local l'arbitraire de la couleur, «s'il hausse le ton», il se refuse encore à la construction de l'espace par la couleur. Les toiles qui suivront manifesteront encore davantage leurs relations délibérées au peintre de *la Montagne Sainte Victoire*.

Chronologie 1895-1907

En regard du sujet traité, les éléments de cette chronologie sont essentiellement consacrés aux événements en France et en Europe. Les textes en caractères gras renvoient aux artistes évoqués dans le chapitre.

1895
- Félix Faure, président de la IIIe République.
- Invention du cinéma par les frères Lumière.
- Berlin : publication de la revue *PAN*.
- André Gide : *les Nourritures terrestres*.
- Venise : première biennale.
- 2e départ de Gauguin pour l'Océanie
- Exposition Cézanne à la galerie A. Vollard

Matisse à l'atelier de Gustave Moreau, où le rejoindront successivement Camoin, Manguin, Marquet.

1896
- Premiers films de Georges Méliès.
- Bruxelles : 1er salon de la Libre Expression.
- Munich : publications de la revue *Jugend*.
- Alfred Jarry : *Ubu Roi*.
- Morts de Verlaine, E. de Goncourt.
- 1re exposition Bonnard à la galerie Durand-Ruel.
- Ouverture de la maison de l'Art nouveau (S. Bing).

1897
- Incendie du bazar de la Charité.
- Edmond Rostand : *Cyrano de Bergerac*.
- Stéphane Mallarmé : *Un coup de dé jamais n'abolira le hasard*.
- Vienne : première présidence de la Sécession fondée en 1892.
- Scandale du refus de la donation Caillebotte.

Arrivée de Van Dongen à Paris.

1898
- *J'accuse*, lettre ouverte d'Émile Zola dans *l'Aurore*.
- États-Unis : Edison commence «la Guerre des brevets».
- Auguste Rodin : *Balzac*.
- Hector Guimard : *Castel Béranger*.
- Paul Signac publie *De Delacroix au néo-impressionnisme*.
- Morts de Puvis de Chavannes, Gustave Moreau.

Matisse à Londres (janvier) pour voir Turner, puis en Corse et dans la région de Toulouse. Arrivée à Paris de Friesz et de Puy. Retour à Paris de Matisse (février), qui s'installe 19, quai Saint-Michel, rencontre Derain et Jean Puy. Préfauvisme.

1899
- Émile Loubet, président de la République.
- Affaire Dreyfus.
- Branly et Marconi conçoivent la TSF.
- Exposition Nabis à la galerie Durand-Ruel.
- Maurice Ravel : *Pavanne pour une infante défunte*.
- Berlin : 1re exposition de la Sécession.

1900
- Exposition universelle.
- Maurice Barrès : *l'Appel au soldat*.
- Maurice Denis : *Hommage à Cézanne*.
- Rétrospective Seurat à *la Revue blanche*.
- Construction du Petit et du Grand Palais.
- Premier voyage de Picasso à Paris.

Rencontre de Vlaminck et de Derain à Chatou. Arrivée de Braque et de Dufy à Paris. Dufy retrouve Friesz à l'École des beaux-arts.

1901
- Loi sur la liberté d'association.
- Premier prix Nobel de littérature à Sully-Prudhomme.
- Gauguin aux îles Marquises.
- Rétrospective Van Gogh à la galerie Bernheim-Jeune.
- Mort de Toulouse-Lautrec.
- École de Nancy (Prouvé, Gallé, Daum, Majorelle) : se constitue en société.
- Tony Garnier : projet de Cité industrielle.

Matisse et Marquet exposent au *salon des Indépendants* jusqu'en 1908. À la rétrospective de Van Gogh chez Bernheim-Jeune, Derain présente Vlaminck à Matisse.

1902
- Mort d'Émile Zola.
- Georges Méliès : *le Voyage dans la lune*.
- Claude Debussy : *Pelléas et Mélisande*.
- Expositions Picasso et Matisse à la galerie Berthe Weill.
- Alfred Stieglitz : fondation à New York de la Photo-Secession et de la revue *Camera Work*.

1903
- A. Perret : immeuble de la rue Franklin.
- Création du salon d'Automne. Rétrospective Gauguin.
- Morts de Gauguin, Pissarro, Whistler.
- Pierre et Marie Curie, prix Nobel.
- Romain Rolland commence *Jean-Christophe*.

1904
- Anton Tchekov : *la Cerisaie*.
- Giaccomo Puccini : *Madame Butterfly*.
- Premier salon des Artistes décorateurs.
- Exposition des néo-impressionnistes et postimpressionnistes à Munich.
- Exposition Matisse à la galerie A. Vollard.
- Picasso au Bateau-Lavoir.

Séjour d'été de Matisse à Saint-Tropez près de Signac et de Cross. Derain rentre du service militaire et retrouve Vlaminck à Chatou.

21

Chronologie 1895-1907

1905

- Loi sur la séparation de l'Église et de l'État.
- Salon d'Automne : *la Cage aux fauves* avec Derain, Marquet, Matisse, Vlaminck – Exposition Manet.
- Salon des Indépendants : rétrospectives Seurat et Van Gogh.
- Fondation de Die Brücke à Dresde, exposition Van Gogh à la galerie Arnold.
- Joseph Hoffmann : palais Stoclet, Bruxelles.
- Frantz Jourdain : magasin de la Samaritaine, Paris.

Matisse et Derain à Collioure.
Marquet, Camoin, Manguin autour de Saint-Tropez.
Friesz à Anvers et à La Ciotat.
Vlaminck et Derain en contact avec Van Dongen.
Révélation de la sculpture nègre.
Matisse et Friesz installent leurs ateliers dans l'ancien couvent des Oiseaux, rue de Sèvres à Paris.

1906

- Armand Fallières, président de la République.
- Premier ministère de Georges Clemenceau.
- Réhabilitation du capitaine Dreyfus.
- Santos-Dumont vole sur l'aéroplane.
- Paul Claudel : *le Partage de Midi*.
- Claude Monet : début des *Nymphéas*.
- Salon d'Automne : rétrospective Gauguin.
- Arrivées de Juan Gris et Amedeo Modigliani à Paris.
- Mort de Cézanne.

La Joie de vivre de Matisse au salon des Indépendants.
Premier voyage de Matisse en Afrique du Nord (Biskra), séjour d'été à Collioure.
Derain à Londres (vues de la Tamise) et en Provence.
Marquet et Dufy en Normandie.
Braque expose au salon des Indépendants, adopte le fauvisme, passe l'automne à l'Estaque.

1907

- Triple Entente de la France, la Grande-Bretagne et la Russie.
- Ouverture de la galerie de Daniel Henry Kahnweiler à Paris.
- Picasso achève *les Demoiselles d'Avignon* à l'automne.
- Rétrospective Cézanne au salon d'Automne et à la galerie Bernheim-Jeune.

Voyage de Matisse en Italie.
Ouverture de l'académie Matisse.
Marquet, Camoin et Friesz à Londres.
Braque à La Ciotat et à l'Estaque, Derain à Cassis et Avignon, Dufy au Havre et à Marseille.
Camoin en Espagne, Puy à Talloires (Haute-Savoie).

1895. Louis Lumière, *Arrivée d'un train à La Ciotat.* Document *Cahiers du Cinéma.*

1897. (Anonyme) L'atelier de Gustave Moreau à l'École des beaux-arts. Paris, Musée Gustave Moreau. © RMN/R. G. Ojeda.

1896. Alfred Jarry, *Ubu roi*, édition du Mercure de France. © R. Viollet.

1900. Couverture du *Figaro* pour l'Exposition universelle. Paris, musée des Arts décoratifs. © Dagli Orti.

1897. *Le Petit Journal,* incendie du bazar de la Charité à Paris. © R. Viollet.

1906. Remise de la Légion d'honneur au capitaine Dreyfus accompagné de sa femme. © Keystone.

22

Études sur le Fauvisme

G. Diehl, *les Fauves,* Paris, 1943 et 1971. Éd. du Chêne, Nouvelles Éditions françaises.

G. Duthuit, *les Fauves,* Genève, 1949 (New York 1950). Éd. Trois collines.

L. Vauxcelles, *le Fauvisme,* Genève, 1958. Éd. Cailler

J. Leymarie, *le Fauvisme,* Genève, 1959. Éd. Skira

J. Elderfield, *The «Wild Beasts» Fauvism and its affinities,* New York, 1976. Éd. The Museum of Modern Art.

E. C. Oppler, *Fauvism reexamined,* New York-Londres, 1976. Éd. Garland Publishing.

M. Giry, *le Fauvisme,* Neuchâtel, 1981. Éd. Ides et Calendes.

S. Whitfield, *Fauvism,* Londres, 1991. Éd. Thames & Hudson.

B. Zurcher, *les Fauves,* Paris, 1995. Éd Hazan. ★

Principales expositions et catalogues

1951 – juin-sept, Paris, *le Fauvisme,* MNAM (préface de J. Cassou).

1952-1953 – oct-mai, New York – Minneapolis – San Francisco – Toronto – *Les Fauves* (préface de J. Rewald).

1966 – janv-mars, Paris, MNAM. Mars-mai, Munich, Haus der Kunst, *le Fauvisme français et les débuts de l'expressionnisme allemand* (préfaces de B. Dorival et L. Reidemeister, cat. par M. Hoog).

1976 – mars-juin, *«The wild Beasts», Fauvism and its affinities,* New York, MoMA.

1990 – oct-déc, *The Fauve Landscape,* Los Angeles, Los Angeles County Museum. ★

Où voir les œuvres
France
Musée d'Orsay, Paris.
Musée national d'Art moderne, Paris.
Musée d'Art moderne de la ville de Paris, Paris.
Musée de l'Annonciade, Saint-Tropez.
Musée d'Art moderne, Troyes, donation Pierre Lévy.
Musées Matisse, Cateaux-Cambresis et Nice.
États-Unis
MoMA, New York, Fondation Barnes, Merion.
Europe
Tate Gallery, Londres.
Staten Museum for Kunst, Copenhague, collection Rump.

★ A lire en priorité

le **CUBISME**
«de l'image au langage»

« Des tableaux qui soient un enseignement »

PAUL CÉZANNE
Grandes Baigneuses
1899-1906.
Huile sur toile,
208 x 249 cm. Philadelphia
Museum of Art. Coll. W. P.
Wilstach. © AKG Paris.

«**L**e peintre doit se consacrer entièrement à l'étude de la nature, et tâcher de produire des tableaux qui soient un enseignement.» Cézanne explique ainsi son credo et son aura ne cesse alors de grandir. Trois toiles monumentales composent le cycle des *Grandes Baigneuses*. Les frondaisons dessinent les ogives d'une nature panthéiste. Cézanne remet en cause le chromatisme des

fauves comme la construction de la forme par la couleur. Les corps se géométrisent, la forme se construit dans l'espace du tableau. S'il subsiste quelques signes d'un empirisme optique, Louis Vauxcelles relève cependant que «des marbrures cézanniennes verdoient sur les torses des baigneurs enfoncés dans une eau terriblement indigo».
Cézanne est désormais celui à partir de qui toute une génération nouvelle se tournera : Matisse lui-même avait déjà acquis du marchand Ambroise Vollard une petite toile. Et, loin de l'empathie des œuvres qu'il peignait alors, le jeune Picasso élabore, quant à lui, ses *Demoiselles d'Avignon*.

Nul mouvement n'aura contribué, en ce début de siècle, à une mutation plus profonde. S'en tenir ici, dans une première étude, à Picasso et à Braque a valeur de symbole. Le cubisme n'est pas un mouvement en tant que tel mais une communion d'esprit entre deux hommes, «une cordée» qu'Apollinaire avait conduit à travailler ensemble, autorisant ainsi un dialogue au jour le jour, au point que leurs œuvres, pour un œil non averti, induisent la confusion. Le 1er octobre 1907, alors que s'inaugure le 5e salon d'Automne, Charles Morice note avec attention combien l'influence de Cézanne va grandissante. C'est à partir de lui en effet > > >

> > > que, comme en écho à l'entreprise de déconstruction du monde des apparences à laquelle il s'était attelé, le cubisme va s'inventer. Mais le cubisme n'est qu'un terme vague et générique pour tenter de disqualifier ses auteurs et nous empêcher d'en saisir toutes les différences. Il ne commence pas davantage avec *les Demoiselles d'Avignon* qu'il ne s'arrête avec la guerre de 1914. Il est, comme le dira plus tard Juan Gris, l'un de ses protagonistes essentiels, «non pas un procédé mais un état d'esprit». Certes, le cubisme prend naissance avec la peinture, mais il se prolonge infiniment tout autant dans la littérature, la musique et les différents langages qui lui sont parallèles. Trois périodes permettent cependant une classification qui, bien qu'improbable, aide à comprendre sa genèse et son évolution. La première avoue sa dette à Cézanne comme elle marque pour Picasso l'influence de «l'art nègre». La seconde, entre 1910 et 1912, marque une étape essentielle dans le procédé de déconstruction de la figure dans l'espace, dans son émiettement. Le cubisme se fait alors analytique, démantèle et bouscule les lois de la perspective et sa syntaxe bouleverse les images. À partir de 1912, et ce jusqu'à ce que la guerre sépare ses protagonistes, par l'intrusion de fragments de réalité sous la forme de papiers collés et la multiplication de procédés techniques visant à reconstruire le puzzle en morceaux, le cubisme s'engage dans une recherche de caractère synthétique.

On ne dira cependant jamais assez la précarité de telles classifications là même où le cubisme ne cesse de nous apparaître comme un éternel retour, un exercice sans fin qu'aucune division systématique ne saurait réduire. Comme sait le montrer Jean Laude : «Le fauvisme comme le cubisme ne doivent pas être considérés comme des styles achevés […] mais comme des solutions provisoires à un problème qui, > > >

« Cet Espagnol nous meurtrit comme un froid bref »

PABLO PICASSO
La Famille de saltimbanques
1905.
Huile sur toile, 212,8 x 229,6 cm.
Chester Dale collection.
National Gallery of Art,
Washington. © AKG Paris.

Si J. E. Cirlot évoque, pour la période allant de 1893 à 1906, «la naissance d'un génie», Pellicer parle, quant à lui, pour les œuvres allant jusqu'au voyage de l'artiste à Gosol à l'été 1906, de «Picasso avant Picasso». À l'âpreté psychologique et sociale de la période bleue va bientôt suivre, dès son installation définitive au Bateau-Lavoir à Paris à partir d'avril 1904, «le besoin de rafraîchir d'autres visions ses yeux et ses sens, de représenter des êtres non pas dépourvus de frissons nerveux, mais qui, précise C. Zervos, n'en donnassent pas des signes par trop apparents». Ainsi commence la période rose. La fascination pour le personnage d'Arlequin, la proximité du cirque Médrano, la rencontre des artistes le conduisent à cette grande toile sur le thème des saltimbanques. El tio Pepe Don José, le bouffon, en sera le personnage central. C. Zervos voyait dans cette œuvre la première grande composition de Picasso qui «s'était [jusqu'alors contenté de représenter des personnages seuls ou accouplés».

Mais *la Famille de saltimbanques* porte sans doute en elle la réminiscence des *Menines* de Vélasquez. En 1905, Apollinaire, déjà, écrit : «Cet Espagnol nous meurtrit comme un froid bref.»

« JE SUIS SURPRIS DE L'EMPLOI ET DE L'ABUS QU'ON FAIT

24

« Quatre-vingts ou quatre-vingt-dix séances »

PABLO PICASSO
Portrait de Gertrude Stein
1905-1906.
Huile sur toile, 99,6 x 81,3 cm.
Metropolitan Museum of Art,
New York.
© Giraudon.

Au printemps de l'année 1906, une importante exposition au musée du Louvre de sculptures ibériques trouvées dans les fouilles d'Osuna met Picasso en présence d'un nouveau langage. Son style se métamorphose alors qu'il esquisse le portrait de son amie Gertrude Stein – que Matisse lui avait présentée. Il ne finira son portrait qu'à son retour de Gosol. «Gertrude

Stein prit sa pose et Picasso, assis sur le rebord de sa chaise, le nez contre sa toile, tenant à la main une très petite palette couverte d'un gris-brun, commença à peindre». À la différence de Matisse voyant dans les formes «primitives» qu'il découvre alors une façon lyrique de suggérer le mouvement, Picasso cherche à donner au visage une intensité sculpturale proche de celle d'un masque. Cézanne, cette fois encore, entend bien que, comme le note Jean Leymarie, «toutes les valeurs illustratives ou sentimentales antérieures soient dissoutes et converties en énergie plastique».

« J'interprète mon impression subjective »

GEORGES BRAQUE
Étude pour le Grand Nu
1907-1908.
Dessin à l'encre sur papier.
Photo d'après
The Architectural Record,
New York, 1910.

À la fin de 1907, Apollinaire présente Braque à Picasso. De cette époque date *le Grand Nu* (coll. part.) exposé au salon des Indépendants de 1908. Au critique américain G. Burgess, Braque expliquera : «Je ne pourrais représenter une femme dans toute sa beauté naturelle... Je n'ai pas l'habileté. Personne ne l'a. Je dois par conséquent créer une nouvelle sorte de beauté, la beauté qui m'apparaît en termes de volume, de ligne, de masse, de poids et, à travers cette beauté, j'interprète mon impression subjective.»
Dans sa lutte pour assimiler Picasso en cherchant à imbriquer surface et profondeur, Braque a par ailleurs suggéré qu'il lui avait été nécessaire de tracer trois figures pour représenter chaque aspect physique d'une femme, «comme une maison qui doit être dessinée en plan, en élévation et en section».

« L'effort des imagiers barbares »

PABLO PICASSO
Les Demoiselles d'Avignon
1907.
Huile sur toile,
243,9 x 233,7 cm. © Museum
of Modern Art, New York.

Œuvre inaugurale, *les Demoiselles d'Avignon* proposaient une nouvelle façon de traiter

l'espace et d'exprimer des émotions. «Le tableau qu'il avait peint là apparaissait à tous comme quelque chose de fou ou de monstrueux», notera plus tard Daniel H. Kahnweiler.
À l'élégie matissienne, Picasso répliquait par le tragique et Braque déclara alors

que «peindre de cette façon lui faisait l'effet de boire du pétrole». On connaît l'histoire de cette œuvre emblématique commencée à l'hiver 1906-1907 et du titre initial qu'elle portait alors : *le Bordel philosophique*. L'évolution en est longue et la composition elle-même ne cessa d'évoluer jusqu'à l'état final de juillet 1907. La violence initiale du sujet finit par être éclipsée par celle de la peinture elle-même. L'œuvre, volontairement inachevée, n'apparaîtrait pas tant comme une somme de réponses que de questions stigmatisées.
André Salmon, témoin de la première heure, notera dès 1912 : «Ainsi Picasso veut-il nous donner de l'homme et des choses une représentation totale. C'est l'effort des imagiers barbares. Mais il s'agit de peinture, d'art en surface, et c'est pourquoi Picasso doit créer, à son tour, en situant ces personnages équilibrés, hors des lois de l'académisme et du système anatomique, dans l'espace rigoureusement conforme à la liberté imprévue des mouvements.»

DU MOT ÉVOLUTION. JE N'ÉVOLUE PAS. JE SUIS » Picasso

> > > progressivement, élargit ses données. Ils s'inscrivent dans un processus d'intégration de l'art à une société dont ils tendent à former certains idéaux».

Inscrire le cubisme dans l'histoire revient ainsi à comprendre le profond changement d'attitude au regard du monde qui s'engage alors. Un parallèle avec la philosophie du temps nous montrerait combien l'écart qui se joue entre le projet de Cézanne et celui de Picasso est comparable à celui existant entre la pensée de Bergson et celle d'Edmund Husserl : plus de connaissances préalables, mais une expérience directe du monde liée à la vision. On se souvient ainsi de l'aphorisme de Picasso à Léo Stein, le frère de Gertrude, avant 1914 :

«Une tête… c'est une affaire d'yeux, de nez, de bouche qui pourraient être distribués de la manière que vous voulez – la tête demeurerait une tête.» La philosophie, certes, mais aussi la musique : le parallèle pourrait ainsi se continuer avec la musique de Schoenberg.

Si l'héritage du cubisme apparaît aujourd'hui avant tout dans ses principes formels alors que le caractère spécifiquement phénoménologique de ses intentions semble échapper à ses contemporains, force est de constater que l'abandon de tout illusionnisme, la notion de tableau comme objet et une infinité de moyens techniques mis en œuvre avec lui devinrent des atouts essentiels de l'art de ce siècle.

En réaction à un illusionnisme vain et à des valeurs spirituelles ou symboliques désormais caduques, Picasso et Braque comme ceux qui développèrent leurs œuvres en parallèle voulurent une nouvelle interprétation du monde extérieur que seuls des moyens formels, inédits jusqu'alors, permettraient de réaliser.

«Ce faisant, ils ont fondé une tradition neuve dont la destinée – précise Edward Fry – repose encore dans l'avenir».<

« Le tableau n'est plus une portion morte de l'espace »

PABLO PICASSO
Portrait d'Ambroise Vollard
1909-1910. Huile sur toile, 92 x 65 cm. Musée de l'Ermitage, Saint-Petersbourg. © Giraudon.

Commencé probablement vers la fin de 1909, le *Portrait d'Ambroise Vollard* ne fut achevé qu'au terme du printemps de l'année suivante. La comparaison avec le portrait du même marchand réalisé par Cézanne en 1899 permet de mesurer le chemin parcouru par Picasso en quelque dix années. Vollard est assis de face. Sur la table, derrière lui, est posée une bouteille, sur sa gauche, un livre. Un mouchoir dépasse de la poche de sa veste. La surface de la toile se fragmente en facettes et suggère, par le jeu de la lumière, l'éclatement et l'atomisation du sujet. Mais le véritable sujet n'est plus tant le portrait que la construction d'un langage formel «analytique». L'expérience perceptive conduira Picasso à altérer de plus en plus la lisibilité de son sujet, sans pour autant jamais y renoncer.

En 1910, dans ses *Notes sur la peinture* publiées par la revue *Pan*, Jean Metzinger écrivait : «Qu'il peigne un visage, un fruit, l'image totale rayonne dans la durée; le tableau n'est plus une portion morte de l'espace…»

« Braque peint de petits cubes... »

GEORGES BRAQUE
Maison à l'Estaque
1908. Huile sur toile, 73 x 60 cm. Fondation Ruph, Berne. © Giraudon.

Alors qu'à l'été 1908, Picasso travaille au bord de l'Oise, Braque cherche, une fois encore dans le Midi, sur les pas de Cézanne, à élaborer la synthèse de ses travaux. Les volumes se géométrisent. Nature et architecture s'imbriquent. Le jury du salon d'Automne le refusera et c'est Daniel H. Kahnweiler qui, du 9 au 28 novembre, présentera ses œuvres préfacées par Apollinaire.

Est-ce à cette occasion que le mot «cube» apparaît pour la première fois ? Matisse l'aurait suggéré à Vauxcelles qui, dans le *Gil Blas* du 14 novembre 1908, écrit : «Braque peint de petits cubes.» Le même critique reprendra le terme dans le commentaire qu'il fera du salon des Indépendants de 1909.

« M. BRAQUE EST UN JEUNE HOMME FORT AUDACIEUX...

« L'aspect c'est le résultat »

GEORGES BRAQUE
Le Portugais
1911-1912.
Huile sur toile,
117 x 81,5 cm.
Kunstmuseum, Bâle.
© Giraudon.

« **O**n n'imite pas l'aspect; l'aspect c'est le résultat.» à Céret à l'été 1911, Picasso et Braque font un séjour commun. Là, s'y prépare une étape décisive. La composition du *Portugais* est monumentale. Des chiffres, des mots ou des fragments inscrits au pochoir donnent quelques indications. Le mot «bal» renvoie de fait à la musique, le «0,40» provient sans doute d'une affiche du café où le Portugais est

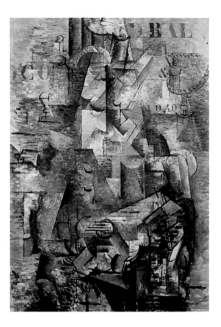

supposé jouer. Mais cela n'est que tentative de reconstituer les origines d'une réalité que le principe de la peinture fait voler en éclats.
Le Portugais est d'abord une affaire de tableau en dehors de toute description. Les quelques signes que l'on s'acharne à décrypter sont autant d'allusions évitant que l'image ne se perde tout à fait. Ils aident certes à nommer le sujet, à le recomposer par l'esprit, à en donner la sonorité dans l'espace et le temps. La peinture est espace sensible. Braque comme Picasso y suggèrent même une dimension tactile qu'ils trouveront, de fait, par l'intrusion des papiers découpés.

« Un badigeonneur de paysages »

**HENRI ROUSSEAU
(DIT LE DOUANIER)**
La Charmeuse de serpents
1907.
Huile sur toile,
169 x 189,5 cm.
Musée d'Orsay, Paris. © RMN.

« **N**ous sommes les deux grands peintres de l'époque, toi dans le genre égyptien et moi dans le genre moderne.» La phrase est célèbre et pour le moins énigmatique. Rousseau l'adresse à Picasso à l'occasion du banquet que celui-ci offre en 1908 en son honneur. Il reconnaît dans la peinture du Catalan son lien aux origines quand lui-même puise son inspiration dans l'album des *Bêtes sauvages* publié par les Galeries Lafayette. Si Cézanne

admirait Bouguereau, Rousseau célébrait Gérôme. Il admettait volontiers avoir acquis sa manière «par un travail opiniâtre». Pourtant, Paul Reboux n'y voyait qu'un «badigeonneur de paysages pour tir à la carabine», et Tarabant «un barbouillage de Minus Habens». Il faudra Vallotton, Louis Roy ou Jarry, né comme lui à Laval, et qui le compare à Memling, pour que Rousseau qui exposait obstinément au salon des Indépendants depuis 1886, connaisse la célébrité. Picasso, Delaunay, Brancusi, Cendrars ou Apollinaire le défendirent car il rompait avec l'obsession impressionniste du motif pour lui préférer une conception mentale de l'art.

« Exprimer la réalité avec des matériaux »

GEORGES BRAQUE
Violon et Pipe, le Quotidien
1913. Craie, fusain, papier collé uni, faux bois et journal sur papier, 74 x 116 cm.
Paris, centre Georges Pompidou, MNAM.
© centre Georges Pompidou, MNAM/CCI.

PABLO PICASSO
Bouteille, Verre et Violon
1897. Papier collé et fusain, 47 x 62,5 cm.
© Moderna Museet, Stockholm.
Photo T. Lund.

« **N**ous cherchions à exprimer la réalité avec des matériaux que nous ne savions pas manier, et que nous apprécions précisément parce que nous savions que leur aide n'était pas indispensable, et qu'ils n'étaient ni les meilleurs ni les mieux adaptés.»
Picasso fait là encore écho à Braque : «La mise au point de la couleur est arrivée avec les papiers collés... Là, on est arrivé à dissocier nettement la couleur de la forme, et à voir son indépendance par rapport à la forme, car c'était ça la grande

affaire.» Fragments de textes imprimés découpés, de papier de tenture imitant la texture du bois, du papier-journal souligné ou rehaussé d'un simple trait, esquisse dessinée d'un objet, l'espace ne joue plus ici avec l'illusion : «Le papier collé, écrit Edward Fry, est concrètement et absolument plat.» C'est un champ infini et ouvert où le sens se forme et reste en suspens, la reconnaissance du droit arbitraire de l'artiste sur son sujet : «Des proverbes en peinture».

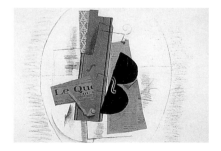

IL MÉPRISE LA FORME, RÉDUIT TOUT... À DES CUBES » Vauxcelles

« On peut peindre avec ce qu'on voudra »

PABLO PICASSO
Nature morte à la chaise cannée
1911-1912. Huile et toile cirée encadrée de corde, 29 x 37 cm. Musée Picasso, Paris. © RMN/Ojeda.

«**P**icasso introduisait tout d'abord dans un tableau, pour imiter le cannelage d'une chaise, un papier qu'il couvrait de peinture, là où était représenté le bois de la chaise. Il trouvait inutile d'imiter laborieusement ce qui était déjà tout imité; puis d'imiter un objet si on pouvait mettre l'objet même. Et aussi, il lui plaisait de fixer un bout de vieux journal, d'y ajouter quelques traits de fusain, et que ce soit ça le tableau... L'extrême, l'arrogante pauvreté des matériaux l'a toujours enchanté...» Ainsi parle Aragon dans la préface du catalogue de l'exposition de 1930 «la Peinture au défi», et son texte semble faire écho à celui d'Apollinaire, *les Peintres cubistes,* publié quelque vingt ans auparavant, en 1913 : «La surprise rit sauvagement dans la pureté de la lumière et c'est légitimement que des chiffres, des lettres moulées apparaissent comme des éléments pittoresques, nouveaux dans l'art, et depuis longtemps, et déjà imprégnés d'humanité... Moi, je n'ai pas la crainte de l'art et je n'ai aucun préjugé touchant la matière des peintres... On peut peindre avec ce qu'on voudra, avec des pipes, des timbres-poste, des cartes postales ou à jouer, des candélabres, des morceaux de toile cirée, des faux cols, du papier peint, des journaux...»
La *Nature morte à la chaise cannée* est le premier collage, «l'irruption, écrit Pierre Daix, d'une représentation industrielle dans la peinture».

« J'aime la règle qui corrige l'émotion »

GEORGES BRAQUE
L'Homme à la guitare
1914. Huile et sciure de bois sur toile, 130 x 73 cm. Paris, centre Georges Pompidou, MNAM. © centre Georges Pompidou, MNAM/CCI.

Commencée dès 1911 dans le compagnonnage de Picasso à Céret en même temps que *le Portugais* décrit plus haut, l'œuvre, à l'instar du *Portrait de jeune fille* peint par Picasso en 1914, est une synthèse monumentale des découvertes du cubisme. Elle est réalisée avant la rupture d'août qui verra Braque s'engager sur le front jusqu'en janvier 1917. Mais à la différence de l'œuvre du Catalan, le camaïeu de bruns domine encore, même si quelques motifs en rehaussent l'unité tonale. La matière, quant à elle, est tour à tour fluide ou grenue, la sciure de bois donnant à la surface un aspect abrasif.
Dans *Pensées et réflexions sur la peinture,* publié dans la revue *Nord-Sud* en décembre 1917, Braque résumera ce qu'avait été l'expérience du cubisme interrompue par la guerre : «Les moyens limités font souvent le charme et la force des peintures primaires... Les papiers collés, le faux bois – et d'autres éléments de même nature – dont je me suis servi dans certains dessins, s'imposent aussi pour la simplicité des faits et c'est ce qui les a fait confondre avec le trompe-l'œil, dont ils sont précisément le contraire. Ce sont aussi des faits simples mais créés par l'esprit et qui sont une des justifications d'une nouvelle figuration dans l'espace... J'aime la règle qui corrige l'émotion.»

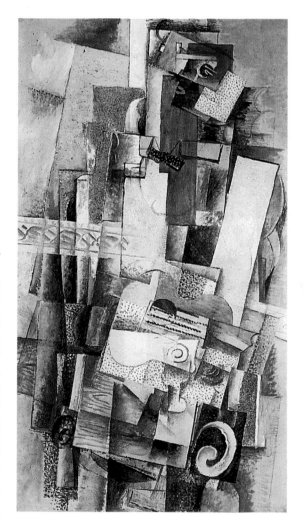

28

« NOUS TRAVAILLONS UN PEU

« Anthologie des motifs décoratifs du cubisme »

PABLO PICASSO
Portrait de jeune fille
1914. Huile sur toile, 130 x 97 cm.
Paris, centre Georges
Pompidou, MNAM. © centre
Georges Pompidou, MNAM/CCI.

Magnifique synthèse des découvertes que Picasso avait réalisées depuis 1912, le *Portrait de jeune fille* que l'artiste peint à Avignon à l'été 1914 est «une véritable anthologie des motifs décoratifs du cubisme». Papiers collés ou peinture ? L'illusion est, comme l'a justement remarqué Marie-Laure Bernadac, saisissante. Faux marbre, franges de fauteuil, moulures en papier se côtoient et s'imbriquent aux fragments du corps de la jeune fille ainsi qu'aux différents objets qui habitent l'espace de l'œuvre. La peinture est un puzzle virtuose unifié par la couleur verte qui couvre sa surface.
La profusion ornementale a pris le pas sur l'ascèse et la réduction des œuvres qui précédaient. Le plaisir de peindre et de dominer librement le vocabulaire et la syntaxe qu'il a lui-même élaborés conduisent Picasso aux limites de l'ornement et du décoratif, ouvrant ainsi la voie à une dimension jusqu'alors inconnue dans laquelle le pouvoir de l'illusion se trouve pleinement renouvelé.

Chronologie 1907-1914

En regard du sujet traité, les éléments de cette chronologie sont essentiellement consacrés aux événements en France et en Europe. Les textes en caractères gras renvoient aux artistes évoqués dans le chapitre.

1907
Picasso peint *les Demoiselles d'Avignon.*
Il rencontre Braque, Derain et Kahnweiler, qui ouvre une galerie de tableaux.
Olympia, de Manet, entre au Louvre.
Salon d'Automne : rétrospective Cézanne.
Munich : fondation du Werkbund.

1908
• Salzbourg : premier congrès international de psychanalyse.
• Transfert des cendres d'Émile Zola au Panthéon.
• En France, la loi protégeant la propriété artistique s'étend au domaine cinématographique.
• Première projection d'un dessin animé, *Fantasmagorie*, d'Émile Cohl, produit par Léon Gaumont.
• Dresde : exposition du groupe de peintres de la Brücke.
• Octobre : l'Autriche-Hongrie proclame l'annexion de la Bosnie-Herzégovine.
• Albert Einstein présente son premier rapport sur la théorie des quanta de lumière.
• Création de *la Nouvelle Revue française* par Jacques Copeau, André Ruyters, André Gide et Jean Schlumberger.
Un banquet est organisé chez Picasso en l'honneur du Douanier Rousseau .

1909
• Munich : fondation de la Neue Künstlervereinigung (Nouvelle association des artistes).
• Paris : en février, publication dans *le Figaro* du *Manifeste futuriste* de Filippo Tommaso Marinetti. Premier numéro.
de *la Nouvelle Revue française*.
• Paris : triomphe de la première saison des Ballets russes de Serge de Diaghilev.
• Juillet : renversement du cabinet Clemenceau. Aristide Briand forme le nouveau gouvernement.
• Parti de Calais à l'aube du 25 juillet, Louis Blériot traverse la Manche.
• Le couturier Paul Poiret ouvre 107, rue du Faubourg Saint-Honoré.
• Apollinaire publie *l'Enchanteur pourrissant.*
Le salon d'Automne présente des meubles munichois.
Picasso déménage au 11, boulevard de Clichy et passe l'été à Horta de Ebro.
1re exposition Picasso en Allemagne.

1910
• Mort du photographe Félix Tournachon, dit Nadar.
• Mort de l'écrivain Jules Renard.
• La deuxième saison des Ballets russes présente *l'Oiseau de Feu* d'Igor Stravinski (décors et costumes de Bakst et de Golovine).
• 2 septembre : mort du peintre Henri Rousseau, dit le Douanier Rousseau.
• Novembre : mort de l'écrivain russe Léon Tolstoï.
• Marie Curie isole le radium.
• Publication du récit de Raymond Roussel, *Impressions d'Afrique.*
• Parution du *Jeanne d'Arc* de Charles Péguy.
• Moscou : naissance du groupe «le Valet de carreau», avec Larionov.
Vassily Kandinsky achève son essai *Du spirituel dans l'art.*
Arrivée de Marc Chagall à Paris.

1911
• Dresde : première du *Chevalier à la rose*, opéra de Richard Strauss sur un livret de Hugo von Hofmannsthal.
• Démission du cabinet Briand.
• Mai : mort de Gustav Mahler, compositeur et chef d'orchestre.
• Paris : création du *Martyre de saint Sébastien*, de Claude Debussy, au Châtelet. Création de Petrouchka d'Igor Stravinski avec Nijinski dans le rôle-titre.
• Prix Nobel de chimie décerné à Marie Curie. Prix Nobel de littérature attribué à l'écrivain belge Maurice Maeterlinck.
• Premier studio de cinéma à Hollywood.
• La Brücke quitte Dresde pour Berlin.
Munich : fondation du Blaue Reiter.
Vol de la Joconde au musée du Louvre.

1912
• Janvier : Poincaré forme son ministère.
• Le gouvernement impérial chinois proclame la république.
• Naufrage du paquebot *Titanic.*
• Premier numéro de *la Pravda.*
• Critiques virulentes contre le style «érotique et de lourde impudeur» de Nijinski. Le Tout-Paris est divisé en «faunistes» et «antifaunistes».
• Création de *Daphnis et Chloé*, de Maurice Ravel.
• Inauguration d'une ligne postale aérienne Paris-Londres.

COMME DES ALPINISTES ENCORDÉS » Braque

2 octobre 1908. L'aéroplane de Blériot. © Roger Viollet.

1910-1911.
Georges Braque dans
son atelier.
Archives Laurens.
Paris, centre Georges
Pompidou, MNAM.
© centre Georges Pompidou,
MNAM/CCI.

1912.
Léon Bakst,
Nijinski dans l' *Après-midi
d' un faune*
de Debussy, affiche pour
les Ballets russes
de Diaghilev,
aquarelle.
Bibliothèque de l'Arsenal.
© Giraudon.

1914.
Mannequin représentant Guillaume II
pendu
à Bécon-les-Bruyères.
© Roger Viollet.

Chronologie 1907-1914

- Mort du compositeur Jules Massenet.
- 30 septembre : mobilisation générale en Serbie, Montenegro et Grèce.
- Gleizes et Metzinger : *Du cubisme*.
- Vassily Kandinsky publie *l'Almanach du Blaue Reiter* et *Du spirituel dans l'art*.
- Paul Claudel : *l'Annonce faite à Marie*.

Exposition de la Section d'or cubiste
à la galerie La Boétie.
Séjour de Mondrian à Paris.
Marcel Duchamp peint *Nu descendant
l'escalier*.
Picasso quitte Montmartre
pour Montparnasse.
Première exposition Picasso en Angleterre.

1913

- Poincaré élu président de la République.
- Février : à New York, ouverture de l'exposition de l'Armory Show avec une place spéciale à Cézanne, Van Gogh et Gauguin.
- Cinéma : Louis Feuillade réalise la série des *Fantômas*.
- Littérature : publication d'*Alcools*, de Guillaume Apollinaire, et de son essai *les Peintres cubistes*. Sortie de l'ouvrage de Marcel Proust *Du côté de chez Swann*.

Paris : Au salon des Indépendants,
quatre salles sont consacrées aux cubistes
et aux futuristes.

1914

- Le directeur du *Figaro*, Gaston Calmette, est abattu par Mme Caillaux, la femme du ministre, qui sera acquittée.
- Dresde : en mai, triomphe des impressionnistes dans une exposition d'art français.
- Ouverture du canal de Panama.
- 28 juin : assassinat à Sarajevo de l'archiduc François-Joseph d'Autriche et de sa femme.
- Début de la Première Guerre mondiale.
- Création à Paris du *Coq d'or*, de Rimsky-Korsakov, dans des décors de Gontcharova.
- Fondation du Vorticisme et de la revue *Blast*.
- Littérature : édition à *la Nouvelle Revue française* du poème de Mallarmé : *Un Coup de dés jamais n'abolira le hasard*.
- Publication des *Calligrammes* d'Apollinaire.
- Dans la presse américaine, apparition des *daily strips*, première forme de bande dessinée.
- Le film *Cabiria*, produit en Italie, marque l'invention de la technique du travelling par le photographe Segundo de Chomon.
- Mobilisation de Léger et de Braque.

Charles Péguy et Alain Fournier meurent
sur le front.
Picasso passe l'été à Avignon
avec Braque et Derain.
Picasso : le tableau *les Bateleurs*
est vendu 11 500 F à l'hôtel Drouot, à Paris.

Études sur le cubisme

Alfred H. Barr, *Cubism, an Abstract Art*, New York, 1936, The Museum of Modern Art.*

D. H. Kahnweiler, *les Années héroïques du cubisme*, Paris, 1950, éd. Braun.

J. Golding, *Cubism-A History and an Analysis*, 1907-1914, Londres et New York, 1959.Trad. Fr, 1961 et 1967, le Livre de Poche.*

G. Habasque, *le Cubisme*, Genève, 1959, éd. Skira.

R. Rosenblum, *Cubism and Twentieth Century Art*, Londres et New York, 1959.

J. Golding, *le Cubisme*, Paris, 1962, éd. Julliard.

J. Laude, *la Peinture française et l'art nègre*, Paris, 1968, éd. Klincksieck.

E. Fry, *le Cubisme*, Bruxelles, 1968, éd. Fr.

D. Cooper, *The Cubist Epoch*, Londres, 1971.

J. Paulhan, *la Peinture cubiste*, Paris, 1971, Denoël-Gonthier-Médiations.

G. Apollinaire, *les Peintres cubistes*, Paris, 1980, éd. Hermann.

P. Daix, *Journal du cubisme*, Genève, 1982, éd. Skira.

Principales expositions et catalogues

1936, New York, *Cubism and Abstract Art*, MoMA.

1953 – janv.-avril, Paris, *le Cubisme*, 1907-1914, MNAM.

1973, Paris-Bordeaux, *le Cubisme*, MAMVP et musée des Beaux-Arts, Bordeaux.

1990 – sept.-janv, *Picasso and Braque: Pioneering Cubism*, New York, MoMA (dir. William Rubin, trad. Fr, 1990, éd. Flammarion).*

Où voir les œuvres

France
Musée de Peinture et de Sculpture, Grenoble.

Musée national d'Art moderne, Paris.

Musée d'Art moderne de la ville de Paris, Paris.

Musée Picasso, Paris.

Musée d'Art moderne, Villeneuve-d'Ascq.

États-Unis
The Art Institute, Chicago.

MoMA, New York.

Solomon R. Guggenheim Museum, New York.

Philadelphia Museum of Art, Philadelphie.

Europe
Kunstmuseum, Bâle.
Kunstmuseum, Berne.
Galerie de l'Ermitage, St-Petersbourg.
Staatsgalerie, Stuttgart.
Fondation Peggy Guggenheim, Venise.
Kunstmuseum, Wint.

* à lire en priorité.

le **CUBISME**

« du statisme au mouvement »

31

« Un tubiste »

FERNAND LÉGER
La Noce
1911. Huile sur toile,
257 x 206 cm. Paris, centre
Georges Pompidou, MNAM.

«Un tubiste» : l'expression est de Louis Vauxcelles et marque cette fois son désarroi face à l'œuvre de Léger, qu'il découvre au salon des Indépendants de 1911. L'année d'après, Apollinaire laisse aussi paraître sa circonspection : «Le tableau de Léger ressortit à la peinture pure. Aucun sujet, beaucoup de talent. On peut craindre cependant que la veine de cet artiste, si elle n'est pas alimentée par une pensée, soit bientôt tarie.» Le mouvement cubiste est alors méprisé du milieu intellectuel français, mais l'Italie et l'Allemagne l'accueillent avec un vif intérêt.
La Noce sera acquise par le célèbre marchand de Berlin, Alfred flechtheim, qui l'offrira à l'État français en 1937. La décomposition des personnages, les points de vue mul-

tiples, le cortège, comme l'effet de confusion, suggèrent le mouvement. «Le cubisme, note Léger en 1931, né d'une nécessité de réaction, débute en grisaille et ne se colore que quelques années après.» Dans une lettre adressée à Kahnweiler, en décembre 1919, il écrit aussi : «Quand j'ai été en possession de ma forme [le volume modelé], alors la couleur est réapparue, d'abord grise, cézannienne, puis petit à petit a repris son importance.» Après *les Nus dans la forêt*, la *Noce* marque une étape essentielle. Et Picasso de s'interroger : *«Ce garçon-là doit apporter quelque chose de nouveau puisqu'on ne lui donne pas le même nom que nous.»*

Le salon des Indépendants de 1911, comme le salon d'Automne de la même année et le salon de la Section d'or d'octobre 1912, marquent la reconnaissance publique du mouvement cubiste. Pourtant, ni Picasso ni Braque n'y participent. Le cubisme fait dès lors l'effet d'une doctrine à laquelle toute la jeune génération se rallie. Gleizes avec Metzinger remarquent ainsi que les deux fondateurs sont devenus cubistes «comme par ricochet» : seuls la dimension géométrique et le travail de simplification, opéré depuis 1907 par Picasso et Braque, permettent une assimilation facile à la

> > > notion d'école que l'un et l'autre ont vu se constituer malgré eux. Paris, à la différence de nombreuses capitales étrangères, telles Berlin ou Moscou, découvre ainsi une nouvelle génération quand ses deux initiateurs lui restent finalement inconnus. Ainsi, dans l'instant où le cubisme devient un mouvement international dont l'influence s'étend rapidement, à l'est comme à l'ouest, de par le monde occidental, Picasso et Braque engagent leurs œuvres respectives dans une analyse toujours plus complexe, dont les épigones et suiveurs immédiats ne sauront mesurer l'importance. Cependant, si le cubisme n'est pas seulement devenu un mouvement, mais aussi un modèle permettant à chacun d'exprimer le refus de «ce monde ancien», une analyse de la chronologie des événements artistiques, qui se sont alors précipités, montre combien, dès 1909, la brèche qu'il avait ouverte voit se multiplier les perspectives contradictoires. Rien, en effet, n'autorise encore aujourd'hui à assimiler l'œuvre de Robert et Sonia Delaunay, à partir des *Contrastes simultanés,* à l'orthodoxie cubiste. Rien ne permet, dès le salon de la Section d'or organisé en 1912 par les frères Duchamp, de parler encore de cubisme. Pour les plus innovateurs d'entre eux, le cubisme n'est jamais une fin en soi, mais un prétexte : le moment, à l'aune de l'époque moderne, à partir duquel il devient possible d'engager une réflexion sur la finalité de la peinture.

Aussi Gleizes, quelques années plus tard, bien que lui-même initiateur du dogme, reconnaît-il que «l'idée, en se développant, avait fait éclater la mince enveloppe du mot "cubisme"». Et Cendrars, complice de la première heure de Léger et de Sonia et Robert Delaunay, d'ajouter dès 1919 : «On peut déjà prévoir le jour prochain où le terme "cubisme" n'aura plus qu'une valeur nominative pour désigner dans l'histoire de la peinture contemporaine certaines recherches de peintres entre les années 1907 et 1914.» > > >

« Un état multiplicatif »

FERNAND LÉGER
La Femme en bleu
1912. Huile sur toile,
194 x 130 cm. Bâle, Öffentliche Kunstsammlung.

«**J**e voulais arriver à des tons qui s'isolent, un rouge très rouge, un bleu très bleu. Delaunay allait vers la nuance et moi carrément vers la franchise de la couleur. En 1912, j'ai trouvé des couleurs pures inscrites dans une forme géométrique. Exemple : *la Femme en bleu.*»
À l'instar de *la Noce,* l'œuvre est monumentale. La «grande dimension, explique Jean Cassou, permet à Léger d'embrasser les images de son univers». Elle le conduit à élaborer «un état multiplicatif». «J'oppose, dit l'artiste, des courbes à des droites, des surfaces plates à des surfaces modelées, des tons locaux purs à des gris nuancés. Ces formes initiales plastiques s'inscrivent sur des éléments objectifs ou pas, c'est sans importance pour moi. Ce n'est qu'une question de variété.»
On a voulu reconnaître dans *la Femme en bleu* une analogie avec *la Femme à la cafetière* de Cézanne. Mais Léger cherchait un système d'organisation mécanique, «un rapport sec et dur [...] de surfaces mortes [...] et de formes vives». Au-delà du sujet, le tableau se concevait dès lors comme un espace de recherche et de lutte.

« Ça a été la bataille pour quitter Cézanne »

FERNAND LÉGER
Le Réveille-matin
1914. Huile sur toile,
100 x 81 cm. Paris, centre Georges Pompidou, MNAM.
© J. Faujour/centre Georges Pompidou, MNAM/CCI.

«**E**n 1912-1913, ça a été la bataille pour quitter Cézanne. L'emprise était si forte que, pour m'en dégager, j'ai dû aller vers l'abstraction.» Pourtant, si la série des *Contrastes de formes* conduit Léger à l'élaboration de ce que Douglas Cooper appelle «une syntaxe à la base d'un nouveau langage pictural», la plupart des œuvres qui la composent, tel *le Réveille-matin,* conserve un sujet-prétexte. Peints sur

des toiles de chanvre, *les Contrastes de formes* que l'artiste réalise jusqu'en 1914, et dans lesquels Jean Cassou reconnaissait de «puissants golems», mêlent aux expériences de l'homme celles de la machine et de la vie quotidienne. On songe à Cendrars : «On s'est enchevêtré avec lui, dira Léger, sur la vie moderne.»

« LA VALEUR RÉALISTE D'UNE ŒUVRE EST PARFAITEMENT

« Une conception d'art perdue peut-être depuis les grands Italiens »

ROBERT DELAUNAY
La Ville de Paris
1912. Huile sur toile,
267 x 406 cm. Paris, centre
Georges Pompidou, MNAM.
© centre Georges Pompidou,
MNAM/CCI.

Au salon de 1912, *la Ville de Paris* domine. L'enthousiasme d'Apollinaire est à son comble : «Décidément, le tableau de Delaunay est le plus important du salon. *La Ville de Paris* est plus qu'une manifestation artistique : le tableau marque l'avènement d'une conception d'art perdue peut-être depuis les grands Italiens. Et il en résume tous les efforts de peindre qui l'a composé, s'il résume aussi et sans aucun appareil tous ses efforts scientifiques de la peinture moderne.»
L'œuvre fut exécutée en trois semaines, même si les trois dates inscrites à sa base indiquent les différentes recherches qui y ont abouti. Trois peintures sont juxtaposées selon un principe de mosaïque conjuguant l'influence du Douanier Rousseau, de Metzinger et de l'école de Fontainebleau pour les trois Grâces élaborées à partir de la photographie d'une fresque pompéienne.
Delaunay s'est expliqué sur son entreprise : «Après avoir brisé la ligne, ligne qui vient de très loin, on ne pouvait plus la recoller, la rajuster, c'est qu'il y avait justement à faire autre chose, à trouver un autre état d'esprit. C'était bien historiquement un changement de compréhension, donc de technique, de mode de voir... *la Ville de Paris*. Les contorsions ne me satisfaisaient pas.»

« Du rouge au vert tout le jaune se meurt »

ROBERT DELAUNAY,
*Fenêtres ouvertes
simultanément
(1ʳᵉ partie, 3ᵉ motif)*
1912. Huile sur toile,
57 x 123 cm. Venise, Peggy
Guggenheim collection.
© D. Heald/The Solomon R.
Guggenheim Foundation.

«À ce moment, j'eus l'idée d'une peinture qui ne tiendrait techniquement que de la couleur, des contrastes de couleur, mais se développant dans le temps et se percevant simultanément, d'un seul coup. J'employais le mot scientifique de Chevreul : les contrastes simultanés. Je jouais avec les couleurs comme on pourrait s'exprimer en musique par la fugue des phrases colorées, fuguées... Certains formats de toile étaient très larges par rapport à la hauteur. Je les appelais les fenêtres, la série des fenêtres.»
La fragmentation de la forme qu'accentue le format ovale, l'organisation de l'espace en plans colorés éliminant tout clair-obscur selon une grille d'intersections de lignes kaléidoscopiques à l'aspect tactile, diaphane et prismatique, ne font pas pour autant disparaître complètement l'image de la tour Eiffel, signe emblématique de la série des treize toiles réalisées entre 1912 et 1913. «Ces fenêtres ouvertes sur une nouvelle réalité» auraient été suggérées à Delaunay par la lecture d'un poème de Mallarmé. Et ce sont elles qui inspirèrent à Apollinaire l'un des plus célèbres poèmes de *Calligrammes* : «Du rouge au vert tout le jaune se meurt / [...] / La fenêtre s'ouvre comme une orange / Le beau fruit de la lumière.»

« Cubisme intégral »

JUAN GRIS
*Nature morte en face
de la fenêtre ouverte
(place Ravignan)*
1915. Huile sur toile, 116 x 89 cm.
Philadelphie, Museum of Art,
collection Arensberg.

Dessinateur publicitaire, Gris arrive à Paris en 1906, à l'âge de 19 ans. Au salon des Indépendants de 1912, il expose son *Hommage à Picasso*. Apollinaire parle alors de «cubisme intégral». Sa démarche intellectuelle et théorique le conduit à étudier Poincaré comme Einstein. La guerre le rapproche de Matisse à Collioure. En 1915, il élargit son registre et développe sa démarche : «Mes toiles ont maintenant l'unité qui leur manquait jusqu'ici. Elles ne sont

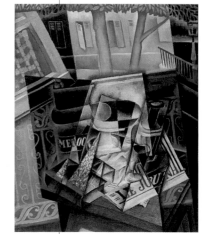

plus ces inventaires d'objets, qui tant me décourageaient autrefois.» Son œuvre, statique et mesurée jusqu'alors, cède au lyrisme et au rythme. Par le biais de la fenêtre ouverte, espaces intérieur et extérieur s'imbriquent. Les angles de vision et les ruptures d'échelle font littéralement basculer le sujet. En 1924, Gris conclut la conférence qu'il prononce à la Sorbonne en affirmant : «La seule possibilité de la peinture est l'expression de certains rapports du peintre avec le monde extérieur [...] Le tableau est l'association intime de ces rapports entre eux et la surface limitée qui les contient.»

33

INDÉPENDANTE DE TOUTE QUALITÉ IMITATIVE » Léger

>>> Après Léger, qui expose dès 1909 au salon d'Automne, et Delaunay, qui témoigne avec lui de son attachement au paysage urbain, Gris développe ses recherches spécifiques à partir de 1911 et cherche à «révéler non seulement la relation entre l'objet et soi-même, mais entre les objets mêmes». Mais la définition du cubisme se perd déjà dans l'inventaire infini de petits maîtres et de figures marginales, qui n'en retiennent souvent que la stéréométrie. Plus singulier est de remarquer que, dès lors, par-delà la recherche d'un Apollinaire engagé corps et âme à rassembler un cubisme «écartelé», se brise toute tentative d'analyse linéaire de l'histoire. Les prolongements et les engagements aussi différents que ceux des futuristes, de Picabia ou de Duchamp, comme ceux qui se développent au même moment en Russie entre rayonnisme et bientôt suprématisme, en Allemagne et en Hollande sur les traces de Mondrian, se jouent parallèlement à ceux de Picasso et Braque qui restent attachés à maintenir leurs explorations dans une dimension réaliste.

Aussi faut-il reconnaître avec Pierre Daix que «les suites vivaces du cubisme» ne sont pas tant dans la survivance formelle du modèle plastique et analytique qu'il initie que dans le fait qu'il devienne, simultanément à ses développements, à la fois «l'antichambre de l'abstraction» et le système à partir duquel d'autres disciplines, allant de l'architecture à l'esthétique industrielle, de la littérature au cinéma, vont y trouver les bases de leur réinvention. Le mécanisme d'accélération des idées neuves et, ce faisant, la liquidation des formes du passé se brisent cependant avec la guerre. Ils laissent face à face les partisans d'une réconciliation impossible avec l'idée de progrès et les tenants d'une nécessaire révolte contre le monde contemporain. Duchamp l'avait, quant à lui, sans doute pressenti au point de préférer, dès 1912, la satire de la civilisation mécanique à l'enthousiasme pour la vie moderne. <

34

« Nous partons de l'élément couleur pure »

SONIA DELAUNAY
Le Bal Bullier
1913. Huile sur toile à matelas, 97 x 390 cm. Paris, centre Georges Pompidou, MNAM.

«**N**ous partons de l'élément couleur pure et créons plans, formes, profondeur, perspective avec cet élément uniquement.» Inspirée du bal Bullier, haut lieu de Montparnasse, où Sonia, arrivée à Paris en 1905, retrouve avec Robert artistes et écrivains amis, l'œuvre fut exposée à Berlin, en 1913, à la galerie Der Sturm. *Le Bal Bullier* exprime dans un langage neuf l'équivalent moderne de *la Kermesse, du Moulin de la Galette* ou du *Cirque*. De ces prédécesseurs immédiats, sur ce même thème, Michel Hoog remarque que «c'est sans doute de Degas qu'elle est la plus proche. Mais, [...] chez Sonia Delaunay, la fidélité est plus grande aux données immédiates de la perception, brouillant les plans, et superposant les attitudes.»
Œuvre essentiellement «orphique», *le Bal Bullier,* par son format singulier comparable à celui de *la Prose du Transsibérien,* réalisée avec la complicité de Cendrars, est une œuvre cinématographique comme une partition : une fusion de toutes disciplines entre espace-temps et espace-mouvement.

« Anatomies inexistantes »

MARCEL DUCHAMP
Les Joueurs d'échecs
1911. Huile sur toile, 50 x 61 cm. Paris, centre Georges Pompidou, MNAM.
© centre Georges Pompidou, MNAM/CCI.

Au sein du groupe de Puteaux, Duchamp élabore une conception du cubisme radicalement différente. Tandis que la plupart des peintres de la Section d'or se réclament de Cézanne, Duchamp se considère plutôt dans la lignée artistique de Redon. Les œuvres qu'il réalise tentent de combiner plusieurs vues d'un objet ou d'un personnage sur une même toile sans pour autant les confondre en une seule image. Si *les Joueurs d'échecs* sont une transposition évidente des *Joueurs de cartes* de Cézanne, et avoue ainsi une relation au cubisme, elle n'en élabore pas moins une conception différente. L'espace est indéfini et reste suggéré, l'exécution permet des effets de surimpression rendant les anatomies «inexistantes». Les deux bandes verticales, peintes en noir, réduisent la toile aux proportions de l'échiquier et l'œuvre, réalisée à la lumière verte du gaz d'éclairage – celui du bec Auer –, balaie ainsi les avatars du réalisme pour élaborer un dispositif fondé sur l'artifice.

« LA LUMIÈRE EST

« C'est un art plastique entièrement nouveau »

FRANCIS PICABIA
Udnie
1913. Huile sur toile,
300 x 300 cm. Paris, centre
Georges Pompidou, MNAM.
© centre Georges Pompidou,
MNAM/CCI.

Picabia expose pour la première fois avec les cubistes au salon de Juin. Au salon d'Automne et à la Section d'or, il présente *Danseuse à la source*. La surface y est un puzzle de formes colorées, le sujet quasi indiscernable. Dès 1913, année du *Manifeste amorphiste*, où il peint *Udnie* et s'éloigne de sa brève incursion «cubiste», Picabia précise : «Il faut, c'est vrai, une éducation et un entraînement spéciaux de l'œil et de l'intelligence pour goûter mon art. Il n'est pas du domaine populaire, je le disais.»
Alors qu'Apollinaire pressent que «les jeunes peintres des écoles extrêmes ont pour but secret de faire de la peinture pure», à New York, «la seule ville cubiste au monde», Picabia expose des toiles non figuratives «dont la seule raison d'être est d'exister». Devant elles, les spectateurs «sentent le mouvement des bateaux sur les eaux, [...] les foules dans les rues». *Udnie* est une des trois toiles monumentales qu'il réalise à son retour. Son titre énigmatique évoque une danseuse espagnole rencontrée sur le transatlantique. Les formes semblent désarticulées et les signes épars aux quatre coins de la toile. «C'est un art plastique entièrement nouveau, dit encore Apollinaire. Il n'en est qu'à son commencement et n'est pas encore aussi abstrait qu'il voudrait l'être.»

« Des vibrations précipitées »

GIACOMO BALLA
Velocità astratta + rumore
1913-1914. Huile sur bois,
54,5 x 76,5 cm. Venise, collection
Peggy Guggenheim.
© D. Heald/The Solomon R.
Guggenheim Foundation.

Le 20 février 1909, *Fondation et Manifeste du futurisme,* long texte d'un poète et théoricien italien de 33 ans, Filippo Tommaso Marinetti, paraît dans *le Figaro*. Il y déclare la guerre au monde ancien, aux traditions comme aux musées, qu'il compare à des cimetières. Il en appelle à la modernité, à la vitesse et à la poésie des métropoles. Plusieurs peintres se rallient à lui. Leur première exposition à Paris, en février 1912, les place face au cubisme qu'ils tentent de réinterpréter.
À l'organisation statique de l'es-

« L'abstractive recherche d'une méthode de démultiplication du mouvement dans l'espace »

MARCEL DUCHAMP
Nu descendant un escalier n° 2
1912. Huile sur toile, 146 x 89 cm.
Philadelphie, Museum of Art,
collection Arensberg.

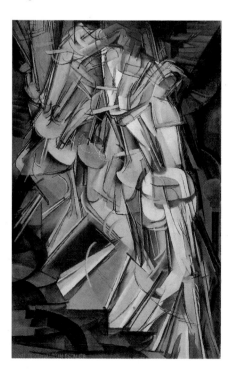

Aux «traces d'êtres» que reconnaît Apollinaire dans les œuvres que Duchamp expose, répond «l'abstractive recherche d'une méthode de démultiplication du mouvement dans l'espace», que suggèrent les deux versions du *Nu descendant un escalier*. Mais Duchamp, qui ne voit dans le futurisme qu'un «impressionnisme du monde mécanique» précise : «Mon but était la représentation statique du mouvement – une composition statique d'indications statiques des positions diverses prises par une forme en mouvement –, sans essayer de créer par la peinture des effets cinématiques.»
Au commandement futuriste exigeant «pour dix ans la suppression totale du nu en peinture» comme à l'enthousiasme du mouvement italien pour la vie moderne, *le Nu descendant un escalier* oppose une fin de non-recevoir. Il propose d'abord une réflexion sur le paradoxe du mouvement dans l'espace statique du tableau et, ce faisant, sur la traduction des trois dimensions dans l'espace plan de la peinture.

pace, ils opposent la représentation successive des instants d'un mouvement, à l'unité des formes et des objets, «les prolongements des rythmes que ces objets mêmes impriment à [leur] sensibilité».
Balla, autour duquel se constitue le mouvement, s'éloigne alors du divisionnisme de ses premières œuvres. Les toiles qu'il réalise à partir de 1912 suggèrent vitesse et accélération. Le sujet n'est plus tant l'objet représenté que l'expression de sa dynamique et de l'impossibilité de le figurer. Les formes sont autant de faisceaux obliques, «des vibrations précipitées dans l'espace», qu'il va jusqu'à prolonger sur le cadre du tableau, suggérant ainsi les limites de la représentation.

LA SEULE RÉALITÉ » R. Delaunay

« Rébus ésotérique »

MARC CHAGALL
Hommage à Apollinaire
1911-1912. Huile sur toile,
200 x 189,5 cm. Eindhoven,
Stedelijk van Abbe Museum.
© AKG Paris.

À l'été 1910, Chagall arrive à Paris, où il découvre le cubisme. Il fréquente la Palette et s'installe à la Grande Chaumière, se lie d'amitié avec Robert Delaunay et Blaise Cendrars. Avec eux mais aussi avec Gleizes, Metzinger et Léger, il reçoit la leçon du cubisme, dont il dit vouloir retenir l'essentiel. Très vite, il lui oppose un espace pictural qu'il voudra «magique» et se garde du «rationalisme» d'un mouvement qu'il considère par trop entaché de «réalisme». Il participe, dès 1912, au salon d'Automne et au salon des Indépendants et manifeste sa distance à l'égard des avant-gardes, qu'il entend soumettre à une poétique lyrique et mystique, nourrie de l'imaginaire hassidique. Ainsi l'*Hommage à Apollinaire*, peint entre 1911 et 1912, est-il, au même titre que les célèbres tableaux qu'il réalise à cette époque à Paris, l'expression d'une quête personnelle où le principe des cercles et du «simultanéisme» des Delaunay se retrouve au service d'un rébus «primitiviste» et ésotérique.

Au-dessus d'Adam et Ève se lisent les signatures du peintre Chagall en toutes lettres et «Chgll», sans les voyelles, comme en hébreu. Alliant lettres latines et hébraïques, «il fallait s'attendre à ce que Chagall "cubistiquât" un peu son *Hommage à Apollinaire*, note un observateur acerbe, puisqu'il voulait louanger le poète qui s'était fait l'exégète et le thuriféraire du cubisme».

« Le rayonnisme est la peinture des chocs entre les objets »

MIKAEL LARIONOV
Journée ensoleillée
1913-1914. Huile, pâte à papier et colle sur toile, 89 x 106,5 cm. Paris, centre Georges Pompidou, MNAM.
© Ph. Migeat/centre Georges Pompidou, MNAM/CCI.

Alors qu'il avait élaboré, en 1909, aux côtés de Gontcharova et des frères Bourliouk, le style néo-primitiviste, Larionov organise à Moscou, en 1913, l'exposition «la Cible», dans laquelle il présente avec Gontcharova des œuvres rayonnistes, qu'ils avaient tous deux commencé à concevoir dès 1910. La même année, il publie une brochure du même titre. «Le rayonnisme, écrit-il, est la peinture des chocs entre les objets et la représentation dramatique de la lutte des émanations plastiques rayonnantes de toutes les choses.»
Journée ensoleillée fut offert à Apollinaire en remerciement de la préface que le poète écrivit à l'occasion de la première exposition de Larionov chez Paul Guillaume. Tableau-poème combinant effets de matière, fragments de texte et signes musicaux, l'œuvre n'en synthétise pas moins les principes du peintre et de sa compagne, désormais installés à Paris : «La peinture est autonome. Elle a ses formes, sa couleur et sa tonalité. Le rayonnisme a pour but de révéler, en premier lieu, les formes spatiales qui peuvent surgir du croisement de rayons réfléchis par différents objets.»

« Le cubo-futurisme a rempli ses tâches »

KASIMIR MALEVITCH
L'Anglais à Moscou
1913-1914. Huile sur toile,
88 x 57 cm. Amsterdam,
Stedelijk Museum.

«**D**ans le principe du cubisme, écrit Malevitch en juin 1915, il y a encore une tâche précieuse, celle de ne pas rendre les objets, mais de faire le tableau.» L'assertion est essentielle pour comprendre l'évolution du peintre, de son refus du néo-primitivisme à l'élaboration, à partir des principes du cubisme synthétique, de ce qu'il va appeler, à la fin de 1913, «l'alogisme». Équivalent pictural de la langue zaoum, inventée par son ami le poète Khlebnikov, l'alogisme conduit Malevitch à la combinaison d'objets figurés hétérogènes, tant dans leurs dimensions que dans leurs significations, ainsi que de mots et de lettres se mêlant au tableau. Aux principes de fragmentations du cubisme, l'artiste substitue la juxtaposition de formes et de signes qu'il traite avec minutie. *L'Anglais à Moscou*, s'il signifie l'entrecroisement des langues et des cultures, est donc une métaphore du rapport de l'homme avec la diversité du monde qui l'entoure.
Ainsi Malevitch, «considérant que le cubo-futurisme a rempli ses tâches», conçoit-il une réflexion sur l'image et son rapport avec la réalité qui le conduira, dès le printemps 1915, à une interrogation profonde sur les fondements de la peinture et à la conception du suprématisme.

« ILS PARTAGENT AVEC LES PEINTRES POMPIERS

« Rompre avec l'apparition naturelle des choses »

PIET MONDRIAN
Nature morte au pot de gingembre II
1912. Huile sur toile,
91, 5 x 120 cm. La Haye,
Gemeentemuseum.

En octobre 1911, eut lieu à Amsterdam la première exposition du Kunstkring : en dehors d'un hommage à Cézanne, Mondrian avait pu y voir pour la première fois des œuvres cubistes originales. «Tout de suite, je me sentis attiré vers les cubistes, surtout Picasso et Léger. De tous les abstraits [...], je sentis que les cubistes seuls avaient trouvé le vrai chemin, et pendant quelque temps, je fus très influencé par eux.» À la fin de la même année, il part pour Paris. Il y restera une première fois jusqu'en 1914, date à laquelle il se retrouve bloqué en Hollande. Deux natures mortes témoignent de l'influence du cubisme. Si la première, peinte probablement en Hollande, procède encore d'un style «descriptif», la seconde se rapproche des tonalités et de la grille des œuvres que Mondrian peignit peu après son arrivée en France. Le sujet et l'iconographie restent ici sous la dépendance fondamentale de la tradition hollandaise du XVIIe siècle, mais la stylisation des formes comme la simplification des volumes témoignent de l'adoption résolue du langage cubiste comme de «son effort grandiose de rompre avec l'apparition naturelle des choses, et partiellement, avec la forme limitée».

Chronologie 1907-1914

La chronologie des événements contemporains du cubisme a été rassemblée dans le chapitre «Le cubisme, de l'image au langage». Les éléments réunis ici sont consacrés aux artistes du mouvement et à ceux qui s'y sont trouvés ponctuellement associés jusqu'à «l'effritement du cube», en 1914.

1907
Delaunay rencontre Léger et Le Fauconnier.
Picasso acquiert deux têtes ibériques et possède, selon Kahnweiler, une statue des îles Marquises.
Automne : Picasso achève *les Demoiselles d'Avignon*.
Apollinaire présente Braque à Picasso.

1908
Derain expose *les Baigneuses* (1907) au salon des Indépendants.
Braque et Picasso se voient quotidiennement.
Braque passe l'été à l'Estaque.
Picasso séjourne quelques semaines à la Rue-des-Bois.
Braque peint *Baigneuse (Grand Nu)*.
Salon d'Automne : une série de tableaux de Braque est refusée par le jury.
Novembre : Braque expose galerie Kahnweiler. Première apparition du mot «cube», sous la plume de Louis Vauxcelles dans *Gil Blas*.

1909
Delaunay abandonne le pointillisme : séries des *Saint-Séverin* et, peu après, des *Tours Eiffel*.
Gleizes rencontre Le Fauconnier chez l'écrivain A. Mercereau.
20 février : Marinetti publie le 1er manifeste futuriste dans *le figaro*.
Picasso déménage au 22, boulevard de Clichy. Il passe l'été à Horta de San Juan, en Espagne.
Braque séjourne à La Roche-Guyon.
Salon d'Automne : Le Fauconnier expose *le Portrait de Pierre-Jean Jouve*.

1910
Marc Chagall arrive à Paris.
Picasso passe l'été à Cadaquès en compagnie de Derain.
Avril : *Manifeste sur la peinture futuriste,* Milan.
Première exposition futuriste, Famiglia Artistica, Milan.
Picasso expose galerie Tannhäuser, Munich.
Exposition «cubiste», Neue Künstlervereinigung, Munich.
Salon des Indépendants : présence d'Archipenko.

Salon d'Automne : Metzinger, Gleizes et Le Fauconnier exposent dans la même salle.
Léger rencontre Picasso.

1911
Braque introduit dans *le Portugais* les lettres «B A L» au pochoir.
Braque et Picasso passent l'été ensemble à Céret, dans les Pyrénées.
Salon des Indépendants : salle 41, 1re exposition d'ensemble des cubistes.
Léger expose *Nus dans un Paysage,* et Delaunay, trois *Paysages parisiens*.
Le Fauconnier et Gleizes exposent dans la même salle, La Fresnaye et Lhote, dans une autre.
Salon d'Automne : Metzinger expose *le Goûter,* et Gleizes, *le Portrait de Jacques Nayral*.
Automne : Gleizes et Metzinger commencent la rédaction de l'ouvrage *le Cubisme,* publié en mars de l'année suivante.
Deuxième exposition futuriste, Pavillon Riccordi, Milan.
Arrivée de Marinetti, Boccioni, Carrà, Russolo, à l'automne à Paris.
Larionov crée le rayonnisme.
Premier séjour de Mondrian à Paris.

1912
Delaunay passe janvier à Laon.
Février : Exposition futuriste, galerie Bernheim.
Mars : Gleizes et Metzinger publient *Du cubisme,* immédiatement traduit en anglais, en russe et en tchèque.
Picasso et Braque passent l'été à Céret puis se retrouvent à Sorgues.
Sonia Delaunay commence *les Contrastes simultanés*.
Delaunay passe l'été dans la vallée de Chevreuse : *Fenêtres,* toiles «orphiques».
Gris introduit un fragment de miroir dans *le Lavabo*.
Picasso peint *Nature morte à la chaise cannée*.
Il s'installe à l'automne à Montparnasse.
Braque réalise le premier papier collé *Compotier et Verre*.
Picasso et Braque réalisent quelques sculptures et constructions en papier.

LA MANIE DE PEINDRE DES ÉTATS D'ÂME » Apollinaire

Vers 1900. Le bal Bullier, à Montparnasse. © Roger-Viollet.

Vers 1910. Artistes russes au bal Bullier, avec, au centre et de profil, Mikael Larionov. © Roger-Viollet.

1914.
André Derain,
Portrait d'Iturrino,
huile sur toile.
Paris, centre G. Pompidou,
MNAM. DR.

Vers 1920. La piste de danse du bal Bullier. © Roger-Viollet.

Chronologie 1907-1914

Gris expose à la galerie Clovis Sagot.
Il présente *Hommage à Picasso*
au salon des Indépendants.
Les cubistes exposent au salon de Juin, à Rouen.
Préfiguration de la Section d'or.
Salon des Indépendants : Delaunay
expose *la Ville de Paris*.
André Salmon publie *la Jeune Peinture
française*, amplement consacrée au cubisme.
Octobre : salon de la Section d'or,
galerie La Boëtie, à Paris : 180 œuvres
se réclamant du cubisme y sont présentées.
3 décembre : interpellation contre
les cubistes à la Chambre des députés;
réplique de Marcel Sembat : «On n'appelle
pas les gendarmes».

1913

Juin, galerie La Boëtie : exposition Boccioni.
Léger élabore ses *Contrastes de formes*.
Picasso passe le printemps à Céret,
et Gris, l'été.
Delaunay passe l'été à Louveciennes :
toiles circulaires et premiers *Disques*.
Apollinaire publie *les Peintres cubistes,
méditations esthétiques*,
recueil d'articles des *Soirées de Paris*.
Maurice Raynal publie *Qu'est-ce
que le cubisme ?*
Blaise Cendrars et Sonia Delaunay
publient le premier livre «simultané» :
*la Prose du Transibérien et de
la petite Jehanne de France*.
Salon des Indépendants : quatre salles
sont consacrées au cubisme
et au futurisme.
Larionov et Gontcharova organisent
l'exposition «la Cible» à Moscou,
Larionov publie *le Manifeste du rayonnisme*.
Malevitch crée le suprématisme.
Apollinaire publie, à Milan, l'*Anti-tradizione
futurista*.
Berlin : Robert Delaunay expose
à la galerie Walden.

1914

Juin : Léger fait une conférence à
l'académie Wassilieff, *les Réalisations
picturales actuelles*.
Braque passe l'été à Sorgues.
Matisse passe l'été à Collioure,
il peint *Porte-fenêtre à Collioure*.
Picasso partage son temps entre Sorgues
et Avignon, où il travaille avec Derain,
lui-même à Montfavet.
Retour de Derain sur les modèles classiques :
Portrait d'Iturrino.
2 août : Picasso conduit Braque et Derain
mobilisés à la gare d'Avignon.
Salon des Indépendants : «Cette année,
dit-on, le futurisme a commencé
à envahir le salon.»
Gris commence à utiliser sérieusement
le papier collé.
Novembre : Picasso regagne Paris.

Études sur les artistes

Braque

J. Leymarie, *Braque*, Genève, 1961, Skira.

J. Richardson, *Georges Braque*, Londres, 1952, Penguin.

cat. *Georges Braque*, Paris, 1973, éd. de la Réunion des musées nationaux.

cat. *Braque, les papiers collés*, Paris, 1982, MNAM, centre Georges Pompidou. *

B. Zurcher, *Georges Braque : Life and Work*, New York, 1988, Rizzoli International.

Robert et Sonia Delaunay

M. Hoog, *Robert et Sonia Delaunay*, Paris, 1967, éd. des Musées nationaux.

cat. *Sonia Delaunay : a Retrospective*, Buffalo, 1980, Albright Knox Art Gallery.

cat. *Robert et Sonia Delaunay, le centenaire*, Paris, 1985, MAMVP. *

Duchamp

R. Lebel, *Sur Marcel Duchamp*, Paris, 1959, éd. Trianon. Rééd. 1996, centre Georges Pompidou/Mazzotta. *

P. Cabanne, *les Trois Duchamp*, Paris, 1975, la Bibliothèque des arts.

cat. *Marcel Duchamp*, (4 vol.), Paris, 1977, centre Georges Pompidou, MNAM.*

Gris

D. H. Kahnweiler, *Juan Gris, sa vie, son œuvre, ses écrits*, Paris, 1946, nouvelle éd. 1968, Gallimard. *

Léger

W. Schmalenbach, *Fernand Léger*, New York, 1976, Harry N. Abrams.

cat. *Léger*, Paris, 1998, centre Georges Pompidou, MNAM. *

Picabia

cat. *Picabia*, Paris, 1976, Grand Palais. *

Picasso

P. Daix, *la Vie de peintre de Pablo Picasso*, Paris, 1977, Le Seuil. *

P. Daix et J. Rosselet, *le Cubisme de Picasso. Catalogue raisonné de l'œuvre*, 1907-1916, Neuchâtel, 1979, Ides et Calendes.

cat. *Pablo Picasso: a Retrospective*, New York, 1980, MoMA.

R. Penrose, *Picasso*, Paris, 1982, Flammarion.

H. Seckel, *les Demoiselles d'Avignon* (2 tomes), Paris, 1988, éd. de la Réunion des musées nationaux. *

Pour les études générales, ainsi que les lieux où voir les œuvres, se reporter au chapitre précédent.

* à lire en priorité.

SCULPTURE
« du monument au ready-made »

« Danse, gamin ailé, sur les gazons de bois »

EDGAR DEGAS
Petite Danseuse de 14 ans
1880-1881. Bronze, tulle, satin, bois. 95,2 cm de haut. Paris, musée d'Orsay.
Photo R. G. Ojeda/RMN.

«**D**anse, gamin ailé, sur les gazons de bois/Ton bras maigre, placé sur la ligne suivie/Équilibre, balance et ton vol et ton poids/Je te veux, moi qui sais, une célèbre vie.» Le sonnet est de Degas. Il célèbre par l'écrit le sujet que l'artiste, sa vie durant, n'a cessé d'explorer. De 1860 à sa mort, en 1917, Degas réalise quelque 150 sculptures qu'il modèle en cire ou en terre. Parmi elles, 70 seront coulées en bronze dont *la Petite Danseuse de 14 ans,* seule sculpture que Degas présente dans sa version originale, de son vivant, à la sixième exposition impressionniste, en avril 1881. La critique, comme à l'habitude, est sévère. Henry Trianon y reconnaît «le type même de l'horreur et de la bestialité». Seul Huysmans, cette fois encore, face au «terrible réalisme de la statuette qui rend le public mal à l'aise», célèbre «la tentative la plus véritablement moderne [qu'il] connaisse en sculpture». L'œuvre, aux deux tiers de la taille humaine, est habillée de véritables vêtements que Degas a partiellement recouverts de cire pour qu'ils se confondent à l'objet. Ils sont le surcroît de réalité pour une sculpture dont l'artiste veut faire l'accomplissement du réalisme et, pour l'histoire de la sculpture à l'aube du XXᵉ siècle, une exception et un modèle en soi.

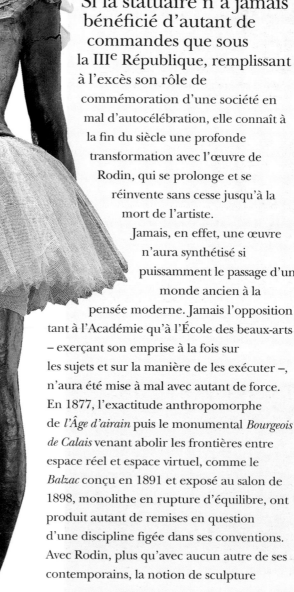

Si la statuaire n'a jamais bénéficié d'autant de commandes que sous la IIIᵉ République, remplissant à l'excès son rôle de commémoration d'une société en mal d'autocélébration, elle connaît à la fin du siècle une profonde transformation avec l'œuvre de Rodin, qui se prolonge et se réinvente sans cesse jusqu'à la mort de l'artiste.

Jamais, en effet, une œuvre n'aura synthétisé si puissamment le passage d'un monde ancien à la pensée moderne. Jamais l'opposition tant à l'Académie qu'à l'École des beaux-arts – exerçant son emprise à la fois sur les sujets et sur la manière de les exécuter –, n'aura été mise à mal avec autant de force. En 1877, l'exactitude anthropomorphe de *l'Âge d'airain* puis le monumental *Bourgeois de Calais* venant abolir les frontières entre espace réel et espace virtuel, comme le *Balzac* conçu en 1891 et exposé au salon de 1898, monolithe en rupture d'équilibre, ont produit autant de remises en question d'une discipline figée dans ses conventions. Avec Rodin, plus qu'avec aucun autre de ses contemporains, la notion de sculpture

> > >

39

> > > trouve les bases mêmes de sa définition.
Elle se substitue aux normes établies
de la statuaire et ouvre, au propre et au figuré,
un espace infini.
Esquisser une histoire de la sculpture de ce siècle
revient ainsi d'abord à reconnaître
sa primauté sur toute forme qui la précédait.
Et si la volonté classique se prolonge
en Bourdelle ou Maillol, encore apparaît-elle
désormais comme en marge du champ ouvert par
les sculpteurs de l'aube de ce XXᵉ siècle.
Car, par essence, la notion de sculpture est bien
moins limitée que toute autre. Elle ne suppose
pas davantage une technique ou un mode
de production préétablie. Elle ne se
soumet pas à la logique d'une quelconque
imagerie ou commémoration. Elle se
constitue en une création autonome,
affranchie du diktat des écoles,
et ne reproduit plus une réalité
existante mais une conception
propre à l'artiste qui l'élabore. Aussi
est-il singulier de remarquer
que, parallèlement à Rodin et après
lui Brancusi, la sculpture se
réinvente dans ce siècle à partir de
peintres. De Degas à Gauguin, de
Matisse à Picasso, sans aller
jusqu'à vouloir évoquer la notion
même de ready-made (l'objet
tout fait) élaborée par Duchamp, les
transformations les plus fortes
s'opèrent avec ceux qui, à l'origine de
leurs œuvres, ont d'abord fait
l'expérience de la peinture, l'ont
remise en question de façon radicale.
La sculpture apparaît ainsi comme
l'expression la plus signifiante de la
modernité, de ses enjeux et de ses conflits,
mais reste ignorée du public et ne
trouve souvent qu'une place accessoire
dans le long récit de l'art de ce siècle.
À l'instar de Rodin et Medardo Rosso,
célébrés pour avoir transcendé l'idéal
romantique et symboliste, Degas   > > >

« Une délivrance vers l'espace »

MEDARDO ROSSO
Carne Altrui
1883. Cire sur plâtre,
23,5 x 22,5 x 16 cm. Paris,
galerie de France. Photo J. Losi.

Né à Turin en 1858, Rosso ne
se consacre définitivement à
la sculpture qu'après 1889,
quand il s'installe à Paris. En
1894, il rencontre Rodin avec
qui il échange une sculpture.
Seul le sentiment d'avoir été
copié par le «maître de Meudon» quand celui-ci présente
son *Balzac* ternira leur amitié.
L'œuvre de Rosso nous
semble aujourd'hui facile, ses
sujets, visages d'enfants ou
de femmes dans l'intimité du
quotidien, loin de tout effet
de monumentalisme et d'héroïsme. Boccioni voudra pourtant lui reconnaître une œuvre

«révolutionnaire, très moderne, plus profonde, et
nécessairement restreinte. Il
n'y a guère, ajoute-t-il, de
héros ni de symboles dans
ses œuvres sculpturales, mais
le plan d'un de ses fronts de
femmes ou d'enfants propose
et indique une délivrance vers
l'espace qui aura un jour, dans
l'histoire de l'esprit humain,
une importance bien supé-
rieure à celle que lui ont donnée les critiques de notre
temps. Mais, conclut Boccioni,
les lois fatalement impressionnistes de sa tentative ont
malheureusement borné les
recherches de Medardo Rosso
à une espèce de haut-relief
ou de bas-relief.»

« Un sac de charbon »

AUGUSTE RODIN
Honoré de Balzac
1897. Plâtre,
300 cm de haut.
Paris, musée
d'Orsay.
Photo Giraudon.

Il est probable que
le projet de la sculpture
moderne ait été tout entier
en germe dans les œuvres
et les «scandales» que provoquent les sculptures de
Rodin à la fin du siècle.
Monolithique, le *Balzac* que
l'artiste expose au salon de
1898 est refusé par la société
des Gens de lettres qui l'avait
pourtant commandé. Pas de
propriétés mimétiques, un
personnage en robe de
chambre, aux limites de
l'équilibre : l'œuvre de Rodin
menace de se constituer en
un objet autonome. «Le
volume, écrit Benjamin H.

D. Buchloh, avait acquis trop
d'indépendance.» En 1876
déjà, la trop grande exactitude anthropomorphe de
l'Âge d'airain était allée jusqu'à motiver des soupçons
de fraude artistique. Vingt-
deux ans plus tard, l'idéal
classique est encore bafoué :
«le sac de charbon» ne pouvait être que l'objet de la critique : la sculpture avait perdu
avec le *Balzac* sa double fonction de représentation et
de monument.
Medardo Rosso, à qui Rodin
manifeste son enthousiasme
dès 1894, se sent alors trahi.
Il restera convaincu que son
œuvre a profondément
influencé la conception de
cette sculpture, tant la représentation cède ici la place à
l'impression, tant la distan-
ciation avec le modèle qui
l'a suscité fait du Balzac une
figure insaisissable.

« La grosse erreur, c'est le grec »

PAUL GAUGUIN
Oviri
1894-1895. Grès cérame
émaillé par endroits,
75 x 19 x 27 cm.
Paris, musée d'Orsay.
Photo J. Schormans/RMN.

Venu à la peinture dès 1871,
Gauguin ne s'essaie à la sculpture que quelque quinze
années plus tard dans l'atelier d'Ernest Chaplet. Il y
découvre une technique inconnue et vouée essentiellement
aux arts décoratifs.
Dès 1886, Gauguin réalise
ainsi ses premiers objets en
céramique. Entre 1893
et 1894, puis entre 1895
et 1899, dates de son
deuxième séjour à Tahiti, il
exécute de nombreux bois
sculptés. Le recours à la taille

directe, méthode que la sculpture occidentale avait abandonnée, de même que l'im-
mobilité et la frontalité des
figures hiératiques des
œuvres qu'il réalise alors,
vont frapper ses contemporains. Les proportions anti-
naturalistes et la stylisation
des personnages supposent
que la sculpture n'est pas une
simple représentation mais
bien l'incarnation d'un esprit
ou d'une divinité. C'est l'esprit fait matière : une idée
qui, comme a su le préciser
Margit Rowell, n'avait plus
cours en Europe depuis
l'époque romane et qui aura
une influence considérable
sur la sculpture moderne
grâce à la rétrospective que
le salon d'Automne consacre
à l'artiste en 1906. Aux héros,

Gauguin préfère les idoles.
«La grosse erreur, écrit-il, c'est
le grec, si beau qu'il soit.»

« La sculpture est présence »

PABLO PICASSO
Figure
1907. Buis sculpté avec
traces de crayon, peinture
sur le dessus de la tête,
32,5 x 12,2 x 12 cm.
Paris, musée Picasso.
Photo B. Hatala/RMN.

Plusieurs étapes marquent
l'évolution des premières
œuvres sculptées de Picasso,
de la *Femme assise,* modelée
en 1902, aux sculptures de bois
de plus grand format des
années 1906-1907 correspon-
dant à la découverte simultanée de la sculpture ibérique et
de l'art africain. William Rubin
a voulu reconnaître, dans l'intérêt de Picasso pour l'art tri-

bal, le besoin de trouver là un
répertoire de formes et une
résonance spirituelle à l'écart
de la tradition occidentale. On
comprend de ce fait l'attention

que l'artiste porte à la sculpture de Gauguin qu'il semble
transposer directement dans
une œuvre comme *Figure*, réalisée en 1907, contemporaine
de la lente élaboration des
Demoiselles d'Avignon. La prédominance de la frontalité et
les traits aigus qui la composent, le nez traité lui aussi
comme le «nez en quart de
brie» des figures-masques de
cette même année, évoquent
également la statuaire du Mali
et les masques-heaumes du
Gabon. Mais Picasso emprunte
aussi au hiératisme de l'œuvre
peint de Cézanne les éléments
qui le conduiront, dès 1909, à
la réalisation de sa première
Tête de femme cubiste.
La sculpture n'est plus alors
affaire de représentation. Elle
est présence et s'impose à l'espace plus qu'elle ne s'y soumet.

« Taille directe »

ERNST LUDWIG KIRCHNER
Femme qui danse
1911. Bois peint,
87 x 35,5 x 27,5 cm.
Amsterdam, Stedelijk Museum.

Faut-il voir dans les sculptures
de Kirchner et celles de certains
de ses contemporains, tels
Epstein ou Gaudier-Brzeska, la
volonté de s'opposer aux pratiques des avant-gardes en
affirmant leur attachement à
des techniques traditionnelles
comme la taille directe ainsi
qu'à un naturalisme stylisé
proche des arts primitifs ? Ces
œuvres sont-elles anachro-
niques ou plutôt l'expression
d'une réelle résistance aux idées
de progrès qu'affirment leurs
contemporains ? Kirchner est,
au sein du groupe de la Brücke,
qu'il fonde en 1905 avec Heckel et Schmidt-Rottluff, à la
recherche d'un monde préindustriel à même de se soustraire à la seule fascination
du présent.
Fortement impressionné par
les matrices en bois des gravures de Dürer et par la sculpture africaine et océanienne
du musée ethnographique de
Dresde, Kirchner réalise des
sculptures en taille directe qui
se veulent dégagées des
contingences de l'his-
toire. L'art populaire
ainsi que les archaïsmes
des figures primitives
nourrissent les sculp-
tures qu'il taille de façon
exacerbée, n'accordant
qu'une importance secon-
daire aux enseignements
plastiques qu'elles suggèrent à ses contemporains.
La Femme qui danse, réalisée en 1911, est à ce titre
un archétype : un objet
que Kirchner façonne
pour lui insuffler une
vie, une énergie, voire
un pouvoir, et une
puissance libéra-
trice comparables
à ceux d'un fétiche.

41

> > > apparaît comme une figure essentielle pour quiconque cherche à comprendre les origines de notre modernité. Ses sculptures sont autant de formes plastiques dans l'espace, visant au-delà du détail et de l'anecdote, à ne plus être qu'un signe tactile dénué de tout ornement. Matisse, déjà, dont on a longtemps dit que les sculptures n'exprimaient que la volonté de se défaire un temps de la peinture, qui parfois les a directement inspirées, se profile. Mais c'est avec Picasso que, cette fois encore, la rupture est fondamentale. Des premières sculptures qu'il esquisse jusqu'aux figures prismatiques qui précèdent les constructions de 1912, le langage même de la sculpture est progressivement remis en question. Au matériau classique succède une science du bricolage au gré de sa fantaisie : l'œuvre est littéralement faite de bouts de ficelle et de ce que l'artiste aura sous la main. Si le sujet reste celui de ses peintures, il n'est plus que prétexte à un jeu de formes infini et sert à l'élaboration d'une syntaxe inédite. Les natures mortes et autres guitares de tôle, de bois et de carton sonnent le glas d'une discipline qui restait jusque-là sous l'emprise des matériaux et des techniques qui la constituaient. Picasso, à lui seul, ouvre la voie de toutes les remises en question et mutations de la sculpture de ce siècle, au point qu'on se plaît à penser que Marcel Duchamp, son contemporain, qui venait quant à lui de faire le tour de la peinture et de «se délivrer de la camisole de force cubiste», manifestant son scepticisme face au credo moderniste des futuristes en tout genre, ne pouvait plus cette fois encore faire autrement que de vouloir se débarrasser désormais de la sculpture en lui substituant une catégorie inédite : le ready-made. Dans sa définition première, le ready-made n'obéit à aucune discipline existante. Il est une discipline en soi que Duchamp «l'anartiste» s'invente pour sortir du rang, sans imaginer qu'il deviendra paradoxalement, après lui, l'une des principales sources de malentendu dans l'art du XXᵉ siècle. <

42

« *Ordonner mes sensations* »

HENRI MATISSE
La Serpentine
1909. Bronze,
56,5 cm de haut.
Musée Henri Matisse, Nice.
© galerie Maeght.

En 1906 Matisse découvre «l'art nègre». L'année précédente, il avait rencontré Picasso grâce à Gertrude et Leo Stein. Il expose en 1908 treize sculptures au salon d'Automne et marque ainsi de façon singulière son attention à libérer la forme des conventions occidentales comme de toute image idéalisée. À la mise à plat et aux arabesques des tableaux qui suivent les premières œuvres fauves fait écho la volonté de modeler et d'étirer les formes et, déjà, de les découper dans l'espace. Matisse apparaît ainsi comme le peintre-sculpteur par excellence, prolongeant sur la lumière le travail élaboré sur la ligne. *La Serpentine,* ainsi que la série des *Bustes de Jeannette* réalisée entre 1910 et 1913, marque ainsi le prolongement singulier d'une œuvre que ses contemporains reconnaissent d'abord comme celle d'un peintre, et que l'artiste vient ici transcender.
«J'ai fait de la sculpture quand j'étais fatigué de la peinture. Pour changer de moyen. Mais j'ai fait de la sculpture comme un peintre. [...] Je prenais de la terre [...] c'était toujours pour organiser. C'était pour ordonner mes sensations, pour chercher une méthode qui me convienne absolument.»

« N'INTRODUISEZ PAS DE VIDES

« Une expérience du réel »

PABLO PICASSO
Guitare
1912. Tôle et fil de fer,
77,5 x 35 x 19,3 cm.
New York,
Museum of Modern Art.

C'est à partir de 1912 que Picasso, cherchant à résoudre des problèmes picturaux, réalise ses premières sculptures d'assemblage. Bois, carton, tôle et ficelles lui permettent, à partir du thème de la nature morte qu'il avait jusqu'alors exploré en peinture, de bricoler des constructions fragiles et d'inventer littéralement une pratique et une syntaxe totalement originales. L'objet réalisé semble tenir de la maquette. La forme est découpée, pliée, et s'organise en autant de plans propres à définir le sujet. La teinte n'est autre que celle du matériau rouillé, lequel ouvre un nouveau champ d'investigation que la définition de la sculpture utilisée jusqu'alors ne suffit plus à recouvrir. Il en élargit la signification.

À partir de la *Guitare* de tôle que Picasso offrira au musée d'Art moderne de New York en 1971, naît la sculpture moderne. Avec elle, un nouveau langage plastique voit le jour, «autorisant de nouvelles attitudes». Dépassant les notions de blocs, de taille ou de modelage, célébrant le pouvoir de l'invention et celui du jeu, Picasso propose ce que Dominique Bozo a défini comme une nouvelle «expérience du réel».

« Sculpto-peinture »

ALEXANDER ARCHIPENKO
Carrousel Pierrot
1913. Plâtre peint,
61 x 48,6 x 34 cm.
New York, Solomon
R. Guggenheim Museum.
Photo Guggenheim Museum.

Archipenko a lui-même rappelé que l'idée de cette sculpture lui était venue après avoir vu nombre de manèges de chevaux, de gondoles et d'avions imitant le mouvement de la rotation de la terre. L'inscription «Venez rire», sur l'un des flancs de la sculpture, est tout autant une façon de rappeler l'origine de son sujet que de s'identifier aux cubistes qu'il côtoie désormais. Arrivé de Russie en

1908, Archipenko réalise ses premières sculptures en 1910. Il les expose régulièrement au salon des Indépendants mais se voit souvent refuser de les présenter au salon d'Automne. Dès 1912, abandonnant les recherches qu'il avait entreprises au cours de nombreuses visites des salles antiques du Louvre, il conçoit des assemblages de matériaux parfois insolites, où le modelé cède la place à un jeu de rythmes de plans polychromes, qu'il qualifie de «sculpto-peinture». En réintroduisant la couleur dans sa forme la plus décorative, Archipenko retrouve lui aussi une tradition perdue que Gauguin ou Kirchner avaient à leur façon réhabilitée. Mais c'est aussi dans la dimension ornementale de l'art russe que son œuvre prend naturellement sa source.

« Le sculpteur se mourait en lui »

AMEDEO MODIGLIANI
Tête de femme
1912. Pierre, 58 x 12 x 16 cm.
Paris, centre Georges Pompidou,
MNAM. Photo P. Migeat/
centre Georges Pompidou.

Exécuté entre 1909 et 1914, l'œuvre sculpté de Modigliani a en grande partie disparu. Quelque vingt-cinq pièces subsistent aujourd'hui, toutes en pierre à l'exception de deux, en bois et en marbre. À l'instar de Brancusi, Modigliani préfère la taille directe au modelage. Il utilise des madriers provenant du métro et des blocs de pierre trouvés sur des chantiers de construction, des matériaux qui induisent la forme de la colonne et le hiératisme qui les sous-tend.

Les *Têtes* ont été entreprises en 1911. Leurs sommets et leurs bases, souvent inachevés, laissent supposer une fonction architecturale et ornementale. Elles prolongent de façon singulière le travail entrepris par Brancusi trois ans auparavant sur le thème du baiser et présentent, l'a noté Henri de Cazals, «la même apparence de bloc à peine entaillé et la même simplification géométrique des traits».

On a voulu voir de nombreuses influences dans la sculpture de Modigliani : celles du sculpteur gothique Tino di Camaino ou des korès archaïques. Mais c'est certainement la découverte des sculptures baoulés qui l'a conduit, à la veille de la guerre où il retourne à Livourne, à la sculpture. À son retour à Paris, Zadkine ne pourra qu'en convenir : «Le sculpteur se mourait en lui».

43

PRÉJUDICIABLES À L'ENSEMBLE » Matisse

« Une complète rénovation de cet art momifié »

UMBERTO BOCCIONI
Formes uniques dans la continuité de l'espace (dynamisme d'un homme courant)
1913. Bronze, 115 cm de haut. Milan, galleria d'Arte Moderna. © Lauros/Giraudon.

C'est avec Marinetti, qu'il rencontre entre 1909 et 1910, que Boccioni prépare les deux premiers manifestes de la peinture futuriste, suivis en 1912 par la publication du *Manifeste de la sculpture futuriste*. La critique sera cinglante et Marcel Boulenger, dans le *Gil Blas* du 8 octobre, suggérera le terme méprisant de «cubofuturisme». La même année, Boccioni expose ses sculptures au salon d'Automne et avoue à un ami collectionneur : «Ces jours-ci, je suis obsédé par la sculpture ! Je crois que j'ai entrevu une complète rénovation de cet art momifié.» À l'instar de ses acolytes, Boccioni veut glorifier le dynamisme de la vie moderne. Il cherche alors à suggérer le déplacement du volume dans une continuité fluide et instable. «On pourrait obtenir un premier élément dynamique en décomposant cette unité de matière en un certain nombre de matières différentes dont chacune peut caractériser, par sa diversité même, une différence de poids et d'expansion de volumes moléculaires.» Et de brèves notes d'ajouter : «Le renouvellement de la sculpture passe par une sculpture qui devient elle-même architecturale.»

« La sculpture se prolonge vers le bas »

CONSTANTIN BRANCUSI
Tête d'enfant
1913. Bois, 25,6 x 16,5 x 18,4 cm. Paris, centre Georges Pompidou, MNAM. Photo B. Prevost/ centre Georges Pompidou.

D'origine roumaine, Brancusi, après des études dans plusieurs écoles des Beaux-Arts de son pays natal, arrive à Paris en 1904. Au salon d'Automne de 1906, il rencontre Rodin avec qui il refuse de travailler. Peu après, il développe ses premières tailles directes et une œuvre essentielle à l'histoire de la modernité de ce siècle.
Entre «figuration archaïque et abstraction organique», Brancusi traduit dans ses premières sculptures en bois sa fascination pour les arts africains. Les œuvres qui suivront, à partir des années 20, allieront au matériau brut le métal et le marbre. Il crée ses formes d'après un modèle cherchant dans la simplification extrême une forme absolue. Il tente alors de briser la logique du monument sur laquelle restait édifiée toute conception de la sculpture. «Par la fétichisation du socle, écrit Rosalind Krauss, la sculpture se prolonge vers le bas pour absorber le piédestal qu'elle sépare ainsi de son espace réel. Par la représentation de son matériau et de son procédé de construction, elle se fait l'image de sa propre autonomie.»

44

« La puissance de la machine s'impose »

RAYMOND DUCHAMP-VILLON
Cheval
1914. Plâtre, 100 x 110 x 100 cm. Paris, centre Georges Pompidou, MNAM. Photo A. Rzepka/ centre Georges Pompidou.

Destiné au salon d'Automne de 1914, *Cheval* veut allier force vitale et force mécanique. Dans une lettre à Walter Pach, en 1913, Duchamp-Villon écrit : «La puissance de la machine s'impose et nous ne concevons plus guère les vivants sans elle, nous sommes émus d'une manière étrange par le frôlement rapide des êtres et des choses et nous nous habituons, sans le savoir, à percevoir les forces des uns à travers les forces asservies par eux. De là à prendre une opinion de la vie, telle qu'elle ne nous apparaisse plus que sous la forme de dynamisme supérieur, il n'y a qu'un pas vite franchi.» À l'étude anatomique que Duchamp-Villon s'attache à mener à bien après ses études de médecine s'ajoute la lente transformation mécanique du sujet : aux membres de l'animal se substituent bielles, engrenages, essieux et rouages. L'anatomie devient machine. Allégorie de l'âge industriel sans pour autant devenir sa pleine célébration, la sculpture se transforme en «cheval-vapeur», véritable recherche d'une fusion du monde mécanique et du monde organique. Duchamp-Villon ne verra jamais l'œuvre réalisée en bronze pas plus que la version monumentale qu'il souhaitait pouvoir exécuter en acier. Appelé au front en 1915, il y contracte la typhoïde dont il mourra, à Cannes, en 1918.

« LE PIED DU MODÈLE POSÉ SUR L'ESTRADE FAIT UNE LIGNE

« Beauté d'indifférence »

MARCEL DUCHAMP
Roue de bicyclette
1913.
Roue de bicyclette fixée
sur un tabouret de cuisine,
126,5 cm de haut.
Paris, centre Georges
Pompidou, MNAM.
Photo centre Georges
Pompidou.

Faut-il parler encore de sculpture ou prendre à la lettre la notion de ready-made que Marcel Duchamp, pressé d'en finir avec toute forme de catégorisation, décide de lui substituer dès 1915 ? Faut-il, à l'instar de certains critiques, s'efforcer de trouver quelque parenté entre une histoire de la sculpture et celui qui, résolument, s'évertue à en bloquer le mécanisme ? Le ready-made appartient finalement davantage au monde des inventions qu'à celui de la sculpture telle qu'on la définissait jusqu'à Duchamp. Le porte-bouteille, acheté au Bazar de l'Hôtel-de-Ville en 1913, devenu le ready-made *Porte-bouteilles,* de même que la roue de bicyclette fixée sur un tabouret de cuisine, participent avant tout du domaine de la pensée. Ils constituent une catégorie à part entière, un programme

que Duchamp s'assigne, à l'écart de toute considération esthétique : «Une beauté d'indifférence» rompant avec la «beauté moderne».
Déjà, à New York en 1915, la critique remarque : «Il est jeune et étrangement impassible aux nombreuses controverses suscitées par son œuvre… Il ne parle, ne ressemble ni ne se comporte comme un artiste. Au sens strict du terme, il se peut qu'il ne soit pas un artiste. En tout cas, il n'a rien sinon de l'antipathie pour le sens admis de n'importe quel mot du vocabulaire artistique».

Chronologie 1890-1914

En regard du sujet traité, les éléments de cette chronologie sont essentiellement consacrés aux événements en France et en Europe. Les textes en caractères gras renvoient aux artistes évoqués dans le chapitre.

1890
• Paris, galerie Bing : salon de l'Art nouveau.
Matisse commence à peindre.

1891
Sur les conseils de la femme du peintre Odilon Redon, originaire de la Réunion, Gauguin décide de partir à Tahiti. Le 23 mars, Stéphane Mallarmé préside le banquet d'adieu au peintre. Par l'entremise de son ami Zola, Rodin reçoit de la société des Gens de lettres la commande d'un monument à Balzac.

1892
• Juillet : exécution de l'anarchiste Ravachol.
• Scandale à Berlin autour de l'exposition d'une vingtaine de tableaux d'Edvard Munch.
Gauguin sculpte des statuettes et des cylindres en bois.

1893
• Vague d'attentats anarchistes en France.
• Juin : arrestation du peintre Maximilien Luce.
Copenhague : exposition de tableaux de Gauguin, accompagnés de céramiques et de sculptures.

1894
• Avril : le journal *l'Artiste* dénonce la donation d'œuvres impressionnistes par Gustave Caillebotte à l'État : «Un ramassis d'ordures […] qui déshonore publiquement l'art français.»
• Juin : assassinat du président Sadi Carnot.
Première sculpture d'Henri Matisse : *Deux Profils de femme.*

1895
• Première biennale de Venise
Second voyage de Gauguin à Tahiti.

1896
• Bruxelles : premier salon de la Libre Expression.
• Edvard Munch expose au salon de l'Art nouveau, organisé à la galerie Bing.

1897
Gauguin : parution de *Noa-Noa.* **Série de bois sculptés.**

1898
• 10 septembre : mort de Mallarmé.
Rodin présente au salon son monument à

Balzac qui fait l'objet d'attaques générales, à l'exception du jeune sculpteur Bourdelle.

1899
• Paris : à l'initiative de l'architecte Frantz Jourdain, création du syndicat de la Presse artistique, association professionnelle qui sera à l'origine d'une souscription pour offrir *le Penseur* de Rodin à la ville de Paris.

1900
• Loïe Fuller danse à Paris.
• Munich : fondation de la Phalanx.

1901
• **Maillol :** *la Méditerranée.*
• Naissance de l'école de Nancy.

1903
• Exposition d'art musulman au musée des Arts décoratifs.
• Mai : mort de Gauguin. Ses biens seront vendus aux enchères à Papeete un peu plus tard. Victor Segalen se porte acquéreur de nombreuses œuvres.
• Fondation du salon d'Automne sous la présidence de Frantz Jourdain, qui ouvre d'emblée ses portes à la jeune génération.

1904
Rodin : *Roméo et Juliette.*
Après un séjour à Munich, Brancusi s'installe à Paris. Il décline la proposition de Rodin de travailler avec lui.

1905
Derain commence des sculptures en taille directe.
Matisse rencontre Maillol dont il devient l'ami.

1906
• Daniel de Monfreid organise une rétrospective Gauguin au salon d'Automne.
Matisse achète sa première pièce africaine. Vlaminck achète un masque africain fang, qu'il revendra quelque temps après à Derain.
Arrivée de Modigliani à Paris. Il loue un atelier près du Bateau-Lavoir où séjourne Picasso.

1907
• **Derain exécute la sculpture** *l'Homme accroupi* **qui sera exposée en septembre par Daniel-Henri Kahnweiler dans sa galerie, rue Vignon, à Paris.**

AUSSI DROITE ET TRANCHÉE QU'UNE INCISION » Matisse

1902-1903.
Aristide Maillol,
la Méditerranée,
bronze,
jardin des Tuileries, Paris.
© Roger-Viollet.

1903. Edward Steichen, *Auguste Rodin,* photographie.
Musée d'Orsay. © RMN.

Vers 1910.
Antoine Bourdelle
dans son atelier
à côté
de *Héraclès archer.*
© Harlingue-Viollet.

1914. Alfred Stieglitz, exposition Brancusi
à la galerie 291, à New York, photographie. DR.

Chronologie 1890-1914

Brancusi s'installe à Montparnasse.
Raymond Duchamp-Villon (le frère de Marcel Duchamp) devient membre du jury de la section sculpture du salon d'Automne.
Avec son frère Jacques Villon, Raymond Duchamp-Villon forme le groupe de Puteaux.
Picasso découvre le musée ethnographique, au Trocadéro. Il sculpte *la Figure.*

1908
Salon d'Automne : Matisse expose 13 sculptures.
Brancusi expose régulièrement dans les salons.
Il rencontre le Douanier Rousseau, Léger, Modigliani, Matisse, Apollinaire...
Archipenko s'installe à Paris, rejoint par Modigliani.

1909
• Antoine Bourdelle : *Héraclès archer.*
Brancusi réalise *la Muse endormie.*
Picasso : sculptures cubistes.
Sur la demande de Modigliani, son premier client, Paul Alexander, lui présente Brancusi.

1910
Archipenko ouvre sa propre école d'art à Paris et expose au salon des Indépendants.
Modigliani se consacre à la sculpture.
Matisse commence la série des *Têtes de Jeannette,* qu'il continue jusqu'en 1913.

1911
Archipenko expose au salon d'Automne.
Séjour de Boccioni à Paris. Il rencontre Apollinaire et les cubistes et réalise ses premières sculptures.
Modigliani expose sept sculptures dans l'atelier d'Amadeo de Souza Cardoso.

1912
New York, galerie 291 : 1re exposition de sculptures de Matisse.
Archipenko crée ses premières «sculpto-peintures» et participe à l'exposition cubiste du groupe de Puteaux devenu la Section d'or.
Publication du *Manifeste technique de la sculpture futuriste.*
Picasso : constructions de carton, tôle, fil de fer...

1913
• A. Bourdelle réalise les bas-reliefs de la façade du théâtre des Champs-Élysées.
• Voyage de Tatline à Paris où il rencontre Picasso.
Paris, galerie la Boétie : sculptures de Boccioni.
Brancusi et Archipenko exposent à l'Armory Show, à New York, avec Matisse. Marcel Duchamp, qui y est également présent avec le *Nu descendant l'escalier,* réalise son premier ready-made : *Roue de bicyclette.*

1914
• New York, à la galerie 291 : 1re exposition Brancusi organisée par A. Stieglitz.
• Le peintre russe V. Matvei-Markov rédige la première étude connue sur l'esthétique négro-africaine publiée en 1919. L'année suivante, le philosophe Carl Einstein publie *Negerplastik* (1915), premier essai publié sur le sujet.
Picasso réalise la série des bronzes polychromes : *le Verre d'absinthe.*

Études sur la sculpture

Dictionnaires et ouvrages généraux :
R. Maillard,
New Dictionary of Modern Sculpture, New York, 1971, Tudor Publishing.

Ouvrages généraux
R. Goldwater,
What is Modern Sculpture ?, New York, 1969, Museum of Modern Art. *

A. M. Hammacher,
The Evolution of Modern Sculpture : Tradition and Innovation, New York, 1969, Harry N. Abrams.

R. E. Krauss, *Passages in Modern Sculpture,* Londres, 1977, Thames and Hudson. *

H. Read, *A Concise History of Modern Sculpture,* Londres, 1968, Thames and Hudson.

M. Rowell, *Qu'est-ce que la sculpture moderne ?,* 1986, Paris, MNAM, éd. du centre G. Pompidou. *

W. Tucker,
The Language of Sculpture, Londres, 1974, Thames and Hudson.

Sculpture du XXe siècle, 1900-1945, tradition et ruptures, Saint-Paul-de-Vence, 1981, éditions Maeght.

Monographies et catalogues d'expositions sur les sculpteurs étudiés
Katherine Janszky Michaelsen, *Alexander Archipenko,* 1986, Washington, National Gallery.

G. Balla, *Umberto Boccioni, la Vita e l'opera,* Milan, 1964, Il Saggiatore.

Constantin Brancusi, Paris, 1995, MNAM, éd. du centre G. Pompidou.

R. Kendall, *Edgar Degas and the Little Dancer,* 1998-1999, Yale University Press.

A. d'Harnoncourt et K. McShine, *Marcel Duchamp,* 1973, MoMA et Philadelphie.

Catalogue *Raymond Duchamp-Villon,* Rouen, 1976, musée des Beaux-Arts.

D. E. Gordon, *Ernest L. Kirchner,* Cambridge, 1968, Harvard University Press.

P. Schneider, *Henri Matisse,* Paris, 1984, Flammarion.

C. Parisot, *Amedeo Modigliani,* Paris, 1992, Pierre Terrail.

W. Spies, *Pablo Picasso, Das plastische Werk,* 1983-1984, Berlin, Nationalgalerie/ Düsseldorf, Kunsthalle.

Gloria Moure, *Medardo Rosso,* 1996, Centro Galego de Arte Contemporanea, ediciones Poligrafa SA.

* à lire en priorité.

ARCHITECTURE

« de l'ornement à l'épure »

« L'homme ne crée pas, il découvre »

ANTONI GAUDÍ
Parc Güell, pavillon d'entrée, Barcelone
1900-1914. DR.

En un demi-siècle, Antoni Gaudí aura créé près d'une quinzaine d'œuvres par trop personnelles pour pouvoir faire école.
Alliant tradition historique et art nouveau, admirateur des Nazaréens comme du médiévalisme qui le conduira, sa vie durant, à travailler au temple expiatoire de la Sagrada Familia, il est aussi l'architecte de la bourgeoisie industrielle où se conjuguent de nombreuses influences comme celles de l'art mudéjar et de l'architecture berbère.
Cherchant une synthèse entre formes, construction et structures, il entreprend entre 1900 et 1914 le parc Güell, prolongeant ainsi sa relation avec Eusebio Güell pour qui il avait édifié un palais entre 1885 et 1889, peu avant la première Exposition universelle de Barcelone. L'imagination comme ses expériences constructives et

l'utilisation apparente d'arcs paraboliques le conduisent au rejet de l'historicisme et au passage progressif d'une plastique sculpturale à une plastique structurelle.
«La création continue incessamment par l'intermédiaire de l'homme.» Et Gaudí d'ajouter : «Mais l'homme ne crée pas : il découvre. Ceux qui cherchent les lois de la nature comme appui de leurs œuvres nouvelles collaborent avec le Créateur. Les copistes ne collaborent pas. C'est pourquoi l'originalité consiste à retourner à l'origine.»

Succédant aux «médiévalistes» qui, tels Viollet-Le-Duc (1814-1879), avaient développé un répertoire ornemental emprunté à la nature, un «art nouveau» prend naissance en cette fin du XIXe siècle. Dernier avatar du romantisme, foncièrement individualiste comme anti-historiciste, il se répand dans l'Europe entière et rêve d'un «art total» maîtrisant jusqu'aux plus simples détails de notre quotidien. «Modern Style» en Angleterre,

> > >

> > > ligne «coup de fouet» autour du Belge Victor Horta (1861-1947), «Paling Stil» ou style «anguille» pour les Flamands, «style des Vingt» à cause du groupe du même nom en Belgique, «Jugendstil» en Allemagne, «Sezessionstil» en Autriche ou «Liberty» en Italie, «style nouille» ou «style Guimard» en France, l'art nouveau connaît son apogée avec le tournant du siècle, qu'il finit par incarner. Il ne disparaîtra que bien plus tard, se prolongeant dans l'œuvre magnifique et singulière du Catalan Antoni Gaudí (1852-1926) comme dans la Wiener Verkstätte fondée en 1903 par Koloman Moser et Josef Hoffmann (1870-1956).

Né d'une résistance à l'industrialisation et au progrès, l'art nouveau reste un paradoxe. Ses inspirateurs sont aussi bien des théoriciens sociaux que des esthètes tels John Ruskin ou même Oscar Wilde. Il oppose aux techniques modernes le savoir-faire de l'artisanat. Sa tentative de donner à l'art et à l'architecture une dimension sociale se perd dans l'ornement et le décoratif. Son répertoire devient réactionnaire et finit par incarner la société bourgeoise quand le but initial voulait être le logement ouvrier.

Mais déjà, l'Américain Louis Sullivan (1856-1924), auteur entre 1894 et 1904 des grands magasins Schlesinger et Mayer de Chicago, condamne cet excès décoratif : «Il serait souhaitable, écrit-il dès 1892, de renoncer pendant quelques années à tout ornement de manière à concentrer notre pensée sur la construction de bâtiments agréables par leur nudité.» Dès 1902, l'architecte et théoricien allemand Hermann Muthesius proclame que seuls les objets fabriqués par une machine sont susceptibles d'être en harmonie avec les nouvelles conditions économiques de la société. Le Werkbund, lié à l'industrie, exprimera, en octobre 1907 à Munich, face à Henry van >>>

« Précieux et sévère, élégant et raide »

CHARLES RENNIE MACKINTOSH
École des beaux-arts, Glasgow, Royaume Uni
1897-1909.
© Bridgeman/Giraudon.

Mackintosh forme, avec Herbert MacNair et les demoiselles MacDonald, entre 1895 et 1900, le groupe des Quatre de Glasgow, dit aussi «école ectoplasmique». Influencés par le japonisme et le symbolisme, ils produisent une série d'objets popularisés par les premiers magazines de décoration. Mais Mackintosh conçoit aussi des bâtiments publics pour sa ville. Le style en est globalement Arts and Crafts mâtiné de vernaculaire «féodal écossais». De 1896 à 1899 et de 1907 à 1909, il construit l'école de Glasgow qui marque l'apogée de son œuvre. La façade sur rue est décentrée et d'une grande sophistication. Les grandes fenêtres oblongues sans chambranle appartiennent au vocabulaire de l'architecture industrielle comme les verrières qui éclairent l'atelier.

Conjuguant à la monumentalité le souci du détail, l'école d'art de Glasgow, «précieuse et sévère, élégante et raide», allie à la simplicité des formes la recherche d'une réelle économie de construction.

« Chercher une saine logique constructive »

OTTO WAGNER
Caisse d'épargne de la poste, salle des guichets, Vienne
1903-1906. DR.

Après vingt années d'éclectisme conventionnel et de constructions qui, aujourd'hui encore, n'ont pas toujours été identifiées, Otto Wagner gagne en 1893 le concours du plan d'aménagement de Vienne et est nommé directeur d'une des deux écoles d'architecture de l'académie des Beaux-Arts. Il publie alors un essai, *Moderne Architektur* (1896), dans lequel il insiste sur les rapports dialectiques entre impératifs techniques et architecturaux. Proche du rationalisme de l'art nouveau et de la Sécession, à laquelle il adhère en 1899, il conjugue alors dans de nombreux projets un souci graphique et ornemental.

La caisse d'épargne de la poste, construite entre 1903 et 1906 et dont le plan trapézoïdal se développe autour d'une cour centrale, se dégage de toute ornementation. En privilégiant le verre et l'acier comme en multipliant les détails alliant tradition et procédés modernes, Otto Wagner fait de cet édifice l'un des jalons majeurs d'une pensée de l'architecture engagée dans l'ère industrielle.

« RIEN N'EST BEAU

« L'esthétique géométrique aux limites de la décadence »

JOSEPH HOFFMANN
Palais Stoclet, Bruxelles
1905-1911. DR.

Élève d'Otto Wagner, dont les théories rationalistes comme celles de Mackintosch auront sur lui une grande influence, Joseph Hoffmann, à la différence d'Adolf Loos, ne participe pas aux critiques de l'ornementation et prendra position, sa vie durant, pour l'artisanat. Fondateur de la Wienerwerkstätte en 1903, il entreprend la construction du sanatorium de Purkersdorf la même année et devient une des figures de proue du rationalisme. Le palais que lui commande Adolphe Stoclet, magnat du charbon et des chemins de fer, construit à Bruxelles entre 1905 et 1911, «est une œuvre majeure du postimpressionnisme et du symbolisme, déjà entièrement tournée vers l'esthétique géométrique, mais cependant d'une richesse d'ornementation et de détails qui touchent aux limites de la décadence».
Monument d'une époque bourgeoise tardive, son plan est directement inspiré du projet de Mackintosch pour sa «maison pour un amateur d'art», alors que son organisation est fondée sur un système de proportions régi par le carré. L'extérieur comme l'intérieur sont soulignés de subtils détails permettant de contrebalancer l'effet massif du bâtiment.

« La nature est un grand livre dans lequel nous pouvons puiser notre inspiration »

HECTOR GUIMARD
Castel Béranger, Paris
1894-1897
© G. Dagli Orti.

Une première commande en 1893 permet à Guimard de mettre en place un vocabulaire à la fois rustique et suburbain, adoptant un parti d'asymétrie anticlassique. Plusieurs voyages en Europe le familiarisent avec l'art nouveau.
À son retour, en 1895, il réalise le castel Béranger. Ce petit immeuble bousculera les conventions de l'habitat parisien. Les matériaux variés de la

façade et l'accentuation des courbes développent des thèmes qui feront le succès de l'architecte. Malgré de nombreuses campagnes de presse contre ses «inflexions molles», Guimard continuera d'exercer un rôle majeur jusqu'en 1914.
«Il m'a semblé avant tout nécessaire, écrit-il, d'abandonner la tradition classique et de ne pas essayer, en 1899, de travailler à la façon de 1829. Il m'est apparu que l'art devrait s'appuyer sur la science, et que, pour tout ce qui concernait la composition artistique, on devrait tendre à l'unité qui est celle de la nature même – car la logique de la nature est impeccable.»

« L'architecture dérive de la vie »

FRANK LLOYD WRIGHT,
Robie House,
Dak Park, États-Unis
1900-1910
Photo R. Bryant.
© Archipress/Arcaid.

Fils d'un prêcheur de l'Église unitarienne, Frank Lloyd Wright hérite de la vision romantique d'un ordre divin et du souci de la recherche de l'universalité. Ayant étudié le génie civil, il s'installe à Chicago et se voit confier dès 1889 la direction de l'agence de Louis Sullivan. Il construit alors sa propre maison, dans laquelle transparaît son goût des formes simples et géométriques. Aux côtés de l'architecte du Guaranty Building de Buffalo, il s'initie à l'architecture monumentale et participe à la construction de différents buildings. La maison Charnley, qu'il réalise à Chicago entre 1891 et 1892, lui permet de pressentir «pour la première fois la valeur nettement décorative de la surface nue, [...] la paroi plane en tant que telle». En 1893, il rompt avec Sullivan et s'installe à son compte pour se consacrer jusqu'en 1909 à l'architecture domestique.
De cette époque datent les «maisons de la prairie», souvent décrites comme sa première phase véritablement créative. Le travail sur l'espace devient pour Wright une véritable discipline. Travaillant sur la forme et sa signification, il élabore des maisons basses et fluides sensibles au japonisme et à «l'art de la machine», conçues autour d'un thème qu'il développe jusque dans les meubles et les objets qu'elles contiennent.
Voyant l'habitation ordinaire comme le problème architectural majeur à résoudre, Wright affirme : «Je déclare que l'heure est venue pour l'architecture de reconnaître sa propre nature, de comprendre qu'elle dérive de la vie.»

HORMIS L'UTILE » Otto Wagner

> > > de Velde, apôtre du Jungendstil
attentif à préserver la notion de manufacture,
la volonté de réduire l'écart
entre les principes de la création et la
réalité du monde nouveau.
Quelques années plus tard, Adolf Loos (1870-
1933) dénonce en 1908,
dans *Ornement et Crime*, le délire ornemental
de l'art nouveau auquel il préfère
le fonctionnalisme de verre et d'acier
d'un Otto Wagner (1841-1918).
Ainsi va naître, à l'opposé d'un style fondé
sur le caprice et l'asymétrie, attentif
à prolonger la main comme à tenter de
rétablir le lien perdu avec la nature par
l'industrialisation naissante, le «rationalisme».
Il cherche alors des solutions fonctionnelles
dont les implications philosophiques,
politiques et sociales épousent les mutations de
l'aube de ce XXᵉ siècle. Son projet
est à la fois moral et éthique. Contre tout
individualisme, il prône une recherche
collective et internationale. Pour
ce faire, il recourt aux techniques industrielles
et oppose un vocabulaire économique
et technique aux caprices de la forme .
Au luxe ornemental se réclamant
d'un principe organique et biologique,
succèdent le dépouillement et
l'exigence de rigueur; à la commande
individuelle, la primauté de
l'espace public ou du logement social.
À la seule architecture s'oppose
la nécessité de l'urbanisme et de
nouveaux programmes. Alliant la forme
et la fonction et privilégiant la structure au
décor, le «rationalisme» semble se
réapproprier la notion de «science
raisonnable» de Vitruve et ouvre ainsi la voie,
sous l'effet du libéralisme et de la
naissance des cités ouvrières que
préfigure Tony Garnier (1869-1948), à la
reconnaissance de la ville industrielle
et de «l'art de l'ingénieur». <

« L'architecture antique fut une erreur. La vérité seule est belle »

TONY GARNIER
Projet de la «cité industrielle», la gare 1904. DR.

Architecte établi à Lyon, Tony Garnier entre en 1889 à l'école des Beaux-Arts de Paris. Conjuguant à l'éducation technique la virtuosité du dessinateur, il se retrouve à la villa Médicis à Rome entre 1899 et 1904 dans une ambiance violemment polémique face à la sclérose de l'institution. Son envoi complémentaire de première année, une «étude pour une cité industrielle», perçu comme un «grand barbouillage de crayon», fait scandale à Paris. Son programme, une vaste cité contemporaine, version laïque et «municipaliste» qui ignore à la fois la propriété privée, les lieux de pouvoir et ceux de justice.

Proche des cercles radicaux socialistes de Jean Jaurès et d'Émile Zola à la suite de l'affaire Dreyfus, Tony Garnier sera appelé par Édouard Herriot dès 1905 pour reprendre la direction des «Grands Travaux de la ville de Lyon». Le modèle de la «cité industrielle» qu'il avait élaboré à partir de 1901 et qu'il développera et publiera jusqu'en 1917, lui servira ainsi de base pour toutes ses réalisations. En rupture violente avec son temps, Tony Garnier écrivait : «L'architecture moderne pourrait s'inspirer des beautés de l'Antiquité sans pour cela en faire la base unique de l'enseignement, les exigences sociales demandant d'autres études».

« Laboratoire du modernisme »

PETER BEHRENS
Usine de turbines AEG, Berlin 1908-1909. © AKG Paris.

Membre fondateur dès 1892 de la Sécession munichoise, Peter Behrens fonde en 1897 les Vereinigte Werkstätten für Kunst und Handwerk (ateliers unifiés d'art et d'artisanat). Il se formera en autodidacte en 1899 au métier d'architecte et, après avoir construit sa propre maison, il est nommé en 1903 à la direction de l'école des Arts et Métiers de Düsseldorf. En 1907, il fonde le Werkbund et est engagé comme conseiller artistique du groupe AEG où il exercera son influence jusqu'en 1918. Dans son atelier qualifié de véritable «laboratoire du modernisme», travaillent alors Gropius, Mies van der Rohe et Le Corbusier.

Behrens réalise la célèbre Turbinenhalle, première construction de caractère industriel pensée comme un véritable monument dédié à la puissance de l'industrie allemande. Faite de verre et d'acier, l'usine AEG conjugue les matériaux les plus modernes aux lignes d'un temple classique. Sa façade est en acier et ciment armé et recouverte de briques. Aux vastes verrières s'opposent les puissants piliers d'angle habillés d'un parement de briques à motifs de refends horizontaux.

Behrens puise son inspiration chez Schinkel, le maître de l'architecture berlinoise. Au fronton figure le logotype de la firme : traité en courbes brisées, il évoque l'architecture agricole et les valeurs de solidarité humaine du travail de la terre que l'industrie se doit de perpétuer.

« IL N'Y A PAS DE FRONT FIXE

« Le rôle du mur [...] se limite maintenant à former un écran contre la pluie, le froid et le bruit »

WALTER GROPIUS ET ADOLF MEYER
Usine Fagus,
Alfeld an der Leine
1910-1911.
© AKG Paris/Hilbich.

Fils d'un architecte berlinois, Walter Gropius entre en 1907 dans l'agence de Peter Behrens. Trois ans après, il commence sa propre carrière et développe son activité dans des domaines allant de la décoration d'intérieur à des usines de construction. Avec Adolf Meyer, il réalise, entre 1910 et 1911, l'usine de lacets de chaussures Fagus. Construit en acier et en verre sur trois niveaux, le bâtiment est caractéristique par l'absence de poteaux d'angle et l'importance des surfaces vitrées. Révolutionnaire, l'usine Fagus emploie une ossature de béton armé mais renonce à un mur extérieur compact : Gropius lui substitue une surface vitrée qui enveloppe tout le bâtiment et préfigure ainsi les murs-rideaux.
Étroitement lié au Werkbund, Gropius sera nommé en 1919 directeur de l'école des Arts appliqués et de l'école supérieure des Arts graphiques de Weimar qui deviendra le Bauhaus.

« Le béton se suffit à lui-même »

AUGUSTE PERRET
Théâtre des Champs-Élysées
1911-1913. © Roger-Viollet.

Fils d'un entrepreneur français exilé en Belgique après la Commune, Auguste Perret et ses deux frères créent une structure originale composée d'une agence d'architecture et d'une entreprise de bâtiments. À partir de 1896 ils construisent ensemble plusieurs bâtiments en France.
En 1899, ils expérimentent pour la première fois le béton armé pour un plancher de 300 m² réalisés avec des poutres de quinze mètres de portée. Fascinés par les propriétés du matériau, ils construiront à Paris, en 1903, l'immeuble de la rue Franklin qui marque un jalon important de la pensée de l'architecture moderne.
Après le garage de la rue de Ponthieu réalisé en 1907 et aujourd'hui détruit, l'influence du rationalisme de Viollet-Le-Duc et la volonté de maintenir un équilibre entre architecture et construction conduisent les frères Perret à travailler avec Henry van de Velde à l'édification du futur théâtre des Champs-Élysées. Ils en remanient complètement les plans et finissent par proposer d'intégrer les trois auditoriums sur un terrain exigu et de suspendre la salle principale à huit colonnes, le tout formant une structure monolithique. Le parti structurel n'apparaît cependant pas sur la façade classique recouverte de marbre – dessinée par Van de Velde et ornée de bas-reliefs de Bourdelle. Mais l'architecture-même du théâtre, déduite de principes de construction nouveaux, marque un jalon essentiel du siècle. Perret, à ce titre, écrivait : «Celui qui dissimule une partie quelconque de la charpente se prive du seul légitime et du plus bel ornement de l'architecture. Celui qui dissimule un poteau commet une faute. Celui qui fait un faux poteau commet un crime.»

ENTRE L'OUTIL ET LA MACHINE » Hermann Muthesius

« Nous avons vaincu l'ornement »

ADOLF LOOS
Maison Steiner, Vienne
1910. Photo R. Schezen.

Après un voyage d'étude aux États-Unis de 1893 à 1896, Adolf Loos se réinstalle à Vienne au moment où s'y développe la Sécession. Mais, à la différence des créateurs de l'art nouveau, il se refuse à réduire l'architecture à un art et participe activement aux débats des idées du début du siècle. S'opposant également à la notion d'«œuvre d'art total», il s'interdit toute forme de débordement décoratif.

«Ce qui fait justement la grandeur de notre temps, écrit-il, c'est qu'il n'est plus capable d'inventer une ornementation nouvelle.

Nous avons vaincu l'ornement : nous avons appris à nous en passer. Voici venir un siècle neuf où va se réaliser la plus belle des promesses. Bientôt, les murs des villes resplendiront comme de grands murs tout blancs. La cité du XXᵉ siècle sera éblouissante et nue, comme Sion, la ville sainte, la capitale du ciel.»

La maison que lui commandent Hugo et Lily Steiner en 1910 marque l'affirmation de ses principes. La symétrie, l'opposition entre l'extérieur «anonyme» et l'intérieur «lieu de la distinction», ainsi que la recherche de ce que Loos appelle le «Raumplan» («plan volume»), autorisent l'élaboration d'une structure complexe et de pièces d'habitation aux volumes différents selon leur fonction et leur signification.

«Nous nous tournons vers Beethoven ou Tristan après les soucis de la journée. Mon cordonnier ne le peut pas. Je ne dois pas lui retirer sa joie car je n'ai rien pour la remplacer. Mais quiconque écoute la *Neuvième Symphonie* et puis se met à dessiner un papier peint est soit un fripon, soit un dégénéré.»

52

« Une décoration, étrangère et opposée à l'architecture, est absurdité »

ANTONIO SANT'ELIA
Projet de centrale électrique
1914. encre noire, verte, rouge, 30,5 x 20,5 cm, Milan, collection privée. DR.

«**I**l ne s'agit pas [...] d'établir des différences formelles entre les anciens et les nouveaux édifices, mais de créer ex nihilo la maison nouvelle, construite en exploitant toutes les ressources de la science ou de la technique, en satisfaisant noblement toutes les exigences de notre esprit et de nos habitudes [...], en déterminant de nouvelles formes, de nouvelles lignes, une nouvelle raison d'être uniquement dans les conditions particulières de la vie moderne [...]. Dans la vie moderne, le processus d'évolution stylistique continu de l'architecture s'interrompt. L'architecture se libère de la tradition; elle reprend nécessairement tout à zéro.»

Architecte établi à Milan, Sant' Elia y rencontre les futuristes, avec qui il se lie d'amitié. D'abord influencé par Otto Wagner, il travaille au programme de la future gare de Milan et dessine alors plusieurs projets d'usines, de hangars et de centrales hydroélectriques qu'il qualifie de «dynamismes architecturaux». Avec plusieurs architectes, il fonde le groupe Nuove Tendenze et expose en mai 1914 plusieurs projets sur le thème de «la ville nouvelle». Sant'Elia ne pense plus désormais l'architecture comme une construction isolée mais comme partie intégrante du complexe urbain et du réseau de communications qui le constitue.

Assimilant l'esthétique futuriste, il élabore une véritable scénographie urbaine idéalisée, dont le paysage industriel constitue la trame fondatrice.

« À FABRIQUER DES ORNEMENTS, ON GÂCHE DES MATÉRIAUX,

19 septembre 1896. Couverture du n° 38 de la revue *Jugend*. © AKG Paris.

1900. Le pont Alexandre III et le Grand Palais (architecte Charles Girault). © AKG Paris.

1899. Entrée de la station de métro Dauphine (architecte Hector Guimard). © AKG Paris.

Chronologie 1890-1914

En regard du sujet traité, les éléments de cette chronologie sont essentiellement consacrés aux événements et réalisations en Europe et aux États-Unis.

1890
- L'ingénieur Cottancin dépose le brevet d'un procédé de construction «armé».

1892
- Le constructeur français François Hennebique dépose le brevet de construction du béton armé.

1893
- Chicago : exposition colombienne, pavillon du Japon : villa Hô-o-den (architecte Kuru).
- Fondation de la revue *Arts and Crafts The Studio*.
- Bruxelles : maison Tassel (architecte Victor Horta).
- Adolf Loos séjourne aux États-Unis jusqu'en 1896.

1894
- Vienne : Otto Wagner commence les travaux d'équipement de la ville (1894-1900). Il publie le premier volume de *Modern Architektur*.
- Bruxelles : hôtel Solvay (architecte Victor Horta). Voyage d'Hector Guimard qui subit l'influence de P. Hankar et de V. Horta.
- Paris : castel Béranger (1894-1898) (architecte Hector Guimard). Église Saint-Jean de Montmartre (1894-1904, architecte Anatole de Baudot).

1895
- Uccle : maison Bloemenwerf (architecte Henry van de Velde).
- Buffalo : Guaranty Building (architecte Louis Sullivan).

1896
- Londres : Whitechapel Art Gallery (1896-1901, architecte Charles Townsend).
- Glasgow : Charles Rennie Mackintosh gagne le concours de l'école d'Art décoratif.
- Munich : création autour de la Sécession de la revue *Jugend* et des Vereinigte Werkstätten.

1897
- Glasgow : salons de thé de Mrs Cranston (architectes : Mackintosch/ Mac Donald/MacNair).
- Bruxelles : hôtel Eetvelde (architecte Victor Horta).
- Prague : atlantes du café Corso (architecte Frédéric Ohmann).
- Berlin : installation de Henry van de Velde.
- Vienne : fondation de la Sécession autour de Gustav Klimt.

1898
- Bruxelles : maison du Peuple et maison Horta (architecte Victor Horta).
- Vienne : Immeubles de rapport (architecte Otto Wagner). Pavillon des artistes de la Sécession (architecte Joseph Maria Olbrich).
- L'Anglais Ebenezer Howard publie *Tomorrow, a Peaceful Path to Real Reform* et y suggère un premier modèle de cité-jardin.

1899
- Budapest : caisse d'épargne (architecte Odon Lechner).
- Darmstadt : création de la Matildenhoe à l'initiative du prince Ernst Ludwig avec la collaboration de Joseph Maria Olbrich.
- Berlin : première exposition de la Sécession.
- Vienne : pavillon de la Sécession (architecte J. M. Olbrich)

1900
- Paris : entrées du métro (architecte Hector Guimard).
- Paris : Exposition universelle : construction du Pont Alexandre III, façades du Petit et du Grand Palais (architecte Charles Girault).
- Paris : premier immeuble en béton Hennebique.
- Sèvres : castel Henriette (aujourd'hui détruit, architecte Hector Guimard).
- Prague : immeuble Peterka (architecte Jan Kotera).

1901
- Paris : Tony Garnier élabore son projet de «cité industrielle».
- Nancy : naissance de l'école de Nancy (Daum, Gallé, Majorelle).
- Bruxelles : les grands magasins Innovation (aujourd'hui détruits, architecte Victor Horta).
- Darmstadt : Ernst Ludwig Haus (architecte Joseph Maria Olbrich).
- Barcelone : Lluís Domènech i Montaner commence l'hôpital San Pablo (1901-1912).
- États-Unis : F. L. Wright commence la construction des maisons de la Prairie.

1902
- Vienne : hôpital psychiatrique du Steinhof (1902-1907, architecte Otto Wagner, décor intérieur Koloman Moser, 1896); publication de *Modern Architektur* par Otto Wagner.

DE L'ARGENT ET DES VIES HUMAINES » Adolf Loos

Chronologie 1890-1914

1903
- Barcelone : façade de la Casa Battlo (architecte Antoni Gaudí).
- Bruxelles : grand bazar Anspach (architecte Victor Horta).
- Francfort : grand bazar (architecte Victor Horta).
- Amsterdam : bourse de commerce (architecte H. Berlage).
- Vienne : Postparkasse (architecte Otto Wagner). Fondation des Wiener Werkstätten par J. M. Olbrich et K. Moser.
- Paris : exposition de l'Habitation : habitations ouvrières (architectes Hector Guimard et Jules Lavirotte).
- Paris : immeuble du 25 bis, rue Franklin (architecte Auguste Perret). Eugène Hénard publie jusqu'en 1909 ses *Études sur la transformation de Paris*.
- Pasadena : maisons individuelles (1903-1909) (architectes Charles et Henry Greene).

1904
- L'Écossais Patrick Geddes publie *Cities Development*, véritable «science des villes» qu'il développera dans *Cities in Evolution* (1915).
- Weimar : locaux du nouvel institut des Arts et Métiers et de l'académie des Beaux-Arts (1904-1906, architecte Henry van de Velde). Le Bauhaus s'y installera en 1919.
- Paris : magasins de la Samaritaine (architecte Frantz Jourdain).
- Bourg-la-Reine : villa Hennebique (architecte François Hennebique).

1905
- Bruxelles : palais Stoclet (architecte J. Hoffmann, mosaïques intérieures : G. Klimt).
- Barcelone : Casa Mila (architecte A. Gaudí).
- Barcelone : Lluís Domènech i Montaner commence le palais de la Musique catalane (1905-1908).
- Suisse : l'ingénieur suisse Robert Maillart construit le pont de béton armé de Tavanesa.

1906
- Paris : garage rue de Ponthieu (architecte Auguste Perret).

1907
- Fondation du Deutscher Werkbund.
- Berlin : programme de la firme AEG par Peter Behrens.

1908
- Stuttgart : grand magasin Tietze (architecte Joseph Maria Olbrich).
- Adolf Loos publie *Ornement et crime*.

1909
- Chicago : Daniel Burnham trace le plan d'extension de la ville.
- F. L. Wright part pour l'Europe. Il publie un recueil de ses œuvres l'année suivante à Berlin.

1910
- Paris : hôtel Guimard (architecte Hector Guimard).
- Vienne : immeuble Goldman & Salatsch, Mikaelerplatz (1909-1911, architecte Adolf Loos).
- Vienne : maison Steiner (architecte Adolf Loos).

1911
- Paris : création de la société française d'Urbanisme.
- Paris : théâtre des Champs-Élysées (1911-1913) (architecte Auguste Perret, entrepreneur Gustave Perret).

1912
- Paris : immeuble 26, rue Vavin (architecte Henri Sauvage).
- New Dehli : le Britannique Edwin Lutyens conçoit le plan de la ville selon la méthode initiée par la société française d'Urbanisme.

1913
- New York : Woolworth Building (architecte C. Gilbert).

1914
- Cologne : exposition du Werkbund. Polémique H. von Muthesius/H. van de Velde.
- Milan : première exposition du groupe Nuove Tendenze «Milano l'anno duemille» : Sant'Elia présente son projet de «città nuova». Manifeste de l'architecture futuriste.

1889.
Adler & Sullivan;
Auditorium Building,
Chicago.
© F. Eustache/Archipress.

1901-1904.
Tony Garnier,
projet d'immeubles
collectifs.
DR.

Études sur l'architecture

Dictionnaires et ouvrages généraux :

Dictionnaire encyclopédique de l'architecture moderne et contemporaine, Paris, 1987, Philippe Sers. *

Dictionnaire de l'architecture du XXᵉ siècle, Paris, 1996, éd. Hazan/IFA. *

L. Benevolo, *Histoire de l'architecture moderne*, 4 vol., Paris, 1988, Bordas - Dunod. *

R. Julian, *Histoire de l'architecture en France de 1889 à nos jours- Un siècle de modernité*, Paris, 1984, Philippe Sers.

M. Ragon, *Histoire de l'architecture et de l'urbanisme modernes*, 3 vol., Paris, 1986, Seuil, «Points», 1986.

Ouvrages généraux

Paris et La Rochelle, Chicago, 150 ans d'architecture 1833-1983, sous la direction de Ante Glibota et Frédéric Edelmann, oct.-avril 1983 1984 , Paris Art Center/musée-galerie de la Seita/IFA. *

Paris, la Ville, art et architecture en Europe, 1870-1993, sous la direction de Jean Dethier et Alain Guiheux, fév.-mai 1994 , éd. du centre G. Pompidou.

L'Art de l'ingénieur, sous la direction d'Antoine Picon, 1997-Paris, éd. du centre G. Pompidou. *

Monographies sur les architectes étudiés

Peter Behrens, Architect and Designer, par A. Windsor, 1868-1940, Londres, 1981.

Tony Garnier, l'œuvre complète, 1989, éd. du centre G. Pompidou.

Antoni Gaudí. Architecture, idéologie et politique, par J. J. Lahuerta, Paris, 1992.

Walter Gropius, par W. Nerdinger, Berlin, 1985.

Hector Guimard, musée d'Orsay, 1992, éd. de la RMN.

Josef Hoffmann, l'œuvre architecturale, par E. F. Sekler, Liège, 1986.

Adolf Loos. Leben und Werk, par B. Rukschcio et R. Schachtel, Salzbourg, 1982.

Charles Rennie Mackintosh, Architect and Artist, par R. Macleod, Londres, 1983.

Perret et l'école du classicisme structurel, par J. Abram, 2 vol., Nancy, 1985.

Antonio Sant'Elia, l'Opera completa, par L. Caramel, A. Longatti, Milan, 1987.

Otto Wagner, 1841-1918, la grande ville à croissance illimitée et l'origine de l'architecture moderne, par H. Gerretsegger, M. Peintner, Bruxelles et Liège, 1985 et 1987.

Frank Lloyd Wright Architect, 1994, New York, éd. The Museum of Modern Art.

*à lire en priorité

l'EXPRESSIONNISME
« entre figures et abstractions »

« Barbouillages épouvantables »

EDVARD MUNCH
Le Cri
1893. Tempera et pastel sur carton, 91 x 74 cm. Nasjonalgalleriet, Oslo. © AKG.

Influencé par Van Gogh, Gauguin et Lautrec qu'il découvre à Paris, Edvard Munch connaît le succès dès son retour à Oslo, en 1892. Il expose à Berlin et noue d'intenses relations avec les symbolistes.

La violence expressive de ses sujets comme de sa palette en fera une figure exemplaire mais controversée pour la jeune génération de Die Brücke. Sa technique picturale et le vif intérêt qu'il porte à la gravure sur bois marqueront fortement le mouvement expressionniste bien que plusieurs de ses membres aient reconnu d'abord en lui un artiste du Jugendstiel.

On notera cependant que Cassirer laissa entendre qu'il employât la notion «d'expressionnisme» pour distinguer l'œuvre de Munch de celle de ses contemporains. Vraie ou fausse, l'assertion souligne néanmoins combien le peintre norvégien exerça une influence considérable sur le milieu artistique germanique du début de ce siècle.

Le Cri est à ce titre une œuvre emblématique. L'angoisse comme la solitude et la mort qui traversent la toile, la vision pessimiste de la destinée humaine et la violence rythmique de ce que la critique injurieuse de la Berliner Sezession appela des «barbouillages épouvantables», peuvent à juste titre faire figures d'exergue à une introduction au mouvement expressionniste.

Plus qu'un mouvement ou une école, l'expressionnisme est un état d'esprit. À ce titre, ses origines sont antérieures à la définition historique qu'on lui reconnaît. Le mot, cependant, s'impose à partir de 1911 pour définir des artistes qui, explorant tous les domaines de la création, s'opposent à la prédominance d'un modèle esthétique que la France, depuis l'impressionnisme et bien sûr le fauvisme, a imposé.

> > >

> > > L'expressionnisme se définit donc avant tout comme une réaction esthétique et morale, et comme la reconnaissance d'une situation et d'un contexte culturel spécifiques. Mais c'est aussi l'histoire d'un mot et de ses significations. Est-ce avec l'historien de l'art Wilhelm Worringer, auteur en 1908 d'*Abstraktion und Einfühlung* (abstraction et empathie), ou avec Paul Cassirer à propos d'une œuvre de Max Pechstein, est-ce au milieu du XIXe siècle ou au salon de 1901 que naît la fortune critique du terme ? Vulgarisé dès 1911, l'expressionnisme est suffisamment vague pour qu'on y reconnaisse tout et n'importe quoi. Reste un courant esthétique et, en filigrane, l'histoire des relations entre la France et l'Est de l'Europe.

À ce titre, Van Gogh et Van Dongen, comme beaucoup d'autres, bien qu'associés à l'impressionnisme et au fauvisme puisqu'ayant vécu et exposé à Paris, semblent finalement plus proches des intentions artistiques de Die Brücke. Car l'expressionnisme n'est pas un art de l'imitation de la nature mais une libération à l'égard du réel. Il postule que la véritable réalité est en soi. Bien qu'il ne soit pas plus un concept qu'un style univoque, il est une réaction antinaturaliste. S'il ne renonce pas à la représentation, il la déforme pour en accroître le pouvoir expressif.

On notera l'opposition essentielle qui existe entre Die Brücke et Der Blaue Reiter. Au-delà du pathos angoissé et paroxystique du premier, Der Blaue Reiter conduit à l'impulsion et aux «improvisations psychiques» qui veulent libérer la peinture de sa soumission à la représentation. La multiplicité des moyens et des styles de l'expressionnisme est à l'égal de la multiplicité du monde et de ceux qui l'habitent. L'expressionnisme ne saurait être un. Il ne s'agit pas d'un programme. Kirchner l'annonce lorsqu'il grave sur bois ce qui fait figure de manifeste de Die Brücke, en 1906 : «Est des nôtres quiconque exprime, sans détour et en toute authenticité, ce qui suscite en lui le pouvoir créateur.» Die Brücke demande ainsi à Nolde de s'y joindre : la notion de travail collectif préoccupe > > >

56

« Ce qui est grand dans l'homme, c'est qu'il est un pont... »

KARL SCHMIDT-ROTTLUFF
Autoportrait avec monocle
1910. Huile sur toile, 84 x 76,5 cm. Nationalgalerie, Berlin.

Né à Rottluff en 1884, il rencontre Heckel en 1901 et suit, entre 1905 et 1906, des cours d'architecture à Dresde où il retrouve Kirchner. D'une vaste culture alliant à la poésie un vif intérêt pour Nietzsche, Schmidt-Rottluff propose le mot de Die Brücke, inspiré par le prologue d'*Ainsi parlait Zarathoustra* : «Ce qui est grand dans l'homme, c'est qu'il est un pont et non une fin. Ce qui peut être aimé en l'homme, c'est qu'il est une transition et un déclin». Bien qu'à l'origine du mouvement et proche de ses manifestations à Berlin, où il s'installe en 1911, Schmidt-Rottluff préfère à la grande ville «l'air vif de la Baltique», lui permettant d'exprimer «la tension entre l'au-delà et l'ici-bas». Mobilisé en 1915, il ne repeint qu'en 1919. Quelque vingt ans plus tard, ses œuvres seront exhibées à Munich dans l'exposition Entarte Kunst.
L'Autoportrait avec monocle, marque l'affirmation du style de l'artiste. Le cerne noir délimite le contour de la figure. Les aplats de couleur comme la simplification de la représentation témoignent du lien entre peinture et gravure que Schmidt-Rottluff pratiqua sa vie durant.

« Créer à partir du désordre... »

ERNST LUDWIG KIRCHNER
Scène de rue à Berlin
1913. Huile sur toile, 121 x 95 cm. Brücke-Museum, Berlin. © AKG.

«**N**ous acceptons avec nous tous ceux qui traduisent immédiatement, spontanément, sans falsification ni sophistication, ce qui les pousse à créer.» Le programme de Die Brücke n'est certes pas bien arrêté mais Kirchner qui l'imprime en 1906 nous éclaire sur ses buts. Influencé à Munich par Obrist, Kirchner découvre l'œuvre de Rembrandt puis la gravure sur bois de Vallotton et Munch. Il achève ses études d'architecture en 1905.

Privilégiant le travail commun en atelier, il fonde avec Heckel et Schmidt-Rottluff Die Brücke. Dès 1906, le groupe s'élargit et se fait connaître par des expositions à travers l'Allemagne. À Berlin, en 1910, à la Neue Sezession, Die Brücke apparaît comme le mouvement chef de file de l'avant-garde allemande. Kirchner s'installe alors dans la métropole où il réalise de nombreuses scènes de rue, de cirque ou de music hall, dans une écriture amplifiée et déformée que lui-même qualifie d'«hiéroglyphe».
L'expérience de la ville moderne, criarde et violente, comme la volonté de «mettre à nu la contre nature» le conduisent à vouloir «créer un tableau de l'époque à partir du désordre». Dès 1917, suite à la maladie et à un accident, il se retire à Davos où il se suicide en 1938.

« DES TOILES INOFFENSIVES OU CANDIDES

« Tempêtes de couleur »

EMIL NOLDE
La Danse du veau d'or
1910. Huile sur toile,
90 x 105,5 cm. Bayerische
Staatsgemäldesammlungen,
Munich.

Formé au travail du bois et au dessin technique à Karlsruhe, Nolde enseigne, entre 1892 et 1898, les arts décoratifs et le modelage à Saint-Gall. Il découvre alors Hodler et Böcklin et réalise une série de masques grotesques ainsi que sa première peinture à l'huile *les Géants de la montagne.* Après plusieurs voyages à travers l'Europe, «afin d'acquitter son tribut envers (ses) tempêtes de couleur», Die Brücke invite Nolde à participer à leur groupe qu'il quitte dès 1907 pour rejoindre jusqu'en 1910 la Sezession à Berlin.
Il peint en 1909 ses premiers tableaux religieux et, en 1910, s'oppose violemment à Max Liebermann, président de la Sezession, dont il se sépare. En voyage en Hollande et en Belgique, il se familiarise avec l'œuvre de Van Gogh et rencontre J. Ensor. Il commence alors *la Vie du Christ* et participe à la seconde exposition du Blaue Reiter à Munich.
Peintre jusqu'en 1909 de la réalité visible, il s'efforce alors «d'ajouter à la nature de nouvelles valeurs en y projetant sa propre vie affective et intellectuelle». S'il décrit le vacarme et le tumulte de la ville, il exprime par la couleur pure qu'il manipule tant avec ses pinceaux que ses doigts, sa ferveur et son mysticisme en des tableaux dramatiques et caricaturaux. *La Danse du Veau d'or,* extatique et dionysiaque, témoigne de la fascination de l'artiste pour le primitivisme. En 1913, Nolde prendra part à une expédition anthropologique dans les îles allemandes du Pacifique.

« Stridence des accords »

KEES VAN DONGEN
La Danseuse indienne
1907. Huile sur toile, 100 x 81 cm
Collection particulière,
Lausanne.

Né près de Rotterdam où il suit les cours de l'Académie en 1895, passionné par l'œuvre de Franz Hals et de Rembrandt, il dessine pour le compte de différents magazines : ses études de scènes de port ou de filles de joie font scandale. Il arrive à Montmartre

en 1897, donne encore de nombreuses aquarelles à différentes revues comme *l'Assiette au beurre, l'Indiscret, le Rabelais* et se lie à Félix Fénéon et découvre les Nabis et le divisionnisme.
À la veille du scandale de «la cage aux fauves», les caractéristiques stylistiques et thématiques de son œuvre sont nettement affirmées : stridence des accords chromatiques, espaces vides auréolant le sujet, primauté des sujets inspirés du cirque Médrano, comme dans *la Danseuse indienne.*
En 1908, Van Dongen envoie, à l'initiative de Pechstein, des dessins à la Brücke. Son style présente alors davantage d'affinités avec les peintres expressionnistes allemands qu'avec le fauvisme et témoigne, d'une certaine façon, de la fragilité et des tensions ayant existé entre les deux mouvements.

57

« État édénique et érotisme désenchanté »

OTTO MUELLER
Deux Jeunes Filles nues dans un paysage
Vers 1924. Huile sur toile,
100 x 138 cm.
Collection Thyssen
Bornemisza, Lausanne.

Lithographe puis élève de l'Académie de Dresde entre 1894 et 1896, Mueller mène une existence itinérante jusqu'en 1908, date à laquelle il séjourne à Berlin et devient, deux ans plus tard membre de Die Brücke. Son style se transforme alors, délaissant le symbolisme «naturiste» de ses premières œuvres pour un dessin aigu aux angles vifs. Le thème du nu devient son sujet de prédilection. Campé librement et naturellement, le corps est ainsi un défi aux poses rigides de l'Académie. Il incarne la vie libre en opposition aux principes de la morale bourgeoise. Gauguin, cette fois encore, sert de modèle plastique et spirituel. Entre nostalgie d'un état édénique et érotisme désenchanté, Mueller, d'ascendance maternelle tzigane, privilégie les modèles bohémiens.
Travaillant souvent à la détrempe sur une toile au grain grossier, il témoigne aussi de son vif intérêt pour l'art des Égyptiens et la surface mate qu'ils obtenaient. «Tranquille [...] et comme intouché par l'agitation et l'effroi de son temps, précise Wolf-Dieter Dube, Mueller alla son chemin, sauvegardant toujours dans son œuvre l'harmonie sensuelle de sa vie».

ONT RAREMENT DE LA VALEUR » Nolde

> > > ses membres. À la recherche d'une sensation originelle, ils célèbrent l'homme nouveau du *Zarathoustra* de Nietzsche. À la veille de 1914, alors qu'ils croient encore à la nécessité d'une expérience commune, les membres de Die Brücke se divisent. La profession de foi qui les unit se disloque en 1913 dans Berlin où la réalité du quotidien les a installés. La guerre achève de les séparer.

À Munich, en décembre 1911, quarante-trois œuvres contribuent, à l'initiative de Franz Marc, Gabriele Münter et Vassily Kandinsky, «à montrer combien le désir de l'artiste s'exprime sous des aspects multiples». C'est, après les dissensions de la Neue Künstler-Vereinigung München (NKVM, nouvelle association des artistes munichois), la première contre-exposition du Blaue Reiter. En mars 1912, augmentée de quelques noms, la même manifestation constitue, sous l'égide du critique et marchand Herwarth Walden, la première manifestation du Sturm. L'exposition du Blaue Reiter est le point culminant de la démarche de Marc et Kandinsky, bientôt rejoints par de nombreux artistes. L'un et l'autre tendent vers une peinture non figurative et cherchent une «synthèse». Après l'expérience de la nature à Murnau, où la couleur se libère de son rôle mimétique, et la dissolution de la NKVM, en décembre 1912, les fondements de l'abstraction se précisent. Kandinsky écrit :«À une heure inconnue, d'une source qui nous est aujourd'hui fermée, l'œuvre cependant vient au monde, inéluctablement.» Marc, de son côté, entrevoit «l'intériorité entièrement spiritualisée et dématérialisée de la sensation».

En 1910, Kandinsky termine son texte *Du spirituel dans l'art*, publié en 1912. Le titre précise d'emblée combien seule «la nécessité intérieure» dicte le devoir de l'artiste. Pour s'émanciper de toute représentation, «impressions», «improvisations» et «compositions» gomment progressivement toute référence possible au réel et conduisent Kandinsky, en 1913, à des œuvres totalement non-figuratives. Le spectateur découvre l'abstraction. <

« Une harmonie traversée de dissonances »

ALEXEIJ VON JAWLENSKY
Jeune Fille aux pivoines
1909.
Huile sur carton, 101 x 75 cm. Von der Heydt - Museum, Wuppertal. © AKG.

Jawlensky quitte Saint Petersbourg en 1890 pour l'Allemagne et la France où il expose, par l'intermédiaire de Diaghilev, au salon d'Automne. Il y rencontre Matisse qu'il qualifie de «plus grand peintre vivant». De retour à Munich en 1907, il s'initie au cloisonnisme et se lie d'amitié avec Kandinsky et sa compagne le peintre Gabriele Münter. Ensemble, ils travaillent à Murnau. Il peint alors des paysages au symbolisme tragique et vigoureux. Avec Kandinsky, il contribue à la fondation de la NKVM à laquelle il participe jusqu'en 1912. Proche de Nolde, il expose au Sonderbund à Cologne ainsi qu'à la première exposition du Blaue Reiter à la galerie Der Sturm.

Alors qu'à partir de 1911, se souvenant des icônes russes, Jawlensky se consacre essentiellement au portrait, les «harmonies traversées de dissonances» qu'il réalise à l'époque de la NKVM, témoigne de sa volonté d'exprimer les idées du manifeste du groupe : «Nous partons de l'idée que l'artiste, en dehors des impressions qu'il reçoit du monde extérieur, de la nature, accumule continuellement des expériences dans son monde intérieur, il est en quête de formes artistiques qui doivent être libérées de tout élément accessoire pour n'exprimer que le nécessaire.»

« Travaux absolument misérables »

FRANZ MARC
La Vache jaune
1911. Huile sur toile, 140 x 190 cm. The Solomon R. Guggenheim Museum, New York.

Né en 1880, Marc étudie la théologie puis la peinture à l'Académie des Beaux-Arts de Munich. En France en 1903, il découvre les impressionnistes et se lie d'amitié avec August Macke qui l'initie à la peinture des fauves. Membre de la NKVM aux côtés de Kandinsky, il fonde avec lui Der Blaue Reiter. En octobre 1912, il part avec Macke de nouveau pour Paris pour rencontrer Robert Delaunay dont il admire «les rythmes absolus de la nature». Il meurt à Verdun en 1916. *La Vache jaune* figure à la première exposition du Blaue Reiter. Marc privilégie depuis 1907 les sujets animaliers. Le mouvement eurythmique suggère l'épanouissement de l'animal au sein des lois et des rythmes absolus de la nature et du cosmos. Le jaune, dominant, est décrit par Kandinsky comme une couleur «typiquement terrestre». Cette toile donna lieu à de très vives discussions au sein de la NKVM et incita également Marc à en démissionner. Alexander von Kanodt, un de ses membres, qualifia *la Vache jaune* et *Chevreuil dans la forêt* de «travaux absolument misérables».

« CONTRASTES ET CONTRADICTIONS,

« Plénitude de la couleur »

VASSILY KANDINSKY
Murnau avec église
1910. Huile sur toile, 96 x 105 cm. Stedelijk van Abbemuseum, Eindhoven.

Après des études juridiques à Moscou, Kandinsky est fasciné dès 1895 par la découverte des impressionnistes et de la série de tableaux de Monet *Tas de foin,* parce qu'à première vue il n'en distingue pas le sujet. Il se consacre alors à des problèmes que pourrait poser une peinture privée de toute représentation. Il s'installe en 1896 à Munich. De nombreux artistes y préparent l'éclosion d'un art «qui ne devait rien signifier, rien représenter, ni rien évoquer». Après s'être inscrit à l'Acadé-mie des Beaux-Arts, il enseigne à l'école du groupe Phalanx, dont il est président, entre 1902 et 1904. Art nouveau et néo-impressionnisme déterminent l'évolution de son œuvre. De 1903 à 1908, il voyage en Europe et expose tant à la Sezession, au salon d'Automne et à la deuxième exposition de Die Brücke, à Dresde, en 1906. De retour à Munich en 1908, il s'installe avec Gabriele Münter, Jawlensky et Marianne von Werefkin à Murnau. De cette période datent les nombreux paysages où, au-delà de l'influence de Cézanne et Matisse, Kandinsky s'attache à se libérer de la représentation par la force et la plénitude de la couleur. L'art populaire bavarois l'aide à trouver de nouveaux moyens de simplification. Kandinsky est alors près de «réaliser la synthèse entre la réalité extérieure et le monde intérieur de l'artiste».

« Représentation de conflits »

VASSILY KANDINSKY
Avec l'arc noir
1912. Huile sur toile, 189 x 198 cm. Paris, centre Georges Pompidou, MNAM. © centre Georges Pompidou, MNAM/CCI.

Selon Christian Derouet et Jessica Boissel, l'idée qui servit de point de départ à la réalisation de cette œuvre exceptionnelle naît d'un petit croquis au crayon intitulé *Mit reiter von links unten* (avec un cavalier venant d'en bas à gauche), dessin que Rœthel considère comme une étude pour une gravure sur bois, prévue pour le livre *Klänge* (sonorités), et qui ne fut pas utilisée.
Johannes Langner a consacré au tableau une analyse approfondie, qui porte un titre emprunté à une phrase extraite de *Du spirituel dans l'art* : «Contrastes et contradictions, telle est notre harmonie.» Langner explique ainsi que la «représentation de conflits» est le sujet principal de l'œuvre. Le thème du cataclysme, comme de l'affrontement et de la lutte, apparaissait déjà en 1901, lorsque Kandinsky organisait la première exposition du groupe «Phalanx». Achevé entre fin août et les premiers jours de septembre 1912, *Avec l'arc noir* suggère des forces en mouvement, est à la fois la synthèse des œuvres qui précèdent et le programme des œuvres à venir.

« J'ai un penchant pour les formes abstraites »

VASSILY KANDINSKY
Sans titre
1910. Mine de plomb, aquarelle et encre de Chine, 49,6 x 64,8 cm. Paris, centre Georges Pompidou, MNAM.

Cette aquarelle a été l'objet de nombreuses polémiques pour déterminer si Kandinsky avait été «l'inventeur» de l'art abstrait. Les études récentes ont suggéré qu'il l'avait signée postérieurement. S'agit-il là d'une œuvre purement abstraite ? Kandinsky a toujours souligné la polarité existant entre «abs-

traction pure» et «réalisme pur». Dans deux citations réunies par Von Tavel, l'artiste précise : «Mon livre *Du spirituel dans l'art,* de même que *le Cavalier bleu,* avait surtout pour but d'éveiller cette capacité, qui sera absolument nécessaire dans le futur et rendra possible des expériences infinies de vivre le spirituel dans les choses matérielles et abstraites.» Et, en avril 1912, à Hans Blœsch : «Comme tout, dans le monde, agit par l'intérieur, dans les profondeurs de l'âme, n'importe quel matériel peut servir un but artistique [...] Personnellement, j'ai un penchant pour les formes abstraites. Il me semble aussi qu'en dernier lieu – disons dans un avenir indéfini – la peinture avance dans la direction d'un art pictural "pur" (c'est-à-dire non-figuratif).»

TELLE EST NOTRE HARMONIE » Kandinsky

Chronologie 1896-1914

En regard du sujet traité, les éléments de cette chronologie sont essentiellement consacrés aux événements et réalisations en Allemagne et en Europe.

1905-1907. Ernst Ludwig Kirchner, affiche pour l'exposition de Die Brücke à la galerie Arnold. © AKG Paris.

1910. Arnold Schönberg, *le Regard rouge,* huile sur carton, Städtische Museum, Munich.

1911. Vassily Kandinsky, couverture de l'almanach du Blaue Reiter. Collection Firmengruppe Ahlers. © AKG Paris.

1896
V. Kandinsky, d'origine russe, s'installe en Allemagne, et crée cinq ans plus tard, le groupe d'artistes et l'école de peinture Phalanx qui sera dissoute en 1904.

1900
• Mort de F. Nietzsche.

1905
• Heinrich Mann publie *Professeur Unrat.*
Dresde : E. L. Kirchner, F. Bleyl, E. Heckel et K. Schmidt-Rottluff créent, influencés par Nietzsche, l'association Die Brücke.

1905-1906
Dresde : expositions Van Gogh et Munch.

1906
• G. Trakl fait jouer *le Jour des morts* et *Fata Morgana.*
• Ernst Cassirer publie *le Problème de la connaissance dans la philosophie et la science de l'époque moderne.*
E. L. Kirchner écrit et grave sur bois le programme de Die Brücke.
E. Nolde rejoint le groupe Die Brücke pour dix-huit mois; M. Pechstein en devient également membre jusqu'en 1912.
Frank Wedekind publie *la Danse de mort.*
Ouverture d'une exposition Die Brücke à Dresde.

1906-1907
Nolde peint sa série des *Jardins.*
Kandinsky s'installe à Paris et découvre l'art de Matisse et de Picasso.
Septembre : ouverture d'une exposition à Dresde.

1908
K. Van Dongen adhère à Die Brücke.
Kandinsky s'installe en Bavière à Murnau où il est rejoint par deux Russes : A. von Jawlensky et M. von Werefkin.
Kandinsky et sa compagne Gabriele Munter sont influencés par l'art populaire bavarois. Kandinsky abandonne la mythologie russe.
L'historien d'art W. Worringer publie à Munich *Abstraktion und Einfühlung* (abstraction et empathie).
Exposition conjointe des fauves et de Die Brücke à la galerie Richter.

1909
Kirchner et Pechstein réalisent après Heckel des sculptures de bois taillé.
Kandinsky, G. Munter, Jawlensky et Werefkin fondent la Neue Künster-Vereinigung München (N.K.V.M. : nouvelle association des Artistes munichois).

1910
Mueller rejoint Die Brücke.
Pechstein, membre de la Sécession berlinoise depuis 1908, crée la Nouvelle Sécession.
Nolde peint sa série de *Mers d'automne.*
H. Walden crée la revue *Der Sturm* (la tempête), qui paraîtra jusqu'en 1932.
V. Kandinsky rédige *Du Spirituel dans l'art,* qui sera publié en 1912.

1911
• F. Pfemfert crée l'hebdomadaire politique et littéraire *Die Aktion.*
Kirchner, Heckel et Schmidt-Rottluff quittent Dresde pour Berlin, où ils rejoignent Pechstein de retour de France.
Munich : Kandinsky, Munter et Marc organisent sous le nom de Blaue Reiter, une exposition contre la N.K.V.M. à la galerie Tannhauser.

1912
• G. Benn publie *Morgue.*
• Thomas Mann publie la Mort à Venise.
Pechstein est exclu de Die Brücke par Kirchner pour avoir participé à une exposition de l'ancienne Sécession.
Publication de *l'Almanach du Blaue Reiter.*
Jawlensky quitte la NKVM et se fixe en Suisse à partir de 1914.
Kandinsky publie *Du spirituel dans l'art* et entretient des liens étroits avec le compositeur viennois, A. Schönberg.
Marc et Macke rencontrent Robert Delaunay à Paris. Marc, mobilisé en 1914, sera tué à Verdun en 1916.
Munich : seconde et dernière exposition sous le nom du Blaue Reiter à la galerie Goltz.

1913
Berlin : Kirchner publie *Chronique de Die Brücke* qui conduit, devant le refus d'accréditer le texte, à la dissolution du groupe.
Nolde peint sa série des *Mers.* Il part jusqu'à la guerre dans le Pacifique Sud.
Kandinsky publie *Regard sur le passé* et *Sonorités.*

1914
Avril : Macke séjourne deux semaines en Tunisie avec Moilliet et Klee . Il meurt sur le front le 8 août.
Kandinsky retourne en Russie où il occupera d'importantes fonctions à l'issue de la Révolution. Il regagnera l'Allemagne en 1921.
Réédition de *l'Almanach du Blaue Reiter,* le projet d'un deuxième volume n'ayant pu être mené à bien.

Études sur l'expressionnisme
W. D. Dube, *Journal de l'expressionnisme,* Genève, 1983, éd. Skira.
D. E. Gordon, *Expressionism : Art and Idea,* New Haven - Londres, 1987, University Press.
H. Jähner, *Die Brücke, naissance et affirmation de l'Expressionnisme,* Paris, 1992, éd. Cercle d'art.
V. Kandinsky et F. Marc, *Almanach du Cavalier bleu,* Paris, 1981, éd. Klincksieck.*
L. Richard, *Expressionnistes allemands,* Paris, 1974, éd. de la Découverte.
L. Richard, *Encyclopédie de l'expressionnisme,* Paris, 1993, éd. Somogy.*
S. Sabarsky, *la Peinture expressionniste allemande,* Paris, 1990, éd. Herscher.
A. Zweite, R. Gollek, *Der Blaue Reiter im Lembachhaus München,* Munich, 1982, Prestel-Verlag München.
J.-E. Müller, *l'Expressionnisme, dictionnaire de poche,* Paris, 1972, éd. Hazan.
J.-M. Palmier, *l'Expressionnisme et les arts, portrait d'une génération,* Paris, 1979, éd. Payot.

Principales expositions et catalogues
1968, *Fauves and Expressionists,* New York, Leonard Hutton galleries, Lenmore Press.
1978, juil.-nov., *Paris-Berlin, rapports et contrastes France-Allemagne,* Paris, MNAM, éd. du centre G. Pompidou.
1986, nov.-fév., *le Cavalier Bleu,* Berne, musée des Beaux-Arts.
1992, *l'Expressionnisme,* Paris, MAMVP, éd. Paris-Musées.*

Où voir les œuvres
France
Musée national d'Art moderne, Paris.
États-Unis
MoMA, New York.
Solomon R. Guggenheim, New York.
Europe
Brücke-Museum, Berlin.
Nationalgalerie, Berlin.
Museum Ludwig, Cologne.
Lemhbrück Museum, Duisbourg.
Kunstsammlung Nordrhein-Westfalen, Dusseldorf.
Museum Folkwang, Essen.
Sprengel Museum, Hanovre.
Staatsgalerie moderner Kunst, Munich.
Städtische Galerie im Lembachhaus, Munich.
Musée de l'Ermitage, Saint-Pétersbourg.
Von der Heydt Museum, Wuppertal.

* à lire en priorité.

DADA

« entre guerre et paix »

«**Q**ue monsieur Mutt ait fabriqué la fontaine de ses propres mains ou non est sans importance. Il l'a CHOISIE. Il a pris un objet de la vie quotidienne, l'a mis en situation au point de faire oublier sa fonction et sa signification utilitaires sous un nouveau titre et un nouveau point de vue – et a créé une pensée nouvelle de cet objet.»
Ainsi s'exprime l'éditorialiste du second numéro de la revue *The Blind Man,* probablement Duchamp lui-même. Il y a bien un «cas Richard Mutt» puisque la presse en parle et que l'objet du délit a été photographié par Alfred Stieglitz dont la personnalité, en tant qu'artiste et protagoniste de l'art moderne aux États-Unis, est le gage du sérieux de l'affaire.
L'envoi, cependant, n'aurait pas dû prêter à conséquences. La société des Artistes indépendants s'interdit la censure et prône l'admission libre. La

Fontaine de M. Mutt est pourtant refusée, prenant ainsi à son propre piège le comité organisateur. L'objet, croit-on, n'a pas choqué mais le nom de l'auteur qui, dans le langage courant, signifie tout autant «imbécile» que «bâtard», a sans doute laissé perplexe.
Duchamp, en guise de protestation, donne sa démission du comité. Il ne peut accepter qu'on refuse «au nom de la loi» ce que lui-même, insidieusement, a expédié «au nom de l'art».

Pacifiste et internationaliste, Dada veut stigmatiser la bêtise, dénoncer le non-sens comme la vanité. Sans esprit de système, il ferraille sur tous les terrains. Avec le boxeur-poète Arthur Cravan, Dada est agressif et irrévérencieux; il est refus de synthèse avec Francis Picabia; éloge du comportement avec Marcel Duchamp, objecteur de conscience, mystifiant et mystique avec Hugo Ball; militant avec Richard Huelsenbeck; poésie et invention avec Max Ernst... Tristan

> > >

> > > Tzara ajoute : «Dada est notre intensité. Dada est l'art sans pantoufles ni parallèles, qui est contre et pour l'unité et décidément contre le futur.» Car Dada veut et va vivre au présent : né le 5 février 1916 à Zurich, au cabaret Voltaire, il rallie tout de suite à lui des artistes comme des intellectuels en exil. Deux Allemands, Hugo Ball et Richard Huelsenbeck; deux Roumains, Tristan Tzara et Marcel Janco; un Alsacien, Jean Arp. C'est le noyau dur. Il prend corps «dans le but de rappeler qu'il y a, au-delà de la guerre et des patries, des hommes indépendants qui vivent d'autres idéals».

Tous ont en commun l'horreur de la guerre et le sens de l'absurde. De 1916 à 1919, Tristan Tzara incite à la table rase. Il conduit le mouvement et l'oriente. Il organise des soirées qui seront toutes autant de champs de bataille. Il expérimente et engage au doute méthodique. Quelque vingt ans plus tard, Huelsenbeck le lui reproche : Dada devait préserver sa dimension militante et révolutionnaire. Mais, Dada se transporte et renaît à Berlin. Dans l'Allemagne vaincue, il se veut spontanément au service du prolétariat révolutionnaire. Les tracts et les pétitions se succèdent. Raoul Hausmann, poète bruitiste et «photomonteur», s'associe à son action. Dans un nouveau *Manifeste*, les dadaïstes berlinois se demandent ce que veut le dadaïsme. «Dada, répondent-ils, est le bolchevisme allemand.» George Grosz envoie ses caricatures d'une Allemagne estropiée, John Heartfield et Hannah Höch, leurs collages accusateurs. À Berlin, Dada refuse «l'art pour l'art» et prône la révolution totale. La Première Foire internationale de juin 1921 parachève la révolte politique qui finit par absorber Dada qui se fane à Berlin pour renaître à Cologne, où Johannes Theodor Baargeld et surtout Arp et Ernst construisent ensemble leurs *FaTaGaGas*, s'opposent à la politisation du mouvement et réconcilient Dada avec l'acte poétique en inventant, avec le collage, «une réalité parallèle». Quand l'un et l'autre sont happés par Paris, Dada se métamorphose alors à

> > >

62

« Je n'ai rien fait et je signe... »

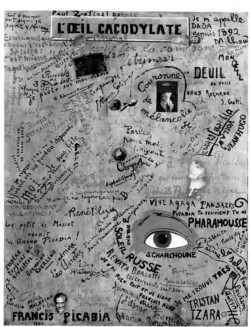

FRANCIS PICABIA
L'Œil Cacodylate
1921. Huile et encre sur toile avec collage, 146,8 x 117,4 cm. Paris, centre Georges Pompidou, MNAM. Photo centre Georges Pompidou, MNAM/CCI.

L'une des plus importantes œuvres de Picabia reste sans doute l'une de celles où il a le moins porté la main. Atteint d'un zona oculaire, ce qui, somme toute, reste une déveine pour un peintre, Picabia réunit ses complices de tous poils pour un antitableau. Sur l'écru de la toile où, d'une belle manière égyptienne, Picabia a peint l'objet de ses tourments, la cohorte des perturbateurs et autres malappris s'épanche librement. Le tout est parsemé de photographies dont une est un portrait rigolard de l'instigateur de cette veine potache.

Tzara est de la partie comme beaucoup d'autres qui confèrent à la «chose» l'allure d'un tract collectif. Une année plus tard, le «rastaquouère» quitte Dada bruyamment. Le poète de *la Fille née sans mère* refuse, comme l'écrit plus tard Arp, toute «trace des éponges desséchées de la rhétorique, plus aucune phrase miroitante, plus aucun trompe-l'œil dans un soutien-gorge».

« Le dérisoire le dispute au scandaleux »

FRANCIS PICABIA
Danse de Saint-Guy (Tabac-Rat)
1919-1920/1946-1949. Carton, encre et ficelle dans un cadre, 104,4 x 84,7 cm. Paris, centre Georges Pompidou, MNAM. Photo centre Georges Pompidou, MNAM/CCI.

Des trois œuvres proposées par Picabia au salon des Indépendants de 1922, seule *Danse de Saint-Guy* est acceptée. Faut-il voir dans le cadre doré la trace d'une œuvre digne d'intérêt ? Les ficelles restent-elles le gage de quelque effort plastique ? Et les bribes de textes dotent-elles l'ensemble d'une aura poétique ? Picabia assurera qu'il souhaitait que l'œuvre fût suspendue pour échapper à toute pesanteur. On prévoyait aussi des souris blanches qui auraient actionné une roue placée à l'arrière de l'étrange machine. *Danse de Saint-Guy* fut détérioré, la ficelle et les mots de ce poème en liberté, remplacés par d'autres pour la nouvelle «exhibition» de l'œuvre après guerre. Aux inscriptions originales «Tabac/Je me couche/Quel beau soleil», succèdent désormais : «Danse de Saint-Guy/ Tabac-Rat/Francis Picabia». Entre espace du langage et langage dans l'espace, à l'instant d'un retour à une singulière figuration, «le dérisoire, écrit Serge Lemoine, le dispute au scandaleux».

« IL N'Y A RIEN À COMPRENDRE,

« Tu m'emmerdes »

MARCEL DUCHAMP
Tu m'
1918. Huile sur toile avec
un goupillon et des épingles
de sûreté, 70 x 312 cm.
New Haven,
Yale University Art Gallery,
don de Katherine Dreier. DR.

Cinq ans après avoir terminé
sa dernière peinture à l'huile,
Duchamp semble y revenir pour
un adieu définitif en réalisant
Tu m', une composition longi-
forme qu'il exécute pour la
bibliothèque de son amie

Katherine Dreier dans le
Connecticut. Le titre à lui seul
résume l'état d'esprit de celui
qui refuse de se laisser «intoxi-
quer par la térébenthine».
Reprenant à son compte les
principes d'illusions optiques
sur lesquels se fondaient
les œuvres qu'il dénonçait,
Duchamp exécute là le plus
parfait des trompe-l'œil. Entre
gammes de couleur s'étirant
chronophotographiquement
sur la surface de la toile, ombres
de ready-made saisis en différentes positions, faux trou,

véritables épingles de sûreté et
goupillon prêt à blesser celui
qui se prendrait «à regarder
d'un œil de près», *Tu m'* est
une machinerie complexe où
«optique de précision» et peinture d'enseignes réalisée sur la
toile par un artiste invité, se
disputent un savoir-faire artisanal et mécanique.
D'«anartiste», Duchamp devient «ingénieur». *Tu m'* ne
s'adresse pas tant à son commanditaire qu'à une certaine
finalité de l'art désormais au
«magasin des accessoires».

« L'homme rayon »

MAN RAY
La Femme
1920. Épreuve aux sels
d'argent, 38,8 x 29,1 cm.
Collection privée, Milan.

«**L**'homme rayon» vient à Dada
après avoir découvert les
œuvres de Duchamp dans le
cadre de la célèbre exposition
de l'Armory Show organisée à
New York en 1913.
Né à Philadelphie, il étudie à
New York, notamment au
centre Ferrer créé par des sym-
pathisants anarchistes et liber-
taires. Formé aux idées de
Henry Thoreau comme à celles
de Walt Whitman, Man Ray
contribue alors au développement d'une avant-garde
américaine. À Ridgefield
entre 1913 et 1915, il se lie à
de nombreux poètes et théoriciens qui le conduisent à l'élaboration de différentes peintures et collages qu'il expose
la même année. Devant la
nécessité de fournir des photographies, il constate que
«personne n'est mieux qualifié
pour cette tâche que le peintre
lui-même». Ainsi Man Ray

devient-il photographe de lui-
même et des autres sans pour
autant jamais abandonner une
œuvre qu'il veut entière disciple de l'expérience. La découverte quasi accidentelle de l'aé-
rographe, les *Rayogrammes*
et les solarisations ne doivent
pas pour autant faire oublier
que, complice de Duchamp et

de Picabia, Man Ray veut
d'abord dévisager l'ambiguïté
fondamentale du monde. Refusant les conventions de la perspective classique, il souligne
dans ses premières photographies d'avant 1920 «l'indéter-
mination du réel photographié»
et sa volonté de le dénaturer.

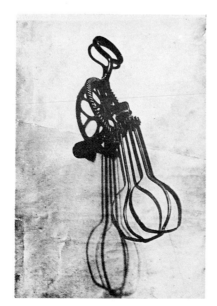

« Un ready-made sans cesse en mouvement »

MARCEL DUCHAMP
*La Mariée mise à nu par
ses célibataires, même
(le Grand Verre)*
1915-1923.
Huile, vernis, feuille de plomb,
fil de plomb
sur deux panneaux
de verre (brisés),
277 x 175,5 cm.
Philadephia Museum of Art,
Don de Katherine Dreier. DR.

Synthèse des réflexions et spé-
culations menées par Duchamp
à partir de 1915, *la Mariée...* sera
laissée inachevée ou en suspens en 1923. Fêlée, elle ne
sera pas restaurée et subsiste

comme telle, entre transparence
et hermétisme. Pareille à une
plaque photographique, l'œuvre
suggère pour Breton «une interprétation mécaniste, cynique du
phénomène amoureux».
Réalisée à la peinture et au
plomb, elle se dresse, énigmatique, et n'en finit pas de suggérer une cohorte d'analyses
sur les mécanismes conjugués
de l'érotisme et de la vision.
Parce qu'inachevé et donc inac-
compli, *le Grand Verre* oppose
à la fixité de sa mise en scène,
sa constante porosité au monde
en mouvement que le spectateur
saisit à travers lui. Robert Lebel
y reconnaît «un ready-made sans
cesse en mouvement».

VIS POUR TON PLAISIR » Picabia

> > > Hanovre sous l'égide de Kurt Schwitters. Bientôt rejoint par Hausmann, Schwitters est pour Huelsenbeck «un génie en redingote». Contre l'antiesthétique du mouvement, Schwitters invente le *Merz*, une forme de mythe de synthèse entre espace plastique et art poétique. En marge, à la recherche d'une objectivation du hasard comme d'un art total qui s'incarne dans son *MERZbau*, «entre Cathédrale et Cabinet du Docteur Caligari», Schwitters porte l'expérience artistique, dans l'instant où il se lie aux mouvements constructivistes, à son plus haut degré d'utopie. Mort en Allemagne, Dada revit dans le Paris des années 20. Louis Aragon, André Breton et Philippe Soupault se mettent à Dada «comme on se met au régime». Avant de fonder avec *Littérature,* en 1919, leur propre revue, ils trouvent en Dada, outre un comportement, une réflexion sur le langage et sa valeur d'usage. Après Rimbaud, Jarry et les Incohérents, Dada devient à Paris une affaire de paroles, de mots et d'écriture, comme une offensive antibourgeoise.

Au salon des Indépendants, Dada rencontre l'antitriomphe qu'il recherche. Émeutes et scandales se succèdent. Dada est une manière d'être comme une façon de vivre. Le 12 janvier 1921, il conclut dans le paroxysme : «Dada connaît tout. Dada crache tout... Dada ne parle pas. Dada n'a pas d'idée fixe. Dada n'attrape pas les mouches... Le Ministère est renversé. Par qui ? Par Dada. Une jeune fille se suicide. À cause de quoi ? De Dada...»

À l'art pour l'art, Dada substitue irrésistiblement la confusion pour la confusion. Breton cherche une issue et veut lui faire prendre l'air. S'ensuit *le Procès de Maurice Barrès.* Picabia «le loustic» rend alors son tablier. En se prenant au sérieux, Dada signe son arrêt de mort. Duchamp, loin de tout mouvement si ce n'est celui de l'esprit, ne s'y trompe guère. Il a certes «de la sympathie pour la métaphysique dada», à laquelle il collabore quand bon lui semble, mais pas suffisamment de soumission aux groupes pour aller avec eux. <

64

« *Une reconstruction destructive* »

RAOUL HAUSMANN
ABCD (portrait de l'artiste)
1923-1924. Collage et encre de chine sur papier, 40,4 x 28,2 cm. Paris, centre Georges Pompidou, MNAM. Photo centre Georges Pompidou, MNAM/CCI.

Alors que Dada s'émancipe à Paris et se fane à Berlin, Raoul Hausmann déclare que «Dada n'était qu'un mot». Mais avec lui, l'éclosion internationale du mouvement trouve une dimension singulière, mêlant à l'activisme politique des recherches aussi bien plastiques et poétiques que typographiques. Pratiquer une «reconstruction destructive», suggérer des contenus nouveaux par des matériaux incongrus, confondre les genres, inventer des techniques inédites l'amène à devenir «l'iconoclaste le plus agressif d'images préfabriquées». Le photomontage comme l'assemblage seront ainsi ses techniques de prédilection. *ABCD* constitue un portrait souvenir de l'activité dada de l'artiste et de ses amis au début des années 20. La bouche hurle les premières lettres de l'alphabet au milieu d'un pêle-mêle de papiers découpés, d'éléments typographiques, de tickets du Kaiser Jubilee et d'un billet de banque tchèque évoquant une «action» avec Schwitters à Prague, ainsi que le coupon d'une manifestation *Merz* à Hanovre en 1923, au cours de laquelle Hausmann lut ses poèmes phonétiques.

« *Je voulais dévoiler l'esprit de notre temps* »

RAOUL HAUSMANN
L'Esprit de notre temps (tête mécanique)
1919. Assemblage, marotte de bois et matériaux divers, 32,5 x 21 x 20 cm. Paris, centre Georges Pompidou, MNAM. Photo centre Georges Pompidou, MNAM/CCI.

«**D**epuis longtemps, j'avais découvert que les gens n'ont pas de caractère et que leur visage n'est qu'une image faite par le coiffeur. Pourquoi, alors, ne pas prendre une tête réalisée par un esprit simple et naïf, sur laquelle les apprentis coiffeurs s'exercent pour faire des perruques. Seulement l'idée ! Je voulais dévoiler l'esprit de notre temps, l'esprit de chacun dans son état rudimentaire. [...] Je pris alors une belle tête en bois. [...] Je la couronnai d'une timbale pliable. Je lui fixai un beau porte monnaie derrière. Je pris un petit écrin à bijoux et le plaçai à la place de l'oreille droite. J'ajoutai encore un cylindre photographique à l'intérieur et un tuyau de pipe. [...] Je fixai sur une règle en bois une pièce en bronze enlevée à un vieil appareil photographique suranné et je regardai. Ah, il me fallait encore ce petit carton blanc portant le chiffre 22, car évidemment l'esprit de notre temps n'avait qu'une signification numérique.»

« LA LOGIQUE EST

« Un laboratoire monoposte... »

HANS-JEAN ARP
Trousse d'un Da
1920-1921. Bois flotté
polychrome.
38,7 x 27 x 4,5 cm.
Paris, centre Georges
Pompidou, MNAM,
don Christophe Tzara.
Photo centre Georges
Pompidou, MNAM/CCI.

Complice du Blaue Reiter comme du Sturm et de Max Ernst à Cologne, Arp ne développe véritablement son œuvre que dans la proximité de Sophie Taueber qu'il rencontre à Zurich en 1915 et épouse quelque cinq ans plus tard.
Développant une activité protéiforme et, comme le suggère Alfred Barr Jr, «un laboratoire monoposte destiné à l'invention de formes nouvelles», Arp est, à suivre Marc Dachy, «le prototype même du créateur-inventeur-démultiplicateur dada, transcendant les catégories». Entre biomorphisme et élaboration d'une plastique pure, se refu-

sant à tout système, privilégiant le jeu comme le hasard et la spontanéité, son œuvre «s'éloigne de l'esthétique, à la recherche d'un autre rapport de l'homme à la nature» À Berlin, en 1918, «Arp prend part à la campagne Dada contre les armées de la Section d'or et provoque en duel tous les professeurs d'histoire

de l'art». Proche de Schwitters, avec qui il collabore à l'édification du *MERZbau*, véritable excroissance des reliefs que l'un et l'autre réalisent alors, Arp fabrique des objets incongrus faits de fragments de bois flotté trouvés sur l'île de Rumen où, en compagnie de son ami, il tente alors d'écrire un roman inachevé.

« Images contradictoires »

MAX ERNST
Deux Personnages ambigus
1919-1920.
Collage avec gouache,
60 x 40 cm. Collection particulière.

S'il est vrai que le surréalisme «n'aurait pas existé sans lui», Dada n'aurait pas trouvé sa dimension exploratrice et philosophique sans «DadaMax». Ernst appartient sans conteste à la croisée de différents courants de la culture européenne. Mais son œuvre, non sans rapport avec la méthode de libre association à laquelle invite la psychanalyse,

est une perpétuelle découverte, «une succession hallucinante d'images contradictoires, doubles, triples et multiples, se superposant les unes aux autres avec la persistance et la rapidité qui sont le propre des souvenirs amoureux et des visions du demi-sommeil». Traquant l'inattendu, Max Ernst cherche «la rencontre de deux réalités distantes sur un plan étranger à toutes deux». Hybrides, les œuvres qu'il réalise avant 1922, témoignent de l'influence de Picabia et de De Chirico. Associant volontiers le texte à l'image en de véritables tableaux-poèmes, le caractère plastique des collages de Max Ernst va changeant, au gré des sources et des découpages. Ses œuvres communes avec Arp, qu'ils intitulent *Fatagaga* (Fabrication de Tableaux Garantis Gazométriques), participent ainsi de la reconstruction d'un espace poétique, entre monde mécanique et biomorphisme.

« Maintenant, je m'appelle moi-même MERZ »

KURT SCHWITTERS
Le Tableau travailleur
1919. Collage de bois et de
papiers collés, 122,5 x 90 cm.
Moderna Museet, Stockholm.

«**J**e n'arrivais pas à voir pourquoi les vieux tickets, les bois flottés, les étiquettes de vestiaire, les fils et les morceaux de roues, les boutons et les vieux trucs trouvés dans les greniers et les poubelles ne pouvaient pas être un aussi bon matériau pour la peinture que les couleurs fabriquées en usine. C'était, tel que je l'entendais, une attitude sociale et, artistiquement parlant, une marotte personnelle et surtout cela... J'appelais mes nouvelles œuvres qui employaient de tels matériaux *Merz*. C'est la seconde syllabe de «KOM-

MERZ». Elle apparaissait dans le tableau *MERZ,* une œuvre qui montrait, en dessous de formes abstraites, le mot MERZ, découpé dans une publicité de la KOMMERZ UND PRIVAT BANK, et ensuite collé... Vous comprendrez que j'ai appelé un tableau qui contenait le mot «MERZ», *Tableau MERZ,* de même que j'ai appelé un tableau avec le mot «et» le *Tableau et* un tableau avec «travailleur» le *Tableau travailleur.* [...] J'ai plus tard étendu l'usage du mot MERZ d'abord à la poésie, car j'ai écrit de la poésie en 1917, puis à toutes mes activités annexes. Maintenant, je m'appelle moi-même MERZ.»

UNE COMPLICATION » Tzara

Chronologie 1916-1924

En regard du sujet traité, les éléments de cette chronologie sont essentiellement consacrés aux événements et réalisations en Europe et aux États-Unis.

1916. Hugo Ball récitant son poème *Karawane* au cabaret Voltaire, à Zurich. Photo fondation Arp, Clamart.

1917. Couverture du 1er numéro de la revue *The Blind Man*. Photo centre Georges Pompidou, MNAM/CCI.

1923-1936. Kurt Schwitters, vue du *MERZbau*, photographie de l'artiste.

1916

• Début de la bataille de Verdun où Franz Marc trouve la mort.
Zurich : naissance du mouvement Dada. Le 5 février Jean Arp, Hugo Ball et Tristan Tzara fondent le cabaret Voltaire. Avril : découverte du mot Dada.
Le premier et seul numéro de la revue *Cabaret Voltaire* compte parmi ses collaborateurs : G. Apollinaire, J. Arp, B. Cendrars, R. Huelsenbeck, V. Kandinsky, F. Marinetti, A. Modigliani, P. Picasso et T. Tzara.
F. Picabia s'installe à Barcelone pour quelques mois et publie les premiers numéros de sa revue *391*.

1917

• En Russie, prise du pouvoir par les bolcheviks.
Avril : arrivée à New York d'A. Cravan et de F. Picabia. Première exposition de la société des Artistes indépendants où Duchamp – alias Richard Mutt – est refusé pour sa Fontaine. Il démissionne du jury.
Mai : parution à New York des deux numéros de *The Blind Man*; première présentation du ballet d'Erik Satie, *Parade*. Le mot «sur-réalisme» apparaît dans un texte du programme écrit par Apollinaire. Premier numéro de la revue *Nord Sud* de P. Reverdy.
Zurich : ouverture de la galerie Dada.

1918

• Mars, traité de Brest-Litovsk mettant fin aux hostilités entre Russes et Allemands.
• Paris : mort de G. Apollinaire en novembre.
Duchamp réalise *Tu m'* pour Katherine Dreier. Il fondera avec elle et Man Ray en 1920 la société Anonyme.

1919

• Signature du traité de Versailles.
• Zurich : Sophie Taeuber réalise des têtes dada à partir de formes à chapeaux.
Paris : Louis Aragon, André Breton, Philippe Soupault créent la revue *Littérature* à laquelle collaboreront Paul Valéry et André Gide.
Dans son numéro d'avril, *Littérature* publie les *Poésies* d'Isidore Ducasse (Lautréamont).
À partir d'une reproduction de la Joconde, M. Duchamp réalise *L. H. O. O. Q.*

1920

• Fondation de la société des Nations.
• Démantèlement de l'empire austro-hongrois.
• Bruxelles : première exposition de René Magritte au centre de l'Art.
• Tournée des ballets suédois de R. de Maré.

New York : M. Duchamp, travesti en Rrose Sélavy, est photographié par Man Ray.
Paris : la revue *Littérature* devient le porte-parole du mouvement Dada.

1921

Berlin : procès contre les dadaïstes berlinois, J. Baader, G. Grosz, R. Schlichter et l'éditeur W. Herzfelde, inculpés d'outrage aux forces armées du Reich pour la création et l'édition du portfolio *Gott mit uns !*
Paris : première exposition de collages de M. Ernst.
Avril : ouverture de la «Grande Saison Dada».
New York : Man Ray invente les *Rayogrammes*. Il crée avec M. Duchamp la revue *New York Dada*.

1922

Paris : rupture entre A. Breton et T. Tzara qui refusait de participer au congrès de Paris organisé par Breton «pour la détermination des directives et la défense de l'esprit moderne».
Avril : T. Tzara publie un pamphlet, *le Cœur à barbe*.
La nouvelle série de la revue *Littérature* dirigée par A. Breton ouvre ses pages à Picabia. Désormais diffusée par Gaston Gallimard, elle bénéficie de l'aide de Jacques Doucet.
Rome : Hannah et Matthew Josephson font paraître la revue *Broom* d'inspiration dada et constructiviste, qu'ils installeront ensuite à Berlin.
Weimar : en septembre congrès des dadaïstes et constructivistes à l'initiative de Theo Van Dœsburg.

1923

• Munich, tentative de coup d'état d'A. Hitler.
Paris, en juillet, soirée du «Cœur à Barbe», représentation de la pièce *le Cœur à Gaz* au théâtre Michel, dans des costumes de Sonia Delaunay. Réactions violentes des surréalistes qui provoquent une échauffourée conduisant à l'intervention de la police.
Hanovre : K. Schwitters fonde la revue *Merz* et voyage en Hollande.

1924

• Mort de Lénine
• Weimar : première fermeture du Bauhaus par les autorités.
Paris : A. Breton publie *le Manifeste du surréalisme*.
Premier numéro de la revue *la Révolution surréaliste* dirigée par P. Naville et B. Péret.
Ballet *Relâche* de F. Picabia, dont la revue *391* sort pour la dernière fois.

Études sur Dada

M. Dachy, *Journal du mouvement Dada 1915-1923*, Genève, éd. Skira.*

R. Huelsenbeck, *Almanach Dada* (édition bilingue, traduction de Sabine Wolf) Paris, 1980, éd. Champ Libre.

S. Lemoine, *Dada*, Paris, 1986, éd. Fernand Hazan.*

R. Meyer, J. Hossli, G. Magnaguagno, J. Steiner, H. Bolliger, *Dada Global*, Zurich, 1994, éd. Limat Verlag.

G. Ribemont-Dessaignes, *Dada*, présentation par Jean-Pierre Bégot, Paris 1974, éd. Champ Libre.
- Tome 1 : manifestes, poèmes, articles, projets, 1915-1930.
- Tome 2 : nouvelles, articles, théâtre, chroniques littéraires, 1919-1929.

W. S. Rubin, *l'Art dada et surréaliste*, Paris, 1976, éd. Seghers.*

M. Sanouillet, *Dada à Paris*, Paris, 1995, éd. Flammarion.

W. Verkauf, *Dada, Monograph of a movement*, New York-Londres, 1975, Academy Editions/ St Martin Press.

Principales expositions et catalogues

1966, *Dada, Exposition du cinquantenaire*, Paris, MNAM, éd. Réunion des Musées Nationaux.*

1977, *Dada in Europa, Werke und Dokumente*, Berlin, Akademie der Künste, Dietrich Reiner Verlag.

1985, *Dada à Zurich*, Zurich, Kunsthaus.

Où voir les œuvres
France
Bibliothèque littéraire Jacques Doucet, Paris.

Musée national d'Art moderne, Paris.

Musée d'Art moderne de la ville de Paris.

Musée départemental, Rochechouart.

États-Unis
The Art Institute of Chicago.

The Menil Collection, Houston.

Yale University Art Gallery, New Haven.

MoMA, New York.

Solomon R. Guggenheim Museum, New York.

Philadelphia Museum of Art, Philadelphie.

Europe
Kunsthaus, Zurich.

Moderna Museet, Stockholm.

Fondation Peggy Guggenheim, Venise.

Archives Zayas, Séville.

* à lire en priorité.

le SURRÉALISME
« du *Manifeste* à l'exil »

« Un modèle intérieur »

GIORGIO DE CHIRICO
Le Chant d'amour
1914.
Huile sur toile, 73 x 59,1 cm.
New York, The Museum
of Modern Art. D. R.

«**E**ntre nous et à voix basse, dans l'incertitude croissante de la mission qui nous était confiée, nous nous sommes souvent reportés à ce point fixe comme au point fixe Lautréamont, qui suffirait avec lui à déterminer notre ligne droite.» Ainsi placé à égalité avec le poète des *Chants de Maldoror,* De Chirico est investi par André Breton d'une responsabilité essentielle qui ne sera qu'à la mesure de la rupture qui fait suite aux œuvres qu'il réalise après 1917.
À Paris, où il s'installe à partir de 1911, ses œuvres sont remarquées par Apollinaire tandis qu'en 1914, son métier est déjà comparé à «la calme application d'un vieux maître». Entre passé et présent, loin de toutes certitudes, De Chirico élabore une œuvre au pouvoir onirique et «métaphysique». Aussi apparaît-il comme une référence majeure se laissant diriger, tel un somnambule, par ses hallucinations. Ses objets récurrents, ses perspectives et ombres démesurées, le principe de juxtaposition irrationnelle de figures et de signes hétérogènes où «le bon sens comme la logique feront défaut», sont à la hauteur du «modèle intérieur» que réclame Breton et que le peintre exalte dès 1913 : «Il faut que la révélation que nous avons d'une œuvre d'art, que la conception d'un tableau reprenant telle chose, qui n'a pas de sens par elle-même, qui n'a pas de sujet, qui du point de vue de la logique humaine ne veut rien dire du tout, il faut, dis-je, qu'une telle révélation ou conception soit tellement forte en nous [...] que nous soyons obligés de peindre...»

Parce qu'il perdure quelque trente ans après la mort de son instigateur, au point d'être devenu un mot usuel, le surréalisme reste une «clef des champs» associant tour à tour tous ceux qui ont voulu, par des «solutions imaginaires», s'opposer au rationalisme du siècle.
Placé sous le triple signe de l'amour, de la poésie et de la liberté, le surréalisme prend naissance dans les années 20. André Breton, > > >

67

> > > Louis Aragon, Philippe Soupault, et bientôt Paul Eluard, créent ensemble *Littérature* et marquent leur distance à l'égard des «velléités» de Dada. Sous l'égide du «merveilleux», de Sade à Nerval, de Baudelaire à Rimbaud et à Apollinaire, à qui le mot est emprunté, rompant avec le nihilisme dévastateur qu'il transforme en goût de la provocation insolente, le surréalisme s'organise. Vite, il dispose d'un «bureau de recherches» et d'une centrale : est-il mouvement ou paraphrase militante des partis qu'il abhorre ? Né de et par l'écriture, le surréalisme veut faire fi des disciplines et exister «en l'absence de tout contrôle exercé par la raison, en dehors de toute préoccupation esthétique et morale».

Dans *les Champs Magnétiques*, premier des textes fondateurs d'une méthode surréaliste, Breton et Soupault célèbrent «l'écriture automatique». Le mouvement trouve en Lautréamont comme en Freud, en Bosch comme en Gustave Moreau, les sources de son investigation. «À la conquête de l'irrationnel», «l'automatisme» et «l'expérience des sommeils», la «sténographie des rêves» et les jeux de langage permettent d'être à l'écoute de «la bouche d'ombre».

Le *Manifeste* de 1924 précise les intentions : le surréalisme ne veut pas être moins qu'une «nouvelle Déclaration des droits de l'homme». Cherchant à abolir toute frontière entre rêve et réalité, à l'enseigne du bizarre et du repoussant, Breton ramène à lui tous ceux que l'ordre et la raison révulsent. Ensemble, ils en appellent à «l'émancipation intégrale de l'homme». Ils se veulent les «voleurs de feu», se cherchent des précurseurs jusque dans les fatrasies du Moyen Âge, et reconnaissent en Lautréamont un «synonyme de courage à mort». Car le surréalisme, bien qu'initialement «au-delà de toute préoccupation esthétique», ne naît pas ex nihilo. Breton est un découvreur de textes et d'œuvres oubliées. Son mouvement s'inscrit dans la continuité du romantisme et du symbolisme; il en célèbre l'idéalisme comme le nécessaire engagement. «L'art, écrit-il, est au service de la révolution.» De «l'écriture   > > >

« *Qui va résoudre l'énigme ?* »

MAX ERNST
L'Éléphant Célèbes
1921.
Huile sur toile, 125 x 107 cm.
Londres, Tate Gallery. D. R.

L'espace est sans doute amphibie, puisque des poissons verts y nagent en surface. C'est dans une revue d'anthropologie que Max Ernst trouve le modèle du motif central de la toile. D'un silo à grain en glaise, il fait, par additions successives, une bête monstrueuse, mi-animal mi-machine. Le titre se réfère à une comptine indécente que chantent les potaches : «L'éléphant de Célèbes/Il a du jaune à son derrière/L'éléphant de Sumatra/Il baise sa grand-mère/Et l'éléphant d'Inde/Il peut pas trouver l'trou.»
La femme sans tête au premier plan semble tenter la bête. La perspective basse rappelle la construction des intérieurs métaphysiques de De Chirico bien que tout laisse supposer que, à l'instar des collages et «surpeintures» réalisés la même année, l'espace de Célèbes soit celui des profondeurs. Entre air et eau, à la recherche de l'antithétique, Max Ernst, dans ses notes, précise : «Dehors et dedans, tout à la fois. Libre et prisonnier. Qui va résoudre l'énigme ?»

« *À la faveur de l'image...* »

MAX ERNST
Femme, Vieillard et Fleur
1923-1924. Huile sur toile, 95 x 127,5 cm. New York, The Museum of Modern Art. D. R.

Dès l'arrivée de Max Ernst à Paris, Breton reconnaît dans ses collages le pouvoir d'établir «entre les êtres et les choses, considérés comme donnés à la faveur de l'image, d'autres rapports que ceux qui s'établissent communément». Ainsi, précise-t-il, «tout ce qu'il a délié du serment absurde de paraître ou de ne pas paraître à la fois [...] est autant que je voulais voir ainsi et que j'ai vu». Stimulé par la résonance de la peinture et de la poésie romantiques allemandes et par De Chirico, Max Ernst réalise ainsi ses premières grandes peintures, transposant dans le champ de la toile cette autre réalité douée, comme l'écrit Breton, «d'une force de persuasion rigoureusement proportionnelle à la violence du choc initial qu'elle a produit». Dans une version aujourd'hui disparue de *Femme, Vieillard et Fleur*, la figure du père métamorphosée en une toupie monumentale, en même temps fouet-sexe et crayon, apparaissait telle une parfaite transposition des visions de «demi-sommeil» de l'artiste. Dans la présente version, la toupie ubuesque disparaît, et avec elle le contenu symbolique qui y est attaché : le pouvoir de l'autorité paternelle et celui de l'acte sexuel et de la création picturale intimement liés dans le fantasme du peintre.

« QUI EST LÀ ? AH, TRÈS BIEN :

« Au stade enfantin... »

JOAN MIRÓ
Le Carnaval d'Arlequin
1924- 1925.
Huile sur toile,
65 x 90 cm. Buffalo, Albright-
Knox Art Gallery. D. R.

Miró adhère au surréalisme à la parution du *Manifeste*. Catalan, il façonne une synthèse entre images de l'enfance et un art populaire mêlé de naïveté et d'humour grotesque. Il conjugue ses propres obsessions à l'intérêt métaphysique des surréalistes pour l'érotisme. À partir de 1924, son répertoire de figures imaginaires, fortement influencé par le modern style, se transforme. Il élabore minutieusement ce que Jacques Dupin appelle une peinture «détailliste», peuplée de signes allusifs et sensuels éparpillés sur la surface de la toile.
L'œuvre se réduit progressivement à des motifs calligraphiques et ornementaux. La perspective spatiale et le modelé disparaissent pour laisser place à un pullulement de formes biomorphiques et jubilatoires. Celui en qui André Breton reconnaît «un certain arrêt de la personnalité au stade enfantin» transfigure dorénavant la nature en l'animant de cryptogrammes hybrides et ludiques. L'art de Miró conjugue désormais hallucinations et métamorphoses.

« Compréhension du vide »

JOAN MIRÓ
Étoile en des sexes d'escargot
1925.
Huile sur toile, 129,5 x 97 cm.
Kunstsammlung
Nordrhein-Westfalen,
Düsseldorf. D. R.

De 1925 à 1927, Miró restreint sa palette à de larges et fluides plages de couleurs monochromes. Seuls quelques signes peuplent encore allusivement ses œuvres qui, comme le suggère Michel Leiris, ont «l'air moins peintes que salies».
Travaillant directement la toile, il oscille entre ce que Breton veut reconnaître comme «un pur automatisme» et ce que lui-même voit, en une seconde phase, comme une approche «soigneusement calculée». Aux signes grêles et en état d'apesanteur répondent çà et là des mots épars et entrelacés. Miró célèbre ainsi les noces de la poésie et de la peinture. Entre signes graphiques et allusions poétiques, «déplaçant les sempiternelles interrogations sur le sexe des anges vers celui des étoiles», Miró structure le tableau comme un poème libre et acquiert cette «compréhension du vide» : «Nul lien entre image et mot, écrit Dupin, nul sexe d'étoiles ou d'escargots, hormis celui que l'artiste leur confectionne et cependant, nulle houle plus désirante que celle dont chaloupe sa rêverie.»

« Les mots et les images »

RENÉ MAGRITTE
Le Miroir vivant
1928.
Huile sur toile, 54 x 73 cm.
Collection particulière. D. R.

Dès 1925, lié aux avant-gardes belges, Magritte tente de soustraire la peinture de la réalité objective qu'elle est censée représenter. Entre 1927 et 1930, date de sa brouille avec Breton, il réalise une série de «peintures-alphabets» ou «peintures-mots» à la tonalité austère et conceptuelle. Loin des images devenues familières qui contribueront à sa reconnaissance, les magnifiques œuvres de cette courte période sont à elles seules le paradigme du propos de l'artiste. Faisant écho à la démons-

tration illustrée qu'il publie sous le titre *les Mots et les Images*, en 1929, dans *la Révolution surréaliste*, les tableaux qu'il conçoit avec minutie, tel *le Miroir vivant*, qui appartint à son complice E. T. Mesens, veulent mettre en évidence le caractère ambigu et aléatoire des relations entre systèmes de représentation picturale et linguistique.
Parce que «les mots sont, dans un tableau, de la même substance que les images», Magritte s'applique, d'une écriture cursive enfantine, à calligraphier des bribes de textes qui sont autant d'énoncés en liberté formant un rébus à la fois aléatoire et spéculatif. Il crée ainsi un ensemble d'œuvres à la fois loquaces et muettes où le mot devenu image ne se reconnaît plus la nécessité d'un équivalent plastique.

69

FAITES ENTRER L'INFINI » Aragon

> > > automatique» aux «cadavres exquis», des «frottages» aux «grattages», que Max Ernst inaugure en 1925, de la méthode «paranoïa-critique» initiée par Dalí aux «objets à fonctionnement symbolique», le surréalisme est un vaste laboratoire. Il soumet le réel à ses frasques comme à ses fredaines. Son ciel constellé oscille entre étiologie de la gravité et «anthologie de l'humour noir».

Dans les années 30, publiant un second *Manifeste*, Breton admoneste et excommunie.

Il assigne à la poésie une fonction prométhéenne. Face à lui, Georges Bataille et ceux qui l'ont rejoint dénoncent sa morale «icarienne» et «idéaliste». S'ils considèrent unique son expérience en matière «d'arrachement de l'homme à lui-même», ils voient désormais en Breton «un cadavre». Pour l'auteur de *la Part maudite*, la création ne vaut que pour la révolte non finalisée qu'elle innerve : «J'invite, écrit Bataille, quiconque sent encore qu'avant tout il a un jet sanglant dans la gorge, à cracher avec moi à la figure d'André Breton.»

Refusant d'assimiler le surréalisme au marxisme, Breton rompt ensuite avec le parti communiste, quand certains de ses amis en deviennent des dignitaires. Au Mexique, en 1938, il rencontre Trotski. Il organise la même année une vaste exposition mêlant, parmi les œuvres de chacun, le *Taxi pluvieux* dalinien aux mille deux cents sacs de charbon suspendus par Duchamp. Le mouvement manifeste aux yeux du monde la solidarité d'un groupe autour de son héraut. Mais le surréalisme apparaît alors comme pris entre deux guerres.

Né de la révolte héritée de Dada, il se retrouve disloqué sans avoir «changé la vie».

Bien qu'en apostasie, le surréalisme est une diaspora. Breton quitte alors la France pour New York en 1941.

Ainsi, dans sa «contradiction active», avant de se réinventer en autant d'éclats infinis, le surréalisme, s'il n'a pu «changer la vie» peut, cette fois encore, pour reprendre le mot de Julien Gracq, «passablement l'oxygéner». <

« *Un sentiment d'urgence extrême* »

ANDRÉ MASSON
Lancelot
1927. Huile, colle, sable, peinture et encre sur toile. 46 x 21,5 cm. Paris, centre Georges Pompidou, MNAM. D. R.

Fresquiste à l'École des beaux-arts, à seize ans, Masson s'installe rue Blomet en 1922. Proche de Leiris, Artaud, Desnos, Limbour et Bataille, qu'il rejoindra au moment de sa dénonciation violente du surréalisme et de la création avec Carl Einstein, des revues *Documents* et, plus tard, *Acéphale*, dont il dessine l'effigie, il est familier de la littérature élisabéthaine et romantique comme de la pensée de Nietzsche. Rompant avec «l'intégrité plastique» de ses premières toiles post-cubistes aux sujets érotiques et ésotériques exposées chez Kahnweiler en 1924, il se livre à des expériences d'automatisme graphique, traduisant dans un trait anguleux, à la différence du lyrisme sensuel de son ami Miró, «un sentiment d'urgence extrême et d'impulsions conflictuelles».

Répandant sur la surface de la toile de la colle en taches irrégulières, puis saupoudrant du sable, Masson invente un espace sismique et «intranquille», peuplé d'êtres hybrides et de métamorphoses, au gré du geste et des lignes d'encre qu'il trace furtivement.

«Je commence sans image ni plan en tête, mais je dessine ou peins rapidement selon mes impulsions... Peu à peu, dans les signes que je fais, j'aperçois des personnages ou des objets.»

« *L'obsession du meurtre sexuel* »

ALBERTO GIACOMETTI
Homme et Femme
1928.
Bronze, exemplaire unique, 40 x 40 x 16,5 cm. Paris, centre Georges Pompidou, MNAM. D. R.

À Paris dès 1922, il fréquente pendant trois années l'atelier de Bourdelle, réalisant plusieurs œuvres témoignant de sa connaissance du cubisme, de l'art primitif et cycladique. Il travaille alors des formes évidées qui l'éloignent du modèle et s'établit dès 1926 dans l'atelier de la rue Hippolythe Maindron, qu'il conservera jusqu'à sa mort, et s'associe au surréalisme – Breton l'en chassera en 1934, lui reprochant de retourner à l'étude du modèle et de récuser ces «objets à fonctionnement symbolique» qui remplissent à ses yeux «le même office que le rêve».

La représentation du thème du désir et de l'acte sexuel apparaît ici comme un tabou vaincu. Giacometti suggère l'image même du coït où deux formes tendues et arquées se font face. En 1929, dans la revue *Documents*, Michel Leiris publie une première étude sur l'artiste et souligne que «le fétichisme archaïque continue de palpiter en tout homme civilisé». Image du désir et de son accomplissement, *Homme et Femme* préfigure les «objets à fonctionnement symbolique» où la sexualité est figurée sous forme d'agression.

70

« C'EST UN BEAU RÊVE

« Contribuer au discrédit de la réalité »

SALVADOR DALÍ
Persistance de la mémoire
1931.
Huile sur toile,
22,5 x 32,5 cm.
New York, The Museum
of Modern Art. D. R.

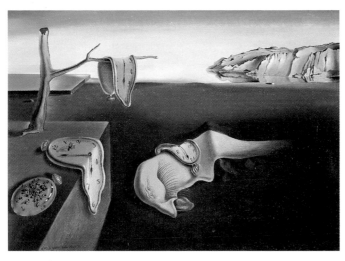

Héritier d'Inglada – «le Böcklin catalan» –, et de Mariano Fortuny – «le Meissonier de notre pays» –, influencé tour à tour par la *metafisica* de Carrà, le cubisme de Picasso, les collages de Ernst, Miró et Tanguy, comme par le fameux texte de Léonard sur «l'excitation de l'imagination», Dalí réalise à partir de 1929 des œuvres à la technique volontairement «rétrograde» et sur un répertoire à l'iconographie complexe qu'il considère comme un défi à son temps.

Ainsi, précise Breton, «durant trois ou quatre années, Dalí incarnera l'esprit surréaliste et le fera briller de tous ses feux comme seul pouvait le faire quelqu'un qui n'avait en rien participé aux épisodes, parfois ingrats, de sa gestation». Dalí, on le sait, place son œuvre sous le signe de la «paranoïa-critique» : «Une méthode spontanée de connaissance irrationnelle basée sur l'objectivation critique et systématique des phénomènes délirants.»

Voulant «contribuer au discrédit total du monde et de la réalité», il développe jusqu'à 1931 un vocabulaire plastique peuplé d'images personnelles suivi d'emprunts aux thèses de Krafft-Ebing et de Freud qu'il rencontre brièvement à Londres, en compagnie de Stefan Zweig, en 1939.

«À la conquête de l'irrationnel», Dalí fabrique à la loupe des tableaux ciselés au biomorphisme caoutchouteux qu'il veut comme «des photographies de rêves peintes à la main». Et Marcel Jean engage à reconnaître dans ses constructions molles, où Dalí se dissimule, la hantise et le symbole d'un pénis désespérément impuissant.

« Cadavres exquis »

ANDRÉ BRETON
MAX MORISE
MAN RAY
YVES TANGUY
Cadavre exquis
17 mai 1927.
Plume et encre, crayons de couleur et mine de plomb sur papier plié, 31 x 20 cm.
Paris, centre Georges Pompidou, MNAM. D. R.

Afin de mettre en commun leurs différences et de les perdre au nom d'une conception égalitaire de l'imagination et du langage, les surréalistes inventent le «cadavre exquis». Parce qu'ils sont attachés à tout ce qui conduit à l'échange, ils exaltent l'expérience collective et traduisent, tant par le jeu verbal que par l'image, ce que Paul Eluard appelle «une poésie déterminée collectivement».

Une feuille passe de main en main. Celui qui suit doit ajouter quelque chose à celui qui précède. Une fois dépliée, l'image est un hybride, fruit du «hasard objectif». Mais le «cadavre exquis» est d'abord l'expression d'une pensée à plusieurs voix. Il provoque l'inconscient et se rit de toute ressemblance. «Il témoigne, précise Gaëtan Picon, comme les dessins de fous et les dessins médianimiques [sic], que la peinture, comme la poésie, peut être faite par tous».

« Entre fonds marins et déserts »

YVES TANGUY
L'Armoire de Protée
1931.
Huile sur toile,
60 x 50 cm.
Paris, collection particulière.
D. R.

Illusion spatiale, facture comparable à celle des primitifs flamands, «si le style de Tanguy est réaliste, sa poésie est abstraite». De son enfance parmi les menhirs et les mégalithes bretons, Yves Tanguy, compagnon de Jacques Prévert et lecteur attentif des *Chants de Maldoror*, développe à partir de 1926 une vision onirique peuplée d'images fragmentaires semblant flotter entre monde sous-marin et monde terrestre. L'espace est profond, les formes, d'abord biomorphiques, semblent se liquéfier. Breton salue en lui «la grande lumière subjective qui inonde [ses] toiles».

Tanguy fait, au début des années 30, un voyage en Afrique. Les tableaux qui suivent alors sont composés de strates comme des plateaux. Le minéral prend le pas sur la végétation. «Entre fonds marins et déserts», le silence domine l'espace de cire qui semble se diluer lentement, dans un monde dont on ne sait s'il est d'avant la naissance ou d'après la vie.

QUE CELUI D'EXTERMINER DIEU » Breton

71

« *Un emblème pour un jeu de massacres universel* »

VICTOR BRAUNER
*Force de concentration
de M. K*
1934.
Huile sur toile avec poupées
et végétaux factices en papier,
148,5 x 295 cm.
Paris, centre Georges
Pompidou, MNAM. D. R.

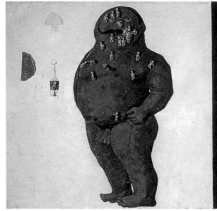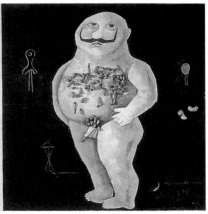

Réalisée lors du premier séjour parisien de l'artiste, entre 1930 et 1934, l'œuvre figure à la première exposition de Brauner à la galerie Pierre, que préface André Breton. Les dimensions exceptionnelles du tableau et l'adjonction d'objets artificiels lui confèrent un caractère étrange et singulier. Didier Semin explique que «dans la mythologie personnelle de Victor Brauner, *Monsieur K* est une allégorie de la sottise triomphante, une sorte d'*Ubu roi...*». mais il ajoute qu'«il n'est pas certain qu'il faille rapprocher ce K satirique de celui qui désigne le narrateur du *Procès*».

Breton soulignera la gravité d'une image qui, «en se précisant, a depuis longtemps cessé de nous faire rire». «*M. K,* précise Semin, n'est pas une caricature : c'est un emblème pour un jeu de massacres universel.» Outre le parallèle que William Rubin s'attache à faire avec une célèbre statuette polynésienne de l'archipel des Tubuaï, dans son ouvrage consacré aux relations entre primitivisme et art moderne, *M. K.* est aussi une figure duelle, une hybridation qui témoigne de la prégnance de nombreux archétypes sur l'art de Brauner.

72

« *Mannequin moderne* »

HANS BELLMER
La Poupée
1932-1945. Bois peint, cheveux, chaussettes et chaussures. 61 x 170 x 51 cm. Paris, centre Georges Pompidou, MNAM. Photo centre Georges Pompidou, MNAM/CCI.

Dès 1934, les surréalistes s'intéressent à l'œuvre de Bellmer, d'abord illustrateur et publiciste, qui quitte Berlin pour s'installer à Paris en 1938. Interné en 1939 avec Max Ernst au camp des Milles, près d'Aix-en-Provence, il s'installe en zone libre en 1941 puis, après la guerre, à Paris, où il mourra en 1975. Matrice de toute la pensée de l'artiste, *la Poupée* ne cesse de réapparaître au gré de chaque pièce ou texte que Bellmer réalise. Affirmation d'une révolte intime et sociale, *la Poupée* trouve sa source dans l'image de l'Olympia des *Contes d'Hoffmann,* comme «une fille artificielle aux possibilités anatomiques capables de rephysiologiser les vertiges de la passion jusqu'à inventer des désirs». Réalisée à des dimensions humaines, elle subit, tout au long des années 30, de multiples transformations. Plusieurs photographies de ses nombreuses métamorphoses seront reproduites dans le numéro 6 de la revue *Minotaure,* en décembre 1934, témoignant de la fascination que ce «mannequin moderne» exerce sur les surréalistes. Paul Eluard, l'année même de l'arrivée de Bellmer à Paris, écrira les quatorze poèmes publiés dans la revue *Messages* et repris, dix ans plus tard, sous le titre de *Jeux de la Poupée.*

« EN FINIR AVEC L'ANCIEN

Chronologie 1924-1939

En regard du sujet traité, les éléments de cette chronologie sont essentiellement consacrés aux événements et réalisations en Europe et aux États-Unis.

1924. Man Ray, une séance de «rêve éveillé», avec Morise, Vitrac, Boiffard, Breton, Eluard, Naville, De Chirico, Soupault, Desnos, Baron, S. Breton-Collinet. © Centre Pompidou, MNAM/CCI.

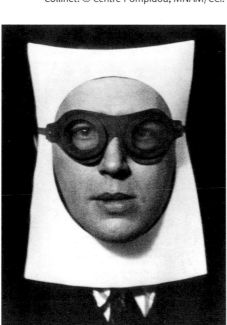

1924. Man Ray, *André Breton.* © Centre Georges Pompidou, MNAM/CCI.

1930. Luis Buñuel et Salvador Dalí, image extraite de *l'Âge d'or.* Coll. *Cahiers du cinéma*/D. Rabourdin.

1924
- Mort de Lénine.
- Thomas Mann : *la Montagne magique.*
Paris : réunions surréalistes au café Cyrano.
Louis Aragon : *Une vague de rêves.*
Joan Miró se joint aux surréalistes.
A. Masson rencontre P. Eluard et L. Aragon.
Y. Goll : unique numéro de *Surréalisme.*
André Breton : *Manifeste du surréalisme.*
F. Picabia attaque les surréalistes dans *391.*
P. Naville et B. Péret : *la Révolution surréaliste.*

1925
- Franz Kafka : *le Procès.*
Plusieurs numéros de *la Révolution surréaliste* contenant des dossiers : «Le suicide est-il une solution ?»; adresses au pape, au dalaï-lama, aux bouddhistes, aux directeurs d'universités et d'asiles d'aliénés.
Exposition Joan Miró, galerie Pierre.
Y. Tanguy, J. Prévert et M. Duhamel se joignent à l'activité surréaliste.
Premiers «cadavres exquis».
M. Ernst élabore la technique du frottage.
Exposition «la Peinture surréaliste», galerie Pierre.
Bruxelles : R. Magritte et E. T. Mesens publient l'unique numéro d'*Œsophage.*

1926
- L'Italie est gouvernée par les fascistes.
- Fritz Lang : *Metropolis.*
Première exposition de la Galerie Surréaliste, rue Jacques Callot, autour d'œuvres de Man Ray et d'objets des îles des surréalistes.
P. Naville quitte le groupe et fonde la revue communiste *Clarté*. A. Artaud et P. Soupault sont exclus.

1927
- URSS : début de l'épuration par Staline.
- M. Heidegger : *l'Être et le Temps.*
M. Ernst développe plusieurs séries parmi lesquelles les *Hordes, Forêts, Fleurs coquillages,* et *Monuments aux oiseaux.*
A. Breton : Introduction au *Discours sur le peu de réalité*. Il aborde la question des «objets surréalistes».
L. Aragon, A. Breton et P. Eluard : *Lautréamont envers et contre tout.*
A. Masson : premières peintures de sable.
Première exposition Yves Tanguy, Galerie Surréaliste, préfacée par A. Breton.
Le seul numéro de l'année de *la Révolution surréaliste* réunit une défense de C. Chaplin,

des «cadavres exquis» et la conclusion de l'étude d'A. Breton : *le Surréalisme et la peinture.*
Bruxelles : R. Magritte, galerie Le Centaur.

1928
- Staline élabore le premier plan quinquennal.
A. Breton : *Nadja,* puis *le Surréalisme et la peinture*. Rupture avec De Chirico.
A. Giacometti se lie d'amitié avec A. Masson, M. Leiris et plusieurs «dissidents».
L. Buñuel et S. Dalí : *Un chien andalou.*

1929
- Exil de L. Trotski.
- États-Unis : «jeudi noir» de Wall Street.
Georges Bataille fonde la revue *Documents.*
Man Ray tourne, après *l'Étoile de Mer, les Mystères du Château de Dé.*
A. Giacometti se lie au cercle surréaliste.
A. Masson se proclame «surréaliste dissident», L. Buñuel, S. Dalí et R. Char rejoignent le groupe.
A. Breton : *Second Manifeste du surréalisme* dans le dernier numéro de *la Révolution surréaliste*. Invoquant «une purification du surréalisme», plusieurs précurseurs, tels Baudelaire, Rimbaud, Poe et Sade, sont exclus. Nicolas Flamel y est célébré, alors que A. Artaud, R. Vitrac, A. Masson et P. Soupault y sont critiqués.

1930
- Allemagne : victoire du parti nazi.
- Josef von Sternberg : *l'Ange bleu.*
Violentes attaques contre A. Breton.
Max Ernst : *Rêve d'une petite fille qui voulut entrer au carmel.*
Premier numéro de *le Surréalisme au service de la révolution,* succédant à *la Révolution surréaliste.*
Projection au Studio 28 de *l'Âge d'or* de L. Buñuel et S. Dalí : interdit par la police.
L. Aragon participe en URSS au Second Congrès international des écrivains révolutionnaires. Publication de *Front rouge.*

1931
- Élections républicaines en Espagne
Hartford (Connecticut) : première grande exposition surréaliste aux États-Unis.

1932
- L. Trotski : *la Révolution permanente.*
- L. F. Céline : *Voyage au bout de la nuit.*
A. Breton : *les Vases communicants.*
A. Giacometti : première exposition, galerie P. Colle.

1934. René Magritte, illustration pour la couverture du livre d'André Breton *Qu'est-ce que le surréalisme ?*, Bruxelles, éd. René Henriquez. © Roger-Viollet.

1936. René Magritte peignant *la Clairvoyance.* Collection C. Herscovici, Bruxelles. © photothèque René Magritte/Giraudon.

1938. Exposition internationale du surréalisme, galerie des Beaux-Arts, Paris. © Roger-Viollet.

Chronologie 1924-1939

1933
• Allemagne : A. Hitler est nommé Chancelier.
• A. Malraux : *la Condition humaine.*
Dernier numéro du *Surréalisme au service de la révolution.*
Revue *le Minotaure*, par A. Skira et E. Tériade.
S. Dalí publie un éloge de Meissonier.
Les surréalistes célèbrent Violette Nozière.

1934
New York : expositions de S. Dalí
et A. Giacometti chez Julien Levi
Condamnation de S. Dalí par les surréalistes
pour son intérêt pour le nazisme.
A. Breton : *Qu'est-ce que le surréalisme ?*
M. Ernst : *Une semaine de bonté.*

1935
• Chine : Mao Tsé-toung, président du Parti Communiste.
• Publication de *After Picasso* par J.T. Soby, premier livre américain sur le surréalisme.
Exposition «Joan Miró 1933-1934», galerie P. Matisse.
Conférence de S. Dalí sur la paranoïa critique.
A. Breton crée ses premiers poèmes objets.
A. Giacometti reprend le travail d'après modèle : il est exclu du groupe surréaliste.

1936
• France : victoire de Léon Blum.
• Soutien de l'Italie et de l'Allemagne à Franco.
• New York : Alfred H. Barr junior réalise «Fantastic Art, Dada, Surrealism» au MOMA.
Exposition surréaliste d'objets, galerie Ratton.
Publication de *Surréalisme* par Herbert Read.
Londres : «International Surrealist exhibition», New Berlington Galleries.

1937
• France : démission de L. Blum.
• Espagne : bombardement de Guernica.
• Munich : exposition «l'Art dégénéré».
Paris : A. Breton inaugure la galerie Gradiva.
R. Matta se joint aux surréalistes.
A. Artaud est interné à Rodez.
A. Breton devient Rédacteur en chef du *Minotaure.*
Exclusion de G. Hugnet et départ de P. Eluard.

1938
• Allemagne : accords de Munich et Anschluss
• A. Artaud : *le Théâtre et son double.*
• J.-P. Sartre : *la Nausée.*
Exposition surréaliste, galerie des Beaux-Arts.
A. Breton rencontre D. Rivera et L. Trotski au Mexique.

1939
• Espagne : victoire des franquistes.
• Pacte Germano-soviétique, invasion de la Pologne.
• Début de la Seconde Guerre Mondiale.
A. Breton et B. Péret sont mobilisés. M. Ernst et H. Bellmer sont incarcérés comme «citoyens ennemis».
Londres : S. Dalí rend visite à Sigmund Freud.

Études sur le surréalisme

C. Abastado, *Introduction au surréalisme*, Paris, 1971, Bordas.

S. Alexandrian, *le Surréalisme et le rêve*, Paris, 1975, Gallimard.

F. Alquié, *Philosophie du surréalisme*, Paris, 1956, Flammarion.

A. Breton, *le Surréalisme et la Peinture*, Paris, 1965, Gallimard.*

M. Carrouges, *André Breton et les données fondamentales du surréalisme*, Paris, 1967, «Idées», Gallimard.

G. Durozoi, *Histoire du mouvement surréaliste*, Paris, 1997, Hazan.*

M. Nadeau, *Histoire du surréalisme*, Paris, 1964, le Seuil.*

R. Passeron, *Histoire de la peinture surréaliste*, 1968, Paris, Le Livre de Poche.

G. Picon, *Journal du surréalisme*, Genève, 1976, Skira; rééd. 1988, Skira/Flammarion.*

J. Pierre, *André Breton et la Peinture*, Lausanne, 1987, l'Âge d'Homme.

W. S. Rubin, *l'Art dada et surréaliste*, Paris, 1976, Seghers.*

P. Waldberg, *Chemins du surréalisme*, Bruxelles, 1965, éd. de la Connaissance.

Principales expositions et catalogues

1986, *la Planète affolée, Surréalisme, dispersion et influences, 1938-1947*, Musées de Marseille et Flammarion.

1991, *A.Breton, la Beauté convulsive*, MNAM, centre Georges Pompidou.*

Où voir les œuvres

France
Bibliothèque littéraire Jacques Doucet, Paris.

Musée national d'Art moderne, Paris.

Musée d'Art moderne de la ville de Paris.

Musée de Grenoble.

États-Unis
(voir le chapitre sur Dada)

Albright Art-Knox Gallery, Buffalo.

Europe
Fondation Miró, Barcelone.

Fondation Peggy Guggenheim, Venise.

Kunsthaus, Zurich.

Kunstmuseum, Bâle.

Kunstsammlung Nordrhein Westfalen, Dusseldorf.

Palais des Beaux-Arts, Bruxelles.

Staatsgalerie moderner Kunst, Munich.

Tate Gallery, Londres.

Wallraf-Richartz Museum, Cologne.

* à lire en priorité.

CLASSICISMES & RÉALISMES

« entre ordre et modèles »

« Entre transition et rangement »

PABLO PICASSO
Portrait d'Olga
dans un fauteuil
1917.
Huile sur toile, 130 x 88 cm.
Paris, musée Picasso.

En 1917, à Rome, où il travaille pour les Ballets russes de Diaghilev, Picasso fait la connaissance de la danseuse Olga Kokhlova. Pour elle, sa peinture redevient réaliste et prolonge ce recours au modèle qu'il avait initié dès janvier 1915 avec un portrait du poète Max Jacob.
«Entre transition et rangement», le «culte du vrai» n'est, chez Picasso, que le signe d'une réflexion sur le sujet de la peinture, un journal intime où se confrontent l'acquit du cubisme et le questionnement de la réalité. Dans l'instant où ses contemporains s'enlisent sous le poids de l'académisme et de la nostalgie, lui, déjà, est ailleurs, dans le jeu infini des métamorphoses et des expériences qui l'emportent sur la satisfaction de toute citation. Chez Paul Rosenberg, qui expose ses dernières œuvres

deux années plus tard, Wilhelm Uhde raconte : «Je me trouvais en présence d'un grand portrait dans ce qu'on appelle le "style Ingres"; le convenu de l'attitude, une sobriété voulue semblaient y réprimer un pathétique secret; le baroque ne transparaissait un peu que dans la ligne, dans l'agencement des masses principales. Que signifiaient donc ces tableaux ? Était-ce un intermède, un jeu, beau mais sans portée auquel la main s'était complu, tandis que l'âme, lasse du chemin parcouru, se reposait ?»

L'entre-deux-guerres : un clivage facile pour mettre à nu les utopies comme les désillusions d'une époque ayant vécu sur le bien-fondé que l'art moderne est promesse de bonheur. Une période où, comme l'a observé Jean Laude, «l'artiste veut mettre en garde contre les errances du passé» et retrouver dans l'apaisement les vertus d'un temps qui lui semble lointain : la nostalgie d'un Âge d'or.

> > >

> > > L'analyse, on le sait, mérite de la subtilité. Elle convient au mieux à une ère géographique précise, là même où les avant-gardes se sont constituées et ont exercé leur pouvoir. Les formes de ce retour à la figure et aux modèles passés ne sauraient être confondues d'un pays à l'autre. Parler de «réalismes» – avec la nuance du pluriel – reste finalement vague, tant le mot recouvre un sens que l'histoire de l'art lie indéfectiblement à un moment donné du XIXe siècle.

Parler de «classicisme» reste tout autant allusif, tant la notion semble éloignée des raisons et de l'entreprise d'artistes aussi différents que ceux de la nouvelle objectivité, du réalisme magique ou encore des Valori Plastici et de tous les groupes qui se sont constitués au nom du «rappel à l'ordre» qu'évoque Roger Bissière dans ces mêmes années.

Invoquer le passé comme garant d'un savoir-faire et d'un sujet demeure, somme toute, une approche facile et teintée de mélancolie. Ainsi, on ne saurait confondre «la règle et l'émotion», telles que Braque et Gris l'entrevoient, et les tendances nationalistes d'une «jeune peinture française» appelant de ses vœux de *Nouvelles Bucoliques*.

On ne saurait pas davantage amalgamer le rêve italien, condamnant le modernisme révolutionnaire du futurisme pour une réhabilitation de la grande tradition picturale, à celui d'une Allemagne vaincue où la nouvelle objectivité, contre tout art d'évasion, réplique par une dénonciation féroce de la réalité. Ce serait là faire le procès un peu trop expéditif d'une époque complexe et ranger sous l'impossible bannière d'un «isme» ce qui, plus que d'une simple catégorie, relève de la diversité de comportements comme de situations aussi différentes que contradictoires.

Dans l'instant où, en 1923, Taraboukine écrit dans *Du chevalet à la machine* : «Le monde actuel présente à l'artiste des exigences > > >

76

« La grande écriture des Primitifs... »

CARLO CARRÀ
Les Filles de Loth
1919. Huile sur toile, 110 x 80 cm. Bolzano, collection particulière. D. R.

Cosignataire des deux premiers manifestes futuristes, Carrà s'intéresse néanmoins à l'art naïf et à l'art populaire. Dès 1915, il publie aussi des études sur Giotto et Ucello. Rompant avec le futurisme pour «réintégrer l'histoire de l'art italien», Carrà veut alors lier tradition et révolution. Il rejette l'imitation et prône «l'identification». Il élabore ainsi une figuration archaïsante d'accent «métaphysique». S'opposant à la dimension archéologique et volontiers «mythologique» de ses contemporains italiens, Carrà veut atteindre une «réalité plastique» que lui suggèrent les peintres du trecento. Son influence grandissante dans l'Allemagne de l'après guerre conduit W. Worringer à lui consacrer un essai en 1925 : «On peut, écrit-il, en toute tranquillité voir apparaître sous la concentration stylistique de Carrà, formé au synthétisme abstrait et au constructivisme, le texte profond, implicite, de la grande écriture des primitifs de l'Italie du Nord.»

« Ego pictor classicus »

GIORGIO DE CHIRICO
Autoportrait
1924. Tempera sur toile, 61 x 76 cm. Winterthur, Kunstmuseum. Photo AKG Paris.

À rebours de la «peinture métaphysique» qu'il avait initiée comme une alternative aux avant-gardes des années 10, De Chirico se tourne, dès 1918, vers les maîtres du passé. À Rome, villa Borghèse, il a la «révélation» de Titien. Il réalise alors une suite d'autoportraits classiques qu'il ponctue de formules latines, véritables manifestes d'un retour à la tradition. La publication, en 1919, par les éditions Valori Plastici d'une première monographie sur son œuvre contribue à son influence sur la nouvelle objectivité et le réalisme magique. «Condamné» par les surréalistes pour son œuvre posté- rieure à 1918, De Chirico devient ainsi figure de proue du retour à la «grande peinture». Éclectique, considérant le seicento comme décadent, volontiers pamphlétaire lorsqu'il publie son manifeste *Pro tecnica Oratio,* De Chirico en appelle au «sens architectural de la peinture ancienne» comme au nécessaire «retour au métier». On sait, depuis, la formidable ambiguïté et l'ironie complexe que cachaient ses spécula- tions intellectuelles.

« ASSEZ DES BADIGEONNEURS

CHRISTIAN SCHAD
Autoportrait au modèle
1927.
Huile sur toile, 76 x 62 cm.
Hambourg,
collection particulière. D. R.

Avec Christian Schad, le passage entre le nihilisme, né de Dada, et la recherche des maîtres du passé semble exprimer toute sa singularité. Exilé à Zurich entre 1915 et 1920, il participe au cabaret Voltaire et invente la «schadographie»: une photographie sans caméra. Après la guerre, il renonce aux recherches des avant-gardes. Installé à Vienne en 1927, puis à Berlin en 1928, il contribue à l'exposition de la nouvelle objectivité.

OTTO DIX
La Grande Ville
1927-1928. Triptyque, technique mixte sur bois, panneaux latéraux : 181 x 101 cm, panneau central : 181 x 201 cm, Stuttgart, Galerie der Stadt. Photo AKG Paris.

« Comme les maîtres de la Renaissance »

«Mon idéal fut toujours de peindre comme les maîtres du début de la Renaissance... Tout est déjà là... Dans l'incroyable simplicité de Cranach...» À Dresde, où il se forme entre 1909 et 1914 en observant la technique des peintres italiens et allemands du XVᵉ siècle, Otto Dix élabore une œuvre fondée sur la manière des anciens. Après la Première Guerre mondiale, qui le laisse horrifié, il façonne un style macabre et ironique mêlant à la recherche d'une vérité psychologique et sociale, un sens aigu de la caricature. «Contours cruels» et «formes dures» contribuent à la création d'œuvres ambitieuses comme le triptyque de *la Grande Ville* qui, s'il renvoie implicitement à la peinture religieuse, dénonce dans sa partie centrale les plaisirs bourgeois auxquels s'oppose à gauche les exclus et à droite les victimes.

Peintre allégorique et prémonitoire, Dix reconnaît, dit E. Roters, «l'imagination de la grande ville comme symbole d'un antiparadis qui, avec des couleurs scintillantes, fait miroiter à la surface l'illusion d'une félicité terrestre, tandis que derrière sa façade habitent le vide et la misère de sa déception».

Schad, comme le remarque Gunter Metken, utilise des types iconographiques «pour comprendre la fascination que ces portraits exercent encore – ou, dirons-nous, de nouveau – sur nous. Ce sont des images de la solitude des êtres, de leur solipsisme aussi. Dans son *Autoportrait,* la femme nue, possession de l'homme, est assimilée à un objet, parée et arrangée comme une nature morte [...]. Le peintre et son modèle se montrent en dehors de toute réalité, et le narcissisme de Schad, en tant qu'homme et artiste, se montre dans la fleur : un narcisse justement. La fusion entre homme et femme est impossible; ils ne peuvent surmonter l'antagonisme métaphysique qui les sépare.»

« Un drame en trois actes »

MAX BECKMANN
Le Départ
1932-1933. Triptyque, huile sur toile, panneaux latéraux : 215,3 x 99,7 cm, panneau central : 215,3 x 115,2 cm. New York, The Museum of Modern Art. Photo AKG Paris.

Installé à Berlin en 1933 pour plus d'anonymat, Beckmann peint *le Départ*, son premier grand triptyque allégorique, construit tel un drame en trois actes. Il commente longuement l'œuvre en 1937 : «La vie est à gauche et à droite. [...] La vie est torture, souffrances de toutes sortes – physiques et mentales. Les hommes et les femmes y sont également assujettis. À droite, vous pouvez voir chercher son chemin dans le noir [...], traînant comme lié à vous-même, le cadavre de votre mémoire, de vos fautes comme de vos erreurs [...]. Et au centre ? Le Roi et la Reine, l'homme et la femme, sont conduits sur un autre rivage par un batelier qu'ils ne connaissent pas, il porte un masque, il est la figure mystérieuse nous conduisant vers un pays mystérieux... Le Roi et la Reine se sont libérés des tortures de la vie. Ils ont triomphé d'eux-mêmes. La Reine porte le plus grand des trésors – la liberté – comme son enfant dans ses basques. La liberté est ce qui importe. C'est un départ, un nouveau commencement».

DIONYSIAQUES » C. Eisntein

> > > entièrement nouvelles : il attend de lui non pas des «tableaux» ou des «sculptures» de musées, mais des objets socialement justifiés par leur forme et leur destination», les peintres et les sculpteurs attentifs à la représentation de la figure et du drame humain ne sont pas pour autant les artistes de la régression ou d'une remise en ordre. L'histoire, on le sait, nous enseigne ce qu'il advient des utopies en régime totalitaire. Les tendances nationalistes de Lhote, Dunoyer de Segonzac, comme de Sironi, Casorati et tant d'autres, ne doivent en aucun cas gommer la subtilité des propositions faites au même moment par Picasso et, n'en déplaise aux surréalistes, par De Chirico, ou bien sûr, et pour des buts différents, par Beckmann, Dix, Hopper…

Dès 1923, Picasso, au-delà de toute querelle de style, coupe court au débat : «Pour moi, écrit-il, il n'y a ni passé ni futur dans l'art». Alors, pas plus que pour aucun autre moment de l'histoire, on ne voudra confondre les maîtres et les suiveurs, les héritages insoumis et les garants de la seule imitation du passé.

Parler de réalismes, comme dit justement Christian Derouet, c'est ne pas parler d'une catégorie en peinture mais du comportement d'artistes. Taxer encore aujourd'hui d'académisme, voire de réaction, des entreprises telles celles de Giacometti après 1935, de Balthus et de Hopper, et confondre avec eux une cohorte d'artistes qui n'ont jamais été que les illustrateurs du temps qu'ils ont vécu, c'est entretenir l'amalgame d'une histoire de l'art dont les enjeux menaceraient de se réduire à un bipartisme alors que la diversité des propositions en cause est avant tout le gage de la complexité et de la multiplicité du temps. On ne peut, en cette fin de siècle, renvoyer dos à dos des pratiques dont les questionnements excèdent l'opposition, par trop commode, entre abstraction et figuration. <

« L'hoir de tous les grands artistes »

PABLO PICASSO
La Flûte de Pan
1923. Huile sur toile, 205 x 174 cm.
Paris, musée Picasso.
Photo RMN.

Au début de l'année 1918, Apollinaire, qui mourra quelques mois plus tard, se montre cette fois encore prophétique : «Picasso, écrit-il, est l'hoir de tous les grands artistes […]. Il change de direction, revient sur ses pas, repart d'un pas plus ferme, grandissant sans cesse, se fortifiant au contact de la nature inconnue ou par l'épreuve et la comparaison avec ses pairs du passé.»

Dans les formes antiques, l'initiateur du cubisme retrouve les images et les mythes du monde ancien. À l'été 1923, la subversion semble bel et bien avoir disparu ou plutôt, comme le remarque Pierre Daix, s'être «tournée contre le cubisme officiel».

Attentif aux variations sur le modelé, traité avec ou sans ombre, et sensible à celui pour qui le retour sur le classicisme n'est que le signe d'un retour aux sources, Pierre Reverdy écrit alors à propos de *la Flûte de Pan* : «Aucune attitude, aucun geste qui soit autre chose qu'un aboutissement plastique du moyen mis en jeu. Pas une tête, un corps ou une main qui ne soit, par leur forme et leur position, un élément uniquement utile à l'expression de l'ensemble, pas d'autre signification en dehors de la constitution plastique du tableau.»

« Raphaël est le grand incompris »

ANDRÉ DERAIN
Pierrot et Arlequin
vers 1924.
Huile sur toile, 175 x 175 cm.
Paris, musée de l'Orangerie, collection Walter-Guillaume.
Photo RMN.

Dès 1912, sous l'influence de la peinture siennoise, Derain semble «avoir abandonné l'euphorie des éclaboussures fauves». Il élabore une période «gothique» – ou «archaïsante» – et anticipe ainsi, de façon singulière et paradoxale sur tous ceux qui bientôt vont vouloir se tourner vers le passé de la peinture. Cette position unique contribue dès lors tant à l'admiration qu'à l'incompréhension de nombre de ses contemporains. Derain, cependant, s'il interroge les modèles de l'histoire et célèbre en Raphaël «le grand incompris», devient lui-même un modèle pour de plus jeunes artistes : Giacometti et bientôt Balthus trouvent en sa démarche une force critique à même de «se tourner vers la sobriété et la mesure».

Pierrot et Arlequin est composé d'après une gravure de la commedia dell'arte. «Cet éclectisme de la citation, analyse C. Derouet, était fait pour séduire les amateurs nourris des préjugés des musées et pour qui la peinture apparaissait comme un art pourvu de fondements définitifs».

« DERAIN EST LE PLUS DÉSESPÉRÉ

« Une scène à l'inquiétante étrangeté »

BALTHUS
La Montagne (l'été)
1936.
Huile sur toile, 250 x 369,5 cm.
New York, The Metropolitan
Museum of Art. D. R.

À Arezzo, entre 1926 et 1927, le jeune Balthus copie les fresques de Piero della Francesca. Parrainé par Rilke, Gide et Jouve, et bientôt éveillé à l'insolite et à l'équivoque sous l'influence des surréalistes, il élabore patiemment une synthèse entre un modernisme de bon aloi et le respect du passé. Hors école, Balthus n'est pas sans pour autant rappeler le vérisme de la nouvelle objectivité. Le réalisme brutal et quasi hallucinatoire des œuvres des années qui vont suivre, insolites et silencieuses, va trouver en Antonin Artaud son premier exégète. En 1934, à la suite de la première exposition de l'artiste à la galerie Pierre, l'auteur du *Théâtre de la cruauté* écrit dans *la Nouvelle Revue française* : «Il semble que, fatiguée de décrire des fauves et d'extraire des embryons, la peinture veuille en revenir à une sorte de réalisme organique qui, loin de fuir la poésie, le merveilleux, la fable, y tendra plus que jamais mais avec des moyens sûrs.» L'approche quasi théâtrale et architectonique de l'espace permet à Balthus de grandes compositions rappelant celles de Puvis de Chavannes.

La Montagne, peinte un an après *la Rue,* livre au plein air, tel un tableau vivant, l'attente immobile comme le temps suspendu d'une scène à «l'inquiétante étrangeté».

« Un présent rendu muet »

EDWARD HOPPER
Chambre d'hôtel
1931.
Huile sur toile, 152,5 x 166 cm.
Lugano, collection Thyssen-Bornemisza. D. R.

«**L**es peintures de Hopper, écrit J.T. Soby en 1957, révèlent avec précision l'heure du jour ou de la nuit, mais ce n'est que dans le but d'arrêter totalement le mouvement des horloges [...].

Le rapprochement que fit Lloyd Goodrich entre Hopper et De Chirico est de ce point de vue intéressant [...]. Tous deux, bien que très différents de tempérament et de style, ont créé une suite d'images qui évoquent une pause temporelle; une imagerie où une atmosphère de "temps enfui" fait valoir par contraste un présent rendu muet.» À la différence de l'univers «précisionniste» et «régionaliste» dépeignant une Amérique provinciale et désolée des artistes de l'Ashcan School ou de l'American scene, Hopper traduit sans pittoresque une Amérique ingrate où «la lumière illumine mais ne réchauffe pas». Son œuvre est un catalogue d'icônes de son pays et témoigne d'un vide douloureux comme d'un «temps immobile». Invariante et indifférente à toute innovation technique, elle fixe de manière immuable l'image du quotidien.

Avec Hopper, affirmant avoir «mis dix ans à s'accoutumer au chaos de laideur américain», c'est insidieusement la vie contre le rêve, la réalité contre tout horizon chimérique : les choses sont ce qu'elles sont. La peinture, à cet instant, manifeste avec «humilité et émerveillement», «un certain dégoût de la forme stylisée et arbitraire».

« C'était encore trop à peindre »

ALBERTO GIACOMETTI
La Pomme sur le buffet
1937. Huile sur toile,
72 x 75,5 cm.
New York, collection particulière.
D. R.

En 1935, Giacometti, las de l'orthodoxie surréaliste, abandonne toute œuvre réalisée jusque-là. Il se tourne alors vers l'observation sensible des êtres et des choses. La vérité du réel devient ainsi la tâche obstinée et impossible à laquelle il s'attache jusqu'à la fin de sa vie, peignant et sculptant figures et objets isolés dans l'intimité de son atelier, cherchant à saisir l'expression la plus à même de traduire un monde disloqué et décharné.

Peint la même année que *la Mère de l'artiste,* cette nature morte marque sa rupture avec les surréalistes et ouvre une période de huit années de recherches où se mêlent sculptures, gravures, dessins et peintures. Parmi ces œuvres, certaines, par le sujet comme la palette restreinte, évoquent Cézanne. Le graphisme singulier de Giacometti veut témoigner de l'exploration visuelle de l'artiste : «Alors, écrit-il, j'ai enlevé la coupe, les assiettes, les fleurs. Mais avez-vous essayé de voir trois pommes simultanément à trois mètres ? J'en ai donc ôté deux. Et la troisième, j'ai dû la réduire car c'était encore trop à peindre.»

79

ET LE PLUS COURAGEUX DES PEINTRES » A. Giacometti

Paul Poiret et André Derain (à gauche). © Roger-Viollet.

Vers 1930. La soupe populaire à Berlin. © Roger-Viollet.

République de Weimar (1919-1933). Jeunes Allemands jouant avec un cerf-volant confectionné avec des billets de banque dévalués. © Harlingue-Viollet.

Le portrait de Mussolini sur la façade d'un immeuble italien. © Harlingue-Viollet.

Chronologie 1919-1939

En regard du sujet traité, les éléments de cette chronologie sont essentiellement consacrés aux événements et réalisations en Europe et aux États-Unis.

1919
• Abel Gance : sortie de *J'accuse*.
Italie : mouvement littéraire de la Ronda.
Picasso travaille pour le théâtre et le ballet : *le Tricorne* de M. de Falla suivi, entre autres, en 1920 de *Pulcinella*, en 1922 de *Antigone* de J. Cocteau, en 1924 du *Train Bleu*.

1921
• P. Valéry : *l'Âme et la Danse*.
• L. Pirandello : *Six Personnages en quête d'auteur*.

1922
• Marche sur Rome de Mussolini.
• James Joyce : *Ulysse*.
Milan : fondation du groupe italien Novecento soutenu par le régime fasciste.
P. Westheim : enquête *Vers un nouveau naturalisme ?* dans sa revue *Das Kunstblatt*.
Dernier numéro de la revue *Valori Plastici*.

1923
• Munich : Hitler tente un coup d'État. Il est emprisonné et écrit *Mein Kampf*.
• P. Valéry : *Eupalinos ou l'architecte*.
• R. M. Rilke : *Sonnets à Orphée* et *Élégies de Duino*.

1924
• Th. Mann : *la Montagne magique*.
Pablo Picasso : décors du *Mercure* d'E. Satie.

1925
• Publication posthume du *Procès* de F. Kafka.
Mannheim : organisation par G. F. Hartlaub de l'exposition de la nouvelle subjectivité.
Galerie Druet : groupe des Néo-humanistes.

1926
• L'Italie est gouvernée par les fascistes.
• G. Bernanos : *Sous le soleil de Satan*.
Italie : création de la revue *900*, qui paraît jusqu'en 1929.

1927
• Staline entreprend l'épuration.
• M. Heidegger : *l'Être et le Temps*.
• E. Faure : *l'Esprit des formes*.

1928
• Staline élabore le premier plan quinquennal.
• B. Brecht : *l'Opéra de quat'sous*.
J. Gonzalez initie Picasso à la soudure.

1929
• Création de l'État du Vatican.
• Paul Claudel : *le Soulier de satin*.
• États-Unis : Jeudi noir de Wall Street.
Amsterdam : exposition de la nouvelle subjectivité au Stedelijk Museum.

1930
• Allemagne : entrée des nazis au Reichstag.
• J. von Sternberg : *l'Ange bleu*.
• S. Freud : *Malaise dans la civilisation*.
P.-J. Jouve et P. Klossowski traduisent les *Poèmes de la folie* de Hölderlin.
Galerie Billiet-Worms : groupe Forces nouvelles.

1931
• Élections républicaines en Espagne.
• P. Drieu La Rochelle : *Feu follet*.
• W. Faulkner : *Sanctuaire*.

1932
• L. F. Céline : *Voyage au bout de la nuit*.
• R. Clair : *À nous la liberté*.
A. Artaud : *le Théâtre de la cruauté*.

1933
• Allemagne : Hitler est nommé Chancelier. Incendie du Reischtag et fermeture du Bauhaus.
• A. Malraux : *la Condition humaine*.

1934
• Hitler devient le Führer.
• Berlin : Nuit des longs couteaux.
• H. Focillon : *la Vie des formes*.
• M. Leiris : *l'Afrique fantôme*.
Italie : biennale de Venise, «entretiens sur l'art et la réalité contemporaine».

1935
• Allemagne : lois antisémites.
• J. Giraudoux : *la Guerre de Troie n'aura pas lieu*.
• P. Valéry préface l'exposition du Petit Palais «l'Art italien de Cimabue à Tiepolo».

1936
• France : victoire du Front populaire.
• Espagne : début de la guerre civile, exécution de F. García Lorca.
• Berlin : jeux Olympiques.

1937
• France : démission de Léon Blum.
• Exposition internationale de Paris.
Munich : exposition «l'Art dégénéré».
Picasso : *Guernica*; Dufy : *la Fée électricité*.

1938
• Allemagne : accords de Munich et Anschluss.
• J.-P. Sartre : *la Nausée*.
A. Artaud : *le Théâtre et son double*.

1939
• E. Panofsky : *Essais d'iconologie*.
• Espagne : fin de la guerre civile.
• Pacte germano-soviétique, invasion de la Pologne. Seconde Guerre mondiale.
Paris : création des «Réalités nouvelles».

Études sur les réalismes et classicismes

E. de Chassey, S. Guégan, J.B. Minnaert, *L'ABCdaire des années 30*, Paris, 1997, Flammarion et Paris-Musées.*

B. Fer, D.Batchelor, P.Wood, *Realism, Rationalism, Surrealism : Art Between the Wars*, 1993, New Haven, Londres, Yale University Press.*

Ch. Green, *Cubism and its Enemies : Modern Movements and Reaction in French Art, 1916- 1928*, 1987, New Haven, Londres, Yale University Press.

P. Milza, F. Roche-Pézard, *Art et fascisme : Du totalitarisme et résistance au totalitarisme dans les arts*. Actes du colloque de l'Université de Paris I, Bruxelles, 1989, éd. Complexe.*

Lionel Richard, *D'une apocalypse à l'autre*, Paris, 1998, Somogy.

Eberhard Roters, *Berlin 1910-1933*, Fribourg-Paris, 1982, Office du Livre, éd. Vilo.

Le Retour à l'ordre dans les arts plastiques et l'architecture, 1919-1925. Actes du second colloque d'histoire de l'art de l'Université de Saint-Étienne, 1975, Saint-Étienne.*

Principales expositions et catalogues

1967, Deutsche realistische Bildauerkunst im XX. Jahrhundert, Berlin, National Galerie.

1978- 1979, *Revolution und Realismus : Revolutionäre Kunst in Deutschland 1917 bis 1933*, Berlin, Altes Museum.

1980-1981, *les Réalismes, entre révolution et réaction, 1919-1939*, centre Georges Pompidou.*

1997, *Années 30 en Europe : le temps menaçant- 1929-1939*, musée d'Art moderne de la ville de Paris, Flammarion et Paris-Musées.*

Où voir les œuvres

France
Donation Pierre Lévy, Troyes.
Musée National d'Art moderne, Paris.
Musée d'Art moderne de la ville de Paris.
Musée de l'Orangerie, Paris.
Musée Picasso, Paris.

États-Unis
(voir le chapitre sur Dada)
The Whitney Museum of American Art, New York.

Europe
Pinacoteca di Brera, Milan.
Galleria d'Arte moderna, Milan.
Galleria Nationale, Rome.
Museum Boymans-van Beuningen, Rotterdam.
Staatssgemäldesammlungen, Munich.
Tate Gallery, Londres.
Von der Heydt-Museum, Wuppertal.

* à lire en priorité.

ABSTRACTIONS & CONSTRUCTIVISMES
« la règle et l'utopie »

« ...Voguez à ma suite dans l'espace sans fin »

KASIMIR MALEVITCH
Composition :
blanc sur blanc
1918. Huile sur toile,
79,4 x 79,4 cm. The Museum
of Modern Art, New York. DR.

«**L**e suprématisme est le sémaphore de la couleur dans l'illimité. J'ai débouché dans le blanc, camarades aviateurs, voguez à ma suite dans l'espace sans fin.» Quelque trois années après l'exposition «0.10» de Saint-Pétersbourg qui fonde le suprématisme en peinture, Malevitch développe une pensée «au-delà du zéro de la forme», évoluant dans un nouveau «monde sans objet». Le premier *Quadrangle, Carré noir sur fond blanc,* comme les autres unités qui en découlent : *Cercle noir et Croix noire* laissent place à différentes phases où les formes se chevauchent et se complexifient.
Entre 1917 et 1918, les contours se dissolvent et conduisent aux tableaux blanc sur blanc, dont *Carré blanc sur fond blanc,* exposé au dixième salon d'État de Moscou, constitue un accomplissement : la forme s'évanouit

dans l'illimité de la vision. Plusieurs années après, Malevitch explique avec quelle difficulté il a mené un «effort désespéré pour libérer l'art du poids inutile de l'objet». On connaît pourtant mal ses théories qui tiennent dans une douzaine de brochures au ton programmatique et prophétique. L'interprétation du suprématisme diffère d'une période à l'autre : le carré noir est le «signe de l'économie», le rouge, le «signal de la révolution», le blanc, le «mouvement pur», une présence intuitive ouverte à l'espace du tout.

L'art abstrait, on le sait, n'est pas une école mais un phénomène de rupture, dont le trait spécifique est peut-être qu'il constitue une voie toujours ouverte aujourd'hui.
Dès lors, le circonscrire dans une période de l'histoire de l'art donnée, alors qu'il domine encore le siècle, peut prêter à malentendu : l'art abstrait, dans sa définition la plus simple, à l'encontre des autres mouvements, n'est pas une histoire

> > >

> > > close. S'il naît au cœur des avant-gardes et à la suite des recherches initiées par tous ceux qui refusent de soumettre l'œuvre à la seule restitution des apparences, l'art abstrait est d'emblée une notion suffisamment ouverte pour mettre face à face des mouvements comme des figures singulières et contradictoires.

Entre lyrisme et géométrie, à la recherche d'une quintessence spirituelle, l'art abstrait oppose d'emblée à l'expression par la couleur le culte de la forme.

Démarche grave et ambitieuse, l'art abstrait ouvre une voie nouvelle et projette de changer le monde. Il épouse l'utopie des révolutions comme des bouleversements scientifiques et techniques de la modernité. L'abstraction est un saut qu'illuminent les œuvres de Kandinsky, Malevitch et Mondrian. Pour se faire entendre, chacun d'entre eux, comme tous ceux qui les entourent, va écrire et propager à coup de manifestes et d'écrits théoriques l'idée qu'ils se font du monde et des perspectives qu'ils entrevoient. L'artiste devient critique de son œuvre comme du lieu dans lequel il la projette. Construire l'histoire de l'art abstrait suppose l'analyse synchronique des différents mouvements et groupes qui se constituent : l'histoire du suprématisme ne s'arrête pas avec la version que lui donne El Lissitzky en en créant une version «objective» qu'il appelle le *Proun*. La naissance du constructivisme autour des frères Pevsner et l'histoire du néo-plasticisme, comme celle du mouvement De Stijl, qu'initie Théo van Doesburg, au moment où se développent les idéaux du Bauhaus, soulignent la complexité, voire les divergences de chacun. Les mouvements se mêlent. Les idées se diffusent et s'opposent comme autant de voix séparées : l'art abstrait se propage et finit par incarner l'esprit et le projet moderne dans sa diversité et ses contradictions. Mais l'abstraction ne saurait se réduire à une seule histoire de la peinture de chevalet. Si c'est à partir d'elle que s'ouvrent les

82

> > >

« L'art est mort »

ALEXANDER RODTCHENKO
Le Dernier Tableau (Pur Rouge, Pur Jaune, Pur Bleu)
1921. Huile sur toile, (3 x) 62,5 x 52,7 cm. Moscou, archives A. M. Rodtchenko et V. F. Stepanova. DR.

Le 18 septembre 1921, les constructivistes présentent l'exposition «5 x 5 = 25», à Moscou, dans laquelle sont rassemblées des peintures dont le stade ultime témoigne de la dimension désormais obsolète de cette discipline. Parmi les cinq œuvres que présente Rodtchenko, trois sont monochromes et portent en commun le nom de *Dernier Tableau*.

Quelque vingt ans plus tard, Rodtchenko explique : «J'ai réduit la peinture à sa conclusion logique et exposé trois toiles : rouge, bleue et jaune. J'ai affirmé : c'est uniforme. Couleurs de base. Chaque plan est un plan, et il ne doit plus y avoir de représentation.» Pour nombre de constructivistes, la peinture a désormais perdu sa valeur d'usage; et par-dessus tout, elle ne pourra désormais plus être en relation directe avec la vie réelle. Critique du principe de composition suprématiste de Malevitch, Rodtchenko poussera la logique jusqu'à l'abandon de la peinture : «L'art est mort. Cessons notre activité spéculative... Le domaine de la réalité est celui de la construction pratique.»

« *Suprématisme dynamique* »

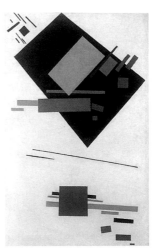

KASIMIR MALEVITCH
Suprématisme
1915-1916. Huile sur toile, 101,5 x 62 cm. Amsterdam, Stedelijk Museum. DR.

Si «l'homme est un organisme énergétique», le suprématisme réside dans «l'expression d'un mouvement universel intuitif de forces énergétiques». D'où sa définition fondamentale : «L'énergie universelle vise l'économie. [...] La révolution n'est rien d'autre qu'une nouvelle énergie économique mouvant la révolution universelle.» Dès 1918, Malevitch occupe une place de premier plan. Professeur à Vitebsk grâce à Chagall, qu'il évince pour y proclamer autour de ses disciples l'Académie suprématiste, il «déplace son centre de gravité sur le front de l'architecture». Il dessine des architectons pour des «habitants de la terre», qu'il appelle des «planites». En 1922, il se voit confier la direction de l'institut culturel des Arts de Leningrad. Il prophétise alors que peinture et architecture sont l'expression d'une nouvelle conception de «l'invention créatrice» qui crée et modifie le monde. Si le tableau suprématiste plonge l'homme dans «le vaste espace du repos cosmique», «la peinture est, pour Malevitch, dépassée, le peintre n'est plus qu'un préjugé du passé».

« À PRÉSENT, LE CHEMIN DE L'HOMME

« ...Car faire un pas est une aventure »

OSKAR SCHLEMMER
Danseuse
1922.
Huile sur toile,
199 x 123 cm.
Munich, Neue Pinakothek. DR.

«**P**artir des positions du corps, de sa simple présence, de sa position debout, de la marche, et enfin du saut et de la danse. Car faire un pas est une aventure, lever une main, remuer un doigt ne le sont pas moins.» Au Bauhaus, où il anime des ateliers de peintures murales, de sculpture et de scénographie, Schlemmer est le grand maître du théâtre, de 1923 jusqu'à son départ en 1929. Il

élabore des prototypes qui sont une vision abstraite de la figure humaine et rompt avec l'autonomie des genres pour concevoir sur le modèle qu'érige le fondateur du Bauhaus, Walter Gropius, un projet collectif au centre duquel se trouve l'homme.
Il conçoit entre autres *le Ballet triadique,* un spectacle où Schlemmer propose une analyse des mouvements élémentaires du corps humain effectués par des danseurs dont les costumes sont, à l'instar des multiples scénographies qu'il réalise, une projection à la dimension du corps, de son rythme et de ses mouvements dans l'espace.
Au-delà de la peinture comme de l'architecture, l'histoire du théâtre est pour Schlemmer «l'histoire de la transfiguration de la forme humaine».

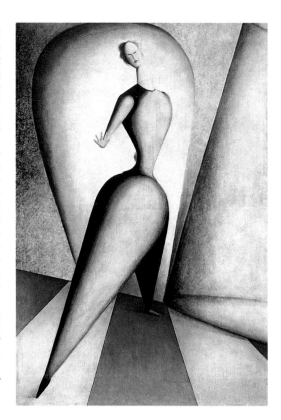

« Abstrait mais avec des souvenirs »

PAUL KLEE
Seneccio
1922. Huile sur toile marouflée sur bois, 40,5 x 38 cm.
Bâle, Kunstmuseum. DR.

Paul Klee comme Kandinsky, parce que spécifiquement peintres, correspondent somme toute très peu à l'esprit du Bauhaus. Perçus l'un et l'autre comme des romantiques d'esprit expressionniste, ils fondent, pour se distinguer des «artistes ingénieurs», avec Lionel Feininger et A. von Jawlensky en 1924 le groupe Die Blauen Vier (les quatre bleus) afin de retrouver l'esprit commun de Munich.
Klee devient maître au Bauhaus dès 1920. À la recherche d'une fusion entre la dimension architectonique et poétique de la peinture, il préfère au terme de «construction» celui de «composition». Se définissant lui-même comme «abstrait mais avec des souvenirs», Klee laisse

son œuvre se développer en marge de tout mouvement. Personnages de théâtre et d'opéra, marionnettes entre comédie et tragédie animent ainsi, en contre-point d'œuvres de nature idéogrammatique, un monde de signes fragiles et instables : la peinture de Klee se fait pantomime quand celle de ses contemporains se veut ordre et discipline. Aux formats de ses condisciples tendant vers l'architecture, il oppose le goût de la miniature et du support fragile, lui permettant de privilégier un rapport intime faisant écho au «credo du créateur».

« L'expérience d'une nouvelle unité »

LASZLO MOHOLY-NAGY
Composition AXX
1924.
Huile sur toile,
135,5 x 115 cm.
Paris, centre Georges Pompidou, MNAM.
Photo Ph. Migeat.

À la fois peintre, sculpteur et photographe, le Hongrois Moholy-Nagy enseigne au Bauhaus, à la demande de Gropius, la culture des matériaux. À Dessau, dès 1923, il fait suite à Itten et, avec Josef Albers et Herbert Bayer, participe au

développement de l'abstraction géométrique. Dirigeant l'atelier de métal, il réalise simultanément des œuvres qui sont autant de recherches fondées sur des matériaux divers alliant aluminium et matières synthétiques. Éditeur des *Bauhausbücher,* Moholy-Nagy initie avec ses propres livres, tels *Malerei, Photographie, Film* (1925) et *Von Material zu Architektur* (1929), une réflexion ouverte à toutes les formes de l'expérience. Ses *Tableaux par téléphone,* réalisés en usine dès 1922, marquent à ce titre une étape essentielle d'une approche systématique détachée du culte du savoir-faire manuel. Ses recherches photographiques et cinématographiques le conduisent, de 1923 jusqu'en 1930, à la construction du *Modulateur lumière-espace,* dont la structure animée n'est que prétexte à la production d'images comme d'ombres mobiles : contre les apparences d'une «culture de la machine», «art et technique» font ici «l'expérience d'une nouvelle unité».

SE TROUVE À TRAVERS L'ESPACE » Malevitch

> > > champs infinis des propositions qu'elle libère, nombre de ses protagonistes – de Rodtchenko à Lissitzky ou Tatline, de Moholy-Nagy à Schlemmer, de Théo van Doesburg aux différents acteurs du Stijl – ne veulent y reconnaître une fin en soi. L'abstraction est le lieu de toutes les expériences comme de toutes les spéculations. La synthèse s'opérant entre les disciplines contribue tout autant au sein du constructivisme, du Stijl ou du Bauhaus à libérer l'art de l'individualisme pour tendre vers l'universel.

Dès lors l'abstraction est autant affaire de peinture et de sculpture que d'architecture et de vie quotidienne. Elle en réalise la fusion et ambitionne même la suppression des distinctions entre «beaux-arts» et «arts appliqués», cherchant, par exemple avec Walter Gropius au sein du Bauhaus, à relier l'art et l'industrie, ou encore avec le Stijl à concevoir une architecture plastique. L'art abstrait est un «art de laboratoire».

Le stalinisme, le nazisme, comme les mouvements totalitaires de l'Europe entière, réduiront certains artistes au silence et conduiront d'autres à émigrer. Le Bauhaus sera fermé en 1933. L'école du Vhutemas sera abandonnée et ses artistes contraints de travailler pour la propagande. Paris, ignorante dans les années 20 de Mondrian qui s'y était installé, comme des développements des avant-gardes à l'Est de l'Europe, sera cette fois encore malgré elle le lieu de tous les échanges. Mouvements, groupes et revues, tels Cercle et Carré, Abstraction-Création, s'y reconstitueront comme une véritable Internationale. Les expositions annuelles et les manifestes prônant «la réconciliation de l'homme avec l'univers» marquent la confiance en l'avenir et l'opposition à l'esprit du surréalisme.

Mais à la veille de la guerre, l'utopie fondatrice fait face au néant et l'exil des survivants voit voler en éclat le rêve communautaire et idéaliste des avant-gardes de ce siècle. <

84

« Point, ligne, plan »

VASSILY KANDINSKY
Étude pour
«Dans le carré noir»
1923. Aquarelle, gouache et encre de Chine sur papier, 36 x 36 cm. Paris, centre G. Pompidou, MNAM. DR.

En opposition à l'idéologie des révolutionnaires soviétiques face à l'art, Kandinsky, dès 1922 regagne l'Allemagne pour enseigner au Bauhaus et développer ses théories fondées désormais, non plus sur le spirituel, mais sur l'exactitude. «Conscient, comme il l'affirme, de ses droits et de ses devoirs», son vocabulaire plastique va dès lors se géométriser. En 1926, il publie avec *Point, Ligne, Plan,* une véritable grammaire formelle qu'il développe et enrichit de façon méthodique et pédagogique, jusqu'à sa mort en exil à Paris en 1944. À la recherche d'une perfection savante, «issue d'une réflexion dialectique formelle», très éloignée du lyrisme impulsif des œuvres précédentes, Kandinsky soumet son art à une géométrie exubérante et mesurée. Utilisant la règle et le compas, il décline à l'infini dans de nombreuses toiles que préfigurent des dessins rigoureusement tracés, un alphabet où dominent les signes en liberté d'une géométrie élémentaire. Les œuvres qui suivent son départ du Bauhaus cèdent la place à une poétique mêlant aux arabesques de toutes sortes des figures zoomorphes et décoratives. Son art se veut dès lors «un pur conte pictural».

« L'intuition continue d'être une bonne chose »

PAUL KLEE
Architecture
1923. Huile sur carton, 57 x 37,5 cm. Berlin, Staatlichesmuseum. DR.

Sensible à l'œuvre de Cézanne puis de R. Delaunay dont il traduit pour la revue *Der Sturm* l'essai *Sur la lumière,* Klee séjourne à Tunis en 1914 et note, à l'occasion de ce voyage essentiel : «Art-nature-moi. [...] Me suis attaqué à la synthèse architecture urbaine-architecture du tableau.» Au Bauhaus où, de 1920 à 1931, il enseigne la théorie de l'art puis la peinture sur verre et la tapisserie, Klee ne semble appartenir que de très loin à l'histoire de l'art abstrait. Instinctif et convaincu que ce qu'il fait «lui apprend ce qu'il cherche», il précise face aux enseignants épris de méthode, que «l'intuition continue d'être une bonne chose». À Weimar, il peint, entre autres, une suite de tableaux abstraits formant une mosaïque de couleurs différentes suggérant le vitrail comme un damier aléatoire. En 1924, il synthétise sa pensée : «L'art ne reproduit pas le visible; il rend visible. [...] L'œuvre d'art est à l'image de la création. C'est un symbole. [...] L'art traverse les choses, il porte au-delà du réel aussi bien que de l'imaginaire.»

« L'OBJECTIF PREMIER DEMEURAIT

« Plans unis et couleurs pures »

BART VAN DER LECK
Nature morte avec une bouteille de vin
1922. Huile sur toile, 40 x 32 cm. Otterlo, Rijksmuseum Kröller-Müller. DR.

À l'instar des peintres s'attachant à la décomposition progressive de la réalité, Bart van der Leck élabore, à partir d'une première version figurative de son sujet, une déconstruction méthodique de la représentation. Composées «de plans unis et de couleurs pures», ses œuvres ont, dès 1916, un impact réel sur Mondrian, avec qui il mène de longues discussions sur la nature de l'abstraction. Procédant par séries, Van der Leck entreprend de façon progressive une analyse de la structure du sujet qui lui sert de motif. Ouvriers, animaux ou natures mortes le condui-

sent à une réduction schématique et fragmentée du sujet, dont ne subsiste plus qu'un rythme de plans aux couleurs primaires et de lignes organisées en un mode orthogonal sur un fond blanc. Avec lui, l'abstraction se construit par étapes graduelles et procède par stylisations successives. Pris au piège des «grilles» qu'il élabore, l'art de Bart van der Leck est à la recherche de la quintessence du réel comme de son équilibre ultime et de ses rapports fondamentaux. Il rejoint à ce titre les recherches que Mondrian conduit simultanément et auxquels il apporte, en 1917, une impulsion décisive.
Dès 1918, en conflit avec T. van Doesburg, il rompt avec De Stijl et réintroduit un motif lisible dans l'ensemble de ses compositions.

« Produire l'œuvre d'art de plastique pure »

GEORGES VANTONGERLOO
Composition
1917.
Huile sur toile, 36 x 54 cm. Paris, centre Georges Pompidou, MNAM. DR.

Fidèle, jusqu'en 1937, aux principes néoplastiques dans ses sculptures comme dans ses peintures, en utilisant pour ces dernières le principe des couleurs complémentaires, le Belge Georges Vantongerloo rejoint Piet Mondrian, Theo van Doesburg, Bart van der Leck et le hongrois Wilmos Huszar ainsi que les architectes Oud, Wils et Van't Hoff et le poète Kok, pour participer au premier numéro de la revue *De Stijl* (le style), qui paraît en octobre 1917.
«De Stijl veut réunir en elle les courants de pensée actuels se rapportant aux arts plas-

tiques, courants qui, tout en étant semblables dans leur essence, se sont développés indépendamment les uns des autres. [...] L'artiste authentiquement moderne, pleinement conscient de ce qu'il fait, a une double mission à remplir. D'abord de produire l'œuvre d'art de plastique pure; ensuite de rendre le public apte à s'ou-

vrir à cet art pur». Vantongerloo, à l'instar des autres membres du mouvement, concevra de nombreuses maquettes d'architecture, d'aéroports et de ponts : le tableau de chevalet comme les lois mathématiques présidant à l'élaboration de ses sculptures veulent prophétiser le dépassement de la peinture.

« Équilibre »

JEAN HÉLION
Équilibre
1933-1934. Huile sur toile, 97,4 x 131,2 cm.
Venise, fondation Peggy Guggenheim. DR.

En 1929, Hélion expose ses premières œuvres abstraites. Cherchant à s'éloigner de toute référence naturaliste, il découvre les principes néoplastiques de Van Doesburg et signe avec lui en 1930, le *Manifeste de l'art concret*. Il rejette cependant les principes de la géométrie austère qui président aux œuvres qu'il réalise alors en introduisant, dès l'année suivante, un jeu de courbes et de contre-courbes qui le conduisent avec, entre autres, Jean Arp, Albert Gleizes, Auguste Herbin, Franz Kupka et Georges Vantongerloo, à la constitution du groupe Abstraction-Création, qui rassemble jusqu'à la guerre toute l'internationale des artistes abstraits et succède au groupe Cercle et Carré qu'avaient initié en 1930, «par une sorte de désespoir rageur», le critique Michel Seuphor et le peintre Urugayen Joaquin Torrès-Garcia.
Les œuvres des années 1933-

1934 se composent de multiples formes et éléments rythmiques s'imbriquant entre balance et harmonie. Elles succèdent à la stricte orthogonalité des tableaux construits sur la doxa des mouvements successifs nés du rejet de toute trace de figuration. Dès 1944, Hélion réintroduira cependant la figure comme les thèmes qui domineront dès lors sa peinture jusqu'au bout : son œuvre comme son parcours s'engageraient dès lors à rebours de la théologie de l'abstraction.

TOUJOURS L'HOMME » Moholy-Nagy

« Contre-compositions »

THÉO VAN DOESBURG
Composition arithmétique
1930.
Huile sur toile, 101 x 101 cm.
Suisse, collection particulière.
DR.

Peintre, architecte, musicien, théoricien et critique, multipliant les pseudonymes, Van Doesburg consacre en 1915 un article à Mondrian dans la revue *De Eenheid*. En octobre 1917, à l'instant de la révolution bolchevique, il fonde, suivie un an plus tard par la naissance du mouvement, la revue *De Stijl* qu'il publie jusqu'en 1928. Alors que Mondrian retourne en 1919 à Paris, Van Doesburg diffuse ses idées auprès du Bauhaus et du constructivisme russe. Il meurt prématurément en 1931. À la recherche d'une plastique pure, où seuls seraient admis le cube et le parallélépipède, et où les plans présenteraient des surfaces immaculées, Van Doesburg prône un art fonctionnel aux implications collectives et sociales, tentant une synthèse entre F. L. Wright et le néo-plasticisme. Il réalise ainsi des compositions en noir et blanc comme des projets de carrelages et de vitraux destinés aux maisons de Oud et, dès 1924, s'oppose au néo-plasticisme métaphysique de Mondrian qu'il juge trop dogmatique, en privilégiant des contre-compositions dynamiques fondées sur la multiplication d'angles à quarante-cinq degrés. «Le but de la nature, c'est l'homme, le but de l'homme, écrit-il, c'est le style.»
En 1926, il publie le *Manifeste de l'élémentarisme* ainsi qu'un supplément à *De Stijl* ouvert à Dada, *Mécano*, et tente de lancer quatre ans plus tard, *la Revue de l'art concret*. Figure dynamique et protéiforme, Van Doesburg impose, en contrepoint du néo-plasticisme, un rôle social à l'art abstrait.

86

« Une nouvelle image du monde »

PIET MONDRIAN
Composition avec deux lignes
1931.
Huile sur toile, 112 x 112 cm.
Amsterdam,
Stedelijk Museum. DR.

Dès 1915, Mondrian élabore un nouvel espace pictural fondé sur de purs rythmes perpendiculaires : + et - déterminent des rapports de proportion fondés sur la relation entre signes verticaux et horizontaux. En 1917, l'angle droit délimite désormais la structure interne de son œuvre. Équilibre ultime et absolu, la peinture de Mondrian inaugure une architecture syntaxique d'une totale plénitude spirituelle et plastique, expression pure d'un rapport fondamental.
Dans une suite d'articles parus à Paris en 1920, dédié aux «hommes futurs», ainsi que dans la brochure dans laquelle il définit le néo-plasticisme, Mondrian écrit notamment : «L'artiste vraiment moderne ressent consciemment l'abstraction dans une émotion de beauté, il reconnaît consciemment que l'émotion du beau est cosmique, universelle. Cette reconnaissance consciente a pour corollaire la plastique abstraite, l'homme adhérant uniquement à ce qui est universel.» Sous l'influence du Stijl, Mondrian adopte les trois couleurs primaires, mais dans les œuvres les plus absolues, les lignes droites et les aplats qu'elles déterminent confèrent au tableau son plus haut degré de rigueur et ce que son ami, le théosophe Schœnmaeker, appelle le «Het niewe Werebeld» : une «nouvelle image du monde».

« DÉNATURALISER, C'EST ABSTRAIRE;

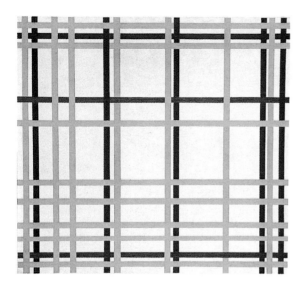

« La vitalité à l'état pur »

PIET MONDRIAN
New York City 1
1942. Huile sur toile,
119,3 x 114, 2 cm.
Paris, centre Georges
Pompidou, MNAM. DR.

À New York, où il s'installe à l'automne 1940, après avoir fui Londres où Ben Nicholson, Barbara Hepworth et Naum Gabo l'avaient accueilli en septembre 1938, Mondrian découvre la gigantesque géométrie et le rythme de Manhattan. Mouvement, lumière et vie vont désormais se substituer à l'ascèse des toiles précédentes. Aux lignes noires quadrillant la surface, qui tout au long de la recherche de l'artiste s'était modulées en une suite de variations infinies, succède un treillis coloré libérant contrastes et rythmes chromatiques. *New York City, Boogie Woogie, Broadway Boogie Woogie* et *Victory Boogie Woogie* s'opposent au «contemplatisme» théorique des toiles néo-plastiques et exaltent une syncope traversée de la passion de Mondrian pour le jazz.
À J. J. Sweeney, il écrit alors : «Seulement maintenant je m'aperçois que mes œuvres en noir, blanc et peu de couleurs, ne sont que des dessins à l'huile.» Désormais critique de son propre dogme, et sensible à l'idée d'en repenser les fondements, Mondrian meurt le 1er février 1944 après avoir lui-même initié la transformation de la recherche statique des années parisiennes en une dynamique nouvelle.

Peintes ou composées directement à l'aide de rubans adhésifs, et s'évertuant à exprimer, non plus tant un équilibre parfait, qu'à présenter «la vitalité à l'état pur», les toiles de ces quatre années opèrent la fusion de la couleur et du dessin. La peinture fait peau neuve et se réinvente jusque dans des titres inattendus.

Dans New York, qui lui fournit les thèmes de ses dernières œuvres, Mondrian toujours assuré d'une mort de la peinture au profit d'une sorte d'esthétique généralisée, affirme cependant : «L'art disparaîtra à mesure que la vie aura plus d'équilibre. [...] Nous n'aurons plus besoin de peintures et de sculptures, car nous vivrons au milieu de l'art réalisé.»

Chronologie 1915-1939

En regard du sujet traité, les éléments de cette chronologie sont essentiellement consacrés aux événements et réalisations en Europe et aux États-Unis.

1915
Russie : février, Pétrograd : Vladimir Tatline présente des *Constructions* et un *Relief en coin* à l'exposition «Tramway V» organisée par Ivan Pougny.
Hollande : octobre, Amsterdam : Théo van Doesburg remarque au musée municipal des toiles de Piet Mondrian.
Russie : décembre, Saint-Pétersbourg : exposition «0.10». Malevitch expose le *Carré noir* et 35 autres œuvres abstraites. Il publie *Du cubisme au suprématisme*.

1916
Russie, Moscou : exposition «Magasin».
V. Tatline expose ses contre-reliefs angulaires.
Hollande, La Haye : P. Mondrian découvre les œuvres de Bart van der Leck.

1917
• Russie : Révolution d'octobre.
Russie : V. Tatline et Alexander Rodtchenko décorent le Café pittoresque de Moscou.
Hollande, octobre : La Haye, 1er numéro de la revue *De Stijl,* qui sera suivi, un an plus tard, du manifeste du mouvement.

1918
URSS: Lounatcharski, commissaire du peuple, fonde l'IZO (département des Beaux-Arts au commissariat populaire à l'Instruction publique), création de 36 musées en trois ans.
K. Malevitch peint le *Carré blanc sur fond blanc*.

1919
Paris : février, retour de P. Mondrian.
URSS : le gouvernement soviétique commande à V. Tatline un *Monument à la Troisième Internationale*.
K. Malevitch enseigne trois ans à l'Unovis de Vitebsk.
Weimar : fondation du Bauhaus.
Moscou : exposition rétrospective de 150 œuvres de K. Malevitch.
Grenoble : le conservateur du musée, Andry-Farcy, commence une importante collection d'art moderne.

1920
P. Mondrian publie la brochure *le Néo-plasticisme*.
Anton Pevsner et son frère Naum Gabo publient le *Manifeste du constructivisme*.
V. Tatline envoie la maquette du *Monument à la Troisième Internationale*.

1921
V. Kandinsky fonde, à la demande de Lounatcharski, l'académie des Sciences artistiques.
Septembre : exposition «5 x 5 = 25» avec A. Rodtchenko, A. Exter, Lioubov Popova, V. Stepanova et Vesnine.

1922
V. Kandinsky, A. Pevsner et N. Gabo quittent l'URSS.
Fin de la guerre civile en URSS : victoire des bolcheviks.
Le critique et historien Michel Seuphor rencontre P. Mondrian.
O. Schlemmer représente le *Ballet triadique*.
L. Moholy-Nagy élabore son *Modulateur lumière-espace* (jusqu'en 1930).
T. van Doesburg consacre sa revue *Mecano* au dadaïsme et séjourne au Bauhaus.
El Lissitzky organise un congrès des Artistes progressistes à Düsseldorf et un congrès «Constructivisme-Dada» à Weimar.
Hanovre : le Provinzialmuseum est le premier musée à acquérir des œuvres abstraites. Helmut Dorner, son directeur, commande à El Lissitzky un «cabinet des abstraits».

1923
T. van Doesburg énonce ses 16 points d'une architecture plastique.
Pétrograd : Malevitch dirige jusqu'en 1928 un laboratoire d'art expérimental.
Pologne : Wladislaw Strzeminski fonde l'unisme. Avec Henryk Stawewski et Henryk Berlewi, il fonde le groupe et la revue *Blok*.
Weimar : exposition «Art et Technique : une nouvelle unité».
Paris, octobre-novembre : exposition De Stijl, galerie l'Effort moderne.

1924
V. Kandinsky, P. Klee, L. Feininger et A. von Jawlensky fondent Die Blauen Vier (les quatre bleus) pour se distinguer des «artistes-ingénieurs» du Bauhaus.
Utrecht : G. Rietveld réalise la villa Schröder-Schräder.

1925
Déménagement du Bauhaus à Dessau dans les nouveaux bâtiments construits par W. Gropius.
Paris : exposition «L'art d'aujourd'hui»; le pavillon de l'URSS est conçu par Constantin Melnikov et A. Rodtenchko y expose ses modèles de mobilier.

DÉNATURALISER, C'EST APPROFONDIR » Mondrian

1920.
Vladimir Tatline
devant la maquette
du *Monument
à la Troisième
Internationale.*

Vers 1928.
Vue du «cabinet
des abstraits»
commandé à
El Lissitsky par le
Provinzialmuseum
de Hanovre.

88

1924.
Gerrit Rietveld,
projet de couleurs
pour la villa
Schröder-Schräder
à Utrecht.

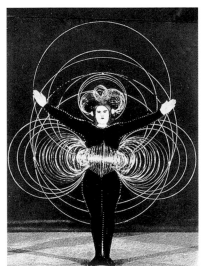

Vers 1922.
Représentation
du *Ballet triadique*
d'Oskar
Schlemmer.

Chronologie 1915-1939

1926
T. van Doesburg, en rupture avec P. Mondrian,
publie le *Manifeste de l'élémentarisme.*

1927
Strasbourg : T. van Doesburg, J. Arp et Sophie
Taueber conçoivent l'aménagement de l'Aubette.
Hanovre : fondation de l'association
Die Abstrakten Hannover (DAH) réunissant
K. Schwitters, Friedrich Vordemberge-Gildewart,
Carl Buchheister et César Domela.

1928
W. Gropius quitte le Bauhaus.

1929
M. Seuphor et Joaquin Torrès-Garcia fondent le
groupe et la revue *Cercle et Carré.*

1930
Paris : exposition Cercle et Carré, galerie 23.
Avril-mai : T. van Doesburg, avec l'aide de
J. Hélion, publie l'unique numéro de *Art Concret.*

1931
• Paris : A. Calder expose chez Marie Cuttoli ses
premiers *Mobiles* baptisés ainsi par M. Duchamp.
Davos : mort de T. van Doesbourg.
V. Kandinsky publie dans la revue des *Cahiers
d'Art*, ses *Réflexions sur l'art abstrait.*

1932
A. Calder rencontre J. Miró en Espagne,
deux ans après sa visite à Mondrian à Paris.

1933
Fermeture du Bauhaus.
Octobre : V. Kandinsky s'installe à Paris.
J. Albers émigre et enseigne jusqu'en 1949 au
Black Mountain College (Caroline du Nord).

1935
Mort de K. Malevitch. Funérailles officielles
à Pétrograd.

1936
Solomon Guggenheim et la baronne Hilla Rebay
constituent les collections qui aboutissent à la
création, en 1939, du Museum of Non-Objective Art.

1937
Paris : Exposition universelle : les Delaunay
exposent des décors monumentaux pour le
pavillon des Chemins de Fer et le palais de l'Air.
New York : fondation de l'association des
Artistes abstraits américains (AAA).
Chicago : L. Moholy-Nagy fonde le New Bauhaus.

1938
• New York : arrivée d'Amédée Ozenfant.

1939
• Paris : création des «Réalités Nouvelles»
et première exposition à la galerie Charpentier
organisée par S. Delaunay.

**Études sur
les abstractions**

C. Gray, *The Great Experiment:
Russian Art, 1863-1922*,
Londres, 1962,
Thames and Hudson.*

S. Lemoine, *l'Art constructif*,
Paris, 1992,
centre G. Pompidou.

A. Nakov, *l'Avant-garde russe*,
Paris, 1985, F. Hazan.*

K. Passuth, *les Avant-gardes
de l'Europe centrale, 1907-
1927*, Paris, 1988, Flammarion.

M. A. Prat, *Cercle et Carré :
peinture et avant-garde au
seuil des années 30*, Lausanne,
1984, l'Âge d'homme.

M. Ragon, *Journal de l'art
abstrait*, Genève, 1992, Skira.*

L. Richard, *Encyclopédie du
Bauhaus, école du design*,
Paris, 1985, Somogy.*

M. Seuphor, *l'Art abstrait*,
5 vol., Paris, 1974-1988,
Maeght.*

D. Vallier, *l'Art abstrait*, Paris,
1980, le Livre de poche.*

**Principales expositions
et catalogues**

*Abstraction Création
1931-1936*, Paris, 1978, musée
d'Art moderne de la ville.

*Le Monochrome, la couleur
seule*, Lyon, 1988,
musée des Beaux-Arts.

Poésure et Peintrie,
Marseille, 1993, RMN/
musées de Marseille.

*Abstraction in the Twentieth
Century : Total Risk,
Freedom, Discipline*,
New York, 1996,
Guggenheim Museum.*

Où voir les œuvres
France
Musée national d'Art moderne,
Paris.

Musée d'Art moderne
de la ville de Paris.

Musée de Grenoble.

Musée d' Art moderne
de Saint-Étienne.

Musée de Strasbourg.

États-Unis
(voir les chapitres précédents)

Europe
Amsterdam,
Stedelijk Museum.

Bâle, Kunstmuseum.

Berne, Kunstmuseum.

Cologne, Museum Ludwig.

Eindhoven,
Stedelijk Van Abbemuseum.

Hanovre, Landesmuseum.

La Haye, Gemeentemuseum.

Lodz, Museum Sztuki.

Madrid, collection
Thyssen-Bornemisza.

Moscou, galerie Tretiakov.

Otterlo, Rijksmuseum
Kröller-Müller.

Saint-Pétersbourg,
Musée russe.

Venise, Peggy Guggenheim
collection.

* à lire en priorité.

SCULPTURES, ASSEMBLAGES, CONSTRUCTIONS
« langages de l'espace »

« Objet authentiquement réel »

VLADIMIR TATLINE
Contre-relief d'angle
1915. Reconstitution de Martyn Chalk d'après les photos originales (1966-1970). Fer, zinc et aluminium, 78,7 x 152,4 x 76 cm. Fischer Fine Art, Londres. Photo Cuming Wright-Watson Associates.

Une «culture des matériaux» dérivée du collage cubiste datant de son séjour à Paris, en 1913, et une opposition aux solutions picturales du suprématisme conduisent Tatline à réaliser ses *Contre-reliefs d'angle,* aujourd'hui pour la plupart détruits. Les éléments composites de la nature morte cubiste sont transposés dans l'espace en autant de rythmes soumis à la tension de câbles et de formes diverses : éléments d'aluminium comme de plans, galbés ou découpés et sciés, sections de bois perforées et vissées, verre et tendeurs soulignent le dynamisme de la structure et préfigurent, simultanément au projet du *Monument à la Troisième Internationale,* les différents prototypes d'objets usuels parmi lesquels le *Letatlin, bicyclette volante,* que Tatline élabore sur un mode utopique et

politique dans les années 20. Démarche radicale rejetant à la fois tout espace transcendantal ou illusionniste, chaque *Contre-relief* est contingent du mur auquel il s'accroche et inclut, de fait, la dimension de l'architecture. «Objet authentiquement réel» qu'analyse Taraboukine dans son texte *Du chevalet à la machine,* publié à Moscou en 1923, le *Contre-relief d'angle* est l'œuvre d'un artiste-ingénieur, acquérant la «maîtrise productiviste» préfigurant la fin de la distinction des genres et des disciplines existant jusqu'alors.

Après le ready-made dont il n'est plus temps de se demander – à l'instar de ce que préconise Walter Benjamin pour la photographie – s'il appartient au champ de la sculpture, mais ce qu'il modifie des codes et des disciplines propres à l'espace de l'art, se développent dans l'Europe entière, au nom des avant-gardes, différentes propositions visant à élargir les bases et la définition du rapport d'une œuvre à l'espace. > > >

89

« Surface développable »

> > > Faut-il d'ailleurs, stricto sensu, parler encore de sculpture quand le mot paraît impropre pour qualifier des œuvres dont la nature est avant tout d'en réfuter les conventions ? Faut-il s'en tenir à cette catégorie quand au monument et à la statue propres au XIXe siècle succèdent, avec Rodin, cette appréhension du vide et de l'équilibre, cette esthétique du fragment et du montage qui, par-delà le sujet traité, réinventent le langage et la pratique de la sculpture ? À ce titre, Brancusi comme Duchamp, complices et amis leur vie durant, apparaissent comme les deux figures antithétiques et symétriques d'une recherche complémentaire : à l'obstination de l'un pour redéfinir et refonder à partir des archaïsmes le langage même de la sculpture au-delà des antagonismes figuration/abstraction et des matériaux, répond la volonté de l'autre d'en neutraliser les conventions et de proposer une fin de non-recevoir.

Brancusi comme Duchamp laissent paradoxalement libre la voix à toute invention, voix dans laquelle, simultanément, Picasso réinvente sans cesse.

Avec lui, les catégories comme les perspectives sont à rude épreuve. Parle-t-on de «sculptures» qu'outre les œuvres des premières années, on évoque les somptueuses rondes-bosses de Boisgeloup. Parle-t-on «d'assemblages» que l'on voit apparaître les œuvres de tôle peinte comme celles de bois, faites avec ce que l'artiste, à tout moment de sa vie, a littéralement sous la main. Parle-t-on de «constructions» que les magnifiques figures filiformes, projets de monument pour Guillaume Apollinaire, reviennent à l'esprit comme l'expression la plus accomplie d'un défi au constructivisme ambiant et à l'«espace-cage» des surréalistes.

Avec Picasso, tout vacille et se remet en perspective. Il est, à lui seul, l'histoire > > >

ANTON PEVSNER
Masque
1923. Celluloïd et métal,
33 x 20 x 20 cm.
Paris, centre Georges
Pompidou, MNAM.
Photo centre G. Pompidou.

À la suite du *Manifeste* qu'il rédige et placarde dans les rues de Moscou en 1920 avec son frère Naum Gabo, Anton Pevsner s'établit en 1923 à Paris, où il a déjà par deux fois séjourné. Devenu citoyen français en 1930, il participe au mouvement Abstraction-Création et forme en 1946, en compagnie de A. Gleizes et A. Herbin, le groupe des Réalités nouvelles. Entre cubisme analytique et abstraction géométrique aux formes issues de l'esthétique industrielle, Pevsner, sensible tout comme son frère à la spécificité des matériaux, inaugure quant à lui le concept de «surface développable», à partir d'éléments soudés avec lesquels il cherche à sculpter l'es-

pace. Plusieurs masques, à partir des années 20, témoignent de l'assimilation du cubisme et de la sculpture africaine. Mais c'est l'alliance de matériaux contradictoires comme ici le celluloïd et le métal,

jouant sur l'opposition de l'opacité et de la translucidité, qui pose, par-delà l'esthétique désormais classique, la question d'une œuvre soumise à la logique formelle et aux matériaux contemporains.

« Une œuvre spatialement ouverte »

NAUM GABO
Colonne
1923, réplique de 1937.
Plexiglas, bois, métal et verre,
105,3 x 73,6 x 73,6 cm.
New York, Solomon
R. Guggenheim Museum. DR.

C'est en 1920 que les frères Pevsner rédigent le *Manifeste du constructivisme,* d'abord

intitulé *Manifeste réaliste,* dans lequel est affirmée leur volonté de libérer les «rythmes cinétiques, formes essentielles de notre perception du réel». Célébrant la «beauté moderne» de la tour Eiffel, Gabo déclare : «L'ambition du constructivisme n'est pas de créer des peintures ou des sculptures, mais des constructions dans

l'espace». De formation scientifique, Naum Gabo découvre *Du spirituel dans l'art* et rencontre Kandinsky en Allemagne, avant de retourner en Russie après la révolution. Entre 1920 et 1922, il réalise ses premières «constructions cinétiques», où la forme détermine le rythme et le mouvement de l'espace-temps. Il réfute cependant l'idée que la sculpture ait à imiter la machine. Son *Monument pour un observatoire,* en 1922, comme la *Colonne* de l'année suivante, ne sont ainsi constitués que par des matériaux légers et translucides, jouant avec les vides et les pleins afin de réaliser une œuvre qu'il veut «spatialement ouverte».

Anticipant tout une dimension de la sculpture des générations à venir, les œuvres de Gabo sont alors des projets semblables à des maquettes, que l'artiste suppose pouvoir développer à l'échelle et en relation directe à l'architecture.

90

« NOUS RENIONS LE VOLUME EN TANT

« Une utilisation fonctionnelle du matériau »

ALEXANDER RODTCHENKO
Construction ovale suspendue
1919-1920. Contreplaqué peint et fil de fer,
83,7 x 51 x 47 cm.
Bloomington, Indiana University Art Museum. DR.

Concepteur avec Tatline du café Pittoresque, à Moscou en 1917, Rodtchenko s'éloigne des théories de Malevitch pour développer une conception objectiviste de l'art. «La construction, écrit-il, au sens précis et clair, c'est-à-dire en tant qu'organisation des objets réels, ne peut être réalisée que dans la matière. C'est

pourquoi l'utilisation adéquate des matériaux devient un problème très important. Nous définissons la construction comme un système d'exécution de l'objet supposant une utilisation fonctionnelle du matériau. C'est ainsi que l'effort visant à la construction a conduit l'artiste, par le biais des constructions dans l'espace, à la construction d'objets réels.»
Structure mobile autour de son axe, *Construction ovale suspendue* tient tout à la fois de l'objet et de l'outil visuel. Elle souligne que Rodtchenko n'envisage pas tant la production d'un objet singulier que l'invention de formes au fonctionnement dynamique et cinématique. C'est que l'artiste s'est engagé dans un programme où chaque élément réalisé est partie intégrante d'une redéfinition de la finalité de l'art.

« Jeu de lumière et d'ombres »

LASZLO MOHOLY-NAGY
Modulateur spatial
1922-1930, reconstruit en 1970.
Métal, plastique, verre et bois,
151 x 70 x 70 cm.
Eindhoven, Stedelijk Van Abbemuseum. Photo du musée.

Dès les années 20, Moholy-Nagy aborde toutes les possibilités que lui offrent les différents matériaux. Contemporaines de ses premières photographies, les œuvres qu'il réalise lui révèlent l'importance de la lumière. En 1925, intégrant le celluloïd et la bakélite à ses reliefs, il conçoit ce qu'il appelle «la peinture à la lumière». Il entreprend alors le *Modulateur lumière-espace* dont l'influence sur les arts optiques

« La sculpture renferme de l'espace »

KATARZYNA KOBRO
Composition spatiale
Vers 1926.
Acier soudé et peint,
44,8 x 44,8 x 46,7 cm.
Paris, centre Georges Pompidou, MNAM.
Photo centre G. Pompidou.

Aux côtés de Wladislaw Strzeminski, Katarzyna Kobro subit l'influence de Tatline et de Malevitch et dirige à Smolensk l'atelier IZO, filiale de l'Unovis. Dès 1924, tous deux se fixent en Pologne et participent aux activités des groupes Blok et Praesens qu'ils quittent en 1929 pour fonder leur propre cercle : «a. r.». Liés au groupe Abstraction-Création, ils publient de nombreux textes théoriques parmi lesquels «la sculpture et le volume», rédigé par Kobro en 1929.
Proposant une articulation «totale» et organique de l'espace, déterminée par un agencement de volumes ouverts en tôles d'acier peintes calculé selon un système de rapports

numériques d'une précision extrême, Kobro précise ses intentions dans La composition de l'espace, les calculs du rythme spatio-temporel : «Chaque sculpture contient à l'intérieur de ses limites une

partie bien définie de l'espace. [...]. Chaque sculpture pose le problème le plus important : le rapport de l'espace contenu dans la sculpture à l'espace situé hors de la sculpture.»

et cinétiques reste déterminante. La lumière est saisie dans sa dimension proprement transformatrice. Elle module l'espace par la durée de son mouvement de façon analogue au travail de cinéaste et d'homme de théâtre qu'il exécute simultanément. Présentée à Paris, en 1930, sa réalisation en avait été financée par les usines AEG et était prévue pour prendre place au centre du Raum der Gegenwart (espace du temps présent), au musée de Hanovre. Utilisant toutes les ressources de la technologie d'alors, le *Modulateur* surprend l'artiste lui-même : «Lorsqu'en 1930, le *Light Prop* fut mis en marche, je me suis senti comme l'apprenti sorcier. L'appareil était tellement surprenant par l'aspect coordonné de ses mouvements et de ses jeux de lumières et d'ombres que je crus presque à de la magie.»

QUE FORME PLASTIQUE DE L'ESPACE » Gabo et Pevsner

> > > de la sculpture de ce siècle, ses contradictions comme ses volte-faces transgressant les mouvements et les disciplines.

Les voies, il les ouvre à tous les courants qui ne cessent de le suivre, et même à ceux qui, refusant la notion d'objets comme une fin en soi, s'approprient l'espace et le lieu à d'autres fins.

Le rationalisme de Rodtchenko, le devenir architectural de Malevitch, Gabo et Pevsner, les utopies spatiales de Tatline, le projet d'ingénieur-inventeur de Moholy-Nagy ou de Kobro naissent alors comme autant d'alternatives sociales et politiques questionnant, en contrepoint des *objets surréalistes* et après le nihilisme duchampien et l'héroïsme picassien, non plus tant le rapport d'une œuvre à l'espace que l'élargissement de la notion d'espace, qui est pensé désormais aussi bien comme territoire que comme architecture ou environnement. «Sculptures», «assemblages», «constructions» : autant de définitions propres auxquelles il faut adjoindre, inventé par Duchamp, grand manipulateur du langage, en défiant la pesanteur comme les conventions sur un mode ludique, la notion de *Mobile* qu'élabore Calder.

Pourtant dans le champ désormais élargi de ce qui constitue une définition ouverte de la sculpture de cet entre-deux-guerres, les objets «trouvés», «naturels» – ces monstruosités directement façonnées par la nature –, les objets «perturbés» et autres formes incongrues qu'exaltent les surréalistes nous renvoient, par-delà nos habitudes, non plus au seul domaine de la création mais aussi aux «mystères de l'homme» et à ce que Breton, à la recherche d'un autre pôle de l'automatisme psychique, désigne comme «certains objets qu'on n'approche qu'en rêve».   <

« Dessiner dans l'espace »

JULIO GONZÁLEZ
Femme à la corbeille
1930-1933.
Fer soudé, 194 x 63 x 63 cm.
Paris, centre Georges Pompidou, MNAM.
Photo centre G. Pompidou.

Concepteur du principe de la sculpture en fer soudée, Julio González gagne Paris après 1900 et se lie notamment à Max Jacob, André Salmon et Maurice Raynal. Proche de Picasso qu'il initie à la technique de la soudure autogène, il réalise à ses côtés de nombreuses sculptures en métal qui constituent, selon ses dires, un véritable hommage à la «leçon» de son ami catalan. «Dessinant dans l'espace», bien que toujours inspiré par la nature, González précède la réalisation de ses sculptures de nombreux dessins dans lesquels il reconnaît un processus nécessaire de «décantation». Structures linéaires comme constituées de plaques ou de déchets de métal soudés, travaillées à chaud, les œuvres des années 30 célèbrent le fer comme un matériau vivant et ductile et inaugurent un nouveau langage plastique en rupture radicale avec le principe de la sculpture traditionnelle. Image et ébauche d'un corps allusif étiré, *Femme à la corbeille,* à la différence des sculptures précises et calculées, précédées de dessins minutieux, que Picasso fait réaliser simultanément par son praticien, semble une figure improvisée, un geste ouvert et délié aux pointes acérées, suggérant, pour quiconque y cherche le sujet que le titre indique, la chevelure d'une silhouette à l'équilibre grêle.

« Parodie moderne de l'Aurige de Delphes »

PABLO PICASSO
Construction
1928. Figure proposée comme projet pour un monument à Guillaume Apollinaire. Fil de fer et tôle, 60,5 x 15 x 34 cm.
Paris, musée Picasso.
Photo B. Hatala/RMN.

Dès 1928, Picasso s'attache à utiliser les recherches graphiques qu'il a réalisées antérieurement pour créer, dans des assemblages de structures à claire-voie, plusieurs *Constructions*. Le fil de fer rigide crée le volume, solidifie et architecture l'espace, délimitant ce que Dominique Bozo appelle «une matière transparente». «Ici, matière et graphisme sont confondus» et la figure humaine, si elle subsiste par quelques signes identifiables, atteint une monumentalité paradoxale et ironique. Variation sur la notion de transparence propre à la méthode constructiviste, l'œuvre suggère par ses arêtes la présence d'un volume comme, à l'intérieur, celle d'une épine dorsale semblant tenir au bout de ses bras des rennes. «C'est, reconnaît Rosalind Krauss, une parodie moderne de l'Aurige de Delphes», et une critique implicite de la nature monolithique de la matière sculpturale. De cette même époque datent plusieurs sculptures majeures, *la Femme au jardin, Tête* et *Tête de femme,* indissociables des rapports que Picasso établit avec la peinture.

« DES MATÉRIAUX RÉELS

« Objet mobile et muet »

ALBERTO GIACOMETTI
Boule suspendue
1930-1931. Métal et bois,
60,5 x 36,5 x 34 cm.
Paris, centre Georges
Pompidou, MNAM.
Photo centre G. Pompidou.

Provenant de l'ancienne collection d'André Breton, *Boule suspendue* appartient à la période surréaliste de l'artiste. Dalí y reconnaît le prototype «extraplastique» de «l'objet à fonctionnement symbolique» qui deviendra l'«objet surréaliste» tel que le formule Breton. Giacometti le présente lui-même comme un «objet mobile et muet», dont il déjoue plus tard l'interprétation immédiatement érotique en précisant : «Une boule fendue suspendue dans une cage et qui peut glisser sur un croissant.» Dans le beau texte qu'elle lui consacre, à l'occasion de son entrée dans les collections du MNAM, Agnès de la Beaumelle écrit : «Replacée ainsi dans la problématique optique qui domine toute l'œuvre de Giacometti, [...] la véritable scission qui est opérée dans *Boule suspendue* – car l'on peut considérer que la corne-croissant est l'équivalent extérieur de la fente intérieure de la boule – serait celle qui s'imprime à l'œil, qui porte en lui la fonction blessante, mortelle, d'être doué en lui-même d'un pouvoir "séparatif" (Jacques Lacan). Par l'accouplement de deux termes opposés et complémentaires est ainsi mise au jour la dualité de la fonction oculaire, qui fera toute la tension scopique de l'œuvre sculpté de Giacometti».

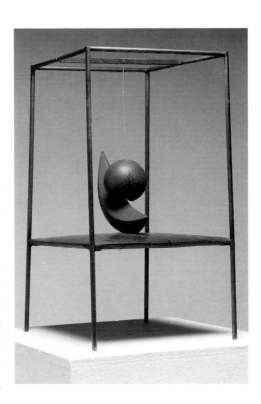

« Vulcain dans sa forge »

CONSTANTIN BRANCUSI
Colonne sans fin II
vers 1925.
Bois, 301,5 x 29 x 29 cm.
Paris, centre Georges Pompidou,
MNAM. Vue de l'atelier
reconstitué en 1997.
Photo centre G. Pompidou.

Brancusi «devenu, écrit Jean Cassou, ce prodigieux vieillard, enfermé dans son magique atelier comme Vulcain dans sa forge», conçoit, tel Schwitters ou Mondrian, sa maison-atelier comme ce que Mircea Eliade appelle «son monde à lui», à la mesure de l'ampleur du projet qui abrite les dimensions multiples de son œuvre.
Si Brancusi a toujours rêvé de réaliser ses sculptures à l'échelle monumentale et de les installer à l'extérieur, tel l'ensemble de Tirgu Jiu érigé en 1937-1938 dans son pays natal, «c'est, remarque Marielle Tabart, à l'intérieur des murs de son atelier qu'il réussit à imposer sa vision d'un envi-

ronnement total, destinant au visiteur l'expérience de son œuvre ultime, celle de son lieu de travail et de vie».
À la fois tronc d'arbre et pilier d'un temple, le motif de la colonne apparaît dès 1917. Il demeure le module d'une pratique attachée à redéfinir les bases de la sculpture de ce siècle, comme, pour Brancusi, le signe de l'absolu.

« Une farce pour tout le monde »

JOAN MIRÓ
L'Objet du couchant
1935-1936. Bois peint, métaux
et ficelle, 68 x 44 x 26 cm.
Paris, centre Georges
Pompidou, MNAM.
Photo centre G. Pompidou.

C'est au début des années 30 que Miró commence à fabriquer des objets bruts et insolites, faisant écho au mot d'ordre d'André Breton et le menant à «s'évader dans l'absolu de la nature». La première inspiration de *l'Objet du couchant*, constitué d'un billot de bois peint en rouge, orné d'un œil-sexe et couronné d'un ressort noué d'une ficelle, d'une chaîne menottée et d'un objet de métal, est contemporaine de dessins et collages exécutés alors. Reproduite dans le *Dictionnaire abrégé du surréalisme*, en 1938, l'œuvre a peut-être figuré sous le titre générique *Objet*, à l'exposition surréaliste d'objets de Charles Ratton de 1938.
Dans une lettre de février 1975, Miró explique : «Il a été fait et peint à Montroig, avec un tronc de caroubier, arbre d'une grande beauté qu'on cultive dans ce pays, [...] les autres objets furent trouvés au hasard de mes promenades. Je tiens à vous préciser, que quand je trouve quoi que ce soit, c'est toujours par une force magnétique, plus forte que moi, que je suis attiré et fasciné [...]. Je peux vous dire aussi que cet objet était considéré comme une farce par tout le monde, sauf, bien entendu, pour Breton qui a été, à l'instant, saisi par son côté magique».

DANS UN ESPACE RÉEL » Tatline

93

1923. Vue de l'atelier
d'Oskar Schlemmer
au Bauhaus, à Weimar.
© AKG Paris.

Vers 1926.
Alexander Calder
jouant avec son
Cirque dans son
atelier parisien. DR.

1932. Sculptures
de Picasso dans l'atelier
de Boisgeloup
photographiées par Brassaï.
© Musée Picasso, Paris.

1937-1938. Constantin Brancusi,
la Table du silence,
Tirgu Jiu (Roumanie). DR.

Chronologie 1915-1939

En regard du sujet traité, les éléments de cette chronologie sont essentiellement
consacrés aux événements et réalisations en Europe et aux États-Unis.
On se reportera, pour des informations complémentaires sur la même période,
aux chapitres précédents

1915
• Juin : arrivée de M. Duchamp à New York.
Pétrograd : V. Tatline présente des
Constructions et un *Relief en coin*
à l'exposition «Tramway V».

1916
Russie, Moscou : exposition «Magasin»,
V. Tatline expose ses *Contre-reliefs angulaires*.

1917
• M. Duchamp expose *Fontaine,* sous le
pseudonyme de R. Mutt.
Moscou, V. Tatline et A. Rodtchenko décorent le
café Pittoresque. Retour des frères Pevsner.

1918
• El Lissitsky élabore les *Prouns,* suivis
dès 1923 des *Espaces Proun.*

1919
• Weimar : fondation du Bauhaus.
URSS : commande à V. Tatline d'un
Monument à la Troisième Internationale.
Développement d'œuvres de «laboratoire».

1920
A. Pevsner et son frère N. Gabo publient
le *Manifeste du réalisme constructiviste.*

1921
Janvier : «Première exposition
constructiviste», œuvres en métal de
Konstantin Medounetski. Les frères Stenberg
présentent les *Appareillages spatiaux.*
L. Moholy-Nagy : premières sculptures.

1922
Moholy-Nagy : *Modulateur lumière-espace.*
V. Kandinsky, A. Pevsner et N. Gabo
quittent l'URSS.

1923
• Hanovre : Schwitters commence l'élaboration
de son *Merzbau.*
Pologne : W. Strzeminski fonde l'unisme,
avec Henryk Stazewski et Henryk Berlewi, ils
participent aux groupes Blok et Praesens.

1924
• A. Breton : *Manifeste du surréalisme.*

1925
• Déménagement du Bauhaus à Dessau.
C. Brancusi se rend aux États-Unis.
Paris : exposition «l'Art d'aujourd'hui»,
pavillon de l'URSS par Constantin Melnikov,
modèles de mobilier par A. Rodtchenko.

1926
• A. Calder s'installe à Paris.

1927
• A. Breton : *Introduction au discours sur le peu
de réalité.* Il aborde la question des «objets
surréalistes».

1928
P. Picasso travaille le fer avec J. González.

1929
Michel Leiris publie dans *Documents* un
texte sur A. Giacometti.
Christian Zervos publie dans *Cahiers d'art
Projet de Picasso pour un monument.*

1930
• Jean Arp développe son œuvre sculpté.
• Henri Laurens revient au modelé.
P. Picasso s'installe à Boisgeloup.

1931
• Paris : A. Calder expose chez Marie Cuttoli
ses premiers *Mobiles* baptisés ainsi par
M. Duchamp.
A. Giacometti réalise ses *Objets
désagréables* et ses sculptures
«surréalistes» jusqu'en 1935.

1932
• Henry Moore réalise *la Mère et l'Enfant* à
partir d'un galet percé.
• Hans Bellmer : élaboration de *la Poupée.*
A. Calder rencontre J. Miró en Espagne.

1933
• A. Calder aux États-Unis : premiers *Mobiles.*

1934
• Ben Nicholson : premier *Tableau-relief.*

1935
Commande à C. Brancusi du monument de
Tirgu Jui (Roumanie), inauguré en 1938.

1936
Paris : «exposition surréaliste d'objets»,
galerie Ratton.
Meret Oppenheim réalise *Objet : déjeuner en
fourrure* (MoMA).

1937
• A. Calder réalise ses premiers stabiles.
Chicago : L. Moholy-Nagy fonde
le New Bauhaus.

1938
• Barbara Hepworth : figures à corde.

1939
Dernier voyage de Brancusi aux États-Unis.
Projet d'une *Colonne sans fin* de la hauteur
d'un gratte-ciel.

Études sur la sculpture
(complément au numéro
«Sculpture : du monument
au ready-made»).
**Dictionnaires
et ouvrages généraux**
Dictionnaire de la sculpture,
sous la direction
de J.-P. Breuil, Paris,
Larousse, 1992.

Catalogue *The Planar
Dimension: Europe
1912-1932,* New York,
The Solomon R. Guggenheim
Museum, 1979.

Catalogue *Présences
polonaises,* Paris,
1983, MNAM,
éd. du centre G. Pompidou.

G. Conio, *le Constructivisme
russe,* Lausanne,
l'Âge d'homme, 1987
(2 tomes).

K. Passuth, *les Avant-gardes
de l'Europe centrale,
1907-1927,* Paris,
Flammarion, 1988.

**Monographies
et catalogues
d'expositions sur
les sculpteurs étudiés**
Catalogue *Constantin
Brancusi,* Paris, 1995,
MNAM,
éd. du centre G. Pompidou.

L'Atelier Brancusi, Paris,
1997, MNAM,
éd. du centre G. Pompidou.

Catalogue *Naum Gabo,*
Grenoble, musée de Peinture
et de Sculpture,
et Paris, MNAM, 1971.

Catalogue *Alberto
Giacometti, la collection
du Centre Georges
Pompidou,* MMAM, Paris
et Saint-Étienne, 1999.

Catalogue *Julio González:
a Retrospective,* New York,
The Solomon R. Guggenheim
Museum, 1983.

Catalogue *Katarzina Kobro,*
Mönchengladbach,
Städtisches Museum
Abteiberg, 1991.

*W. Strzeminski, K. Kobro,
l'espace uniste,* Lausanne,
L'Âge d'homme, 1977.

Y. A. Bois, *Strzeminski
et Kobro : en quête
de la motivation...,
Critique,*
n° 440-441, Paris, 1984.

Catalogue *Laslo Moholy-
Nagy,* Marseille, 1991,
Musées de Marseille et RMN.

P. Peissi, C. Giedion-Welcker,
Antoine Pevsner, 1961,
Neuchâtel, éd. du Griffon.

Catalogue *Pablo Picasso,
Das plastische Werk,*
1983-1984, par W. Spies,
Berlin,
Nationalgalerie/Düsseldorf,
Kunsthalle.

S. O. Khan-Magomedov,
*Alexander Rodtchenko.
L'œuvre complet,*
Paris, 1986,
Philippe Sers.

L. Jadova, *Vladimir Tatline,*
Paris, 1990, Philippe Sers.

*à lire en priorité

ARCHITECTURE 1914-1939
« rationalisme et modernisme »

« Visions fugitives »

ERICH MENDELSOHN
*Observatoire Albert
Einstein, Postdam*
1919-1921. © AKG Paris.

Actif à Berlin de 1912 à 1953, Erich Mendelsohn étudie l'architecture et l'économie politique, de 1908 à 1912, à Berlin, puis à Munich, où il installe son agence. Familier du Blaue Reiter comme des théories d'Antonio Sant'Elia, Mendelsohn imagine alors pour des gares, des usines ou des silos des projets alliant symbolisme et expressionnisme. À Berlin, en 1917, il prend part à l'exposition «Architekturen in Eisen und Beton» (architectures de fer et de béton) et, contrairement aux rationalistes et à Bruno Taut, développe un style très personnel qu'il concrétise avec la réalisation de la tour Einstein, à Potsdam, entre 1919 et 1921.
La tour est un observatoire qui donne corps aux «visions fugitives» d'architectures fantastiques que Mendelsohn dessinait durant la guerre. Commande du gouvernement, l'observatoire, dans lequel se trouve également un laboratoire souterrain destiné à la recherche spectro-analytique, a pour fonction de vérifier les théories d'Einstein sur la relativité et les rapports quantifiables entre espace et temps comme entre énergie et matière.
Véritable métaphore organique, l'ensemble est conçu à l'image d'une cage thoracique mouvante et flexible. Les courbes qui enveloppent l'édifice «suggèrent la transformation de dunes de sables sous l'effet du vent».
Bien qu'il ait tenté de la réaliser en béton armé à partir de moules courbes afin de s'affranchir de l'angle droit, Mendelsohn dut se contenter d'une construction de briques recouverte d'enduit.

La fin de la Première Guerre mondiale cède le pas à la reconstruction et à une nécessaire réorganisation de la ville.
De nouvelles techniques industrielles appliquées à l'architecture et à l'urbanisme prophétisent un monde meilleur.
Les avant-gardes russes élaborent ainsi, après la révolution d'Octobre, un vaste programme fondé sur les utopies des *Architectones* de Malevitch et du constructivisme de Tatline.
Des architectes, tel Constantin Melnikov,

> > >

> > > participent aux Vhutemas, ateliers supérieurs d'art et de technique, et mettent en place les structures nécessaires à la modernisation du pays. Alors que le constructivisme étend son influence sur l'Europe entière à la fin des années 20, il se brise en URSS même avec le stalinisme.

Le Corbusier, après de multiples voyages en Asie et en Europe, s'installe à Paris en 1917 et développe avec Amédée Ozenfant le concept de «purisme», qui invite à dépasser le conflit entre progrès technique et inventivité artistique. Dans la revue *l'Esprit nouveau*, ainsi que dans les nombreux textes polémiques et théoriques qu'il écrit alors, il met en place une véritable grammaire des formes comme un programme fondé, entre autres, sur le système Dom-Ino, par lequel il initie le principe de la «maison à habiter» en série.

Le rationalisme trouve dans l'esthétique architecturale son plein accomplissement alors que se développent en contrepoint, au nom du souci de restructuration des industries françaises, les arts décoratifs. Héritée du Werkbund munichois, la compagnie des Arts français organise, à partir de 1915, ce qui devient dix ans plus tard, la célèbre exposition des Arts décoratifs et industriels modernes. Variante formelle et ornementale, dont l'origine est entre la tradition rationaliste française et les Arts and Crafts, héritière de l'Art nouveau, l'exposition de 1925 marque la volonté de renouvellement «où aucune copie ou pastiche des styles anciens n'y seraient admis».

On comprend la colère d'Auguste Perret comme de tous ceux qui refusent l'ornement, car le mouvement moderne, attaché à résoudre des problèmes concrets influencés par les avant-gardes, recherche une architecture et un urbanisme «objectifs». La standardisation et la construction massive d'habitations populaires, à la fin des années 20, conduisent au concept de «logement minimum» et au rationalisme «sériel» du Bauhaus. En 1927, la Cité modèle du Weissenhof à Stuttgart et la fondation, en 1928, des congrès internationaux d'Architecture moderne (CIAM) affirment la priorité d'une union concertée de l'art et de l'industrie. > > >

« Sainte Chapelle du béton armé »

AUGUSTE PERRET
*Notre Dame du Raincy,
Le Raincy*
1922-1923.
Photo F. X. Bouchard/Archipress.

Alors que le béton conquiert avec le théâtre des Champs-Élysées, ses lettres de noblesse, l'église du Raincy, construite par Auguste Perret en 1923, fait figure de manifeste radical. Faisant suite à la réalisation de nombreux bâtiments industriels, la maîtrise acquise par Perret pour les constructions utilitaires transparaît au Raincy. Bâtie en treize mois avec un budget très serré, l'église se compose d'une nef de 53 mètres de long, voûtée vers le chœur, bordée de deux allées plus étroites voûtées transversalement, l'ensemble reposant sur des colonnes cannelées sans base ni chapiteau. La structure est fermée au moyen de claustras en béton et de blocs de verre coloré réinterprétant le vitrail gothique, lui valant le surnom de «Sainte Chapelle du béton armé». Plusieurs églises suivront sur le même modèle avant que Perret ne développe certains projets de caractère néoclassique comme le Théâtre en bois réalisé pour l'exposition des Arts décoratifs, en 1925, ainsi que de nombreux bâtiments, tels le musée des Travaux publics à Paris et, bien sûr, la reconstruction du Havre après la guerre, dont le caractère monumental tend, grâce à la puissance esthétique du béton armé, à refonder la tradition du classicisme français.

« Édicules » contre « Organismes »

MARCEL CHAPPEY
*Projet de kiosque
pour une confiserie.*
CONSTANTIN MELNIKOV
Pavillon de l'URSS.
© Harlingue-Viollet.
*Deux projets pour
l'Exposition internationale
des Arts décoratifs et
industriels modernes, Paris.*
1925.

Premier prix et mention honorable au concours pour des «édicules répondant à des besoins variés», restés à l'état d'ébauches, Marcel Chappey appartient à la cohorte des architectes inconnus qui participent à l'exposition des Arts décoratifs de 1925.
Il témoigne du goût du temps et d'un style dont on connaît la fortune décorative, alors que se développe, autour du pavillon de l'Esprit nouveau comme de celui de l'URSS, l'esprit des avant-gardes internationales. Constantin Melnikov, enseigne, dès 1920, au sein des Vhutemas. Le pavillon de l'URSS lui assure une reconnaissance internationale. Les diagonales de l'escalier divisent le bâtiment alors que les toitures inclinées s'orientent dans des directions différentes. Après l'exposition, le pavillon sera remonté pour servir de club des Organisations ouvrières.

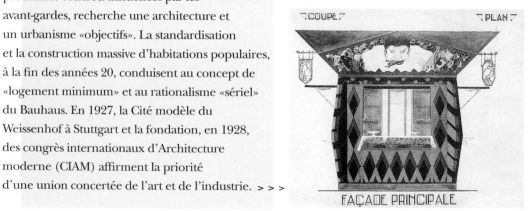

« LA MÉTHODE DE PRODUCTION LA PLUS EFFICACE ÉMANE DE

« Une cité moderne »

ROBERT MALLET-STEVENS
Rue Mallet-Stevens, Paris
Ouverte en 1927.
© Harlingue-Viollet.

Architecte et décorateur apparenté à la famille Stoclet, il sort diplômé de l'école spéciale d'Architecture de Paris en 1906. Ses études et projets sont publiés dès 1911, puis exposés au salon d'Automne à partir de 1912. La guerre interrompt ses travaux, mais Mallet-Stevens publie en 1921 un recueil de planches, *Une cité moderne,* s'inspirant de Josef Hoffmann et du modèle autrichien.
À partir de 1924, ses projets sont déterminés par des programmes concrets et Mallet-Stevens élabore une synthèse des techniques modernes et de l'esthétique à la mode. Proche de Fernand Léger, attentif à l'exposition du Stijl de Paris en 1923, il multiplie les réalisations pour des particuliers, comme la famille

Noailles, et devient l'une des figures de proue de l'avant-garde internationale.
Achevée en 1927, l'opération immobilière qu'il organise lui-même à Paris et qu'il baptise, non sans vanité, de son propre nom, incarne, par la combinaison élégante et graphique d'éléments verticaux et horizontaux, l'archétype d'un style moderne épuré et raffiné. Rob Mallet-Stevens y construit sa

propre maison avec un atelier ainsi qu'une maison-atelier contiguë pour les frères sculpteurs, Jan et Joël Martel. Professeur à l'école spéciale d'Architecture dès 1924, il dessine du mobilier industriel et participe en 1929, avec, entre autres Charlotte Perriand et Le Corbusier, à la fondation de l'union des Artistes modernes.

« Une machine à habiter »

PIERRE CHAREAU
Le salon de la «maison de verre» du Dr Dalsace, Paris
1928-1932.
Photo G. Meguerditchian, centre Georges Pompidou.

Longtemps dessinateur pour une société anglaise de déco-

ration intérieure, Pierre Chareau n'ouvre sa propre agence qu'après la guerre, à l'âge de 32 ans. Le docteur Jean Dalsace et sa femme lui commandent, en 1919, le décor intérieur de leur appartement parisien. En 1925, il participe à l'exposition des Arts décoratifs, où il

présente deux ensembles mobiliers. Avec le ferronnier Louis Dalbet, il réalise plusieurs objets d'albâtre et de métal et conçoit pour les Dalsace «une demeure moderne, avec locaux professionnels», rue Saint-Guillaume, à Paris, en collaboration avec l'architecte hollandais Bernard Bijvoet. La paroi de verre comme la subtilité de l'organisation de l'espace intérieur de la «maison de verre» en font une véritable «machine à habiter». Les sols sont revêtus de bois pour les parties privées, de céramique pour les parties semi-publiques et de caoutchouc pour les parties publiques. L'équipement est conçu à partir d'appareils de série qui participent de façon visible au dispositif. La structure porteuse autorise le plan libre comme les portes pivotantes, les écrans suspendus et les cloisons mobiles permettent la transformation de l'espace.

« La metropolis de demain »

WILLIAM VAN ALEN
Chrysler Building, New York
1927-1930. © Archipress.

Apparu à New York et à Chicago vers 1870, le gratte-ciel, symbole de modernité et de progrès, se développe aux États-Unis dans les années 30. Utilisant l'acier et le principe d'équipements mécaniques permettant la construction d'ascenseurs, il résulte de l'alliance de l'architecte et de l'ingénieur. Quintessence de la construction moderne, à l'image des dessins au fusain d'Hugh Ferriss pour *la Métropolis de demain,* il subit le contrecoup du krach de 1929, même si les constructions du Chrysler Building, mariant Art déco et modernisme, en 1930 et de l'Empire State Building dans les mêmes années, marquent son apogée. Soumis à des contraintes strictement réglementées, le gratte-ciel d'alors est bâti en «pièce montée», selon un principe de retraits successifs déterminés par sa hauteur. Jusque dans les années 50, époque où Mies van der Rohe impose sa transformation structurelle radicale, le gratte-ciel connaît une évolution

complexe liée à l'urbanisme des métropoles. Le Rockefeller Center, édifié entre 1931 et 1939, en plein développement du style international, en demeure un parfait exemple.

LA RATIONALISATION ET DE LA STANDARDISATION » CIAM

> > > À la quatrième réunion du CIAM, en 1934, Le Corbusier définit la *Charte d'Athènes*, par laquelle la notion de «ville contemporaine» comme celle de «ville radieuse» suppose une vision de la cité à l'échelle du territoire.

Le style international impose, depuis les États-Unis, la volonté d'une organisation au-delà des frontières. En 1932, le musée d'Art moderne de New York accueille, trois ans après l'inauguration de ses nouveaux locaux, à l'initiative du critique Henry-Russel Hitchcock et de l'architecte et thuriféraire de Le Corbusier, Philip Johnson, sa première exposition d'architecture européenne et offre ainsi un point de vue aux conséquences réelles sur le développement d'un style spécifique. Mais le style international néglige ostensiblement la dimension urbanistique, économique et sociale de la pensée de l'architecture européenne pour n'en retenir que la dimension esthétique. Un canon s'impose, privilégiant la composition en termes d'espace et de module plutôt que de masse. Volontiers lacunaire, le style international ouvre la voie au gratte-ciel et au développement d'une architecture américaine nourrie d'exilés, tels Walter Gropius et Ludwig Mies van der Rohe.

Le classicisme comme le régionalisme cherchent cependant à imposer leurs lois. Contre le rationalisme trouvant dans l'esthétique architecturale géométrique et dépouillée de tout ornement son accomplissement, alors qu'Auguste Perret veut «supprimer l'Art Déco», les années 30 voient se côtoyer les styles et les formes les plus contradictoires. Les valeurs traditionnelles disent vouloir s'opposer à l'excès de modernisme.

La monumentalité propre aux projets que les différents états engagent oscille entre la tentation du modèle perdu et le développement de programmes propres aux totalitarismes. À Berlin, où Hitler se prend à dessiner avec Albert Speer le grand axe de la capitale du Reich, comme à Paris où se retrouvent face à face les projets allemands et staliniens pour l'Exposition internationale de 1937, architecture et urbanisme laissent loin derrière eux les rêves successifs des différents acteurs des CIAM et de l'union des Artistes modernes. <

98

« Impossible d'avancer en regardant en arrière »

LUDWIG MIES VAN DER ROHE
Pavillon de l'Allemagne, Exposition internationale de Barcelone
1929. © AKG.

Maître absolu du «mouvement moderne», Mies van der Rohe est l'une des figures majeures de l'architecture du XXᵉ siècle. Entre la recherche du rationa- lisme de Viollet-le-Duc et le classicisme éclectique de Schin- kel, il crée son agence en 1913 et affirme, dans son manifeste de 1924 *Baukunst und Zeit- wille*, qu'«il est impossible d'avancer en regardant en arrière». Président du Novem- bergruppe dès 1922, il fonde le Zehnerring, qui devient en 1924 le Ring, organisation d'ar- chitectes radicaux. Condensant les thèmes du Stijl et du supré- matisme, il manifeste un souci de l'ordre, que celui-ci soit struc- turel ou monumental. Vice- président du Werkbund, pour lequel il organise l'exposition de Stuttgart en 1927, il conçoit le plan de masse de la cité du Weissenhof et dirige le Bau- haus d'août 1930 à août 1932. Le pavillon de l'Allemagne pour l'Exposition internationale de Barcelone de 1929 connaît un écho mondial. Construit selon une trame régulière de huit colonnes en acier chromé de section cruciforme, dissociant murs et poteaux, il traduit l'influence du constructivisme comme des «maisons de la prairie» de F. L. Wright. Alliant marbres polychromes et métal, entre écrans teintés, piscine et plan d'eau, le pavillon dont Mies conçoit aussi le mo- bilier fait figure de manifeste.

« Promenades architecturales »

LE CORBUSIER (CHARLES-ÉDOUARD JEANNERET, DIT)
Villa Savoye, Poissy
1929.
Photo Franck Eustache/ Archipress.

Faisant suite à son premier grand voyage d'initiation en Italie, en 1907, Le Corbusier travaille en 1908 et 1909 à Paris auprès des frères Perret, s'initiant à l'utilisation du béton armé. Suivent plusieurs maisons individuelles ainsi qu'une collaboration avec Peter Berhens à Berlin. Son deuxième voyage de for- mation le conduit en Orient puis à travers l'Europe entière. Très marqué par la décou- verte de la Méditerranée et d'Athènes, Le Corbusier s'initie à la peinture auprès d'Amédée Ozenfant et fonde avec lui et le poète Paul Dermée la revue *l'Esprit nou- veau* qui connaîtra 28 numé- ros entre 1920 et 1925. Suivent «les années de laboratoire» et les pre- mières publications théo- riques, parmi lesquelles *Vers une architecture*, où il énonce les notions qu'il développe par la suite. Le principe du plan libre, per- mettant une grande fluidité spatiale et la conception de «promenades architectu- rales», comme celui de l'au- tonomie des étages super- posés d'une maison, les uns par rapport aux autres, la dissociation entre struc- tures et parois que permet le béton autorisent la sépa- ration des espaces et de leur organisation.

Il développe, à la suite de la villa Savoye et à l'invitation du Werkbund, les *Cinq Points d'une architecture nouvelle* qu'il mettra en œuvre dans de nombreux projets.

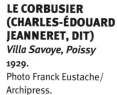

« JE CONSIDÈRE L'INDUSTRIALISATION DU BÂTIMENT

« Un défi à la gravité »

FRANK LLOYD WRIGHT
Maison Kaufmann, dite
«maison sur la cascade»,
Bear Run, Pennsylvanie
1934-1937.
Photo P. Cook/Archipress.

Sous l'influence du cubisme, le langage de F. L. Wright se modifie à partir de 1913. À la recherche de mythes fondateurs en prise directe avec la nature, il réalise, après de nombreuses années de vicissitude, entre 1934 et 1937, la «maison sur la cascade», pour la famille Kaufmann à Bear Run, en Pennsylvanie. S'y unissent le site et la technologie de l'architecture comme un défi à la gravité. Wright développe à l'extrême les leçons de Richard Neutra comme de Mies, par un contraste rythmique volontiers expressif entre les matériaux : béton blanc, briques et pierres locales.

Alors que se développe le New Deal, il élabore le principe d'une maison individuelle «usonienne», principe fondé sur l'union des deux notions d'«utopia» et d'«organic social order», destiné au développement de l'habitat social et adapté aux sites comme aux matériaux locaux. Inspirées des cités-jardins anglaises, ces tentatives se développent à la fin des années 30, selon différents principes, dont ceux qu'initie Richard Buckminster-Fuller avec sa Dymaxion House, véritable «machine à habiter», conçue dès 1927.

« Une bible régionale »

CHARLES LETROSNE
Murs et toits pour
les pays de chez nous, Paris
1923-1926. Préface de Léandre Vaillat, éditions Dan Niestlé.

L'architecture régionaliste est une invention de l'époque contemporaine. Forte de revendications décentralisatrices, elle ne se développe pas pour autant sur les terroirs régionaux mais épouse les migrations de toutes sortes, touristiques, sociales, comme celles liées aux guerres. Trop confondue avec le goût du folklore, elle est un paradoxe et, à elle seule, une histoire de l'architecture, combinant avec la recherche d'un discours par l'écrit et l'image, des références et des citations éclectiques.
Ainsi naissent les trois tomes au titre bucolique et polémique de *Murs et Toits pour les pays de chez nous* de Charles Letrosne : «une savoureuse et substantielle

définition des pays de France par les édifices de France», véritable bible du régionalisme. L'héritage des valeurs traditionnelles s'y oppose au modernisme international. Bien qu'en marge et réduite à la portion congrue lors de l'Exposition internationale de 1925, L'Exposition de 1937 offre au régionalisme un champ d'expériences et une reconnaissance médiatique. Vichy l'officialise, ce qui, comme le remarque J.-C. Vigato, ne met pas pour autant fin au débat.

« Un principe organique »

ALVAR AALTO
Villa Mairea Gullichsen,
Noorrmarkku, Finlande
1938-1941.
Photo Guimault/
centre Georges Pompidou.

Trois périodes permettent de définir l'œuvre d'Alvar Aalto. Des débuts emprunts de classicisme nordique, prenant racine dans le «romantisme national» finlandais à la découverte du fonctionnalisme, puis à l'affirmation d'un principe «organique» pour «créer une relation intime entre l'Homme et la nature», son œuvre est marquée par la volonté de dépasser le conflit entre rationalisme et romantisme.
Élevée au cœur d'une clairière entourée de pins en collaboration avec son épouse Aino, la villa Mairea marque l'attachement d'Aalto à unir des matériaux contradictoires sur un mode sensible et tactile. Cherchant à revaloriser l'économie du bois face à l'utilisation généralisée du béton, l'ensemble est construit dans un alliage subtil de briques, de maçonnerie enduite et de pin. En osmose avec le site l'environnant, la villa suggère une multiplicité d'images contrastées, du volume organique et géologique de l'ensemble à la forme monolithique et artificielle du sauna, alors que l'atelier évoque la forme d'une proue de navire.

COMME LA PRIORITÉ DE NOTRE TEMPS » Mies van der Rohe

« Entre classicisme et modernité »

JEAN-CLAUDE DONDEL, ANDRÉ AUBERT, PAUL VIARD, MARCEL DASTUGUE
Les Deux Musées, Paris
1934-1937. DR.

À l'issue d'un concours marqué par la polémique engagée par Le Corbusier contre l'académisme des projets lauréats pour l'Exposition internationale, ouverte à Paris en 1937, la réalisation du musée d'Art moderne de l'État et de celui de la ville de Paris échoit, en 1934, à J.-C. Dondel, A. Aubert, P. Viard et M. Dastugue.
Le programme prévoyant de grouper les deux musées, les architectes décident de relier les bâtiments par un portique et une esplanade à degrés permettant la présentation permanente de sculptures. Construits en béton armé, les bâtiments sont recouverts d'un parement de pierre. Leur sobriété contraste avec les reliefs de pierre réalisés par Jeanniot qui ornent les murs d'échiffre du grand escalier monumental.
À l'esprit du classicisme antique s'oppose le dépouillement des façades conçues dans un souci de concession au modernisme. Conjuguant rationalisme et monumentalité, les Deux Musées, à l'instar du palais de Chaillot, qui domine l'Exposition internationale de 1937, veulent rappeler «l'époque romaine» comme «les brillantes périodes de l'architecture française de la Renaissance et du XVIIe siècle».

100

« Une architecture libérée de la contrainte du poids »

GIOVANNI MICHELUCCI (ET LE GRUPPO TOSCANO)
Nouvelle gare de Florence
1933-1936.
Photo F.-X. Bouchart/ Archipress.

En 1933, Giovanni Michelucci remporte le concours pour la construction de la gare Santa Maria Novella de Florence qu'il réalise avec la collaboration du Gruppo Toscano.
De nombreux détracteurs condamnent alors la conception d'un bâtiment moderne en plein centre historique de Florence, dans la proximité immédiate de la grande église dominicaine du XIVe siècle.
La construction est pourtant discrète et recherche une fusion avec l'alentour, tant par l'utilisation de la pierre que par la ligne basse de l'édifice brisée par la verrière soutenue par une importante charpente métallique. Avec les chantiers de la gare puis du palais du Gouvernement à Arezzo (1936), comme de différentes villas, G. Michelucchi travaille dans une veine, alliant classicisme et rationalisme, propre aux années 30.
Il participera de manière très active à la reconstruction de Florence après les bombardements allemands de la fin de la Seconde Guerre mondiale. Contemporain de Giuseppe Terragni, qui veut reconnaître dans l'architecture «un indice de civilisation qui se dresse dans sa limpidité, son élémentarité, et sa perfection», G. Michelucci illustre cette alliance voulue du modernisme et du classicisme dans laquelle Alberto Sartoris reconnaît «une architecture aérienne, libérée de la contrainte du poids».

« L'ARCHITECTURE EST CONÇUE

1924-1930.
J. J. P. Oud, quartier du Kiefhoek, Rotterdam.
Documentation générale du centre G. Pompidou.

1925.
Walter Gropius,
école du Bauhaus,
Dessau. AKG Paris.

1926.
Hugh Ferriss,
*Vue du secteur
des affaires,*
projet imaginaire,
dessin au fusain.
Documentation
générale du centre
G. Pompidou.

1930 -1932.
Sir Owen
Williams,
laboratoire
pharmaceutique
Boots,
Beeston,
Grande-Bretagne.
© RCHM, Crown.

Chronologie 1914-1939

En regard du sujet traité, les éléments de cette chronologie sont essentiellement
consacrés aux événements et réalisations en Europe et aux États-Unis.

1914
Cologne : exposition du Deutscher Werkbund.
Le Corbusier invente le système Dom-Ino.

1917
• Bruno Taut fonde l'Arbeitstrat für Kunst
(conseil des ouvriers pour l'art).
• Berlin : théâtre pour Max Reinhardt
par l'architecte Hans Pölzig.
• Weimar : fondation du Bauhaus.
Paris : installation de Le Corbusier.
Il élabore avec Amédée Ozenfant
et Paul Dermée le concept de «purisme».

1919
Potsdam : début de la construction de
l'observatoire Albert Einstein (1919-1921)
par E. Mendelsohn.

1920
• K. Malevitch élabore ses *Planites*
et *Architectones.*
• V. Tatline conçoit le projet du Monument
à la IIIe Internationale.
Le Corbusier, A. Ozenfant et P. Dermée
créent la revue *l'Esprit nouveau.*

1921
• Paul Valéry publie, à la demande
des décorateurs Louis Süe et André Mare,
Eupalinos ou l'Architecte.
Robert Mallet-Stevens publie un recueil
de planches *Une cité moderne.*

1922
Le Raincy : église Notre-Dame
par Auguste Perret.

1923
Le Corbusier publie *Vers une architecture*
et édifie la maison La Roche-Jeanneret.

1924
• Utrecht : maison Schroeder
par G. T. Rietveld.
Robert Mallet-Stevens conçoit les
décors de *l'Inhumaine* de Marcel L'Herbier.
Développement de «l'architecture
régionaliste».

1925
• Rotterdam : café De Unie par J. J. P. Oud.
• Newport Beach (Californie) : maison
de plage pour Philip Lovell (1925-1926)
par Rudolph Schindler.
Paris : exposition des Arts décoratifs
et industriels modernes.

1926
• Fritz Lang réalise *Metropolis.*
Dessau : bâtiment administratif
de l'école du Bauhaus par Walter Gropius.

1927
• Richard Buckminster Fuller réalise les
croquis de sa maison Dymaxion.
Le Corbusier définit *les Cinq Points
d'une architecture nouvelle.*
Les architectes italiens fondent
le Gruppo 7.
Stuttgart : le Werkbund conçoit
les lotissements de la Cité modèle
du Weissenhof.

1928
• Los Angeles : Health House,
villa pour Philip Lovell par Richard Neutr.
• Henry Russell Hitchcock parle
du «style international»
dans la revue *Hound and Horn,*
puis dans *Modern Architecture, Romanticism
and Regeneration,* publié en 1929.
• Prague : magasin de chaussures Bata
par Ludvik Kysela.
Brno (Tchéquie) : maison Tugendhat
(1928-1930) par L. Mies van der Rohe.
Garches : villa Stein-de Monzie
(les Terrasses) par Le Corbusier.
Paris : «maison de verre» (1928-1932)
par Pierre Chareau.
Suisse : création des CIAM
(congrès internationaux
d'Architecture moderne).

1929
• Le gouvernement soviétique
décide la fondation de la ville minière
de Magnitogorsk.
• Barcelone : création du groupe GATEPAC
(groupe d'Artistes et Techniciens catalans
pour le progrès de l'architecture
contemporaine)
autour de José Luis Sert.
• New York : immeuble du *Daily News*
(1929-1930) par Raymond Hood
et John Mead Howells.
Paris : hôtel de l'Armée du salut
(1929-1933) par Le Corbusier
et Pierre Jeanneret.
Helsinki : sanatorium de Paimio
(1929-1933) par Alvar Aalto.
Barcelone : pavillon de l'Allemagne
par L. Mies van der Rohe.
Création de l'UAM
(union des Artistes modernes).

COMME UN RÊVE DE LA RAISON » Terragni

1930-1931.
Eileen Gray,
entrée de la
salle de bain
du studio de la rue
Chateaubriand,
Paris.
Documentation
générale du centre
G. Pompidou,
fonds E. Gray.

1934.
Leonid, Victor et Alexandre Vesnine, projet d'aménagement du quai
Kotelnitcheski, Moscou. Musée de l'Architecture, Moscou.

102

1937-1939.
Eugène Beaudouin, Vladimir Bodiansky, Marcel Lods
et Jean Prouvé, maison du Peuple, Clichy.
Documentation générale du centre G. Pompidou,
fonds Jean Prouvé.

1937.
Vue générale
de l'Exposition
internationale,
Paris.
© Cap-Viollet, Paris.

Chronologie 1914-1939

1930
• Villejuif : école Karl-Marx par André Lurçat.
• Beeston (Grande -Bretagne) :
laboratoire pharmaceutique Boots (1930-1932)
par Sir Owen Williams.
**Dessau : L. Mies van der Rohe prend
la direction du Bauhaus.**

1931
• Bagneux : cité du Champ des oiseaux
par Eugène Beaudouin
et Marcel Lods.
• Les architectes italiens fondent
le MIAR (movimento italiano
per l'Architettura razionale).
**New York : programme du Rockefeller Center
(1931-1939).**

1932
• Publication par Alberto Sartoris
de Gli Elementi dell'Architettura funzionale.
• Côme : casa del Fascio (1932-36)
par Giuseppe Terragni.
• URSS : Staline fonde l'union
des Architectes soviétiques.
**New York, MoMA : exposition
«l'Architecture en Europe depuis 1922».
Philip Johnson et Henry-Russell Hitchcock
imposent le terme «style international».**

1933
• Drancy : cité de la Muette
par Eugène Beaudouin et Marcel Lods.
• Londres : fondation du Groupe MARS
(Modern Architectural Research Group).
Le Corbusier rédige la Charte d'Athènes.

1934
• États-Unis : National Housing Act
pour la construction subventionnée
de logements sociaux.

1937
• Allemagne : Albert Speer est nommé
inspecteur général des Bâtiments.
Projet du «Grand Berlin».
**Paris : Exposition internationale
des Arts et Techniques.
Clichy : maison du Peuple (1937-1939)
par J. Prouvé, E. Beaudouin,
M. Lods, V. Bodiansky.**

1938
**Noormarkku (Finlande) : villa Mairea
(1938-1941) par Alvar Aalto.
Ludwig Mies van der Rohe quitte,
un an après Walter Gropius et Marcel Breuer,
l'Allemagne pour les États-Unis.**

1939
• New York (Flushing Meadow, Queens) :
Exposition universelle.

***Études
sur l'architecture***
(complément au numéro 173,
«Architecture : de l'ornement
à l'épure»).
***Dictionnaires et
ouvrages généraux***
K. Frampton,
l'Architecture moderne,
Paris, éd. Sers, 1989.*
W. J. R. Curtis,
*Modern Architecture
Since 1900,* Londres, 1996.
M. Tafuri et F. Dal Co,
Architecture contemporaine,
Paris, éd. Gallimard, 1991.*
Ouvrages généraux
J. C. Vigato, *l'Architecture
régionaliste,* éd. Norma,
Paris, 1994.
H.-U. Khan, dir. P. Jodidio,
*le Style international,
le modernisme dans
l'architecture de 1925 à 1965,*
Cologne, éd. Taschen, 1998.
Y. Brunhammer, *1925,*
éd. Baschet, Paris, 1976.*
Le Corbusier,
Vers une architecture,
1923, Paris;
rééd. Flammarion,
Paris, 1995.*
R. Stern, *New York, 1930,*
éd. Evergreen,
New York, 1987.
P. Collins, *Splendeur du béton,*
Paris, Hazan, 1995.
The International Style,
Exhibition 15 et
The Museum of Modern Art,
New York, 1992.*
***Monographies sur
les architectes étudiés***
Catalogue *Alvar Aalto,*
New York, The Museum
of Modern Art, 1998.*
Catalogue *Pierre Chareau,*
Paris, éd. du centre
G. Pompidou, 1993.*
Catalogue *Le Corbusier,
une encyclopédie,*
Paris, éd. du centre
G. Pompidou, 1987.*
Ludwig Mies van der Rohe,
par J.-L. Cohen, Paris,
éd. Hazan, 1994.*
*Robert Mallet-Stevens
architecte,*
par D. Deshoullières,
Bruxelles,
Archives architecture
moderne, 1980.*
Konstantin Melnikov,
par S. Khan-Magomedov,
Moscou, éd. Iskusstvo, 1970.*
Erich Mendelsohn,
opera completa, par B. Zevi,
Milan, Etas Kompass, 1970.*
Catalogue *la Città
di Michelucci,* par F. Borsi,
Pistoïe, la Commune
di Fresole, 1976.*
*Auguste Perret et l'école
du classicisme structurel,*
par J. Abram, 2 vol.,
Nancy, école d'Architecture
de Nancy, 1985.*
Catalogue *Frank Lloyd Wright*
Architect, 1994,
New York,
The Museum of Modern Art.*

* à lire en priorité.

ÉTATS-UNIS

« de l'expressionnisme abstrait au minimalisme »

« *Cryptogrammes hybrides* »

ARSHILE GORKY
Le Foie est le peigne du coq
1944.
Huile sur toile, 180 x 249 cm.
Buffalo, Albright-Knox
Art Gallery.
© Albright-Knox Art Gallery.

Dernier des surréalistes ou premier des expressionnistes abstraits, Arshile Gorky est sans doute le lien indéfectible entre l'Europe, qu'il fuit en 1920, et les États-Unis qui l'adoptent alors. Protégé d'André Breton, qui invente pour lui le terme «hybride» pour décrire des images oscillant sans cesse entre figuration et abstraction, il est le peintre de formes qui sont «les résultantes qu'est amenée à produire la contemplation d'un spectacle naturel en se composant avec le flux des souvenirs d'enfance et autres...» Au contact des surréalistes et d'abord de Roberto Matta et d'André Masson, réfugiés à New York, il reprend le principe de l'automatisme et se libère de l'influence durable de Cézanne, Kandinsky, Picasso et Miró. À la structure rectiligne cède place le biomorphisme subtil fait, selon William Seitz, «de projections thoraciques, de masses sensuelles et de membranes voltigeantes». Les toiles se font luxuriantes, leurs significations, un écheveau de signes, d'entrelacs expressifs et de ce que Breton nomme des «cryptogrammes». À la matière éclatante d'œuvres comme *le Foie est le peigne du coq* succèdent des œuvres diluées aux formes en «agonie». Gorky réalise alors le passage entre un imaginaire surréaliste et l'esthétique abstraite conduisant à la libération d'une énergie cachée.

Il est courant de ne considérer l'art américain de la première partie de ce siècle que sous le signe de ses relations ponctuelles avec le monde européen. Si après «l'Ash Can School» (école de la poubelle) qui fait figure de premier groupe indépendant, Georgia O'Keeffe, Arthur Dove ou Charles Demuth sont bien de possibles repères pour définir une peinture américaine, les liens étroits d'Alfred Stieglitz avec l'Europe à travers la galerie 291 et la > > >

> > > revue *Camera Work*, entretiennent jusqu'à l'exposition de l'Armory Show, organisée en 1913, le culte de l'hégémonie de l'art européen. Alors que se constituent aux États-Unis d'amples collections d'avant-gardes européennes, telles celles de Walter Arensberg, Katherine Dreier ou du Docteur Barnes, faisant écho à celles des Stein installés à Paris, plusieurs expositions et la formation de groupes, tels les «synchronistes» de Morgan Russell et Stanton MacDonald-Wright, comme la présence de Man Ray, encouragé par Duchamp à rejoindre Paris au début des années 20, vont contribuer aux premiers signes de la reconnaissance d'un art américain.

À la suite de la Première Guerre mondiale, deux tendances dominent la scène américaine où les notions d'avant-garde et d'académisme comme les relations entre arts majeurs et arts appliqués fonctionnent déjà sur des paramètres différents de ceux de l'Europe. Charles Demuth, Stuart Davis et Gerald Murphy développent, après le cubisme, une imagerie propre au monde américain, alors que Morton Schamberg et Man Ray célèbrent la «beauté d'indifférence» exaltée au même moment par Duchamp.

Contribuant au développement de l'imagerie du précisionnisme, Charles Sheeler, entre peinture et photographie, cherchant à «détacher l'objet du dictionnaire», aboutit à un réalisme influencé par la qualité des formes des Shakers alors que Ben Shahn et surtout Grant Wood, célèbrent dans un style réaliste agraire, les valeurs du Middle West et contribuent, par leurs conceptions nationalistes, à la naissance d'une peinture «à l'américaine».

Tandis que Thomas Hart Benton développe, dans de grandes compositions murales réalisées dans les années 30, une image trépidante des États-Unis, seul Edward Hopper, dans une alliance subtile de réalité et de facticité composée tel un espace théâtral ou cinématographique, inaugure une peinture qui, plus que de reproduire le monde américain, met en scène son image.

Il faut la Seconde Guerre mondiale et l'afflux d'artistes du monde entier, dix ans après l'ouverture du musée d'Art moderne de > > >

104

« Une prise en charge personnelle du mythe»

JACKSON POLLOCK
Male and Female
1942. Huile sur toile,
186 x 124,4 cm. Philadelphia
Museum of Art. DR.

À travers la galerie Art of the Century, Jackson Pollock met en pratique certains aspects du surréalisme. Dès lors, fragments anatomiques, têtes, signes idéographiques, symboles cabalistiques comme personnages totémiques habitent des toiles au format s'amplifiant. Sensible aux théories de Jung, Pollock cherche un ordre plastique et symbolique, où le foisonnement de signes incertains se mêle à l'ordonnancement de la composition. Ancien élève de T. H. Benton et de D. A. Siqueiros, il élabore une synthèse entre rythme et automatisme psychique. *Male and Female* s'organise en plans verticaux associant aux graffitis souvent indécryptables l'évocation des deux entités archétypales. «La véhémence de la touche [...], précise D. Ryout, dote d'une violence barbare les deux figures totémiques [...] Loin de contrevenir à l'expression du sujet, les graffitis ou les touches "gestuelles" avouent une prise en charge personnelle du "mythe", assumé par un individu qui consacre le meilleur de son énergie à le faire apparaître.»

« Mes peintures n'ont pas de centre »

JACKSON POLLOCK
Number 1
1949.
Peinture émail et peinture métallisée sur toile,
160 x 259 cm. Los Angeles, Museum of Contemporary Art.
© The Museum of Contemporary Art/SPADEM.

Deux apports, l'un d'ordre structurel fondé sur le principe du *all over*, l'autre lié à la réinvention de la pratique même de la peinture avec le *dripping*, caractérisent de 1947 à 1951, l'ensemble de l'œuvre de Pollock.
Rompant avec le primat du centre, comme avec tout effet de perspective et de hiérarchie fond/forme présidant jusqu'alors à l'ensemble de la peinture occidentale, Jackson Pollock affirme en 1951: «Mes peintures n'ont pas de centre, leur intérêt est partout identique.»

La dissémination des signes en arabesque sur la surface entière de la toile, peinte à même le sol, et l'abolition du contact direct du peintre avec le tableau par la mise en œuvre d'une véritable gestique chorégraphique libératoire inaugurent un rapport de l'artiste à sa pratique fondamentalement novateur.
Outre que l'ensemble des toiles réalisées préserve une orientation spécifique une fois redressé, et que Pollock persiste souvent à les signer pour en nommer le sens, les drippings induisent une pratique immédiate qu'accentue l'usage d'une peinture industrielle suffisamment fluide pour être projetée à l'aide d'un bâton et littéralement ensemencer la toile réceptacle.

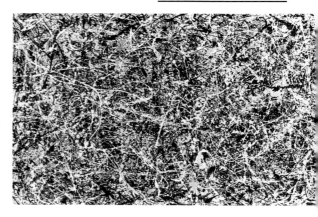

« AU SOL, JE SUIS PLUS À L'AISE,

« La figure refait surface »

JACKSON POLLOCK
The Deep
1953. Peinture émail et peinture métallisée sur toile, 220,4 x 150,2 cm.
Paris, centre Georges Pompidou, MNAM.
Photo centre G. Pompidou.

À partir de 1951, Pollock réintroduit des éléments figuratifs dans des tableaux qu'il réalise sur des toiles écrues et interrompt ainsi de façon radicale, mais momentanée, la période classique des *drippings*. «La figure refait surface», tandis que réapparaît la volonté de se confronter à Picasso. Les peintures qui suivent témoignent désormais d'une constante remise en question. Brisant en cela la lecture par trop téléologique que l'on a pu faire de son œuvre, Pollock réalise des

tableaux de facture et de style contradictoires. Évoquant la turbulence des premières œuvres et retrouvant le sujet, fût-il diffus, Pollock précise : «Je pense aujourd'hui [que] plus la peinture est immédiate et directe [...] plus nombreuses sont les possibilités d'arriver à [...] dire quelque chose.»
The Deep, peint en 1953, est l'un des rares tableaux réalisés les dernières années de sa vie. Pollock retrouve une organisation classique de l'espace où fond et forme sont distincts. La couleur se fait métaphorique. Au blanc laiteux s'oppose la béance noire suggérant un espace au-delà de la surface. L'œuvre réaffirme le pouvoir de l'illusion comme celui de l'incertitude. Aussi, *The Deep* n'est pas tant l'affirmation d'une méthode née quelque cinq ans auparavant que la mise en œuvre du doute et du questionnement ontologique qu'elle suscite.

« L'impact d'un réalisme social »

JOSÉ CLEMENTE OROZCO
Paysage de pics
1948. Détrempe et huile sur masonite. Mexico, Museo de Arte A. y C. T. de Carrillo.
© B. Hatala/centre G. Pompidou.

Alors que, dans les années 30, certains artistes, tels Ben Shahn, manifestent leur attachement à une dimension politique de la pratique artistique, on ne peut oublier de souligner l'importance majeure des principaux propagateurs du «réalisme social» que sont, aux États-Unis, les muralistes mexicains José Clemente Orozco, David Alfaro Siqueiros et Diego Rivera. Leur style propre comme leur engagement au côté de la révolution mexicaine les conduisent à réaliser d'imposantes décorations murales qui restent une source d'inspiration essentielle pour les artistes nord-américains. Certains parmi eux, tels J. C. Orozco, participent à l'exécution de nombreuses commandes publiques, comme le cycle des *Dieux du monde moderne* pour le Dartmouth College, en 1934, et la décoration du Rockefeller Center de New York, confiée à D. Rivera, en 1933, qui sera effacée à cause

« L'automatisme est une arme plastique »

ROBERT MOTHERWELL
Élégie à la République espagnole n° 34
1953-1954. Huile sur toile, 202 x 253 cm. Buffalo, Albright-Knox Art Gallery.
© Albright-Knox Art Gallery.

À l'instar de Pollock, R. Motherwell contribue à la transfor-

mation de la relation des peintres américains à la peinture européenne. Étudiant en esthétique, Motherwell apporte à la scène new-yorkaise une vive conscience de sa situation historique et cherche à inscrire l'histoire de l'art moderne américain dans «une histoire de la liberté moderne».

Sensible à la radicalité des avant-gardes européennes, il affirme que l'automatisme n'est pas tant une affaire de l'inconscient qu'une «arme plastique». Cherchant à signifier «le malaise dans la civilisation», Motherwell réalise, dès 1943, une suite d'œuvres sur le thème de Pancho Villa qui préfigure la série des *Élégies*, commencée en 1949.
«Les *Élégies espagnoles* ne sont pas "politiques", mais elles traduisent l'importance personnelle que j'attache à cette mort qu'il ne faut pas oublier.»
La configuration des *Élégies*, en forme de Stonehenge, oppose à la dimension aérienne du *dripping* le poids délibéré du sujet auquel elles renvoient. La couleur par aplats veut évoquer le paysage et la culture méditerranéens, dans lesquels Motherwell cherche une inspiration plastique et symbolique.

de sa trop explicite apologie du communisme léniniste.
Il reste cependant que l'œuvre comme l'engagement de ces artistes est, à l'aube naissante d'une «peinture à l'américaine», une source stylistique que Pollock revendique et qui lui permet l'hybridation formelle et symbolique qu'il requiert alors.

JE ME SENS PLUS PROCHE DU TABLEAU » Pollock

>>> New York et le développement, au milieu des années 30 – sous l'impulsion du New Deal et du Federal Art Project qui donne du travail à Arshile Gorky, William Baziotes, Adolf Gottlieb, Willem De Kooning et Jackson Pollock – pour que les États-Unis se préparent, selon le mot de Serge Guilbaut, «à voler l'idée d'art moderne».

Devant l'impact que les maîtres des avant-gardes continuent d'exercer, mais à la suite de l'épuisement des formes plastiques du début du siècle par trop copiées par les États-Unis de l'entre-deux-guerres, la jeune génération américaine se confronte dès lors au sens et à la fonction de l'art dans son contexte spécifique. Cherchant à définir les bases d'une pratique propre à la scène new-yorkaise, Clement Greenberg entame une analyse critique, formaliste et pragmatique de la scène européenne et engage l'avant-garde à se préserver de sa dégradation dans le kitsch. De son côté, le peintre russe émigré John Graham, dans *System and Dialectics of Art,* publié en 1937, exalte une pratique artistique où «la pensée, le sentiment et une écriture automatique» prévalent sur tous modèles anciens. Ainsi naît le terme paradoxal d'«expressionnisme abstrait», où le contenu de la peinture n'a bientôt plus à voir avec son motif, c'est-à-dire le sujet de la représentation. Gorky, De Kooning, Pollock, Motherwell, Kline, Newman, Still et Rothko vont, parmi d'autres, progressivement élaborer une peinture non réaliste qui veut traiter de thèmes universels qu'ils considèrent, de manière pour le moins ambiguë, avoir été négligés par le modernisme européen.

Dans un long apprentissage qui, entre 1930 et 1947, le conduit à redéfinir le sujet comme la pratique de la peinture, J. Pollock conjugue à l'influence de Picasso et de Masson, son attrait pour l'art des Indiens et des fresquistes mexicains. Ses *drippings,* résultats d'un «travail immédiat et direct avec l'espace et le temps» inaugurent à eux seuls la notion d'*action painting* que le critique Harold Rosenberg célèbre, au moment où C. Greenberg défend, après Pollock et autour de Newman, Rothko et Still, la notion de *color-field.*

> > >

« Myth-maker »

CLYFFORD STILL
1947-H nº 2
1947. Huile sur toile, 162 x 104 cm. Houston, The Menil Collection. © centre G. Pompidou.

Dès la fin des années 40, Clyfford Still élabore, à l'instar des expressionnistes abstraits, une œuvre à l'échelle de la peinture murale. Peinture de matière et de haute pâte, ses œuvres évoquent l'arrachage de lambeaux de matière de la surface que domine une même couleur. À l'instar de R. Motherwell, l'espace de C. Still est une dramaturgie illuminée de couleurs vives comme de formes qui suggèrent son embrasement. Fondateur avec B. Newman et M. Rothko du color-field, C. Still appartient à la génération des *myth-makers* américains. La prééminence d'une peinture à sujet comme la nécessité d'une élaboration non préméditée de la toile le conduisent à dédier ses tableaux à «tous ceux qui veulent connaître la signification et les responsabilités de la liberté, intrinsèque et absolue». C. Still, au seuil de la peinture monochrome sans jamais vouloir s'y soumettre, cherche l'affirmation de la présence physique du tableau : «Lorsque j'expose une peinture, je voudrais qu'elle dise : "Je suis ici, c'est ma présence, mon sentiment, moi-même. Ici, je me tiens implacable, fier, vivant, nu, sans peur".»

« Tabula rasa »

FRANZ KLINE
New York
1953. Huile sur toile, 200,6 x 125,5 cm. Buffalo, Albright-Knox Art Gallery. © Albright-Knox Art Gallery.

À l'aube des années 50, quelque temps après Pierre Soulages, rejetant toute forme de figuration, Franz Kline serait venu à l'abstraction par l'agrandissement, à l'aide d'un projecteur, de minuscules dessins. Tirant leur puissance suggestive de l'intensité du geste qui les trace, les grandes toiles noir et blanc de Kline célèbrent le dynamisme de l'environnement urbain comme de l'architecture métallique qui balise Manhattan. Faisant suite à de nombreux dessins au pinceau évoquant des silhouettes en mouvement dans l'espace, F. Kline franchit une étape en agrandissant à l'échelle du corps ses idéogrammes abstraits à l'aide d'une peinture de bâtiment séchant rapidement. Bien que les formes noires de ses tableaux abstraits suggèrent des silhouettes vigoureuses, F. Kline ne conçoit pas le blanc comme un fond au sens conventionnel du mot. Le blanc, en effet, est autant peint que le noir et vient par endroit croiser ou recouvrir partiellement les masses. À la recherche d'une «tabula rasa», Kline inaugure ainsi une pratique directe, se refusant à toute interprétation métaphysique. La peinture se fait célébration de l'acte de peindre comme expression de l'énergie à l'œuvre.

« RIEN N'EST MOINS CLAIR

« Nous nommer serait catastrophique »

WILLEM DE KOONING
Black Friday
1948. Huile et émail
sur panneau, 122 x 96,6 cm.
Princeton, The Art Museum
University,
coll. Mme H. Gates Lloyd.

Le tangible comme l'immédiat semblent prédominer dans les œuvres que W. De Kooning réalise dès la fin des années 30, choisissant, à la différence de ses contemporains, de continuer de privilégier la figure humaine. Laissant la figure ouverte afin que fond et forme viennent à se fondre et se briser l'un dans et par l'autre, il élabore un espace ambigu et disloqué qu'il qualifie de «non-environnement». «La tension,

dit Barbara Rose, naît de la difficulté de déterminer l'endroit où le sujet est situé tandis qu'il émerge de son environnement chaotique pour revêtir sa propre identité.»
À la fin des années 40, De Kooning exécute une suite de tableaux «positifs-négatifs» dont beaucoup sont en noir et blanc. Le rythme prévaut sur toute tentative de déchiffrement du sujet. La surface se fait impétueuse et rejette tout esprit de géométrie comme d'abstraction, défiant la ligne de partage sur laquelle se fondent la lecture et l'interprétation de l'art de ce siècle. «Nous nommer serait catastrophique», précise De Kooning, mettant en question à la fois la lecture de l'histoire moderne et le sens même de son interprétation et assignant à l'œuvre d'art la fonction de résister à toute tentative d'inscription et de déchiffrement.

« Compositions-paysages »

WILLEM DE KOONING
Parc Rosenberg
1957. Huile sur toile,
203,2 x 177,8 cm.
Collection particulière.

Dès les années 1955, De Kooning abandonne la représentation de la figure qui se fond et se dilue dans de grandes «compositions-pay-

sages». Au-delà de la phase biomorphique de l'expressionnisme abstrait, de larges coups de brosse balayent la surface grâce à un chevalet pivotant qui fait tourner le tableau. L'image se disloque et suggère les paysages hollandais d'où l'artiste est natif. La couleur éperdue des œuvres précédentes structure la surface en autant de plages chromatiques.
En 1963, De Kooning s'installe à Long Island. «Là-bas, répond-il à Harold Rosenberg, le ciel est bleu, la lumière très pure et la brume de chaleur a disparu. On retrouve cette lumière et cette brume dans certains de mes tableaux [...]. Et l'herbe gris-vert, l'herbe de la plage et l'Océan qui est d'un gris métallique la plupart du temps. Quand l'Océan est illuminé, il y a cette espèce de lumière grise sur l'eau.» L'art de De Kooning tend désormais vers plus d'évanescence.

« Femme-idole »

WILLEM DE KOONING
Woman and Bicycle
1952-1953.
Huile sur toile, 194,3 x 124,5 cm.
New York, Whitney Museum
of American Art.

Parce que «la chair est la raison pour laquelle on a inventé la peinture», les *Femmes* que De Kooning réalise dans les années 50, opposent d'abord un défi à la prééminence de l'abstraction. Mais elles sont aussi l'expression de la véhémence de saisir et de représenter le corps, la difficulté peinte, après Giacometti, de se confronter au modèle. Variations sur la «femme-idole», fatales et grotesques, les *Femmes* sont une métaphore de la peinture elle-même. «Peindre et vivre, précise Denys Riout, constitue une unité existentielle : le tableau se crée tandis que l'artiste se révèle à lui-même. Il n'est d'ailleurs pas certain que le contenu, découvert seulement au terme du processus, relève d'une évidence vraiment visible.» Il est pour l'artiste, «une rencontre-éclair, une illumination».

Mais la série des *Femmes* est aussi l'expression plastique du conflit théorique qui oppose C. Greenberg à H. Rosenberg. À l'approche volontiers formelle de Greenberg répond l'analyse des processus et du corps à corps du créateur avec son œuvre où «la peinture-action participe de la même substance métaphysique que l'existence de l'artiste».

QUE LA GÉOMÉTRIE » De Kooning

> > > Avec l'expressionnisme abstrait, que le gouvernement américain va instrumentaliser en pleine guerre froide, en organisant dès 1958 une vaste exposition à travers l'Europe, les États-Unis trouvent un outil de conquête à même de prendre place dans le grand récit moderne. L'impact des revues, de l'enseignement comme des marchands et de collectionneurs engagés, lui confère très vite une position d'hégémonie que seul le pop art met à mal.

Résistant à tout étiquetage, les travaux de Robert Rauschenberg et de Jasper Johns, au début des années 50, sont, il faut le rappeler, contemporains de l'expressionnisme abstrait, du développement de l'œuvre de De Kooning comme du *color-field*, du *hard edge* et de l'«impressionnisme abstrait» qui se développe au même moment. Aussi ne convient-il pas de les considérer comme proprement liés au pop art, pas plus qu'ils ne sont néo-dadas. Ils sont l'un et l'autre, par-delà l'imagerie, engagés dans une approche critique du médium pictural, de sa finalité comme de sa valeur d'usage. En cela, ils se distinguent du principe de reproduction mécanique qui prévaut quelques années plus tard et ne s'opposent pas encore à une conception existentielle de la peinture, qu'ils prolongent et métamorphosent.

L'histoire de la peinture américaine, dans l'instant du triomphe du pop art à l'ère de la consommation, n'est donc pas tant celle d'une succession de mouvements venant, à tour de rôle, se substituer à d'autres, qu'une construction complexe où il reste nécessaire de rappeler que Frank Stella, au moment où il présente ses *Black Paintings*, impose une nouvelle forme d'abstraction perçue soit comme une suite du modernisme à travers lequel C. Greenberg a interprété l'expressionnisme abstrait, soit comme la critique de celui-ci. Engagées dans un développement épistémologique et théorique, les peintures de Robert Ryman et de Brice Marden réintroduisent alors à l'aube des années 60, une dimension et une expérience nouvelles là où le pop art, sur un mode duchampien, semblait avoir opposé une fin de non-recevoir. <

108

« Le fini comme l'infini »

MARK ROTHKO
Number 14
1960. Huile sur toile,
289,6 x 266,7 cm.
San Francisco Museum
of Fine Arts. DR.

En 1955, cherchant à définir le *color-field*, C. Greenberg écrit : «La chaleur sombre de la couleur dans les peintures de Newman, Rothko et Still estompe les valeurs et donne à la surface une planéité nouvelle, qui vibre et respire.» La couleur devient sujet et moyen de construction et confère au tableau son caractère «d'organisme vivant».

Rothko conçoit sa première période sur un mode figuratif et expressionniste. Progressivement, la représentation fait place à un espace bidimensionnel, puis tend vers «une division opaque et sous-marine où s'inscrivent les éléments biomorphiques d'une vie sommaire et fondamentale». Dès 1947, il élabore des *Multiforms*, où les couleurs semblent flotter à la surface de la toile.

En 1950, il définit ce qui constitue le propre de son œuvre : le *ground colour*, surface mythique et plastique qui émerge de la toile comme sujet unique. À la recherche d'une peinture propre à saisir «le fini comme l'infini», la peinture de Rothko se fait progressivement, selon le mot de Michel Ragon, «table de méditation».

« Le blanc est pareil à l'espace... »

SAM FRANCIS
Other White
1952. Huile sur toile,
205,5 x 190,5 cm.
Paris, centre G. Pompidou,
MNAM.
Photo centre G. Pompidou.

C'est à Paris, où il réside de 1950 à 1958, que Sam Francis, expose pour la première fois. Associé à différentes expositions majeures organisées par le critique Michel Tapié, telles «Signifiants de l'informel» et «Un art autre», il réalise dans son atelier de la rue d'Arcueil sa première grande composition murale initialement destinée à la Kunsthalle de Bâle, aux couleurs amples et fluides. Dès 1957, il découvre le Japon, avant de s'installer en Californie, en 1962. Pendant les deux premières années de son séjour à Paris, Sam Francis «privilégie les blancs comme les gris dans des compositions monochromes et flottantes, auxquelles convient bien le terme d'informel». Dans le Sud de la France, il découvre la lumière de Cézanne et réalise une suite de tableaux blancs en opposition radicale aux expressionnistes abstraits. Peinture nébuleuse, évoquant à la fois Monet et Bonnard, *Other White* suggère un espace diaphane. «J'ai le sentiment, écrit Francis, que le blanc est pareil à l'espace qui s'étend entre les choses.»

« UN TABLEAU DOIT LE CONTENIR, CE MONDE SANS FIN,

« Le sublime est là »

BARNETT NEWMAN
Shining Forth (to George)
1961.
Huile sur toile,
290 x 442 cm.
Paris, centre G. Pompidou,
MNAM. Don de la Scaler
Foundation.
Photo centre G. Pompidou.

Entre 1946 et 1947, B. Newman donne à ses premières œuvres abstraites des titres à même d'exprimer la dimension spirituelle et symbolique qu'il leur assigne. *Onement I* est, l'année suivante, la première toile que l'artiste divise d'une simple bande verticale qu'il appelle un «zip». «Au lieu d'utiliser des contours, au lieu de créer des formes ou de mettre en relief des espaces, mes dessins proclament l'espace. Au lieu de travailler avec les restes de l'espace, je travaille avec l'espace entier.» Ce mode de composition et de division suggère désormais l'idée comme l'acte de la création dans toute

son instabilité. Cherchant à manifester «son éveil à la conscience et sa propre impuissance face au vide», B. Newman affirme en 1948, dans *The Sublime is Now* : «L'image que nous produisons est celle, évidente, de la révélation, réelle et concrète, qui peut être comprise par quiconque la regardera sans chausser les lunettes nostalgiques de l'histoire.» Revendiquant la simplicité démunie de toute expression

face à l'inconnaissable, B. Newman affirme dès lors son droit à l'irreprésentable et à une nécessaire métaphysique. *Shining Forth* est dédiée au frère mort. La toile est nue, divisée de trois zips qui définissent une fausse symétrie. Par son titre littéralement : «Qui brille au loin» et sa dédicace à George qui, en hébreu, signifie «briller», Alfred Pacquement souligne que *Shining force* est «une peinture de lumière».

« L'art est art-en-tant-qu'art »

AD REINHARDT
Ultimate Painting nº 6
1960.
Huile sur toile, 152,5 x 152,5 cm.
Paris, centre G. Pompidou,
MNAM.
Photo centre G. Pompidou

Élève de Meyer Shapiro, Ad Reinhardt rejoint le groupe des American Abstract Artists en 1937. Influencé par le Bauhaus, il réalise alors une suite de tableaux géométriques tendant à la monochromie et publie simultanément des dessins d'humour sur le monde et l'histoire de l'art. Volontiers polémique, il est des «irascibles» qui boycottent le Metropolitan Museum et publie de

nombreuses positions esthétiques telles *Art as Art* et *Twelve Rules for a New Academy*.
Dès 1950, Reinhardt compose ses toiles à partir d'un seul ton. À partir de 1953, dans sa quête d'un absolu, sa palette se limite à l'emploi du noir.
En 1960 et jusqu'à sa mort, il réalise des toiles au format carré identique dont la surface, apparemment unie – d'une seule couleur et d'une seule valeur, noir, bleu ou rouge – révèle au regard attentif une division de la surface aux limites de l'imperceptible. «Ce sont, écrit alors Reinhardt, les dernières peintures que l'on peut peindre. L'art est art-en-tant-qu'art et tout le reste est tout le reste.»

« Une compréhension métaphysique »

BARNETT NEWMAN
Chartres
1969. Acrylique sur toile,
305 x 290 cm.
Collection privée. DR.

«**L**a question qui se pose maintenant est : si nous vivons en un temps sans légende ou mythe qui puisse être appelé sublime, si nous refusons d'admettre quelque exaltation que ce soit dans les pures relations, si nous refusons de vivre dans l'abstrait, comment pouvons-nous créer un art sublime ? Nous affirmons de nouveau le désir de l'homme pour ce qui est élevé, pour ce qui concerne notre relation aux émotions de l'absolu.»
Barnett Newman se réfère explicitement à Edmond Burke comme à Spinoza. Le sublime est élévation d'es-

prit et la peinture doit tendre vers «une compréhension métaphysique». Les zips qui divisent la surface plane en aplats colorés trouvent, avec Chartres, leur pleine signification architecturale. L'idée d'une peinture triangulaire s'élabore au moment où B. Newman réalise sa sculpture *Broken Obelisk* (1963-1967) qui se compose de deux pyramides confrontées en leur sommet.
Cherchant à faire un tableau «sans se laisser prendre au piège de la perspective», il retrouve dans le format l'allusion à l'architecture gothique que sous-tend le titre de l'œuvre et s'engage dans un débat essentiel avec l'historien Erwin Panofsky sur la nature du sublime dans pareille peinture.

DANS SES PROPRES LIMITES » Newman

« Ne rien saisir »

CY TWOMBLY
Untitled
1970. Huile sur toile et crayon à la cire, 345,5 x 405 cm.
Collection particulière en dépôt à The Menil Collection, Houston.
© B. Hatala/centre G. Pompidou.

Contemporain de Johns et de Rauschenberg, Twombly est, comme eux, héritier de l'expressionnisme abstrait. Mais il leur oppose une «gaucherie» volontaire qui, selon les termes de Roland Barthes, qu'il rencontre grâce à Yvon Lambert, «ne veut rien saisir». Élève de la Boston Museum School puis de l'Art Students League de New York, il découvre l'œuvre de Giacometti et de Dubuffet puis passe l'été 1951 au Black Mountain College. Il s'installe à Rome en 1957 et fait dès lors de l'Antiquité le matériau de son inspiration. Entre nostalgie et émotion comme entre automatisme et inconscient, Twombly élabore une œuvre de violence et de lasciveté, de tressaillements et d'abandon, à l'encontre de l'héroïsme conquérant de la génération qui le précède. Aux peintures maculées de

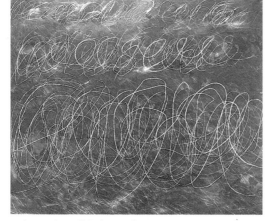

taches et de graffitis des années 1955 répondent quelques années plus tard un inventaire de chiffres, de lettres et de mots tracés d'un geste aigu et furtif. Les *Blackboards Paintings*, «paraboles de la lumière et de l'ombre», réalisées à la craie dès la fin des années 60, inscrivent une suite de boucles qui couvrent la surface et semblent amplifier, dans l'arbitraire des signes, la course du geste de l'artiste.

« La nature de la peinture »

JASPER JOHNS
Drapeau sur blanc avec collage
1955.
Encaustique et collage sur toile, 57,2 x 48,9 cm.
Öffentliche Kunstsammlung Basel Kunstmuseum, Bâle.
Don de l'artiste en mémoire de Christian Geelhaar.
© B. Hatala/centre G. Pompidou.

Alliant à la planéité propre au modernisme la permanence de la figuration héritée de l'illusionnisme, J. Johns réalise dans une suite de variations sur le drapeau étoilé, la cible, les cartes comme les chiffres et les lettres, une synthèse emblématique et critique de ce que C. Greenberg appelle au même instant sur un mode impératif, une « peinture à l'américaine».
«La nature de la peinture» qu'évoque Leo Steinberg dans son ouvrage *Other Criteria* publié en 1972, comme la manière de peindre, alliant à l'encaustique et aux papiers collés la richesse chromatique d'une touche marquant toute sa subtile distance par rapport au motif, confirme l'écart que J. Johns entend creuser entre l'œuvre et son référent. Dans l'instant du triomphe d'une peinture à la recherche de son identité, J. Johns réaffirme, non sans ironie, le rapport de toute œuvre à un modèle. En identifiant l'image peinte au champ propre du tableau, le souci d'originalité comme de singularité propre aux tenants de l'expressionnisme abstrait retrouve dans la tradition du sujet comme de la technique les éléments d'une analyse critique des mythes sur lesquels se constitue tout une dimension de l'art américain.

« Entre l'art et la vie »

ROBERT RAUSCHENBERG
Bed
1955. Huile, crayon sur objets.
191 x 80 x 20,3 cm.
The Museum of Modern Art (don partiel de Leo Castelli en l'honneur d'A. H. Barr), New York.

Le lien symbolique que R. Rauschenberg manifeste au regard de la génération expressionniste abstraite trouve sa pleine signification dans le geste qu'il accomplit en gommant, en 1953, un dessin qu'accepte de lui donner De Kooning. Après le vide complet des œuvres de 1949, que Leo Steinberg qualifie de «flatbed» (littéralement : plan vide), et un séjour au Black Mountain College, où il étudie aux côtés d'Albers, Rauschenberg réalise une suite de peintures blanches, dont la seule image est l'ombre réfléchie par le spectateur, peintures trop vite considérées comme des gestes «néo-dada» quand elles sont, pour l'artiste et ses amis John Cage et Merce Cunningham, des plages de silence. Suivent de nombreuses expériences composites mêlant toutes sortes de matériaux, allant de tableaux couverts de journaux froissés et d'une peinture émail noir à des constructions faites des rebuts de la ville : clous rouillés, fragments de corde, planches de bois. Ils préfigurent les *Combine Paintings* faites non plus d'images peintes mais trouvées – morceaux de tissus imprimés, tel le kilt de *Bed*, photographies ou cartes postales agencés et englués dans la peinture comme autant de métaphores d'un rébus – et sont l'analyse critique du processus physique et technique des œuvres de De Kooning, la tentative explicitée par Rauschenberg lui-même de combler «le trou qui se trouve entre l'art et la vie».

« LA PEINTURE DE STELLA N'EST PAS SYMBOLIQUE. SES BANDES

« Tout ce qui est à voir est ce que vous voyez »

FRANK STELLA
Mas o Menos
1964. Poudre métallique dans une émulsion d'acrylique sur toile, 300 x 418 cm.
Paris, centre G. Pompidou, MNAM.
Photo centre G. Pompidou.

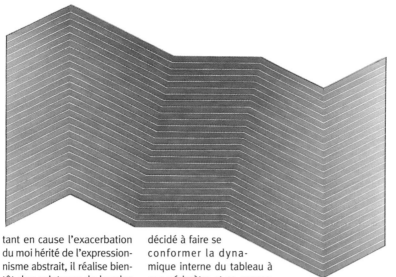

L'historien Michael Fried propose, en 1965, une lecture de l'histoire de l'art qui, de Manet à Pollock jusqu'à Stella, obéit à un constant processus de réductionnisme.
Mais F. Stella est probablement avant tout, selon W. Rubin, «l'un des premiers peintres majeurs de la tradition moderne à avoir été formé entièrement à la pratique de l'art abstrait». Procédant dès le milieu des années 50 à une analyse méthodologique des constituants de la peinture et mettant en cause l'exacerbation du moi hérité de l'expressionnisme abstrait, il réalise bientôt des peintures de bandes parallèles intitulées *Stripes Paintings*, directement influencés par les drapeaux de Johns. Divisant la toile en bandes parallèles égales, Stella élabore ensuite une méthode de composition que M. Fried appelle «structure déductive» puisqu'elle laisse le cadre créer la composition à l'intérieur de ses limites. Dès 1960, décidé à faire se conformer la dynamique interne du tableau à son périmètre et se concentrant sur des problèmes de structure, Stella découpe les coins ainsi que des trous dans le centre de peintures à l'aluminium, accentuant ainsi le principe du *hard edge*. *Mas o Menos* appartient à la série des *Running V*, peinte par Stella en 1964, année où il déclare : «Tout ce qui est à voir est ce que vous voyez.»

« Une reddition progressive »

MORRIS LOUIS
Delta Iota
1960. Acrylique sur toile, 292,7 x 445,2 cm.
Musée de Grenoble.
Don de Marcela Louis-Brenner.
© Musée de Grenoble.

De la série des *Veils*, commencés au milieu des années 50 aux *Unfurleds* de 1960-1961, Morris Louis donne à la couleur sa pleine autonomie en la laissant se répandre et imprégner la toile. Découpant la surface une fois celle-ci peinte selon une méthode qu'il intitule le *cropping*, il libère progressivement l'espace central de tout motif et l'offre au regard comme un vide immense. Morris Louis, comme Helen Frankenthaler et Kenneth Noland, reprend le principe greenbergien

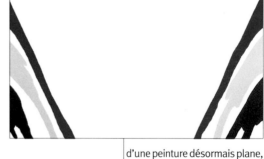

III

« Abolir l'illusion »

ELLSWORTH KELLY
Two Panels : Red and Green
1968. Huile sur toile, 284,5 x 330,2 cm.
Coll. C. David Robinson, Californie.
© B. Hatala/centre G. Pompidou.

Dès 1948, E. Kelly séjourne six années à Paris où il découvre les derniers *Nymphéas* de Monet, rend visite à Brancusi, Arp et Vantongerloo et se lie à François Morellet. Intégrant la leçon de Mondrian et de Matisse, Kelly cherche une synthèse entre des principes contradictoires, comme entre arts européen et américain. Ses premiers reliefs s'inspirent des photographies d'architecture qu'il prend dans, Paris et transpose sur un mode abstrait. Il développe, dès 1950, «des objets, non signés, anonymes» dont les dimensions vont progressivement croître. À son retour aux États-Unis en 1954, il élabore une abstraction épurée à l'échelle de la peinture américaine. Participant à la critique conduite contre l'expressionnisme abstrait, ses panneaux monochromes aux découpes nettes sont assemblés pour établir un lien direct avec l'espace environnant et conjuguer à la peinture un principe sculptural bidimensionnel.
«Si je faisais le même tableau sur une seule toile, la ligne de séparation des deux serait peinte et l'une des couleurs dominerait l'autre, et simultanément le bord extérieur serait si différent de la division intérieure que l'un ou l'autre dominerait également. Et pour moi, c'est cela la représentation.» «Si la figure et le fond sont interchangeables, il n'y a plus exploitation linéaire sur la surface : c'est, précise Claire Stoullig, enfin arriver à abolir l'illusion.»

d'une peinture désormais plane, *all-over*, unissant, après Pollock, couleurs et lignes. Dès 1940, dans un célèbre texte intitulé *Vers un nouveau Laocoon*, C. Greenberg définit «l'histoire de la peinture d'avant-garde [...] comme celle d'une reddition progressive à la résistance de son médium». Vingt ans plus tard, il résume sa position dans *Peinture moderniste*, véritable mot d'ordre pour une génération d'artistes et de théoriciens : «L'essence du modernisme consiste en l'utilisation des méthodes caractéristiques d'une discipline pour critiquer la discipline elle-même, non pour la subvertir, mais pour la retrancher plus fermement dans son domaine de compétence [qui] coïncide avec ce que la nature du médium de chaque art a d'irréductible.»

SONT LE PARCOURS DU PINCEAU SUR LA TOILE » Carl Andre

« Comment peindre »

ROBERT RYMAN
Sans Titre
1962. Huile sur toile de lin, collée par endroits sur carton. 31 x 31 cm. Paris, centre G. Pompidou, MNAM. Photo centre G. Pompidou

À New York, dès 1952, son emploi de gardien au MoMA permet à R. Ryman de se familiariser avec Matisse et Rothko, qu'il considère comme peintres de méthode. De 1957 à 1962, il exécute différentes peintures, expérimentant sur des supports et avec des techniques variés, l'huile, la gouache et la caséine. Il adopte le format carré qu'il appréhende comme l'espace idéal et la forme parfaite excluant toute recherche de proportion spécifique. Car la question que pose alors Ryman n'est pas tant celle de la structure du tableau que celle des composantes de la peinture. Le blanc y occupe de fait une place presque exclusive, «couleur neutre qui permet une clarification des nuances dans la peinture [et] rend les autres aspects de la peinture visibles, qui ne seraient pas si claires avec l'usage d'autres couleurs». Entre 1961 et 1962, Ryman réalise de petites toiles sur des supports de lin non tendu. La toile est partiellement recouverte d'un aplat blanc lui même saturé d'un épais entrelacs de touches blanches, à travers lesquelles transparaît un fond de couleur bleue permettant à la matière une intense vibration. Peintre de la subtilité comme d'une expérience que lui-même qualifie d'«illumination», Ryman rappelle «qu'il n'est jamais question de "que peindre", mais de "comment peindre"».

« Un organe tactile »

BRICE MARDEN
Thira
1979-1980. Huile et cire sur toile. 18 panneaux de 244 x 460 cm. Paris, centre G. Pompidou, MNAM. Don de la G. Pompidou Art and Culture Foundation. Photo centre G. Pompidou.

Élève d'Albers, B. Marden réalise dès 1964 des monochromes selon le procédé du *all over*, recouvrant l'ensemble de la surface, à l'exception d'une frange étroite qu'il laisse apparaître en marge du tableau. En 1965, il commence d'accrocher des toiles au format rectangulaire par paires, jouant des rapports de couleurs sensibles que B. Marden obtient grâce à un mélange d'huile, de térébenthine et de cire d'abeille étalé à la spatule, qui confère au tableau une matité et une densité sensible pour en faire ce que J. C. Lebensztejn appelle «un organe tactile».
À l'encontre d'un minimalisme, qu'il juge par trop réductif, B. Marden tente d'«affirmer à la fois l'identité de la peinture et de la religion dans le mystère, et l'identité de la peinture et d'elle-même à travers les siècles». Dessin et couleur, comme figure et fond structurent la composition pour retrouver avec *Thira,* dans le hiératisme monumental de la construction, le thème de la porte sacrée et celui du triptyque. La couleur et l'agencement des rectangles identiques éliminent de l'austère abstraction tout effet décoratif.

« JE DIRAIS QUE LA POÉSIE DE LA PEINTURE

« Au-delà de la peinture »

DAN FLAVIN
Varese Corridor (DF 19)
1976.
Lumière fluorescente,
installation dans la villa Panza
di Biumo, Varèse. DR.

S'il ne reçoit aucune formation artistique, excepté dans la classe d'Hans Hoffmann en 1956, D. Flavin peint, écrit des poèmes et réalise de très nombreux dessins et aquarelles ainsi qu'une série de petites constructions qui le laissent insatisfait. Il commence de prendre des notes sur un art qui utiliserait la lumière électrique et réalise, de 1961 à 1963, huit icônes, supports carrés en bois ou masonite peints, sur lesquels sont fixées des ampoules électriques. Dès 1963, il utilise pour la première fois un tube de lumière fluorescente de fabrication industrielle, directement fixé sur le mur, «image-objet dynamique et plastique». La notion de peinture comme celle de sculpture reste-t-elle dès lors appropriée pour définir le projet de D. Flavin et l'œuvre ne prend-elle pas toute sa dimension par le fait qu'elle libère la pratique de l'art de sa seule soumission aux modèles existant ?
D. Flavin est somme toute celui par qui un au-delà de la peinture comme de la sculpture prend naissance. La lumière et la couleur baignent et transforment l'espace en un environnement sensible et phénoménologique, où «se fondent les traditions de la peinture et de la sculpture dans l'architecture». Le choix des différentes lumières fluorescentes, leur agencement et les titres des œuvres de D. Flavin, sont, comme le remarque Donald Judd en 1965, «une appropriation de la technique à des fins esthétiques».

Chronologie 1945-1970

En regard du sujet traité, les éléments de cette chronologie sont essentiellement consacrés aux événements et réalisations liés aux États-Unis.

1945
• Conférence de Yalta.
• Bombe atomique sur Hiroshima et Nagasaki.
• Capitulation japonaise.
• New York, MoMA : rétrospective Mondrian.

1946
J. Pollock adopte la technique du *dripping*.
New York : naissance de l'expressionnisme abstrait.

1947
• Plan Marshall.
• Début de la guerre froide.

1948
• Création de l'État d'Israël.
Suicide de A. Gorky.
Willem De Kooning : *Peintures noires*.
Création éphémère de l'école «The Subject of the Artists» (W. Baziotes, C. Still, R. Motherwell...) suivie du Studio 35 et de l'Artists' Club.
B. Newman : *Onement I*.

1949
Life : «Jackson Pollock est-il le plus grand peintre américain vivant ?»

1950
• «Chasse aux sorcières» du sénateur MacCarthy.
Biennale de Venise : école de New York.
Mark Rothko : premiers *Color-Field Paintings*.
W. De Kooning : *Woman I*.
Les «irascibles» adressent une protestation au Metropolitan Museum contre le jury de l'exposition «American Painting Today 1950».

1951
• New York : création du Living Theater.
J. Pollock : *Black Pourings* à la peinture émail noir.
R. Motherwell : *The Dada Painters and Poets*.
R. Rauschenberg : *White Paintings*, collaboration avec John Cage.
New York : exposition «The Ninth Street Show».

1952
Harold Rosenberg : *American Action Painters* (*Art News,* décembre).
Black Mountain College : J. Cage : *The Event* (décor de R. Rauschenberg et chorégraphie de Merce Cunningham).
Paris : 1re exposition Pollock, Studio Fachetti.

1953
• URSS : mort de Staline.
R. Rauschenberg : *Erased De Kooning, Peintures blanches,* Betty Parsons Gallery.
Ad Reinhardt limite sa palette au noir.

1954
J. Johns : *Drapeaux* et *Cibles*.
R. Motherwell : *Élégie à la République espagnole*.

1955
• M. Duchamp devient citoyen américain.
Clement Greenberg tente de définir «une peinture à l'américaine».
R. Rauschenberg : *Bed,* premier *Combine Painting*.
J. Johns : *White Flag*.

1956
• Jack Kerouac : *On the Road*.
New York : ouverture de la galerie Léo Castelli.
Mort de J. Pollock.

1958
• Allan Kaprow : The Legacy of Jackson Pollock. Premiers happenings.
Barnett Newman élabore jusqu'en 1966 les *Stations de la Croix-Lema Sabachtani*.
Franck Stella réalise en deux ans 23 *Black Paintings*.
Présentation européenne de l'exposition «The New American Painting en 1958».

1959
• Cuba : Fidel Castro devient Premier ministre.
• New York : Claes Oldenburg, *The Street*.
«Sixteen Americans», MoMA.
Irvin Sandler : «Existe-t-il un nouvel académisme ?» (*Art News*).
C. Greenberg organise en deux ans de nombreuses expositions à la French & Co.

1960
• John F. Kennedy, président des États-Unis.
• J. Tinguely : hommage à New York, MoMA.
A. Reinhardt : *Ultimate Paintings*.

EST DE L'ORDRE DE L'ÉMOTION » Ryman

1946.
Ad Reinhardt,
*Comment regarder
l'art moderne en
Amérique,* publié
le 2 juin dans *P. M.*

1951.
Le groupe des
«irascibles»,
parmi eux : Pollock,
Rothko, Newman,
Motherwell,
De Kooning, Kline,
Reinhardt...
DR.

1964.
Robert
Rauschenberg,
Elgin Tie,
performance
au Moderna
Museet, Stockholm.
DR.

1964-1970.
Mark Rothko, chapelle
de l'Institut for
Religion and Human
Development, Houston
(architecte Philip
Johnson).
© Hickey & Robertson.

Chronologie 1945-1970

1961
- Cuba : baie des Cochons.
- New York, MoMA : «The Art of Assemblage».
- A. Warhol : Campbell Soup Cans.
- T. Wesselmann : Great American Nudes.
- G. Maciunas : Fluxus.

C. Greenberg : *Art and Culture.*
J. Cage : *Silences.*
F. Stella : *Peintures noires.*

1962
- W. Burroughs : le Festin nu.
- New York, Sidney Janis Gallery : «New Realists».

1963
- Assassinat de J. F. Kennedy.
- A. Warhol inaugure la Factory.
- Pasadena : première grande rétrospective Duchamp.

Jewish Museum : «Toward a New Abstraction».

1964
- Arthur Danto : le Monde de l'art.

Venise : R. Rauschenberg, grand prix de la biennale.
Los Angeles : exposition «Post painterly Abstraction».
M. Rothko commence la chapelle de Houston, achevée en 1970.

1965
- Intensification de la guerre du Viêtnam.
- Roy Lichtenstein : *Little Big Picture.*
- Apparition du terme «minimal art».
- Donald Judd : *Specific Objects.*

New York : exposition d'op art «The Responsive Eye».
Harvard : Michael Fried, *Three American Painters.*

1967
- Mort de Che Guevara.
- Sol LeWitt : *Paragraphs on conceptual Art,* (*Art Forum,* juin).

Mort de A. Reinhardt.

1968
- Révolte étudiante en Europe et aux États-Unis.
- Wilhelm Reich : *la Révolution sexuelle.*
- Mort de M. Duchamp. Découverte de *Étant donné : 1° la chute d'eau, 2° le gaz d'éclairage.*
- Courant hyperréaliste.
- New York, MoMA : «The Machine as Seen at the end of the Mechanical Age».

1969
- Premiers pas sur la Lune.
- Naissance du body art.

New York, MoMA : exposition «Abstraction perceptuelle».

1970
- New York : exposition «Conceptual Art».
- Robert Smithson : *Spiral Jetty.*

Suicide de M. Rothko et mort de B. Newman.

Études sur l'art américain

M. Auping, *Abstract-expressionist,* Buffalo, 1982, Albright-Knox Art Gallery.

G. Battcock, *Minimal Art: a Critical Anthology,* New York, 1968, E. P. Dutton.

A. Danto, *la Transfiguration du banal* (1re éd. 1981), Paris, 1989, Le Seuil.★

M. Fried, *Three American Painters,* Fogg Art Museum, 1965, Cambridge, Harvard University.

C. Greenberg, *Art et Culture, essais critiques,* Paris, 1988, éd. Macula.★

S. Guilbaut, *Comment New York vola l'idée d'art moderne. Expressionnisme abstrait, liberté et guerre froide,* Nîmes, 1988, Jacqueline Chambon.★

L. Lippard, *Art as Art: The Selected Writings of Ad Reinhardt,* New York, 1975, Wiking Press.

J. Martin, C. Massu, S. Nichols, A. Parigoris, D. Ryout, D. Travis, *l'Art des États-Unis,* Paris, 1992, Citadelles & Mazenod.

Regards sur l'art américain des années 60, anthologie critique établie par Claude Gintz, Paris, 1979, éd. Territoires.★

B. Rose, *l'Art américain depuis 1900. Une histoire critique,* Bruxelles, 1969, la Connaissance.

H. Rosenberg, *la Dé-définition de l'art,* Nîmes, 1992, Jacqueline Chambon.

I. Sandler, *le Triomphe de l'art américain,* 3 tomes, Paris, 1990-1991, éd. Carré.★

L. Steinberg, *Other Criteria, Confrontations with 20th Century Art,* New York, 1972, Oxford University Press.

Où voir les œuvres
France
MNAM, Paris.
Musée de Grenoble.
Musée d'Art moderne de Saint-Étienne.

États-Unis
Albright-Knox Art Gallery, Buffalo.
The Menil Collection, Houston.
MoCA, Los Angeles.
The Metropolitan Museum, New York.
MoMA, New York.
The Solomon R. Guggenheim Museum, New York.
Whitney Museum, New York.
Philadelphia Museum of Art, Philadelphie.
National Gallery, Washington.

Europe
Stedelijk Museum, Amsterdam.
Guggenheim Museum, Bilbao.
Museum Ludwig, Cologne.
Kunstsammlung Nordrhein-Westfalen, Düsseldorf.
Moderna Museet, Stockholm.
Peggy Guggenheim Collection, Venise.

★ à lire en priorité

EUROPE 1939-1970

« la peinture, de l'image à l'outil »

« Un ordre de réalité chair et sang »

FRANCIS BACON
Trois Études de figures au pied d'une crucifixion
1944. Huile sur bois aggloméré, triptyque, chaque panneau : 95 x 73,5 cm. Londres, Tate Gallery. Don de Eric Hall.

Ceux qui découvrent l'œuvre au sortir de la guerre ne sauraient pour autant réduire ce premier triptyque aux symptômes d'une histoire tragique. «[En peignant une crucifixion], dit David Sylvester à l'artiste, vous travaillez en fait sur vos propres sentiments et vos propres sensations.» Bacon considérait ces *Trois Études* comme des «esquisses» en prévision d'une grande crucifixion. «À l'époque j'imaginais la crucifixion entière dans laquelle elles seraient en lieu et place des figures habituelles au pied de la croix. [...] Mais je ne l'ai jamais fait; je les ai simplement laissées à l'état d'esquisse.» Le fond est orange. Il préfigure une longue suite d'œuvres aux couleurs acides et stridentes. Les corps sculpturaux, mi-hommes, mi-bêtes se contorsionnent, irréels et grotesques. Bacon touche d'emblée à «un ordre de réalité chair et sang» que Michel Leiris célèbre au travers des nombreux textes qu'il lui consacre.

Alors que, à l'image de la liberté, s'impose après 1945 la notion d'art moderne, le temps de la célébration des avant-gardes historiques multiplie les rétrospectives pour reconnaître ses héros.
Le salon d'Automne de 1944 consacre l'art des maîtres de la première moitié du siècle et rend hommage à Picasso, considéré après *Guernica* et *le Charnier* comme le peintre-résistant pas excellence.
Matisse, qui depuis 1941 s'attelle aux *Papiers découpés* et bientôt à la chapelle de Vence, Braque, Bonnard, Léger, Rouault, parmi d'autres, mais aussi Chagall et Miró sont

> > >

> > > célébrés au nom de la «tradition française» et reçoivent les grands prix des biennales et manifestations artistiques internationales.

En 1947, Jean Cassou, aidé de Georges Salles, constitue la collection de ce qui devient enfin, 25 ans après Hanovre, 16 ans après Lodz en Pologne et 18 ans après le musée d'Art moderne de New York, le musée national d'Art moderne. Les dons sont considérables. Ils autorisent, malgré les lacunes, une mise en perspective de l'histoire de l'art de ce demi-siècle.

Cependant, l'analyse de la période à travers l'Europe est complexe et la réduire aux seules oppositions abstraction/figuration et aux rivalités entre Paris et New York est insuffisant.

Dès les années 50, en effet, dans des contextes politiques aussi différents que ceux de l'Espagne, de l'Italie, de la Hollande et même de l'Allemagne, se développent de nombreux mouvements. À Barcelone, en 1948, autour du groupe Dau al set, comme la même année entre Copenhague, Bruxelles et Amsterdam autour de Cobra, à Madrid, en 1957, avec le groupe el Paso, comme à Milan, dès 1947, autour de Lucio Fontana, ou encore dans les pays du nord de l'Europe, la multiplication des manifestes et des manifestations témoigne de la volonté de célébrer de nouveau ce que Gaëtan Picon appelle «les formes de la liberté de l'esprit». Avec l'après-guerre, face au désenchantement, la notion d'art moderne se confond indéfectiblement avec l'idée d'utopie. Pourtant, l'étude de l'extrême diversité des mouvements, rend l'analyse complexe. Jean Laude, face à cette difficulté, évoque, lors d'un colloque en 1976 au musée de Saint-Étienne, que cite Alain Bonfand, un texte de Jean Leymarie consacré à l'art depuis 1945 : «Au lendemain de la Seconde Guerre mondiale, après les tueries, les camps de concentration, la bombe de Hiroshima, toute confiance envers l'ère de la machine et de la société technicienne est brutalement sapée. Alors surgit en Europe […] un art non plus seulement international mais de propagation mondiale, un type de non-figuration organique s'opposant radicalement au constructivisme géométrique > > >

116

« Astres morts »

JEAN FAUTRIER
Tête d'otage n° 16
1944. Huile sur papier marouflé sur toile, 27 x 22 cm. Coll. part. Photo J.-C. Mazur.

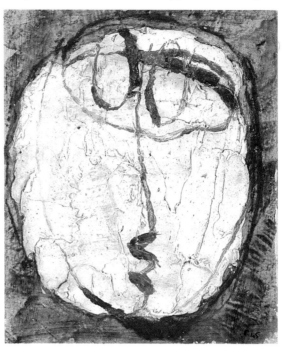

L'exposition «les Otages», à l'automne 1945, est l'un des événements marquants de l'immédiate après-guerre. Jean Fautrier y présente une cinquantaine d'œuvres, conçues dès 1942-1943. Les conditions de leur réalisation restent aujourd'hui encore en partie méconnues. Certaines auraient été peintes dans le cadre de la vallée aux Loups, peuplée de souvenirs de Chateaubriand et théâtre, en 1943, de plusieurs exécutions. D'autres l'auraient été à Paris, sous le choc de l'annonce des exécutions publiques par les occupants.

Fautrier expérimente une technique mêlant aux couches successives de blanc d'Espagne, huiles et colles, pigments, aquarelles et encres. À la violence du sujet s'oppose la fragilité sensible du tracé d'un corps ou d'un visage désintégrés, réduits à ce que Michel Ragon appelle des «astres morts». Dans sa préface au catalogue, Malraux souligne «la première tentative pour décharner la douleur contemporaine jusqu'à trouver ses idéogrammes pathétiques – jusqu'à la faire pénétrer de force, dès aujourd'hui dans le mode de l'éternel».

« L'espace du dedans »

HENRI MICHAUX
Sans Titre,
1949. Aquarelle et gouache sur papier, 38,7 x 54 cm. Paris, centre Georges Pompidou, MNAM. Donation Daniel Cordier. Photo centre G. Pompidou.

Si, comme le souligne Octavio Paz, «la peinture et la poésie se croisent chez Michaux sans jamais se confondre», l'une et l'autre conduisent à l'exploration de ce que le poète appelle «l'espace du dedans». Longtemps tenue pour une activité en marge, pendant près de cinquante ans, la suite ininterrompue d'aquarelles, de gouaches, frottages, dessins mescaliniens et huiles réalisés jusqu'à sa mort en 1985, constitue un contrepoint singulier et vagabond à l'œuvre écrit. Après les *Paysages* du temps de guerre surgissent, fantomatiques, des figures et silhouettes incertaines.

«Je lance l'eau à l'assaut des pigments qui se défont, se contredisent, s'intensifient ou tournent en leur contraire, bafouant les formes et les lignes esquissées, et cette destruction, moquerie de toute fixité, de tout dessin, est frère et sœur de mon état qui ne voit plus rien tenir debout.» Figures affolées, «visages de personnalités sacrifiées», dans lesquels certains veulent reconnaître l'évocation des moments tragiques de la vie de l'artiste, les motifs d'Henri Michaux sont autant d'expériences, une quête comme une attente : «Celle d'un manque, dit Alain Bonfand, dont l'œuvre est l'aveu.»

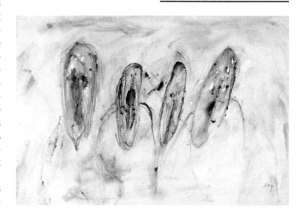

« ENTRAÎNER AVEC FORCE L'ESPRIT HORS DES SILLONS

« Incivisme »

JEAN DUBUFFET
Dhôtel nuancé d'abricot
1947. Huile sur toile, 116 x 89 cm.
Paris, centre Georges Pompidou.
Photo centre G. Pompidou.

«**À** force d'affirmer sa marginalité, son absolue singularité, on a fini par croire, écrit Jacques Beauffet, s'agissant de Jean Dubuffet, à la "légende" d'une œuvre entièrement à l'écart.» Attentif à tous les débats, sensible au «primitivisme» comme aux propos relatifs à la démocratisation de l'art, rétif aux formalismes comme au pouvoir de tout système culturel, Dubuffet cherche à retrouver le sens comme la signification d'une pratique artistique libérée de tout mot d'ordre. Anthropologie, archéologie, arts premiers ou «psychopathologiques» ailleurs célébrés par Breton, graffitis et dessins d'enfants propres à la rébellion, tout en appelle, selon lui, à «l'incivisme». Des *Marionnettes de la ville et de la campagne* au *Métro*, des *Plus beaux qu'ils croient* aux *Corps de dame* unissant «le métaphysique au trivial grotesque», des *Paysages du mental* aux *Texturologies* et *Matériologies*, ainsi qu'au cycle de l'*Hourloupe* commencé en 1962, «en objecteur aux valeurs reçues», Dubuffet s'attache à se mobiliser contre les conformismes, à la recherche d'œuvres vierges de tout conditionnement idéologique. Repensant de façon savante et jubilatoire les outils et les matériaux constitutifs de l'œuvre, il élabore dès 1942, un nouveau langage plus proche des graffitis des rues de Brassaï ou des «murs» dont parle Guillevic. Ses «positions anti-culturelles» le conduisent à l'invention, dès 1945, de «l'art brut» et à la revendication de la plus totale insubordination.

« Vers un entremonde »

loupe, le sel de la mer et le soleil [...] font oublier l'importance humaine». Il ne retourne à Paris qu'à la Libération, où il trouve un soutien auprès de Henri-Pierre Roché, de Jean-Paul Sartre et de René Drouin qui organise sa première exposition personnelle en 1947. Georges Mathieu y reconnaît «un événement considérable» : «Wols a tout pulvérisé... Après [lui], tout est à refaire.» Cherchant une fusion entre expressionnisme et surréalisme, Wols explore par la peinture, l'aquarelle, la photographie et une œuvre poétique d'inspiration mystique extrême-orientale, «ce tout petit monde (papillon, cheval, cafard, violon, etc.) qu'il subit du dedans sans le voir et qui lui inflige, ajoute Sartre, son somnambulisme». Face à la mer, fasciné par le voyage de Rimbaud, Wols, écrit Werner Haftmann, réalise «des milliers d'aquarelles constituant le journal de bord d'un voyage vers un entremonde où l'imaginaire et le réel cessent d'être contradictoires».

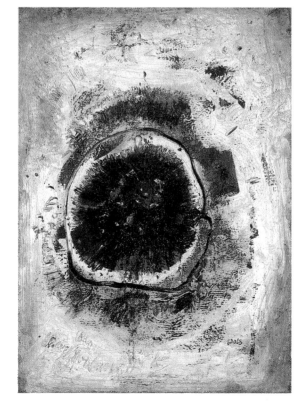

WOLS
Grenade bleue
1946. Huile sur toile, 46 x 33 cm. Paris, centre Georges Pompidou, MNAM. DR.

Interné comme citoyen allemand, puis libéré avec l'armistice, Wols se réfugie à Cassis et à Dieulefit, «où les pierres, les poissons, les rochers vus à la

« Peintre rustique moderne »

GASTON CHAISSAC
Personnage
1960. Huile sur bois,
63,5 x 30 cm.
Collection particulière, Paris.
DR.

«**C**ordonnier in partibus» (Didier Semin précise que «in partibus» se dit des évêques dont le diocèse, en pays non catholique, ne comprend ni clergé, ni fidèles) : c'est ainsi que Gaston Chaissac aime à se définir. Apprenti bourrelier, deux hasards déterminent sa vocation : la rencontre à Paris d'Otto Freundlich et de Jeanne Kosnick-Kloss et celle, en 1939, au sanatorium de Clairvivre, de Camille Guilbert, une institutrice qui devient sa femme et qu'il suit de poste en poste en pays vendéen.
Très tôt remarqué par ses contemporains parmi lesquels Jean Dubuffet, Jean Paulhan, Raymond Queneau, André Bloc ou Michel Ragon, Chaissac reste à l'écart des groupes comme de l'art brut, auquel on l'assimile à tort, alors qu'il en pressent les contradictions internes. Se préférant «peintre rustique moderne», épistolier et écrivain, il publie sous le titre *Hippobosque au bocage* ses écrits, que Dubuffet l'aide à sélectionner. Chaissac, bien que présent à la mémorable exposition «l'Art brut préféré aux arts culturels», chez René Drouin en octobre-novembre 1949, se tient, en «esthète en tablier de cuir», loin d'un monde somme toute moins hostile à son histoire et à son pouvoir d'invention que le milieu «rural et dévot» qui, sa vie durant, reste son quotidien. Entre visages et signes abstraits, qui se transforment inlassablement en «portraits-miroirs», «c'est lui-même, la plupart du temps, ajoute Henri Claude Cousseau, qui nous regarde.»

117

OÙ IL CHEMINE HABITUELLEMENT» Dubuffet

> > > antérieur du Bauhaus». Laude rappelle ensuite, en contrepoint, l'inventaire impossible des mouvements apparus depuis 1945 que François Mathey esquisse lors de l'exposition 72/72. Un «jeu de fils» complexe qui se heurte à la difficulté de tout classement.

Entre figuration et abstraction, le débat, jusqu'aux années 60, semble privilégier peinture et sculpture comme deux modèles dont l'autorité reste incontestée. Il faut ainsi attendre la décennie suivante pour voir prendre en compte par une nouvelle génération à l'œuvre différents moments des avant-gardes historiques qui ont voulu porter la création plastique vers une dimension élargie, ouvrant la voie tant au rêve de l'œuvre d'art total qu'à toutes formes de conception fondées sur une porosité à d'autres disciplines.

Aussi, entre les tenants du retour aux valeurs propres à la définition d'une tradition moderne et la mise en cause de la notion de permanence, les débats sont multiples et contradictoires. Si le tragique de l'après-guerre s'incarne et se reconnaît dans des figures, tels Fautrier, ou bien sûr encore Francis Gruber et Bernard Buffet et avec eux tous les peintres qui, tel Bacon, font de leur œuvre un apitoiement, l'aube des années 50 est, il est vrai, placée sous le signe de l'abstraction. Apparue dès la guerre avec l'exposition «Vingt Jeunes Peintres de tradition française», lyrique et souvent bleu, blanc, rouge à l'image des articles que Jean Bazaine lui consacre dans la *NRF* en 1943, elle se veut l'expression d'une synthèse moderne, véritable mot d'ordre pour une nouvelle génération.

Entre abstraction lyrique, où Manessier, Bazaine, Le Moal renouent avec des thèmes religieux, tachisme, où Charles Estienne critique de façon véhémente la vitalité parallèle d'un «art construit» fondé sur la géométrie que défend Léon Degand et avec lui la galerie Denise René, art informel de Michel Tapié qui réclame «un art autre», le sujet de la peinture semble pourtant ne plus vouloir se perdre dans une célébration autre que celle du geste et de la forme. Nicolas de Staël, Olivier Debré et Hans Hartung veulent en témoigner, comme bien sûr Soulages qui, mieux qu'aucun autre, > > >

« Tout nu, comme la vie »

ROGER BISSIÈRE
Vénus noire

1945. Huile sur toile avec reliefs en stucs peints, 100 x 80 cm. Paris, centre Georges Pompidou, MNAM. Photo centre G. Pompidou.

Critique d'art pour *l'Opinion* et *l'Esprit nouveau*, enseignant à l'Académie Ranson de 1925 à 1938, Roger Bissière apparaît, à la veille de la guerre comme l'adepte quelque peu incertain d'un retour à l'ordre à la française. À l'écart de la scène parisienne, il réalise à partir de 1938 quelques assemblages, puis, frappé par l'ingénuité des premières peintures de son fils, cherche à se libérer du savoir dans une suite d'œuvres où peintures, assemblages et tissus cousus se mêlent. Voulant désormais se raconter «tout nu, comme la vie», il se convainc d'exposer chez René Drouin en 1947, à l'initiative de Marcel Arland. *Vénus noire* figure sur la couverture du catalogue. On songe bien sûr à Dubuffet mais, à la différence de l'apôtre incivique de l'art brut, Bissière cherche à exprimer l'humilité du peintre face à ce que Germain Viatte appelle «la tendresse de l'imparfait». Marqué par Henri Focillon, Émile Mâle et Georges Bataille, Bissière exprime désormais le passage d'une peinture aux motifs archaïques à une recherche spatiale et plastique qui contribue de façon décisive à la constitution du langage de la peinture de l'après-guerre en France.

« Un appel à l'imagination »

KAREL APPEL
Enfants interrogeant

1948. Reliefs de bois cloutés sur panneau de bois, peints à l'huile, 83 x 56 cm. Paris, centre Georges Pompidou, MNAM. Photo centre Pompidou.

Isolé dans une Amsterdam d'après-guerre fortement marquée par l'abstraction, Karel Appel se tourne vers l'art africain et cherche, à l'instar de Dubuffet et d'Atlan qu'il rencontre à Bruxelles et Paris, à retrouver la force des totems des «arts primitifs». Il travaille dès lors de la main gauche et choisit pour emblème le thème «désormais puissant, primitif, plus fort que l'art nègre et Picasso», des *Enfants interrogeant*. Avec Constant et Corneille, il adhère à la création, à Paris, de Cobra. Le thème de l'enfant, cher à Cobra, amplifié par la violence chromatique et la construction élémentaire des œuvres d'Appel, alors sensible à la notion de jeu, lancée par l'ouvrage de Huizinga publié dix ans auparavant, fait scan-

dale. Malgré la mobilisation du groupe, le tract de l'architecte Aldo van Eyck pour «un appel à l'imagination,» comme l'intervention de Christian Dotremont soulignant qu'«Appel fit quelque chose de violent, mais d'une violence juste, populaire : Appel est du peuple, il n'a pas le sens du vieux scandale surréaliste», le climat de censure conduit à recouvrir la fresque réalisée par l'artiste pour l'hôtel de ville d'Amsterdam, et incite Appel, Constant et Corneille à quitter la ville en 1950.

« CETTE PEINTURE QUI SE PRIVE DE LA REPRÉSENTATION

118

« Une façon non descriptive »

PIERRE SOULAGES
Peinture sur papier 1948-1
1948. Brou de noix sur papier marouflé sur toile,
65 x 50 cm. Paris, centre Georges Pompidou, MNAM. don de l'artiste, 1967.
Photo centre G. Pompidou

Pierres gravées préhistoriques et monuments de l'art roman restent indéfectiblement attachés à toute approche de l'art de Soulages et rappellent l'attachement du peintre à sa région natale. La guerre le retient à Montpellier. Soulages rencontre alors Joseph Delteil qui lui fait connaître Sonia Delaunay. Un bref séjour à Paris à l'âge de 18 ans le fait décou-

vrir Cézanne et Picasso, ainsi que la peinture abstraite qu'un magazine nazi condamne. Soulages peint alors, sans référence à un quelconque modèle et de «façon non descriptive», d'amples traces noires ou brunes où la forme se livre «d'un seul coup, de manière abrupte». Il présente ses œuvres au salon des Surindépendants de 1947, et réalise jusqu'en 1950 les peintures sur papier au brou de noix qui préfigurent la monumentalité hiératique des œuvres qui vont suivre. Dès 1948, Soulages est l'un des très rares artistes français à conquérir une audience internationale. Le format de ses toiles s'amplifie et si le noir reste dominant, la subtilité des tons ocres, bleus ou rouges contribuent à une œuvre dont le sujet profond reste l'espace et la lumière.

« De perpétuels jeux de force »

NICOLAS DE STAËL
Les Toits
1952. Huile sur Isorel,
200 x 150 cm. Paris, centre Georges Pompidou, MNAM. Don de l'artiste.
Photo centre G. Pompidou.

Succédant aux grandes compositions abstraites de la fin des années 40 et prolongeant la série des *Murs* de 1951, *les Toits*, d'abord intitulés *le Ciel de Dieppe,* laissent entrevoir la volonté de retrouver, contre ce que Staël appelle «le gang de l'abstraction-avant», un sujet en prise directe avec le réel. Les formats s'agrandissent, la pâte s'épaissit : le tableau se fait frontal et met en cause le principe perspectif classique. Parti de l'abstraction, et bien qu'ayant détruit la plupart de ses œuvres antérieures à 1941, Staël pose indubitablement la question du sujet de la peinture et du référent qui lui sert de motif. Aussi, cherche-t-il à questionner le passage entre le sujet d'un tableau et la notion de tableau comme seul sujet de la peinture. Il exprime ce

dilemme à Roger van Gindertael en 1950 : «un tableau, c'est organiquement désorganisé et inorganiquement organisé». Entre matière et transparence, construction maçonnée et

fluidité de la couleur, dans «de perpétuels jeux de force», l'œuvre de Staël oblige ainsi à reconsidérer, à l'instar de Vieira da Silva, la dichotomie entre figuration et abstraction.

« Une antériorité redoutable »

HANS HARTUNG
T. 1956-14
1956. Huile sur toile, 180 x 136 cm. Paris, centre Georges Pompidou. Don de la Galerie de France.
Photo centre G. Pompidou.

De 1954 à 1960, Hans Hartung développe et amplifie la notion de graphisme pictural déjà en gestation dans ses œuvres des années 20 et 30, époque où, en autodidacte, il se montre curieux d'astronomie et de photographie et découvre simultanément les maîtres anciens au musée de Dresde. La violence du geste comme la tension extrême qu'elle induit traduisent l'expression d'une peinture en acte impliquant le mouvement du corps. Avec «cette antériorité redoutable» que lui reconnaît René de Solier, Hartung s'affirme comme le précurseur de l'action painting et l'une des figures majeures de l'abstraction lyrique. La méthode reste pourtant différente. L'organisation de l'espace comme le rapport

fond/forme conduisent à une approche singulière alors que dominent, dans les années 30, l'abstraction géométrique comme le surréalisme. Hartung, cherchant à «ne plus rien figurer», inaugure ainsi une réflexion sur la pratique même de la peinture comme une interrogation sur sa finalité. «Ce que j'aime, dit-il, c'est *agir* sur la toile.»

EST CERNÉE PAR LE MONDE ET LUI DOIT SON SENS » Soulages

> > > écrit : «L'art est toujours une humanisation du monde et il ne faudrait pas croire que le monde en soit absent de par l'absence de son image – d'une de ses images – sur la toile.»

Avec l'abstraction et quelqu'en soient les aspects, s'ouvre la voie à une réflexion sur le caractère «irréductible» de la peinture. De Bram van Velde à Yves Klein, de Martin Barré à Supports/Surfaces, de la méthode de Simon Hantaï à la critique analytique de B. M. P. T., l'art abstrait se veut l'éthique de la modernité.

À l'opposé pourtant, Bacon, Balthus, Hélion et Picasso, dans ses multiples métamorphoses, sont considérés comme inclassables et leur mérite semble être, aux yeux de leurs contemporains, celui de l'isolement. Il est pourtant aujourd'hui essentiel de s'interroger aussi sur la signification du retour au sujet de Hélion, de Giacometti, de Staël et même, à sa façon, de Klein, comme sur la persistance de certains peintres à rester attachés aux différentes formes de la figuration. Le refus d'une téléologie fondée sur le seul triomphe de l'abstraction, y oblige sans pour autant sombrer dans la Mélancolie. Ainsi, sceptiques quant aux utopies des abstraits, Dubuffet, et avec lui Chaissac, Bissière ou Cobra, préfèrent une investigation des figures et des formes issues des arts «primitifs». Dès 1945, Dubuffet définit la notion d'«art brut», sous laquelle il place «les productions de toute espèce [...] présentant un caractère spontané et fortement inventif, aussi peu que possible débitrices de l'art coutumier ou des poncifs culturels». Trois ans plus tard, sous l'impulsion de Christian Dotremont, Cobra réunit jusqu'en 1951 différents groupes autonomes et proclament une «internationalisation de l'avant-garde», hors de la seule scène parisienne.

On le voit, dans la complexité des mouvements qui se croisent, l'inventaire entre chacun et le partage, pour peu qu'on veuille le tenter, entre figuration et abstraction, reste chose vaine.

À moins que l'abstraction telle qu'on la définit, n'ait finalement pas existé et ne soit qu'une façon toujours *singulière* et donc résolument *unique* de voir le réel. <

« Une suggestion de la réalité »

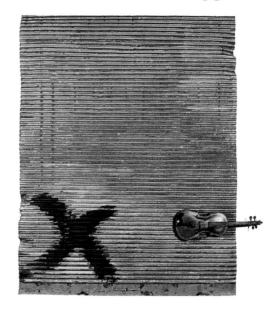

ANTONI TÀPIES
Rideau de fer au violon
1956. Peinture et assemblage, 200 x 150 x 13 cm. Barcelone, collection particulière.
Photo B. Hatala, CNACGP.

La découverte de l'œuvre de Sartre et de Heidegger conduit Tàpies à vouloir faire une «distinction entre une existence inauthentique (le tumulte du monde, la réalité banale et quotidienne) et authentique (le véritable règne de l'être)». Au contact de son ami, le poète Joan Brossa, Tàpies découvre dans l'immédiate après-guerre l'avant-garde catalane et participe à la fondation de la revue *Dau al set*. En 1948, il expose au salon d'Octobre, à Barcelone, une peinture et déjà, un collage aux croix. Dès lors, l'art comme la pensée de l'Orient, «ce mélange de mysticisme, de philosophie et d'art de vivre» commencent de l'influencer. Dès 1950, il découvre à Paris «une liberté nouvelle pour lui» et cherche à donner à son œuvre «un contenu social» comme à se défaire de l'emprise du surréalisme. Au contact de la revue *Art d'aujourd'hui*, il s'associe à l'art informel, transformant profondément son œuvre. Le tableau se fait sédiment et «suggestion de la réalité», surface «pauvre», chargée au propre comme au figuré de mémoire et d'histoire.

« Faire toucher du doigt »

ALBERTO BURRI
Sacco e Bianco
1953.
Toile à sac et huile sur toile, 150 x 250 cm. Paris, centre Georges Pompidou, MNAM.
Photo centre G. Pompidou.

Impérieuse remise en question de l'idée même de peinture, l'œuvre d'Alberto Burri impose une réflexion sur les constituants du tableau comme sur les matériaux qui le composent. Entreprise en 1950, la série des *Sacchi* réalisée à partir de toiles de jute, tend à imposer un ordre à la matière. Elle exprime de façon métaphorique une vision de la peinture arrachée de la ruine, un ravaudage comme la reconstruction d'une réalité en pièces. À ce titre, G. C. Argan remarque que «la peinture de Burri n'est pas une peinture de symboles mais de signes, elle ne désire ni préfigurer ni annoncer une situation mais veut précisément *faire toucher du doigt*». Dès 1955, anticipant sur les combustions d'Yves Klein, Burri entreprend également avec les *Legni* de travailler avec le feu. Mais, comme le précise Daniel Abadie, «là où la dimension d'Yves Klein se veut cosmique, celle de Burri est d'abord picturale». Les *Cretti* qui suivent et les craquelures que l'artiste obtient confirment que sa démarche est vouée à une analyse du statut du tableau, et de sa persistance dans un moment donné de notre histoire.

« LE BLEU N'A PAS DE DIMENSION,

« Abstractions cosmiques »

LUCIO FONTANA
Concetto spaziale
1960.
Huile sur toile, 150 x 150 cm.
Paris, centre Georges
Pompidou, MNAM. DR.

Figure majeure de l'art de ce siècle, Lucio Fontana est, dès les années 30, au contact du mouvement Abstraction-Création. Célébré pour ses «abstractions cosmiques» par Marinetti en 1938, Fontana exprime cependant jusqu'à son retour de six ans d'exil en Argentine, en 1947, le conflit entre le classicisme italien de l'entre-deux-guerres et son adhésion aux avant-gardes internationales. Le *Primo Manifesto blanco,* qu'il cosigne cette année-là, le consacre comme l'un des fondateurs essentiels d'une utopie esthétique pleinement inscrite dans les multiples expériences de la modernité.

Conduit par la logique du matériau et sensible à un dépassement de la seule logique de la peinture et de la sculpture, Fontana envisage sa pratique comme un vaste programme qui le conduit en 1949 à la rédaction du *Secondo Manifesto spaziale.* Il y exprime sa volonté de développer son œuvre en relation avec l'environnement et le lieu et commence à travailler aux *Buchi* en perçant au poinçon la surface de la toile, puis aux *Inchiostri* et aux célèbres *Attese* où la toile, généralement monochrome, est lacérée de fentes. Plusieurs *Manifestes* suivent encore, ponctués de déclarations dans lesquelles Fontana affirme «chercher un style où la forme est inséparable de la notion de temps et où les images semblent abandonner la surface plane et continuer vers l'espace les mouvements qu'elles suggèrent».

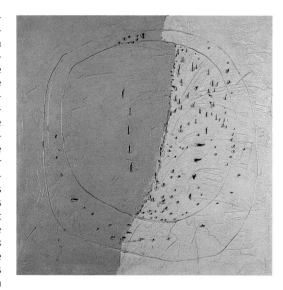

« Pinceaux vivants »

YVES KLEIN
Grande Anthropométrie bleue.
Hommage à Tenessee
Williams (ANT 76)
Vers **1960.** Pigment pur et résine synthétique sur papier monté sur toile, 276 x 418 cm. Coll. part.

En 1948, Klein signe le ciel de Nice, qu'il estime ainsi s'attribuer. Il rencontre François Dufrêne, lié aux lettristes, s'intéresse aux Rose-Croix, au judo et part pour le Japon en 1952. De retour à Paris, il présente en juillet 1955 au salon des Réalités nouvelles un monochrome orange qui sera refusé. Il expose un an plus tard chez Colette Allendy plusieurs *Monochromes* de couleurs différentes et élit une seule couleur qu'il brevète et baptiste *International Klein Blue (IKB).* À Milan, puis à Paris chez Iris Clert et Colette Allendy,

« Matériaux purs »

PIERO MANZONI
Achrome
1959. Kaolin sur toile plissée, 140 x 120,5 cm. Paris, centre Georges Pompidou, MNAM. DR.

Artiste, poète et théoricien, Piero Manzoni développe à partir de 1956 un activisme continu et publie de nombreux textes. Sa rencontre avec Klein et Burri

le conduit au manifeste *Per una Pittura organica* distribué à Milan par le Movimento nucleare, avec lequel il rompt en 1959. Il élabore avec des «matériaux purs» le principe des *Achromes* et réalise la première des *Lignes de longueurs variables* alors qu'il commence à signer les corps d'individus, leur délivrant un certificat d'authenticité, puis établit le projet d'enfermer les morts dans des parallélépipèdes transparents. En contact avec le groupe Zéro, il réalise des sculptures gonflables, les *Corps d'air,* qu'il intitule *le Souffle de l'artiste.* Suit, en 1961, le premier socle magique sur lequel chacun est œuvre le seul temps qu'il y reste, ainsi que des *Merdes d'artiste de 30 grammes,* vendues en boîte «made in Italy» au cours de l'or. Avant sa mort à 30 ans, Manzoni conçoit encore le projet d'un *Théâtre pneumatique* ainsi que le premier des *Socles du monde,* dont l'un rend hommage à Galilée.

il présente en 1957 des *Monochromes* et des *Objets IKB* et l'année suivante, expose, toujours chez Iris Clert, *le Vide.* Suivent en 1959 les projets d'architecture, les premiers *Monogold* et, en 1960, les *Cosmogonies* et les *Anthropométries,* «pinceaux vivants», empreintes de phénomènes physiques et naturels. Le 27 novembre, le *Journal d'un seul jour* publie la photo du «peintre de l'espace» se jetant dans le vide. Klein participe alors à la fondation du groupe des Nouveaux Réalistes. Les deux ans qui précèdent sa mort voient le *Mur* et les *Peintures de feu,* les *Portraits-Reliefs* et la transmutation des couleurs primaires en rose, or, et, bien sûr, *IKB.*

121

IL EST HORS DIMENSION » Klein

« L'instant de cristallisation »

MARTIN BARRÉ
67 z 23
1967. peinture à la bombe sur toile, 73 x 54 cm. Collection particulière, Paris.

«**V**oulant, remarque Jean Clay, trouver son chemin tant à l'écart de l'«abstraction froide» que du «tachisme parisien», la peinture de Martin Barré est d'emblée sérielle et «ordinale» au sens où Robert Klein, cité par Yves-Alain Bois, l'entend. Attentive au format comme à la persistance d'une réflexion sur le tableau de chevalet, elle est également un constant processus de réduction jusqu'à «l'instant de cristallisation» dont parle l'artiste, instant lui signalant que le tableau est fini. Dès les années 60, le travail de Barré le conduit à une simplification délibérée du moyen

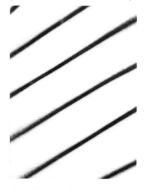

d'application de la peinture, soit qu'il utilise directement le tube ou le doigt, soit qu'une bombe aérosol noire vienne ponctuer la surface. À partir de 1972, Barré reprend le pinceau et choisit l'acrylique. Ses toiles oscillent alors entre un principe de géométrie savante et le palimpseste. La couleur est progressivement réintroduite et domine dans les œuvres que l'artiste réalise jusqu'à sa mort, en 1993.
Trop longtemps ignorée parce qu'en marge, l'œuvre de Martin Barré représente l'une des sommes les plus exigeantes et maîtrisées de la peinture contemporaine. Se faisant, elle fait écho à l'abstraction «minimale» qu'elle anticipe et «apparaît» tel un système singulier, oscillant entre la règle et le «sensible».

FRANÇOIS MORELLET
Répartition aléatoire de triangles suivant les chiffres pairs et impairs d'un annuaire de téléphone
1958. Huile sur bois, 3 fois 80 x 80 cm. Musée de Grenoble. DR.

Figure déterminante et profondément libre de toute contrainte idéologique, François Morellet apparaît désormais comme l'un des créateurs les plus originaux et inventifs de la seconde moitié du XXᵉ siècle à même de produire un dépassement critique comme une synthèse des expériences les plus antagonistes de la modernité.
Rétif à tout mouvement bien qu'un temps confondu au cinétisme et au groupe de Recherche d'art visuel (G. R. A. V.) qu'il contribue à fonder en 1960, il développe en autodidacte

« Aimer foutre la merde »

depuis la fin des années 40, un programme mêlant rigueur et jeu, système et hasard. Fasciné par la science des mosaïques de l'Alhambra, attentif aux avant-gardes constructivistes comme à l'œuvre de Max Bill dans laquelle il entrevoit la possibilité de se débarrasser du langage du néoplasticisme, F. Morellet élabore dès le début des années 50 des œuvres systématiques et délibérément réductives supposant des principes répétitifs et déductifs anticipant de façon singulière sur ses contemporains. Héritier libertaire et insolent de la rigueur formelle du modèle de l'art concret dans lequel il reconnaît «aimer foutre la merde», comme annonciateur de l'art conceptuel, le hasard ajouté au vertige du langage conduit Morellet au plus proche de solutions visant à déconstruire l'ordre impérieux de la géométrie.

« Un art cinétique »

VICTOR VASARELY
Mindoro 2
1958. Huile sur toile, 155 x 130 cm. Paris, centre Georges Pompidou, MNAM. Photo centre G. Pompidou.

Fils spirituel du Bauhaus et de ses implications sociales et urbaines, V. Vasarely émigre de Hongrie en 1930 et dirige en qualité de dessinateur une agence de publicité jusqu'en 1956. À partir de 1952, il aborde l'abstraction et réduit le champ chromatique à quelques couleurs. Un séjour à Belle-Île-en-Mer, en 1947, et la découverte de galets le confirment dans l'idée que «les langages de l'esprit ne sont que les supervibrations de la grande nature physique.»
Se voulant plasticien et créateur d'œuvres qu'il considère comme des «propotypes-départ», il publie en 1955 le *Manifeste jaune* et contribue de manière déterminante à l'activité de la galerie Denise René comme au développement de l'art cinétique et de la notion de multiple dont il reste le protagoniste essentiel.
L'exposition «le Mouvement»

regroupant le 6 avril 1955 Yaacov Agam, Pol Bury, Alexander Calder, Marcel Duchamp, Robert Jacobsen, Jésus-Rafael Soto, Jean Tinguely et Victor Vasarely, marque l'avènement public d'une esthétique fondée sur la notion d'«œuvres transformables». Un «petit mémento des arts cinétiques», ainsi qu'un texte intitulé *Mouvement-temps ou les quatre dimensions de la plastique cinétique* rédigés par Pontus Hulten, et un texte de Roger Bordier précisent les intentions de l'«œuvre transformable» : «Qu'il s'agisse de la mobilité de la pièce elle-même, du mouvement optique, de l'intervention du spectateur, en fait, l'œuvre d'art est devenue, de par sa propre substance, de par sa propre nature, constamment, et peut-être indéfiniment recréable.» Vasarely, dès lors, ambitionne un art total, détaché des contingences du tableau de chevalet et renouant, dans son rapport implicite à la ville, avec ce qu'il appelle la «plasticité» et l'esprit de la Renaissance.

« L'HOMME SENSIBLE OU ARTISTE NE PEUT QU'ÊTRE UN MALADE

« Un calligraphe occidental »

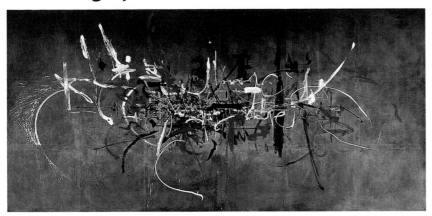

GEORGES MATHIEU
Les Capétiens partout
1954. Huile sur toile,
295 x 600 cm.
Paris, centre Georges
Pompidou, MNAM.
Photo centre G. Pompidou.

Au salon des Réalités nouvelles, Mathieu présente dès 1947 trois toiles exécutées à même le sol et se définit comme un peintre tachiste, gestuel et informel en opposition à la prédominance de la peinture géométrique. Il organise dès 1948 les expositions «HWPSMTB» et «White and Black». Divers articles publiés en 1949 comme l'exposition «Véhémences confrontées», organisée en 1951 par Michel Tapié, marquent dès lors les différences entre action painting et art informel. En 1953, Mathieu publie le premier numéro de *United States Paris Rewiew* qu'il dirige pendant dix ans. Simultanément, il réalise plusieurs toiles de grand format à «sujets historiques», reprenant la problématique de Merleau-Ponty sur le corps dans sa *Phénoménologie de la perception* publiée en 1945. «Peignant à l'huile, directement avec les tubes, en travaillant 55 482 fois plus vite qu'Outamaro», A. Malraux reconnaît en lui un «calligraphe occidental, une œuvre où le corps à corps du peintre avec la toile se veut la fusion d'une pratique influencée par l'Orient et sa projection dans un espace public».

« Le transcendement d'un signe occidental »

JEAN DEGOTTEX
Aware II
.1961. Huile sur toile,
202 x 350 cm.
Paris, centre Georges
Pompidou, MNAM.
Photo centre G. Pompidou.

Fortement influencé par la philosophie comme par les œuvres zen, Jean Degottex participe avec Charles Estienne à la fondation du salon d'Octobre en 1952 et trouve le soutien d'André Breton qui préface en 1955 son exposition à la galerie l'Étoile scellée. L'espace, comme le vide et le dynamisme du geste, le conduisent à l'élaboration d'une œuvre ad minima. «Toutes les écritures sont attirantes, mais je crois que lorsqu'elles ne sont pas accessibles, tout prend un autre sens. Il y a un transcendement du signe dans la calligraphie soumi ou zen, mais comment aborder le transcendement d'un signe occidental ?» Le titre de l'œuvre se réfère à l'orient et suggère une représentation d'un des quatre états successifs et fondamentaux de l'individu face à l'art. Degottex précise : «En ce qui concerne les Orientaux, les contrôles sont aussi physiologiques. Ici, à défaut d'enseignement et de technique spirituels [...] ils sont aussi bien d'ordre intellectuel qu'empirique. Dans le zen, on utilise, aussi, ce qu'on traduit par des stratagèmes. C'est assez dire qu'il faut parfois ruser avec les habitudes faussant nos impulsions les plus profondes».

« Un dévoilement sans fin »

BRAM VAN VELDE
Sans Titre,
1965. Huile sur toile,
199,5 x 250,5 cm.
Paris, centre Georges
Pompidou, MNAM. DR.

Hollandais, Bram van Velde s'installe d'abord à Paris en 1925 puis en Corse l'année suivante et, en 1932, à Majorque, dont il est chassé par la guerre civile. En 1943, il rencontre Jacques Putman, Georges Duthuit puis Édouard Lœb et Samuel Beckett, mais ne requiert l'attention du public qu'en 1957 à l'occasion de l'exposition qu'organise pour lui à Paris Michel Warren.
Il n'y a, selon Jacques Putman, pas lieu d'établir une chronologie de

son œuvre qui se constitue en un vaste palimpseste. «Bram Van Velde, écrit Beckett, peint l'étendue.» Se reconnaissant lui-même comme un «être dilué», Bram entreprend cette dilution des formes sur la surface de la toile jusqu'à tendre vers ce que Jean Starobinski appelle une «interprétation superflue». Une manière de «peindre moche» selon la formule de Jean-Pierre Pincemin, cité par Anne Baldassari. «Un dévoilement sans fin, voile derrière voile, plan sur plan de transparences imparfaites, un dévoilement vers l'indévoilable, le rien, la chose à nouveau. Et l'ensevelissement dans l'unique, continue Beckett, dans un lieu d'impénétrable proximité, cellule peinte sur la pierre de la cellule, art d'incarcération.»

DANS NOTRE VIE CIVILISÉE PLEINE DE MENSONGES » Bram van Velde

« Une pratique »

CLAUDE VIALLAT
Sans Titre nº 40,
1968. Toile, fond rouge, formes bleues, 280 x 194 cm. Paris, centre G. Pompidou, MNAM. Donation Daniel Cordier. Photo centre G. Pompidou.

Résolument peintre, Viallat élabore à partir de 1966 une pratique fondée sur une forme unique obtenue au pochoir qui devient la marque du principe de son œuvre. Travaillant de façon délibérément prolixe, il élabore une critique radicale de l'abstraction lyrique et géométrique et substitue aux conventions de la peinture une infinité de possibilités, mêlant à la jubilation de peindre la rigueur d'un système. Sa démarche participe alors du matérialisme pictural mis en œuvre par Supports/Surfaces, dont il est un membre essentiel avec lequel il expose en 1970 à l'ARC, et dont il démissionne en mai 1971.
Dès lors, Viallat développe des recherches sur les matériaux les plus divers, alliant à sa curiosité pour les archaïsmes et les pratiques primitives tenant du bricolage, une amplification toujours plus grande du travail de la peinture. Aux toiles libres font écho des supports de toute sorte, une profusion de couleurs et de matière soumise à toute épreuve. Dans son investigation toujours rejouée des moyens comme des

formes de la peinture, il se peut que Viallat entreprenne désormais une synthèse de l'œuvre de Matisse et de Picasso.

« Un silence rétinien »

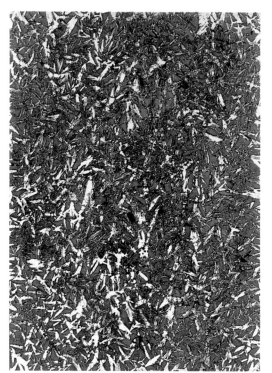

SIMON HANTAÏ
Mariale M A 3
1960.
Huile sur toile, 296,6 x 209,5 cm. Paris, centre Georges Pompidou, MNAM. Don de M. Marcel Nahmias. DR.

Aux premières expériences des années 40 comme aux œuvres qu'il réalise dans le voisinage du surréalisme, préfacées par A. Breton pour son exposition à la galerie L'Étoile scellée en 1953, succèdent de nombreuses toiles au format monumental regroupées autour de l'exposition de la galerie Kléber en 1956 intitulée «Sexe-Prime». La grande toile rose couverte d'écriture, dans laquelle Marcelin Pleynet voit le «dernier acte graphique» que réalise Hantaï entre 1958 et 1959, est le jalon qui le conduit, l'année suivante, vers un nouveau départ.
En 1960, cessant d'utiliser ce que Jean-Paul Ameline appelle «la vieille surface de toujours», Hantaï se met au travail «les yeux fermés». La toile est d'abord pliée, rabattue sur elle-même, froissée ou nouée puis seulement alors, recouverte uniformément de couleurs bord à bord. En aveugle. Puis, l'œuvre est dépliée et mise à plat. La couleur apparaît par zones, laissant voir en réserve des espaces non peints. «La peinture, ajoute Ameline, n'est plus écran projectif mais son propre objet. Elle se fait et le peintre assiste à cet événement.» Des *Mariales* des années 1960 aux *Tabulas* des années 1980 comme aux récentes œuvres, la méthode se transforme quand la règle comme l'objectif restent les mêmes. On cite volontiers Blanchot, dont on connaît l'impact sur l'artiste : «Le pliage est cette voix neutre qui dit l'œuvre à partir de ce lieu sans lieu où l'œuvre se tait.» Véritable mur de couleur, la série à laquelle cette toile appartient s'intitule *le Mur dit : Manteaux de la Vierge.* Hantaï y reconnaît «un silence rétinien».

« Un travail de peinture »

NIELE TORONI
Empreintes de pinceau nº 50 répétées à intervalles réguliers (30 cm)
1967.
Empreintes de pinceau à l'acrylique sur toile cirée blanche, 475 x 140 cm. Paris, centre Georges Pompidou, MNAM. Photo centre G. Pompidou.

Depuis 1967, la méthode de Toroni reste inchangée et consiste en l'application sur une surface déterminée, d'empreintes de pinceau nº 50 répétées à intervalles réguliers de 30 centimètres. Aussi, Toroni défie-t-il toute notion d'originalité bien que les couleurs soient variables et les supports différents en fonction des propositions qui lui sont faites. Ainsi l'artiste a-t-il utilisé ce signe unique pour couvrir ou investir tout type de support et s'est appliqué dans différentes propositions à travailler simultanément sur le mur, sur la toile, comme sur toute surface propre à questionner le lieu et la place de la peinture.
Toroni s'est souvent expliqué sur les raisons de son projet. À Catherine Lawless l'interrogeant longuement pour *les Cahiers du Musée national d'art moderne* en 1988, il répond : «Ma grande utopie, ma grande bêtise est de croire qu'il y a encore quelque chose à faire après Pollock, sans se servir – soit en la galvaudant, soit en la rendant plus précieuse – d'une forme préexistante. Ce que j'appelle «empreinte de pinceau nº 50», c'est une forme qui n'existe pas. Je l'ai appelée comme cela parce qu'elle est le résultat d'un travail de peinture : appliquer la partie poilue du pinceau, celle qui sert à peindre, sur la surface donnée, pour que la couleur soit déposée et devienne visible».

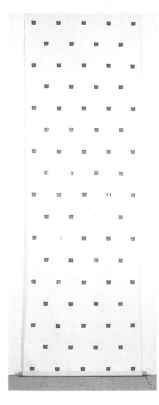

124

« TOUTE LA PEINTURE CONTEMPORAINE EST

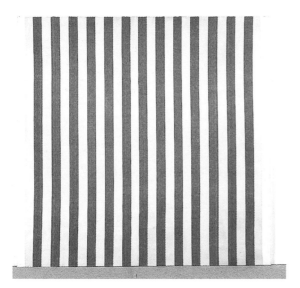

« Un outil visuel »

DANIEL BUREN
Peinture, Manifestation III
1967. Acrylique sur toile.
250 x 250 cm. Paris, centre
Georges Pompidou, MNAM.
Photo centre G. Pompidou.

En janvier 1967, quatre jeunes peintres – Daniel Buren, Olivier Mosset, Michel Parmentier et Niele Toroni – organisent «Manifestation I» au salon de la Jeune Peinture en distribuant des tracts intitulés «nous ne sommes pas des peintres» et en réalisant leurs œuvres sur place avant de les décrocher pour les remplacer par le calicot «Buren, Mosset, Parmentier, Toroni n'exposent pas». Plusieurs manifestations suivent jusqu'à la dernière qu'ils réalisent ensemble en septembre 1967 et dans laquelle ils expriment que «l'art est distraction, l'art est faux. La peinture commence avec Buren, Mosset, Parmentier, Toroni». De ces manifestations collectives naît l'idée qu'un groupe s'est constitué : les quatre artistes ne cessent depuis de rappeler que leur action commune n'a jamais constitué un mouvement, tout au plus une démonstration collective ou une association à la fois politique, critique et esthétique.

Parmi eux, Daniel Buren, qui a obtenu le prix de la biennale de Paris en 1965, utilise depuis la même année un tissu industriel rayé de bandes égales et verticales de 8,7 centimètres de largeur, dont il va recouvrir progressivement les deux bandes extrêmes de peinture blanche. Ne se référant à aucun motif spécifique et se constituant ainsi en un «outil visuel», ce signe permet à Buren d'interroger la peinture dans ses limites comme les limites de la peinture. À la fin de 1967, Buren porte son œuvre vers un degré zéro et vers ce que la critique appelle «une asepsie sémantique». La peinture n'est plus fin en soi et le signe devenu neutre et impersonnel permet, comme le précise l'artiste, «de devenir extrêmement personnel» en fonction du lieu et de la place qu'il lui assigne. Dès lors, Buren, se posant en théoricien de son propre travail, développe, en regard du contexte dans lequel il intervient, la notion d'«in situ». Véritable «génie du lieu», il projette ainsi son travail de l'espace privé à l'espace public, assumant le paradoxe d'une œuvre où se confond l'analyse critique et le réinvestissement d'une dimension décorative dans laquelle Buren revendique l'un des enjeux de la création contemporaine.

Chronologie 1939-1970

En regard du sujet traité, les éléments de cette chronologie sont essentiellement consacrés aux événements en France et en Europe.

1939
• Septembre : déclaration de guerre à l'Allemagne.

1941
• Voyage en Allemagne de Derain, Vlaminck, Van Dongen, Friesz, Belmondo, Despiau.
• Matisse : gouaches découpées.
Paris, galerie Braun : «Jeunes Peintres de tradition française».

1942
• Paris : exposition A. Breker.
Jean Paulhan emmène Bazaine chez Braque.

1943
• Fondation du salon de Mai.
• Jean-Paul Sartre : *l'Être et le Néant.*

1944
• Le salon d'Automne consacre l'art moderne.
Francis Bacon : *Three Studies for Figures at the Base of a Crucifixion.*

1945
• Armistice. Conférence de Yalta. Création de l'ONU.
• Paris, galerie René Drouin : «Art Concret».
Jean Dubuffet parle d'«art brut».

1946
• Constitution de la IVe République.
• Isidore Isou fonde le lettrisme.
• Paris, galerie René Drouin : rétrospective Kandinsky. Galerie Louis Carré : rétrospective Delaunay, exposition Calder préfacée par Sartre.
Paris : ouverture de la galerie Denise René.
1er salon des Réalités Nouvelles.

1947
• André Malraux : *le Musée imaginaire.*
• Antonin Artaud : *l'Art brut.*
• Paris : ouverture du musée national d'Art moderne.
Paris, galerie Lydia Conti : Schneider (1947), Hartung (1948), Soulages (1949).
Paris, salon des Surindépendants : révélation de Wols et de Soulages.
G. Mathieu : exposition «Abstraction lyrique».
Jean-Paul Riopelle : exposition «Automatisme».
Maria Helena Veira da Silva et Arpad Szenes, de retour du Brésil, se lient à Paris.
L. Fontana fonde le Movimento spaziale.

1948
• G. Braque grand prix de la biennale de Venise.
• Salon des Réalités Nouvelles : exposition du groupe argentin-uruguayien Madi.
• Michel Seuphor prépare la publication de *l'Art abstrait, ses origines, ses premiers maîtres.*
Paris, galerie Allendy : exposition «HWPSMTB».

J. Bazaine : *Notes sur la peinture d'aujourd'hui.*
Barcelone : formation du groupe Dau al set.
Amsterdam : naissance de Cobra.
Rencontre de B. van Velde et Samuel Beckett.

1949
• Auguste Herbin : *l'Art non figuratif, non-objectif.*
• Paris, galerie Breteau : groupe des musicalistes.
Fondation du salon de la Jeune Peinture.
Léon Degand fonde la revue *Art d'aujourd'hui.*

1950
Groupe italien Origine, autour d'A. Burri.

1951
• Ulm : Max Bill, école supérieure d'esthétique.
Charles Estienne : *l'Art abstrait est-il un académisme ?*
Galerie Dausset : «Véhémences confrontées».

1952
• Samuel Beckett : *En attendant Godot.*
Michel Tapié : «Un art autre». Art «informel».

1953
• Fondation de la revue *Cimaise.*

1954
• Début de la guerre d'Algérie.
Apparition du «tachisme» de Pierre Guéguen.

1955
• Fondation de Comparaisons et de la documenta.
Paris, galerie Denise René : «le Mouvement».
V. Vasarely : *Manifeste jaune.* Op art

1956
• Marseille : 1er festival d'Art d'avant-garde.
Y. Klein présente ses monochromes refusés au salon des Réalités nouvelles et, en 1957, ses *Monochromes* bleus auxquels font écho les *Achromes* de P. Manzoni.

1957
• Madrid : formation du groupe el Paso.
• G. Bataille : *l'Érotisme.*
• Roland Barthes : *Mythologies.*
Internationale Situationniste.
Düsseldorf : création du groupe Zéro.

1958
• Retour de De Gaulle. Ve République.
• Alain Robbe-Grillet : *les Gommes.*
La biennale de Venise consacre avec M. Tobey, A. Tàpies et E. Chillida.
Paris, galerie Iris Clert : Yves Klein, «le Vide».

1959
• Fondation de la biennale de Paris.

DANS LASCAUX ET DANS LA PRÉHISTOIRE » Viallat

1948.
Le groupe de la galerie Denise René, rue La Boétie, Paris : Gilioli, Schneider, Degand, Dewasne, Jacobsen, Denise René, Odile Degand, Poliakoff, Vasarely, Piaubert, Mortensen, Lucienne Kilian, Charles Estienne. Archives D. René.

126

1951.
Jean Dubuffet dans son atelier, Paris. Photo Doisneau/Rapho.

1960.
Pierre Soulages dans son atelier de la rue Galande, Paris. Photo Izis.

1962.
Timothy Behrens, Lucian Freud, Francis Bacon, Franck Auerbach, Michael Andrews au restaurant Wheelers, Old Compton Street, Londres. Photo J. Deskin.

Chronologie 1939-1970

1960
• Naissance du Nouveau Réalisme.
• Création de la revue *Tel Quel*.
**Paris : création du G. R. A. V. (groupe de Recherche d'art visuel) avec J. Stein, F. Morellet, Garcia-Rossi, J. Le Parc, F. Sobrino et Yvaral.
Paris, musée des Arts décoratifs : exposition «Antagonistes».**

1961
• Paris, galerie J. : «À 40° au-dessus de Dada».
• Alger : attentats de l'O. A. S.
• Berlin : construction du mur.
• Amsterdam, Stedelijk Museum : «le Mouvement dans l'art».
• Balthus est nommé directeur de la villa Médicis.

1962
• Paris : fondation du groupe Panique.
• J. Manessier et A. Giacometti, prix de la biennale de Venise.
J. Dubuffet développe *l'Hourloupe* jusqu'en 1974.

1964
• Paris, musée des Arts décoratifs : «Nouvelle Tendance».
• Fermeture de la galerie Daniel Cordier.
• Saint-Paul-de-Vence : fondation Maeght.
• Jacques Lacan fonde l'École freudienne de Paris.
• A. Robbe-Grillet : *Pour un nouveau roman*.

1965
• 16e salon de la Jeune Peinture : «salle verte» de G. Aillaud, E. Arroyo, H. Cueco, etc.
Berne et Paris : «Lumière et Mouvement».

1966
• Paris, galerie Stadler : 1re exposition Gutaï.
• Paris, Grand et Petit Palais : «Hommage à Picasso».
• Saint-Paul-de-Vence : «10 ans d'art vivant 1945-1955».
• Michel Foucault : *les Mots et les Choses*.
Paris : manifestations de B. M. P. T.

1967
• Guerre des six jours. Mort de Che Guevara.
• Guy Debord : *la Société du spectacle*.
• Paris : création de l'ARC, du CNAC et du FNAC.
Paris, salon de la Jeune Peinture (janvier), musée des Arts décoratifs (juin) : présentation des propositions de B. M. P. T.

1968
• Europe : révolte étudiante. Accords de Grenelle.
• Printemps de Prague.
• Londres : ouverture de l'ICA. Mort de M. Duchamp.

1969
• Paris, ARC : «salle rouge» pour le Viêtnam.
• Démission de De Gaulle. Le président Pompidou annonce le projet du centre Beaubourg.
Hartung grand prix de la biennale de Venise.

1970
• Paris : Fondation de la coopérative des Malassis.
Paris, ARC : exposition Supports/Surfaces.

Études sur la peinture d'après-guerre en Europe

A. Bonfand, *l'Art en France, 1945-1960*, Paris, 1995, Nouvelles Éditions françaises.

B. Ceysson, *l'Art en Europe : les années décisives 1945-1953*, Genève, 1987, Skira.*

G. Mathieu, *Au-delà du tachisme*, Paris, 1963, Julliard.

C. Millet, *l'Art contemporain en France*, Paris, 1987, Flammarion.

J. Paulhan, *l'Art informel*, Paris, 1962, Gallimard.*

F. Popper, *l'Art cinétique*, Paris, 1967, Gauthier-Villard.

M. Ragon, *Journal de l'art abstrait*, Genève, 1992, Skira.

M. Seuphor, *l'Art abstrait, ses origines, ses premiers maîtres*, 5 vol. Paris, 1974-1988, Maeght.*

Vingt-Cinq Ans d'art en France, Paris, 1986, Larousse.*

Principales expositions et catalogues

1972, Paris, *Douze Ans d'art contemporain en France*, Grand Palais.*

1981, Paris, *Paris/Paris, 1937-1957*, MNAM.*

1982, Londres, *Aftermath: France, 1945-1954*, Barbican Center.

1988, Paris, *les Années 50*, MNAM.*

1990, *Une histoire parallèle, 1960-1990*, Paris, Centre Georges Pompidou.

1991, Saint-Étienne, *Supports/Surfaces, 1966-1974*, musée d'Art moderne.*

1993, Saint-Étienne, *l'Écriture griffée*, musée d'Art moderne, RMN.

Où voir les œuvres
France
Musée de Peinture et de Sculpture, Grenoble.

Musée d'Art contemporain, Lyon.

Musée Cantini et MAC, Marseille.

Musée des Beaux-Arts, Nantes.

Musée national d'Art moderne, Paris.

Musée d'Art moderne de la ville de Paris.

Musée d'Art moderne, Saint-Étienne.

Fondation Maeght, Saint-Paul-de-Vence.

États-Unis
Fondation De Menil, Houston.

MoMA, New York.

Solomon R. Guggenheim Museum, New York.

Europe
Fondation A. Tàpies, Barcelone.

Nationalgalerie, Berlin.

Kunstsammlung Nordrhein-Westfalen, Düsseldorf.

Stedelijk Van Abbemuseum, Eindhoven.

Louisiana Museum, Humlebaeck.

Tate Gallery, Londres.

Moderna Museet, Stockholm.

* à lire en priorité

LE RÉEL EN QUESTION

« pop art, nouveau réalisme, Fluxus et happenings »

« *On emporte le motif* »

**RAYMOND HAINS
ET JACQUES
DE LA VILLEGLÉ**
Ach Alma Manetro
1949. Affiches lacérées collées
sur papier marouflé sur toile,
58 x 256 cm. Paris,
centre G. Pompidou, MNAM.
Photo centre G. Pompidou.

Élaborant sur un mode insidieux une critique du modèle pictural qu'ils prolongent par d'autres moyens, les deux acolytes bretons développent, dès 1945, une activité commune. Si Raymond Hains se détourne des Beaux-Arts pour découvrir la photographie aux côtés d'Emmanuel Sougez, avec qui il travaille pour *France-Illustration,* Jacques de la Villeglé réalise, après deux ans d'architecture, la collecte de déchets urbains (fils de fer, fragments du mur de l'Atlantique...).
Dès 1948, en parallèle à la présentation à la galerie Colette Allendy de ses *Photographies hypnagogiques,* images abstraites obtenues en plaçant devant un objectif un réflecteur qui multiplie les objets, Hains réalise avec Villeglé des courts métrages, échos de leurs dérives urbaines et de ses défilés d'images publicitaires.

Alors qu'ils tournent *Loi du 29 juillet 1881,* Hains et Villeglé décollent en prédateurs leur première affiche, dont les bribes de sens suggèrent le titre *Ach Alma Manetro,* contrepoint des phonèmes s'enchaînant sans signification qu'élaborent à leur façon Isidore Isou et les lettristes et de ce qui devient quelques années plus tard le «crirythme ultralettriste» par la bouche de François Dufrêne et de sa *Cantate des mots camés.*
Véritable «tapisserie de Bayeux» du temps présent, «sans volonté d'ajout ou de composition [...], affirme Pierre Restany, à l'opposé du collage, [...] primauté de l'invention sur la création, de la beauté trouvée sur la beauté créée», le décollage trouve sa consécration autour de Mimmo Rotella dès 1955, et de Hains, de Villeglé et de Dufrêne, lors de la première biennale de Paris (1959). Écho de la licence poétique qui, avec la parution de *Hépérile éclaté,* transposé d'un poème phonique de Camille Bryen «conduisant à faire éclater la parole en ultra-mots qu'aucune bouche humaine ne saurait dire», le décollage est, par-delà les liens unissant écriture et image, tel le geste photographique qui permet, précise non sans malice R. Hains, qu'«on emporte le motif».

Les mouvements dont on traite ici ont une histoire qui, du collage cubiste au futurisme et à Dada, de la méthode surréaliste à ses différentes métamorphoses, jusqu'au lettrisme que fonde Isidore Isou, à Paris en 1945, tente d'unifier le monde esthétique et le quotidien et de combler, espère Robert Rauschenberg, «le vide entre l'art et la vie».

Le pop art, avant d'être par trop identifié à la seule culture américaine, prend naissance en Angleterre. Si le mot apparaît dès 1947 dans l'œuvre de l'un de ses futurs protagonistes, le peintre et sculpteur Eduardo Paolozzi, la notion dérive de l'expression «popular culture», que le critique Lawrence Alloway va reprendre à son compte. Avec E. Paolozzi, Richard Hamilton, l'historien Reyner Banham, les architectes Alison et Peter Smithson forment à Londres l'Independant Group. Plusieurs manifestations, parmi lesquelles «Parallel of Life and Art» (1953), «Collages and Objects» (1954), «Man, Machine and Motion» (1955) et surtout «This is Tomorrow» (1956) permettent de mettre en évidence les thèmes

> > >

> > > récurrents de ce qui devient bientôt l'univers pop. En 1958, L. Alloway publie *The Arts and the Mass media;* Richard Smith, Peter Blake, Peter Phillips liés au Royal College of Art, puis une nouvelle génération parmi laquelle David Hockney, Allen Jones, Patrick Caulfield, Ronald B. Kitaj et Pauline Boty constituent un nouveau ferment.

Mais c'est à New York que Jasper Johns et Robert Rauschenberg réintroduisent, avec la complicité de John Cage et de Merce Cunningham, dans un climat dominé par l'expressionnisme abstrait, la représentation comme l'usage d'objets familiers. On connaît la suite, comme l'incroyable succès public d'une expression artistique dont on reste en droit de se demander quelle est la part critique et la part complice qu'au nom de l'avant-garde, elle entend affirmer.

Dès 1960, alors que la galerie Martha Jackson réalise à New York l'exposition «Environnement, Situation, Space», et que se développe autour de Leo Castelli, Ileana Sonnabend, Richard Bellamy et de nombreux critiques tels Max Kozloff, Leo Steinberg ou Robert Rosenblum, un extraordinaire succès public du pop art, Jasper Johns, Robert Rauschenberg et avec eux Andy Warhol, Roy Lichtenstein, James Rosenquist, Tom Wesselmann, Claes Oldenburg, Larry Rivers, Jim Dine, Robert Indiana sont les premiers protagonistes d'un mouvement qui, selon l'expression du critique Harold Rosenberg, marque «la professionnalisation de l'art américain». Une autre vague, parmi laquelle Ed Kienholz, Lucas Samaras, Richard Stankiewicz ainsi que George Segal, Robert Watts, Red Grooms, Richard Artschwager et les Californiens Billy Al Bengston, Mel Ramos et Edward Ruscha, va jouer un rôle important.

Bien que stylistiquement distincts, ils ont une vision du monde contemporain similaire dont la plus emblématique reste celle d'Andy Warhol, star parmi les stars d'une société soumise au culte et à la consommation de l'image.

Pourtant, rappelant qu'«à la mise en scène à l'européenne de la nature moderne a succédé > > >

128

« La couleur devient pleine et pure sensibilité »

YVES KLEIN
Monochrome (IKB 3)
1960. Pigment pur et résine sur toile marouflée sur panneau, 199 x 153 x 2,5 cm. Paris, centre G. Pompidou, MNAM. Photo centre G. Pompidou.

«Le bleu n'a pas de dimension, il est hors dimension, tandis que les autres couleurs, elles, en ont. Ce sont des espaces prépsychologiques. [...] Toutes les couleurs amènent des associations d'idées concrètes [...] tandis que le bleu rappelle tout au plus la mer et le ciel, ce qu'il y a après tout de plus abstrait dans la nature tangible et visible.» Ainsi naît l'«epoca blu» qu'Yves Klein auréole d'une référence continue à Bachelard : «D'abord, il n'y a rien, ensuite il y a un rien profond, puis une profondeur bleue». Voulant atteindre ce degré «où la couleur devient pleine et pure sensibilité», et «constatant que le public [...] reconstitue les éléments d'une polychromie décorative [et] n'arrive pas à se mettre en présence de la "COULEUR" d'un seul tableau», Klein décide, après deux années dévolues à des monochromes de différentes couleurs, de ne présenter pour les expositions de 1957 que des monochromes d'un seul et même bleu, l'*International Klein Blue* ou *IKB.* Ainsi, la «spécialisation de la sensibilité à l'état de matière première en sensibilité picturale stabilisée» le conduit au *Vide* absolu, à la galerie Iris Clert en avril 1958.

« La dignité et la gravité du destin »

JEAN TINGUELY
Hommage à New York
New York, MoMA, 17 mars 1960.
à g. : fragment, New York, The Museum of Modern Art, don de l'artiste. DR.
à d. : Photo D. Gahr, New York.

Drôle et drolatique, mouvante et brinquebalante telle une danse macabre, l'œuvre de Jean Tinguely constitue l'une des parodies – au contenu tendrement anarchique – les plus aiguës du monde de la machine, dont il condamne, à la manière des *Temps modernes,* l'agitation vaine et dérisoire. Plusieurs séries ont été décrites par son complice de toujours, Pontus Hulten : *Méta-Matics, Rotozazas, Baloubas,* pièces détachées qui mettent en branle autant de machines à dessiner et de *Cyclograveurs* – ironies des mouvements abstraits dominant dans les années 50–, *Ballet des pauvres, Études pour une fin du monde* ou *Hommage à New York* s'autodétruisant dans la cour du Museum of Modern Art dans l'instant de son édification. Véritable «éloge de la folie», l'art de Tinguely se fait l'écho des trains fantômes et des carnavals, et suscite autant de fêtes aux allures archaïques et primitives. La *Hon* (la femme) qu'il réalise avec Niki de Saint Phalle et Utveldt à Stockholm en 1966, comme *le Cyclop,* qu'il édifie avec ses complices à partir des années 70, restent des «œuvres d'art total» qui, souligne P. Hulten, «en dépit de côtés burlesques, ont la dignité et la gravité du destin».

« C'EST À NICE QUE NICÉPHORE NIÉPCE

« Où allait-il mettre les balles ? »

JASPER JOHNS
Target with Plaster Casts
1955. Encaustique et collage
sur toile avec moulage,
130 x 111,8 x 8,9 cm.
Coll. part., New York. DR.

**NIKI DE SAINT-PHALLE
AVEC JASPER JOHNS**
Sans Titre
1961. Technique mixte,
120 x 58,5 x 24 cm.
Coll. part., Paris, DR.

«**D**ans la série des grands
tableaux du printemps et de
l'été 1961, explique Pontus Hulten, Niki de Saint Phalle décida
de faire un "Rauschenberg" et
un "Jasper Johns", hommages
doublés en quelque sorte d'une
quantité d'amour et d'agres-
sivité. Elle a soigneusement
imité un tableau de Jasper
Johns, sa taille, son esprit. Elle
y a mis tous les éléments iconographiques de Jasper Johns

de l'époque : la cible, le pot
avec les pinceaux, le porte manteau, l'ampoule et la boîte de
bière. La partie basse a été
peinte dans le gris caractéristique du maître.
L'objet de cet hommage a beaucoup aimé le résultat. Il l'a très
longtemps contemplé pour
savoir où allait-il mettre les
balles, car c'était évidemment
lui qui devait tirer sur cette

œuvre. Après deux ou trois
heures de réflexion, il a finalement placé un certain nombre
de balles qui ont fait couler un
blanc (sale), puis un orange
qui a été ensuite appliqué (avec
le doigt ?) sur les cibles. [...]
Tout cela se passait [...] dans le
jardin de l'impasse Ronsin, à
côté de l'atelier de Brancusi».
La création faisait fi du clivage
entre pop et nouveau réalisme.

« Tableau-piège »

DANIEL SPOERRI
La Table de Ben
1961. Assemblage,
85 x 237 x 42 cm.
Photo K. Igniatiadis/
centre G. Pompidou.
Coll. part., Cologne. DR.

Premier danseur de l'Opéra de
Berne en 1954, Daniel Spoerri
devient assistant-metteur en
scène au Landestheater de
Darmstadt de 1957 à 1959. À
Paris, en 1959, il réalise ses
premiers *Tableaux-pièges*, processus qu'il explique dans un

texte publié en 1962 intitulé
*Topographie anecdotée du
hasard*. Proche de Tinguely et
de Klein, il signe la déclaration
esthétique du nouveau réalisme. L'année suivante, il transforme la galerie J. en restaurant et sert des repas qui, une
fois consommés, sont fétichisés.
Deux ans plus tard, Spoerri
ouvre à Düsseldorf un restaurant, puis la Eat Gallery, où
il expose des œuvres d'art culinaire de ses amis parmi lesquels J. Beuys, Niki de Saint
Phalle et Richard Lindner.

«Concept le plus radical du
nouveau réalisme», selon Raymond Hains, le *Tableau-piège*
connaît de multiples variations
allant des *Tables-pièges* aux
Détrompe-l'œil, des *Collections*
aux *Pièges à mots* réalisés avec
Robert Filliou, des *Conserves
de magie à la noix* aux *Musées
sentimaux*... autant de jeux des
sens et du sens et d'expression
en état d'apesanteur d'un
artiste dont les positions esthétiques et théoriques s'attachent
à la célébration des reliefs et
reliques de notre quotidien.

« Un contenu critique et politique »

CHRISTO
Le Rideau de fer
27 juin 1962. Mur de barils
de pétrole installé rue Visconti,
à Paris. Photo J.-D. Lajoux.

Arrivé à Paris, en 1958, Christo
exécute ses premiers *Empaquetages*. Dès 1961, il réalise
cependant des projets à l'échelle
de la ville. *Le Rideau de fer*, mur
de 204 barils de pétrole installé,
telle une barricade, rue Visconti,
qu'il appelle ainsi en signe de
protestation contre l'édification

l'année précédente du mur de
Berlin, fait irrésistiblement penser à l'exposition, la même année
à New York, d'Allan Kaprow chez
Martha Jackson, où l'arrière-cour
de la galerie est remplie de pneus.
Reste, à l'instar du happening,
une intervention au contenu critique et politique qui précède
les projets dans lesquels on veut
désormais reconnaître une anticipation de certains des principes du land art.
Dès lors, l'œuvre de Christo associé à son épouse Jeanne-Claude,
se constitue en un défi permanent à la nature du lieu, comme
aux contraintes de tous ordres.
Résolument placés sous le signe
de l'utopie, leurs projets conjuguent sites urbains et naturels,
monuments et espaces toujours
plus grands. Éphémères, ils opposent à l'ambition et à la spectacularisation, le souvenir d'une
intervention sur un site qu'ils
révèlent et métamorphosent.

A RENCONTRÉ SA FEMME AGNÈS » Hains

> > > sa mise en pages à l'américaine», Pierre Restany souligne à juste titre les antécédents du nouveau réalisme, mouvement qu'il fonde en octobre 1960. «Les nouveaux réalistes, écrit-il, considèrent le monde comme un tableau, le grand œuvre fondamental dont ils s'approprient des fragments dotés d'universelle signifiance [...]. Et par le truchement de ces images objectives, c'est la réalité toute entière, le bien commun de l'activité des hommes, la Nature au XXe siècle, technologique, industrielle, publicitaire, urbaine, qui est assignée à comparaître.»

En contrepoint, dès 1958, le happening, bien que longtemps innommable parce que «sa substance reste ostensiblement indéfinie», apparaît n'importe où et n'importe quand sous l'impulsion première d'Allan Kaprow, élève de Hans Hoffmann, de Meyer Schapiro et de John Cage, bientôt suivi par nombre de complices. Il est principe de communication participative, langage comme technique exaltant le libre arbitre, sans contrainte. Né du refus de toute forme figée et de l'impérialisme de l'idéologie culturelle américaine qu'impose le pop art, le happening trouve d'abord à New York le lieu de sa riposte et de sa dimension rituelle, véritable fétichisme de l'action humaine. Jim Dine, Claes Oldenburg, bientôt ralliés au pop, comme quelques années plus tard Dick Higgins, et Jean-Jacques Lebel, véritable passeur en France du Living Theater, en font, à la recherche d'une synthèse des arts, une expression fondamentalement poétique et critique.

Le mouvement Fluxus, que crée George Maciunas entre 1961 et 1962, porte de par le monde, par ses ramifications internationales, le travail de George Brecht, Dieter Roth, Nam June Paik, Joseph Beuys, Wolf Vostell, Emmett Williams, Robert Filliou, Ray Johnson, Jackson Mac Low, Ben Patterson, Robert Watts... comme autant de pratiques indéfectiblement insoumises. Au-delà des clivages et des disciplines, les happenings et Fluxus projettent dans «l'arène» la force et l'invention d'un état d'esprit et de pratiques que leurs auteurs veulent irrécupérables. <

130

« Colère »

ARMAN
Chopin's Waterloo
1962. Morceaux de panneau brisé, fixés sur panneau de bois, 186 x 300 x 48 cm. Paris, centre Pompidou, MNAM. Photo centre G. Pompidou.

Des *Cachets* de 1955 aux *Allures,* qu'il réalise avant 1959, les premières œuvres d'Arman sont déjà placées sous le double signe de l'objet et du refus de la peinture abstraite qu'il avait jusqu'alors pratiquée. Les premières *Accumulations* et *Poubelles* que suivent, parmi de nombreuses séries, les *Coupes, Colères, Combustions* et *Inclusions,* témoignent de la dimension entropique d'une œuvre qui ne cesse de s'inventer en se détruisant. Conjuguant à la violence physique et psychologique, «sans volonté d'agencement esthétique», les notions de quantification et de répétition, qui restent encore aujourd'hui les principes génériques de sa méthode, Arman explore en réaction contre l'hédonisme et la peinture gestuelle, «le secteur des détritus, des rebuts, des objets manufacturés réformés, en un mot : les inutilisés». Le 25 octobre 1960, deux ans et demi après la réalisation du *Vide* par Y. Klein dans la galerie d'Iris Clert, Arman aidé de Martial Raysse, y fait *le Plein* : une manière dialectique de signifier à la fois, précise Yve-Alain Bois, «l'homme débordé par ce qu'il crée et qui progressivement l'anéantit», et que «toute activité, mais surtout toute communication finissent en scories informes».

« La logique du matériau »

CÉSAR
Compression Sunbeam
1961. Compression d'automobile, 156 x 75 x 62 cm. Vence, galerie Beaubourg, Marianne et Pierre Nahon. DR.

Expansion n° 5
1969. Mousse de polyuréthane expansé stratifié et laqué, 206 x 120 x 107 cm. Vence, galerie Beaubourg, Marianne et Pierre Nahon. Photo J.-C. Mazur/ centre G. Pompidou.

Le ferrailleur qui, depuis 1947, ne cesse sa vie durant, d'interroger la matière dans tous ses états, réalise avec la présentation des trois *Compressions* du salon de mai de 1960, ce que Luccy Lippard – qui pourtant se refuse comme nombre de critiques américains à reconnaître à la fois les antécédents et la singularité du nouveau réalisme – appelle «un acte de défi». Suivent en 1965, les premières *Expansions* et *Empreintes* qui constituent autant de paradigmes décisifs et fondateurs pour le langage de la sculpture contemporaine. César, cependant, au risque de l'incompréhension d'une critique pressée de célébrer en lui la seule radicalité de ses gestes successifs, revient sur des procédures antérieures, brouillant ostensiblement toute lecture linéaire de son œuvre. Ce principe de discontinuité comme l'interrogation continue des fondements du métier de sculpteur aux travers d'exceptionnels *Fers* qu'il continuera toujours de réaliser, font de sa méthode un système plus complexe que certains ne veulent le reconnaître. Entre modèle classique, qu'il façonne par la soudure à l'arc en autant de bestiaires, idoles et figures anthropomorphes aux allures primitives, et le principe des *Compressions,* des *Expansions* de mousse de polyuréthane – dans lesquelles il faut aussi célébrer la dimension d'une pratique proche de la performance –, des *Empreintes* des différentes parties du corps humain, César, que P. Restany reconnaît comme l'«homo faber et l'homo ludens», cherche d'abord l'affirmation de la «présence» de la forme.

« SUIS-JE PRÊT, DEVANT CE TOUT-PRÊT,

« Un monde neuf, aseptisé et pur »

MARTIAL RAYSSE
Tableau simple et doux
1965. Collage : peinture, néon, photo découpée, 195 x 130 cm. Coll. part., Paris. DR.

Héros d'un monde contemporain dont il mesure vite, à l'aune de sa gloire immédiate, le danger de la fuite en avant, Martial Raysse laisse perplexe et passionné le critique attentif à vouloir embrasser son projet dans un mouvement unique. Sa participation à «Dylaby» au Stedelijk Museum d'Amsterdam en 1962, ses expositions à la Dwan Gallery à Los Angeles et à la galerie Iolas à New York, lui assurent très vite une renommée internationale. Au fait de la reconnaissance, il abandonne au début des années 70

ses recherches sur les matériaux et l'imagerie de notre société de consommation et s'engage dans une recherche patiente et solitaire sur le devenir de la peinture et les conditions de son exécution.
Les cycles hallucinogènes, tel *Coco Mato*, succèdent alors aux premiers «assemblages», aux *Étalages-hygiène de la vision* d'«un monde neuf, aseptisé et pur», aux stéréotypes et autres idoles acryliques et fluorescentes de la beauté moderne. Raysse explore un merveilleux immémorial où dieux antiques et tracteurs modernes, monstres et objets ordinaires se côtoient, gommant le trouble d'une éventuelle nostalgie et laissant ainsi poindre, pour qui veut regarder, l'enseignement plastique et stylistique des premières œuvres, en une allégorie complexe du «temps retrouvé».

« Le cimetière des uniformes... »

GÉRARD DESCHAMPS
Pilot Ink
1961-1964.
Tissus assemblés sur châssis, 182 x 206 x 40 cm.
Paris, centre G. Pompidou, MNAM.
Photo centre G. Pompidou.

Compagnon des nouveaux réalistes dès 1961, Gérard Deschamps ne rejoint le groupe qu'en 1962. Dès cette époque, chiffons, tissus et dessous

féminins se sont substitués à toute trace de peinture. Amidonnés, cousus, noués, drapés ou disposés en autant d'arrangements et de variations possibles, ils perpétuent l'histoire de l'assemblage et lui confèrent, sous le registre de l'intime et du domestique, une forme de (petite) noblesse. La guerre d'Algérie conduit Deschamps à l'appropriation d'un vocabulaire militaire, véritable «cimetière des uni-

formes» mêlant aux bâches de signalisation de l'armée américaine, rubans et barettes qu'il détourne et recycle en autant d'images parodiques et criardes de la peinture. Volontiers sceptique quant au piège d'une multiplication excessive des objets et des œuvres produites par certains de ses contemporains, Deschamps se retire progressivement, dans les années 70, de la scène artistique parisienne. Plusieurs expositions récentes, notamment à la galerie Gilles Peyroulet, dès 1990, et à la fondation Cartier, en 1999, mettent cependant en évidence l'impact comme la force et l'actualité de la critique amusée de la société moderne propre à son œuvre. Aux matériaux d'antan comme au recyclage d'un monde de chiffonnier, Deschamps préfère aujourd'hui la mythologie des matières plastiques dans lesquelles il reconnaît, après Roland Barthes, le symbole d'une nouvelle coloration de notre monde contemporain.

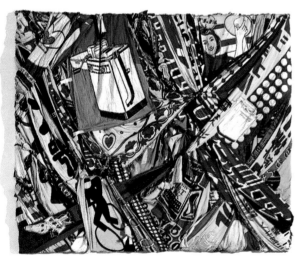

« Déjà demain »

RICHARD HAMILTON
Qu'est ce qui rend les intérieurs d'aujourd'hui si différents, si sympathiques ?
1956. Collage, 26 x 25 cm. Collection Edwin Janss Jr., Thousand Oaks, Californie. DR.

À Londres, entre 1954 et 1957, en écho à l'exposition «Parallèle entre la vie et l'art», organisée par Eduardo Paolozzi, le photographe Nigel Henderson et les architectes Alison et Peter Smithson, le terme «pop art» désigne les produits des mass media et les recherches communes des membres de l'Independant Group sur la culture urbaine. En 1956, Richard Hamilton présente à la Whitechapel Art Gallery dans l'exposition «This is Tomorrow», conçue comme un labyrinthe en douze séquences, «ayant entraîné des affrontements voisins de ceux qu'impose la diversité de la rue», un collage dont l'iconographie est à elle seule un véritable répertoire du pop art anglais. «La ville, écrit Lawrence Alloway, n'est plus la forme idéale mais une scène truf-

fée de signes et de symboles, sillonnée en tous sens par les pistes de l'activité humaine». Le pop art anglais, en opposition à la notion de «contemplation désintéressée» chère à Roger Fry, comme aux schémas théoriques de Sir Herbert Read et à l'idée de Clement Greenberg selon laquelle les mass media ne sauraient produire qu'un ersatz de culture, ouvre ici la voie à une prise de conscience du réel et des engagements de l'artiste face aux structures politiques, économiques et sociales.

D'ÊTRE READY-MÉDUSÉ ? » Dufrêne

« Nature urbaine »

JEAN PIERRE RAYNAUD
Coin 806
1967. Assemblage : polyester, métal, tôle émaillée, peinture, 400 x 75 x 75 cm. New York, The Museum of Modern Art. Photo archives Denyse Durand-Ruel.

Faisant suite aux assemblages témoignant de la «nature urbaine» du monde contemporain – qui le conduisent en 1962 au geste symbolique du bétonnage d'un pot de fleurs qu'il recouvre de peinture rouge –, les années qui suivent les célèbres *Psycho-objets* (1964-1967) voient Jean Pierre Raynaud associé par Alain Jouffroy à d'autres «objecteurs», tels Daniel Pommereulle et Tetsumi Kudo, qui poursuivent alors le travail engagé par les nouveaux réalistes. Dès 1965, Raynaud tend pourtant à se détacher de la charge symbolique de ses premières pièces pour concevoir des principes d'installation où l'idée de série et de répétition fait écho aux thèmes obsessionnels de son œuvre. Ainsi *Coins, Murs, Serres, Containers* comme *Espaces zéro* couverts du même carrelage blanc depuis 1965, traduisent-ils sa relation faite de fascination froide pour l'inaltérable face à la mort et deviennent les signes récurrents d'une œuvre exigeante, à la recherche d'une immersion dans la méditation. La construction de sa *Maison*, à la Celle-Saint-Cloud, son ouverture au public en 1974, puis sa destruction en 1988, apparaissent ainsi telle une allégorie du temps à l'œuvre sur la création.

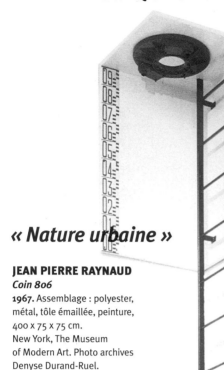

132

« Machines à images »

OYVIND FAHLSTRÖM
The Cold War
1963-1965. Détrempe sur acier et plastique avec aimants, 245 x 308 cm. Paris, centre G. Pompidou, MNAM. Photo Ph. Migeat/ centre G. Pompidou.

«Je regrette, écrit Oyvind Fahlström, mon incapacité à découvrir ce qui se passe, à élucider ce que sont la vie, le monde, dans ce capharnaüm de la propagande, des communications, de la langue et de l'époque». Figure protéiforme dont notre temps ne cesse de redécouvrir la riche complexité du message, Fahlström développe des années 50 à sa mort, en 1976, une œuvre où se mêlent avec la même énergie le théâtre, le happening et la poésie, le journalisme et la singularité d'une démarche plastique profondément originale.
Dès 1962, avec *Sitting... Six Months Later,* il élabore le principe des *Tableaux variables* constitués d'éléments aimantés dont il précise le sens : «Ces éléments sont, certes, définitifs physiquement, mais ils n'acquièrent une identité, un "contenu" que lorsqu'ils sont assemblés sur la peinture. [...] Chacune de ces phases de la peinture est fixée par moi en une esquisse, un "scénario" [...]. Les éléments isolés ne sont pas, par conséquent, des peintures en miniature, mais la machinerie permettant de faire des peintures-orgue-image. La peinture terminée se trouve au croisement : peintures-jeux (type Monopoly et jeux de guerre), et théâtre de marionnettes.» L'art de Fahlström est une «machine à images», une critique acerbe des mécanismes qui régissent le monde et qu'il engage à démonter.

« For the Birds »

ROBERT RAUSCHENBERG
Monogram
1955-1959.
«Combine» : huile, papier, tissu, journaux et reproduction, métal, bois, semelle de caoutchouc, balle de tennis sur toile, avec peinture sur chèvre angora et pneu, 106,7 x 160,7 x 163,8 cm. Stockholm, Moderna Museet. DR.

La notion de «combine», qu'élabore à partir de 1953 Robert Rauschenberg, témoigne de la volonté de mettre en œuvre une pensée artistique fondée sur l'expérience et la diversité de pratiques venues de communautés esthétiques différentes. Le tableau n'y est plus fin en soi mais éléments et outils d'un possible dispositif où se mêlent à la fois différents modes de représentation et de perception de la réalité. À ce titre, sa constante curiosité conduit Rauschenberg à collaborer avec de nombreux écrivains, tels William Burroughs et Alain Robbe-Grillet, ainsi qu'avec des danseurs, telles Merce Cunningham et bien sûr Trisha Brown. Dès les années 60, après l'expérience collective de *For the Birds* au Black Moutain College, il participe avec des chercheurs dans le domaine technologique à la fondation de projets, comme Experiments in Art and Technology ainsi que, plus récemment, le Rauschenberg Overseas Culture Interchange, commencé en 1984 et qui consiste en des expositions d'œuvres réalisées avec des artistes et artisans du monde entier.
S'il préfigure le pop art, R. Rauschenberg témoigne aussi des liens constants avec nombre de créateurs qui refusent la classification par trop formaliste d'engagement artistique, dont la fonction première tend vers l'ouverture et l'inachèvement de l'œuvre comme fondement de son processus même de production. Avec Rauschenberg, il n'existe déjà plus de contradiction entre l'art et sa prétendue destruction.

« LA SÉRIGRAPHIE EST UNE MÉTHODE AUSSI HONNÊTE

« Le fantôme des médias »

ANDY WARHOL
Une des *32 Boîtes de soupe Campbell's*
1962. Acrylique sur toile,
50,8 x 40,6 cm. New York,
The Museum of Modern Art.
Photo K. Igniatiadis/
centre G. Pompidou.
© Fondation Andy Warhol.

«**F**antôme des médias» et, à l'instar de ses modèles, icône du pop art, Andy Warhol aura voulu que sa vie et son œuvre se confondent à celle du *star system*. Complice et critique d'un monde dont il indexe et duplique les gestes et les attitudes, il livre sur un mode narquois l'œuvre d'art à l'encan d'un système dont il pressent, non sans volupté, l'agonie et le désenchantement. Graphiste et publicitaire à succès jusqu'au milieu des années 50, il réalise en 1960 ses premières toiles acryliques à partir de héros de bandes dessinées américaines et d'images banales et publicitaires détournées des magazines. Viennent ensuite pêle-mêle les *American Dollars*, les *Coca Cola*, les *Brillo Boxes*, *Campbell's Soups* et autres produits de masse qu'il sérigraphie sur toile, conférant au tableau, par le principe de l'alignement et de l'accumulation répétitive, l'aspect du produit d'un étalage. Dès 1962, il entreprend la série des portraits de stars, des drames, *Désastres* et événements liés à l'actualité immédiate. Il installe l'année suivante son atelier et ses bureaux dans un lieu qu'il baptise la Factory, s'entoure des acteurs de la «contre culture» et des célébrités «d'un quart d'heure» et fabrique les héros éphémères de la centaine de films qu'il réalise et dans lesquels Jonas Mekas voit l'un des accomplissements de son œuvre et du cinéma américain indépendant.

« Je suis antiexpérimental »

ROY LICHTENSTEIN
Big Painting VI
1965.
Huile et encre sur toile,
235 x 327,6 cm.
Düsseldorf, Kunstsammlung
Nordrhein-Westfalen. DR.

À la critique, qui lui reproche de ne rien transformer et de ne faire qu'agrandir les bandes dessinées et publicités qu'il utilise à partir de 1961, Roy Lichtenstein rétorque : «Il est étrange d'utiliser le mot "transformation". Cela impliquerait que l'art transforme. Mais non, il ne transforme pas, il est pure forme. Les artistes n'ont jamais travaillé avec leur modèle, mais toujours avec la peinture. [...] Mon œuvre est en réalité différente des bandes dessinées, en cela que chaque signe est vraiment à une place différente, même si cette différence semble minime à certains.» Ainsi, l'adaptation et le retournement du multiple vers l'original comme le conflit de la toile et de l'écran constituent-ils parmi les apports essentiels du pop

« Je suis un artiste commercial »

ANDY WARHOL
*Les Fugitifs
activement recherchés, nº 2,
John Victor G.*
1964.
Sérigraphie sur toile, deux panneaux, 123,2 x 97,5 cm et 122,8 x 93,9 cm.
New York, Dia Art Foundation (Houston, The Menil Collection).
© Fondation Andy Warhol.

Appliquant à son compte les principes de production et de diffusion de la société de consommation dont il va jusqu'à mimer le fonctionnement, Warhol épouse et utilise chaque fait divers au point de faire se confondre le médiatique et l'artistique.
«Je n'aime pas parler des choses négatives. Je suis un artiste commercial, je l'ai toujours été.» Ainsi, «confronté au défi moderne de la marchandise, écrit à son propos Jean Baudrillard, l'art ne doit pas chercher son salut dans une dénégation critique [...], mais en renchérissant sur l'abstraction formelle et fétichisée de la marchandise, sur la féérie de la valeur d'échange - devenant plus marchandise que la marchandise.»
Devenu producteur, Warhol envisage, dès avant l'attentat d'une féministe créatrice de la SCUM (Society for Cutting Up Men) qui le laisse deux mois entre vie et mort, de déléguer l'exécution de ses œuvres à ses équipes et de se consacrer davantage au spectacle. Aux «affaires de l'art» se mêle «l'art des affaires». Manager du groupe rock Velvet Underground puis fondateur du magazine *Interwiew* qui annonce une suite d'émissions et *talk shows* qu'il réalise dans les années 80, Warhol s'acharne à «être là où il ne faut pas quand il faut et là où il faut quand il ne le faut pas». Confiné dans sa paranoïa et ses angoisses, il poursuit jusqu'à sa mort la célébration funèbre d'une culture dont il ne fait pas de doute qu'il ait été l'un des acteurs et antihéros essentiels.

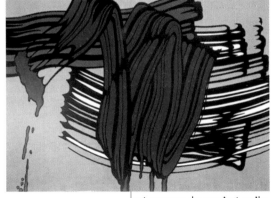

art comme du mec'art qu'inventent Alain Jacquet, Mimmo Rotella et Pol Bury en 1964. Mais, contrairement à eux et à Warhol, Lichtenstein transpose patiemment sur un mode pictural les techniques de la reproduction et imite la trame de l'impression mécanique. «Je suis anti-expérimental, précise-t-il, [...] antiqualité de la peinture, anti-zen et anti-toutes ces brillantes idées qui précèdent les mouvements artistiques et que chacun comprend si bien.»

QUE LES AUTRES, Y COMPRIS LA PEINTURE À LA MAIN » Warhol

« Attendre Ben est un art »

BEN VAUTIER
Le Magasin
1958-1973. Eléments divers provenant du Magasin de Nice, 350 x 500 x 350 cm environ. Paris, centre G. Pompidou, MNAM. Philippe Migeat/ centre G. Pompidou.

«Vivre quinze jours dans une vitrine… Envoyer chaque fois qu'un artiste meurt aux autres artistes une petite carte avec le texte suivant : "Un de moins, ouf !"… Donner rendez-vous à quelqu'un, le faire attendre, lui faire porter un mot "Attendre Ben est un art", me tuer le 8 octobre 1992 (date tirée au hasard)», et encore signer les tâches, les gestes journaliers, les sculptures vivantes, le manque, la mort, les trous, les épidémies, le temps, Dieu et, en février 1960, signer tout : «La notion du Tout est créée par sa prise de conscience»… La liste des *Idées* et *Gestes* de Ben est vaine à dresser. Apôtre d'un art d'attitude, il se confond avec son œuvre et avec la ville

134

de Nice où il vit depuis 1949. Dès 1958, il y ouvre boutique : se retrouvent disques, livres et artistes du nouveau réalisme, du non-art, de Supports-Surfaces défendus par Jacques Lepage, autour de «pour et contre». Ben est un agitateur. Il s'épuise à questionner l'art, l'artiste et son ego. Moraliste à sa façon, trouble-fête d'un monde qu'il incarne et dénie à la fois, passeur et témoin à l'affût du nouveau, Ben est aussi celui par qui l'esprit Fluxus pénètre et perdure en France.

« Dur, mou et fantôme »

CLAES OLDENBURG
Le Magasin,
107 East, Second Street décembre 1961.
DR.

À New York, où il s'installe en 1956 dans le Lower East Side, Claes Oldenburg improvise des happenings où, comme dans ses dessins et sculptures d'alors influencés par Dubuffet, il cherche déjà à souligner les aspects abstraits et primitifs de la vie urbaine. Une série de six parmi eux rassemble ainsi sous le titre collectif de *Ray Gun Spex* (de ray gun : «pistolet à rayons», et du mot suédois spex signifiant «parodique»), plusieurs artistes parmi lesquels George Brecht, Jim Dine, Red Grooms, Tom Wesselmann et R. Rauschenberg qui constituent alors le Judson Group. *Snapshots from the City* (clichés de la ville) met en scène Oldenburg et sa première femme dans une suite de 32 saynètes oniriques et critiques de la réalité améri-

caine. Avec la création de la Ray Gun Company, Oldenburg met en forme les principes génériques de son projet. *La Rue*, «métaphore de l'indigence», *le Magasin*, «métaphore de l'opulence», *la Maison, le Musée de Mickey,* sont autant d'environnements parodiques et critiques, un lexique de formes et objets de plâtre et de papier mâché de la vie ordinaire comme une satire baroque et érotique, dure, molle, voire fantôme, de la société de consommation américaine.

Au milieu des années 60, cherchant à «marier des paysages avec des objets sans se soucier de l'échelle», il multiplie avec la complicité de Coosje van Bruggen, son épouse depuis 1976, de grands projets afin de subvertir l'environnement en un mélange de provocation sociale et de fêtes collectives. «Je suis, précise Oldenburg, pour un art dont la forme vienne de la ville elle-même.»

« C'est l'art qui rend la vie plus intéressante que l'art »

ROBERT FILLIOU
The Permanent Creation, tool box n° 1
1969. Boîte à outils et néons, 70 x 40 cm. Coll. part., Paris. DR.

Résistant, étudiant en économie à Los Angeles, employé par Coca Cola, tenté par le théâtre, poète au point d'en faire le matériau constitutif de son œuvre, Robert Filliou ne devient artiste qu'afin de concevoir son travail tel un jeu savant qu'il définit par trois concepts : «création permanente, réseau éternel, fête permanente». Anthropologue à sa façon, il fonde *la République géniale* et son territoire, *Cucumberland,* pour le développement du génie humain, et le *Poïpoïdrome* dès 1963 avec son complice, l'architecte et urbaniste Joachim Pfeuffer. À Villefranche-sur-Mer à partir de l'été 1965, il crée avec George Brecht un atelier-boutique qu'il intitule *la Cédille qui sourit* : «On inven-

tait et on "désinventait" des objets, […] on produisait des poèmes à suspense et des rébus qu'on vendait par correspondance.» «Homme solitaire», il passe de la provocation à une attitude méditative : en 1985, il décide avec sa femme de se retirer «trois ans, trois mois, trois jours» dans une communauté bouddhiste tibétaine en Dordogne. Il mourra deux ans plus tard. Cherchant à réconcilier l'art et

la vie, Filliou envisage, à l'instar des théories utopistes de Charles Fourier, de sortir la création du circuit économique. Plusieurs notions répondent à ces objectifs – dont le principe selon lequel Filliou envisage les trois possibilités «bien fait/mal fait/pas fait» comme équivalentes – exaltant la créativité de l'homme, porteuse pour lui de valeurs d'universalité, de liberté et de libération.

« SI SEULEMENT JE POUVAIS OUBLIER

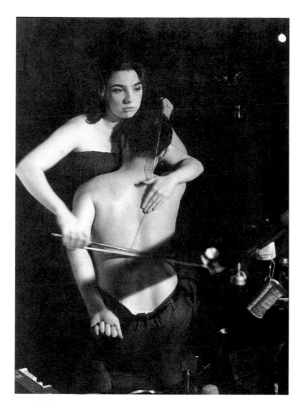

« Une Flux-planète »

NAM JUNE PAIK ET CHARLOTTE MOORMAN
Human Cello
New York, café Au Go Go, 1965.
Performance. Interprétation sur violoncelle humain de *26' 1.1499 for a String Player* de John Cage. Photo P. Moore.

Entre 1952 et 1961, il y a, comme le souligne Charles Dreyfus dans la catalogue de l'exposition «Happenings et Fluxus» organisée à Paris conjointement par les galeries 1900-2000, galerie du génie et galerie de poche, «une Flux-planète», ni Française, ni Américaine, Allemande ou Japonaise, mais «internationale et nomade». Fluxus naît par l'entremise de George Maciunas au printemps 1961 «comme une nécessité d'inventer de nouvelles connexions ENTRE les arts visuels, la poésie, la danse et le théâtre : c'est la musique indéterminée quant à son exécution (ce que prône John Cage), les poésies simultanées, concrètes... (Jackson Mac Low, Emmett Williams...),

le happening (Allan Kaprow, Red Grooms, Robert Whitman, Dick Higgins, Al Hansen, Claes Oldenburg, Jean-Jacques Lebel...), les correspondances phénoménales (Bob Watts), la *Création permanente* (Robert Filliou), l'art autodestructif (Gustav Metzger, Jean Tinguely), la musique statique (La Monte Young), l'*Event* (George Brecht), l'art conceptuel (Henry Flynt), la musique-action (Nam June Paik, Wolf Vostell, Philip Corner, Ben Patterson...), *le Théâtre du vide* (Yves Klein), la peinture-action (Pollock, Gutaï), l'art multiplié (Daniel Spoerri), la sculpture sociale (Joseph Beuys), l'art total, les appropriations (Ben Vautier), l'art du comportement (Piero Manzoni...), la danse (Ann Halprin, Merce Cunningham, Simone Forti...), le mail art (Ray Johnson), l'environnement (Walter de Maria, Christo...), le cinéma expérimental (Robert Breer, Jonas Mekas...) : ENTRE L'ART ET LA VIE.» C'est «l'élargissement de la conscience [...], l'emblème d'une autre façon de voir, d'écouter, de vivre», précise Jean-Jacques Lebel dans le beau texte du catalogue de cette même exposition.

Chronologie 1955-1970

En regard du sujet traité, les éléments de cette chronologie sont essentiellement consacrés aux événements et réalisations liés à l'Europe et aux États-Unis.
On se reportera, pour des informations complémentaires sur la même période, aux deux chapitres précédents

1955
Londres : ICA, «Man, Machine and Motion».
Yves Klein : *Monochrome* orange refusé au salon des Réalités nouvelles.
Osaka : Gutaï, *Tableaux-actions*.
Paris, librairie-galerie l'Escalier: François Dufrêne, *Crirythmes ultralettristes*.

1956
Paris, galerie Colette Allendy :
1re exposition Y. Klein, préface de P. Restany.
Paris, galerie du Haut-Pavé : 1re exposition Arman.
Londres : exposition «This is Tomorrow».

1957
• Düsseldorf : constitution du groupe Zéro.
Milan, galerie Apollinaire : Y. Klein, «Proposte monocrome, epoca blu».
Paris : P. Restany invite Y. Klein à la galerie Iris Clert («Yves le monochrome») et à la galerie C. Allendy («Pigment pur»).

1958
• Bernard Aubertin: 1ers *Tableaux monochromes rouges*, suivis des *Tableaux-clous* et *Tableaux-feu*.
Paris, galerie Iris Clert : Y. Klein, «le Vide».
Nice : Ben ouvre son magasin Laboratoire 32.
New York : Allan Kaprow, *The Legacy of Jackson Pollock*. Premiers happenings.
Lawrence Alloway, *The Arts and the Mass Media* (*Architectural Design*, février).
Christo réalise ses *Empaquetages* et *Emballages* suivis des *Vitrines* (1963).

1959
Paris, galerie Rive droite : exposition J. Johns.
Première biennale de Paris : F. Dufrêne (*Dessous d'affiches lacérées*), J. de la Villeglé et R. Rauschenberg, R. Hains (*la Palissade des emplacements réservés*), J. Tinguely (*Méta-matic 17*), Y. Klein (*Proposition monochrome*).
Paris : conférence d'Y. Klein à la Sorbonne, «l'Évolution de l'art vers l'immatériel».
Arman : *Accumulations* et *Poubelles*, suivies des *Coupes* et *Colères* (1961), *Combustions* (1963).
Paris, galerie Iris Clert : Y. Klein et J. Tinguely, «Vitesse pure et Stabilité monochrome».
Daniel Spoerri: création des éditions MAT.

1960
Paris, 16e salon de Mai : César, *Compressions*.
Arman, galerie Iris Clert: «le Plein»; Y. Klein: «Anthropométries de l'époque bleue».

MoMA : J. Tinguely, *Hommage à New York*.
Milan: publication par Pierre Restany du *Manifeste du nouveau réalisme* (16 avril) et exposition à Paris, galerie Apollinaire.
Paris, 27 octobre : déclaration constitutive du nouveau réalisme.
New York, galerie Martha Jackson : «New Forms, New Media».
Venise : Alain Jouffroy et Jean-Jacques Lebel, *Antiprocès*, 1er happening en Europe.

1961
• Paris : ouverture de la galerie J., «À 40° au-dessus de Dada».
• New York, MoMA : «The Art of Assemblage».
• E. Dietman : *Objets pensés* et *Sparadraps*.
• R. Malaval : 1ers *Aliments blancs*.
• J. Cage : *Silence*.
Paris, galerie Rive droite : «le Nouveau Réalisme à Paris et à New York».
Paris, galerie D. Cordier : exposition Rauschenberg.
Nice : 1er festival du Nouveau Réalisme.
New York, Wiesbaden : G. Maciunas, Fluxus.

1962
• Paris, musée des Arts décoratifs : «Antagonismes 2».
• Londres, Gallery One : «Festival of Misfits».
• Vienne : 1res actions corporelles de H. Nitsch, O. Mühl. Manifeste *Orgue du sang*.
D. Spoerri : *Topographie anecdotée du hasard*.
Jean Pierre Raynaud : 1er *Pot*, suivi des *Psycho-objets* (1964-1967), *Murs* (1968-1971).
Paris, galerie D. Cordier : exposition Fahlström.
6 juin : mort d'Yves Klein.
Amsterdam, Stedelijk Museum : «Dylaby-Dinamisch Labyrinth».
New York, Sidney Janis Gallery: «International Exhibition of the New Realists».
Paris, galerie du Cercle : Alain Jouffroy et Robert Lebel, «Collages et Objets».
Paris, American Center : «Festum Fluxorum».

1963
• Londres : Archigram, exposition «Living City».
Paris, gal. Sonnabend : «Pop art américain».
La biennale de Paris présente le pop art anglais et la future Figuration narrative.
Mimmo Rotella : 1res œuvres mec'art.
Jean-Michel Sanejouand : *Charges-objets*, suivis des *Organisations d'espaces* (1967).
Galerie J. : «le Chef Spoerri aux fourneaux».
Nice : «Nice Fluxus festival», organisé par Ben, G. Brecht, La Monte Young, N. J. Paik, G. Maciunas.
Wuppertal, galerie Parnass : N. J. Paik, «Exposition of Music ?»

ENTIÈREMENT LA NOTION D'ART » Oldenburg

1952.
Isidore Isou,
*Portrait d'Isidore
Isou,* gouache
sur tirage
photographique,
39 x 28,5 cm.
Collection
Letaillieur, Paris.
DR.

1961.
Allan Kaprow, *Yard,*
1re présentation
dans l'arrière-cour
de la galerie Martha
Jackson, à New York,
dans le cadre de
l'exposition
«New Forms,
New Media». DR.

136

8 février 1964.
François Dufrêne,
lecture publique
de l'annuaire
téléphonique,
à l'occasion d'une
soirée lettriste
au théâtre de l'Odéon.
Photo Harry Shunk.

1964.
Wolf Vostell, *You,*
Great Neck, New
York, lors du Yam
Festival, organisé
par George Brecht
et Robert Watts.
© Happening
Archiv, Malpartida.

1966.
Jean-Jacques Lebel,
*120 minutes
dédiées au divin
marquis,*
happening,
dans le cadre du
festival de la Libre
expression, à Paris.
DR.

Chronologie 1955-1970

1964
• Paris, musée d'Art moderne de la ville :
«Mythologies quotidiennes», organisé par Gérald
Gassiot-Talabot.
Paris : 1er festival de la Libre expression.
Fermeture de la galerie Daniel Cordier :
«Lettre pour prendre congé».
New York, galerie Alexandre Iolas : Alain Jacquet,
le Déjeuner sur l'herbe. Invention du mec'art.
Biennale de Venise : R. Rauschenberg,
grand prix du jury.
N. J. Paik utilise les 1res caméras vidéo.

1965
• Galeries Creuze et Europe: «la Figuration narrative».
Galerie J. : «Hommage à Nicéphore Niépce»
(A. Jacquet, M. Rotella, G. Bertini, A. Warhol,
R. Rauschenberg...).
Paris, galerie J. : Alain Jouffroy, «les Objecteurs».
Expositions J. P. Raynaud (galerie Jean Larcade),
D. Pommereulle (galerie Ranson), Arman,
D. Spoerri, T. Kudo (galerie J.).
Amsterdam, Stedelijk Museum :
1re rétrospective Y. Klein.
Stockholm, Moderna Museet :
N. de Saint-Phalle et J. Tinguely : *Hon.*
New York, Jewish Museum : rétrospectives
N. Schöffer et J. Tinguely.

1966
• New York, Jewish Museum : «Primary Structures:
Younger American and British Sculptors».

1967
• Paris, musée des Arts décoratifs : «la Bande dessinée
et la Figuration narrative».
Montréal, Exposition universelle : *le Paradis fantastique*
et *Nanas* de N. de Saint-Phalle et *Machines* de J. Tinguely.
Galerie J. Ranson : *la Cédille qui sourit.*
R. Rauschenberg et B. Klüver créent l'Experiment on Art
and Technology.

1968
• Naissance de la revue *Chroniques de l'art vivant.*
Amsterdam, Stedelijk Museum; Stockholm,
Moderna Museet et Paris, CNAC : rétrospective
J. P. Raynaud.
New York, MoMA : «The Machine as Seen at the
End of the Mechanical Age».
New York, Paris, : exposition «l'Art du réel».
Festival d'Avignon : J.-J. Lebel et le Living
Theater organisent de nombreux happenings.
Pierre Restany: *les Nouveaux réalistes,* éd. Planète.

1969
• New York, Metropolitan Museum of Art : «New York
Painting and Sculpture: 1940-1970».

1970
• Stockholm, Amsterdam, Paris : exposition E. Kienholz.
Paris, galerie M. Fels : «Nouveau réalisme,
1960-1970».
Milan: 10e anniversaire du nouveau réalisme.
Cologne : «Happening & Fluxus, 1959-1970».

Études sur le pop art, le nouveau réalisme, Fluxus et le happening
(complément aux numéros
«De l'expressionnisme abstrait
au minimalisme»,
«Europe 1939-1970,
la peinture de l'image à l'outil».)

Catalogues et ouvrages généraux
*De Klein à Warhol, face à face
France-États-Unis...,* Nice, 1997,
coéd. centre Pompidou-RMN,
musée d'Art moderne
et contemporain de Nice.

*Hand-painted Pop : American
Art in Transition 1955-1962,*
New York, 1993, Rizzoli.

L'Esprit Fluxus, Marseille, 1995,
MAC, éd. Musées de Marseille.*

1960, les Nouveaux réalistes,
Paris, 1986, musée d'Art
moderne de la ville de Paris.*

*Out of Actions, Between
Performances and the Objects,
1949-1979,* Los Angeles, 1998,
The Museum of Contemporary
Art, Thames and Hudson.

Paris-New York, Paris, 1977,
Mnam, éd. du centre Pompidou.

Pop Art, Londres, 1991, Royal
Academy of Art.*

*Portrait et Autoportraits d'une
avant-garde, le lettrisme
(1950-1990),* Clisson, 1991,
Frac des Pays de la Loire.

Ubi Fluxus ibi Motus 1990-1962,
Venise, 1990, éd. de la Biennale.*

J. P. Ameline, *les Nouveaux
Réalistes,* Paris, 1992, Mnam,
éd. du centre Pompidou.

C. Dreyfus, *Happenings and
Fluxus,* Paris, 1989, galerie
1900/2000, galerie du Génie,
galerie de Poche.*

C. Francblin, *les Nouveaux
Réalistes,* 1997, Paris,
éd. du Regard.*

Jon Hendricks, *Codex Fluxus, the
Gilbert and Lila Silverman Fluxus
Collection, Detroit, Michigan,*
1988, New York,
Harry N. Abrams.*

A. Jouffroy, *les Pré-voyants,*
Bruxelles, 1974, la Connaissance.

M. Kirby, *Happenings, an
Illustrated Anthology,* New York,
1966, Dutton & Co.

U. Kultermann, *Art & Life,*
New York-Washington, 1971,
Praeger Publishers.

J.-J. Lebel, *le Happening,* Paris,
1966, éd. Denoël.

L. R. Lippard, *le Pop art,* Paris,
1969, Hazan.

M. Livingston, *le Pop art,* Paris,
1990, Hazan.*

S. H. Madoff, *Pop Art, a Critical
Anthology,* Berkeley,
Los Angeles, Londres, 1997,
University of California Press.*

F. Pluchart, *Pop Art & Cie,
1960 - 1970,* Paris, 1971,
éd. Martin-Malburet.

P. Restany, *le Nouveau Réalisme,*
Paris, rééd. 1978, Union
générale d'éditions, col. 10/18.*

J. Russell & S. Gablik, *Pop Art
Redefined,* Londres, 1969,
Thames & Hudson.

* à lire en priorité

SCULPTURE

« entre la forme et le geste »

« Une écriture dans l'espace »

ALEXANDER CALDER
Nageoire
1964. Acier peint,
450 x 510 x 610 cm.
Collection particulière.
Photo J.-Ch. Mazur/
centre G. Pompidou.

Dès la fin des années 30 apparaissent, succédant au principe d'un assemblage de tiges de métal et de plaques de tôle colorée maintenu dans un équilibre précaire, que Marcel Duchamp définit dès 1932 comme un «mobile», le principe que Hans Arp suggère à son tour d'appeler un «stabile». Calder, que Pol Bury surnomme «l'aérien», n'est plus un inconnu. Son cirque et ses «sculptures» en fil de fer lui valent l'admiration de nombre de ses contemporains. Le monde du spectacle, sa pratique du dessin d'humour le conduisent à une véritable «écriture dans l'espace» comme à la recherche de l'expression du mouvement et du dynamisme au gré d'un moteur ou du simple souffle de l'air. Dès 1940, Calder abandonne tout recours mécanique, préférant l'aléa et le mouvement libre à celui des

«machines répétitives». *Mobiles* et *Stabiles* se succèdent alors, tenant autant d'une inspiration directe du monde qui l'entoure, que de l'abstraction.
«L'imagination, écrit Jean-Paul Sartre, se réjouit de ces formes pures [...], à la fois libres et réglées [...], symbole sensible de la Nature [...] qui gaspille le pollen et produit brusquement l'envol de mille papillons...»
Aux constellations réalisées pendant la guerre dans la proximité intellectuelle et esthétique de Miró succèdent, dès les années 50, où alternent formes graciles et présence physique, de grands *Stabiles* qui font indéniablement de Calder l'un des rares artistes à pouvoir se mesurer dès lors à l'espace extérieur comme à l'architecture.

Une importante exposition intitulée «The New Sculpture», au Whitney Museum, en 1990, mettait en évidence l'opposition esthétique et théorique entre une sculpture attachée à poursuivre le questionnement formel des avant-gardes et la mise en cause de cette même finalité. Si les œuvres d'Anthony Caro, Eduardo Chillida et avec eux Max Bill, Robert Jacobsen, Berto Lardera, et même David Smith restent attachées aux principes fondateurs de la sculpture moderne, le projet de Tony Smith marque une étape singulière dans la mesure où, avec *Black Box* (1962) et surtout *Die* – cube d'acier noir de 182,4 cm

> > >

> > > de côté dont le titre signifie à la fois «dé» et «meurs», que l'artiste se contente de faire réaliser –, le refus de toute intervention soumise à l'exécution induit un nouveau paramètre. Tony Smith est ainsi, au moment où se développe un art ad minima, loin de toute ambition du monument ou de l'objet. Pour cela, et même si, comme le remarque Jean-Pierre Criqui, «leur analogie formelle ou plutôt leur pseudomorphose» ne sauraient s'apparenter à la notion d'art minimal, ses œuvres préfigurent ses questionnements comme son développement. Le terme «minimal» est simultanément utilisé par Barbara Rose et Richard Wolheim qui reprennent à leur compte le mot employé dès 1937 par John Graham. En opposition à l'expressionnisme abstrait, dont David Smith, dans les années 50, est l'écho sculptural, les sculpteurs Carl Andre, Donald Judd, Robert Morris aux côtés de peintres tels Robert Ryman, Robert Mangold et Brice Marden refusent tout lyrisme et toute figuration. Marquant le pas avec l'œuvre de leur contemporain Mark Di Suvero, ils élaborent des propositions géométriques qu'ils définissent comme des «structures primaires». Cherchant à parvenir, selon Michael Fried, à «un contrôle plus grand de la situation entière», le minimalisme, en opposition au mythe formaliste du modernisme, tente de proposer des modèles critiques. Pourtant, si l'art minimal critique la téléologie moderne, il célèbre ce que Brian Wallis appelle «le retour à un paradigme préexistant : l'idéal constructiviste de l'abstraction». Alors que les artistes de l'art minimal veulent mettre en œuvre le projet collectiviste et productiviste des avant-gardes, ils perpétuent, ajoute Wallis, «la fabrication individualisée d'objets d'art bourgeois». C'est entre autres ce que l'art conceptuel cherche à dénoncer. La notion apparaît dès 1967. Deux essais de Sol LeWitt, *Paragraphes sur l'Art conceptuel* (1967) et deux ans plus tard *Sentences sur l'art conceptuel*, le conduisent à affirmer : «Dans l'art conceptuel, c'est l'idée ou le concept qui est plus important que l'œuvre [...], le projet et tous les choix sont pensés à l'avance et la réalisation > > >

138

« Une suspension dans le temps et l'espace »

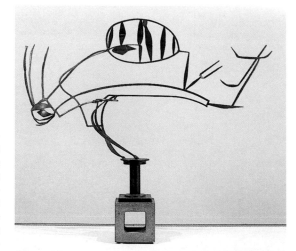

DAVID SMITH
Australia
1951. Acier peint,
200,6 x 272 cm.
New York, The Museum
of Modern Art.
Don de William Rubin.
Photo centre G. Pompidou.

Si l'objet et le fétiche des surréalistes semblent à la source des travaux des années 40 de David Smith comme de ceux de Louise Bourgeois, ses premières sculptures témoignent de sa volonté d'analyser l'essence formelle du totémisme ainsi que son contenu symbolique. Passionné par la psychanalyse, Smith se refuse à reconnaître dans le totem un objet archaïque.

Il conçoit ensuite des sculptures autour d'un vide central et semble rejeter les détails comme les éléments narratifs à l'extérieur ou à la périphérie de la structure. Le principe d'une forme déliée traitée de façon souvent frontale au point que sa vision de profil laisse supposer l'idée d'une présence qui se dérobe, la notion de «suspension dans le temps et l'espace», suspension de l'action comme de la masse, suggèrent un effet de gravité qui constitue l'un des aspects récurrents de l'œuvre de D. Smith que l'on peut mettre en parallèle avec le principe de l'action painting. Il réalise ensuite des sculptures polychromes et en acier dépoli comme la série des *Cubi*, dans lesquelles la monumentalité comme la brutalité de la masse continuent de suggérer la violence et la dramaturgie des premières œuvres.

« Antagonisme peinture/sculpture »

ANTHONY CARO
Paris Green
1966.
Acier et aluminium
peints en vert,
133 x 85 x 140 cm.
Collection particulière.
Photo B. Hatala/
centre G. Pompidou.

Les premières sculptures d'Antony Caro témoignent de son attention aux rondes-bosses de Picasso et d'Henry Moore ainsi qu'aux œuvres de David Smith et des années américaines de Jacques Lipchitz. Très vite cependant, remarque Michael Fried, les notions de poids et de pression, de vides et de pleins prennent le pas sur toute forme figurée. En 1962, la sculpture se fait structure et construction, reprenant à son compte les principes de Picasso et de Tatlin. Ses éléments s'articulent en autant de poutrelles, tubes, grilles de métal et délaissent toute allusion figurale. La sculpture est présence physique ouverte que l'artiste va volontiers recouvrir d'une couleur acide pour signifier la différence entre l'espace de la peinture et celui, sans limite contrainte, de la sculpture. Mais la couleur monochrome, si elle unifie et marque l'antagonisme peinture/sculpture, transforme aussi la structure en image. Les *Table Pieces* de 1967 marquent une autre étape. L'instabilité comme le basculement de la forme suggèrent cette fois une analyse de la gravité et du principe d'équilibre.

« LA PLUPART DE LA SCULPTURE EST PRIAPIQUE.

« La manifestation d'une idée »

SOL LEWITT
Serial Project AI/O
1966. Aluminium peint en blanc, 80 x 80 x 2,5 cm et 203 x 203 x 2,5 cm. Collection particulière. DR.

Une première présentation des travaux de Sol LeWitt dans une exposition collective à New York, en 1963-1964, témoigne de l'influence du Bauhaus et de De Stijl qu'il contribue, à l'instar de D. Judd, D. Flavin, R. Ryman ou Robert Mangold à faire découvrir aux États-Unis. En 1967 et 1969, la publication des deux manifestes sur l'art conceptuel *Paragraphs on Conceptual Art* et *Sentences on Conceptual Art* jette les bases théoriques de son œuvre. Dix ans plus tard, il fonde avec Lucy Lippard Printed Matter afin de publier des livres d'artistes.

Le principe de répétition d'un même volume tout comme la série qu'il engendre, la transformation de la forme et ses combinaisons modulaires sont les bases d'une œuvre que LeWitt veut voir comme «la manifestation d'une idée». Cherchant une synthèse entre principes minimalistes et conceptuels et reconnaissant l'aléatoire dans son système sculptural, tout comme dans les *Wall Drawings* qu'il fait réaliser à partir d'un dessin initial depuis la fin des années 60, Sol LeWitt développe depuis lors une œuvre dans laquelle, sous l'influence de la fresque de l'Italie où il réside, il introduit la couleur comme une dimension décorative que récusaient ses premiers travaux.

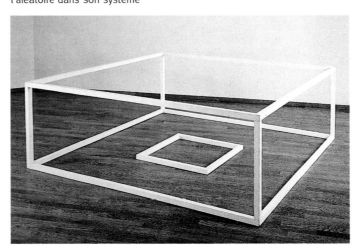

« L'art exclut le superflu »

CARL ANDRE
37 Pieces of Work
1970. Aluminium, cuivre, plomb, zinc, magnésium, acier, 0,9 x 1097 x 1097 cm. New York, hall du Solomon R. Guggenheim Museum. Collections privées et publiques.

Complice du poète, photographe et cinéaste Hollis Frampton, avec lequel il s'intéresse aux écrits d'Ezra Pound sur Brancusi et Gertrud Stein, Carl Andre découvre les alignements mégalithiques de Stonehenge. À New York, les *Peintures noires* de Stella, dont il partage l'atelier, lui font écrire que « l'art exclut le superflu ». Il réalise ainsi ses premières sculptures en bois. Contraint de travailler entre 1960 et 1964 comme ouvrier aux chemins de fer de

Pennsylvanie, il écrit alors de nombreux poèmes et conçoit des assemblages de matériaux hétéroclites aujourd'hui détruits. Vers 1960, Andre décide de ne plus pratiquer la taille directe et «d'utiliser des matériaux bruts comme coupure dans l'espace lui-même», en élaborant un principe sériel répétitif et ouvert. En 1965, il investit la galerie Tibor de Nagy de structures modulaires en plastique de fabrication industrielle : «Je voulais saisir et tenir l'espace de la galerie.» Les *Floorpieces*, sculptures plates en divers métaux, exécutées à partir de 1967, sont l'une des étapes majeures de la sculpture contemporaine. L'horizontalité, le possible arpentage de la surface proposent une synthèse qui, des *Bourgeois de Calais* de Rodin à la *Colonne sans fin* de Brancusi, offrent, dit Andre, une «infinité de points de vue» pour une redéfinition des enjeux de la sculpture du siècle.

« Objet spécifique »

DONALD JUDD
Sans Titre
1965. Plexiglas teinté orange, acier, 4 tendeurs, 51 x 122 x 86,2 cm. Paris, centre Georges Pompidou, MNAM. Photo centre G. Pompidou.

Figure centrale et théoricien de la sculpture américaine, Donald Judd oppose à l'expressionnisme abstrait, les fondements radicaux d'une œuvre nourrie des avant-gardes constructivistes européennes.
Diplômé de philosophie de l'université de Columbia puis élève de Meyer Shapiro, il mène simultanément une activité de critique dans les revues *Art News* et *Arts Magazine*. Entre 1964 et 1965, il publie *Specific Objects* à la suite de sa première exposition à la Green Gallery : «L'espace effectif est intrinsèquement plus puissant et spécifique que la peinture sur une surface plane.» L'œuvre d'art est ainsi un «objet spécifique» tridimensionnel, s'inscrivant dans l'espace réel, une structure dans laquelle «couleur, forme et volume» sont parfaitement intégrées et où l'ordre est non relationnel.
Excluant toute notion de mouve-

ment comme de gestualité propre à l'expressionnisme abstrait au profit de rapports et combinaisons, d'arrangements et de progressions, Judd remet en cause les relations de la peinture et de la sculpture, comme ceux entre l'artiste et le réalisateur de l'œuvre. Il confie ainsi l'exécution de ses propres pièces à une entreprise et impose un développement systémique et déductif alliant «différence et répétition».

139

DANS MON ŒUVRE, PRIAPE EST À TERRE » Andre

> > > n'est plus qu'une formalité.» Écho américain du questionnement de Duchamp sur le pourquoi de l'art, l'art conceptuel demeure un terme suffisamment ouvert pour que s'y reconnaissent des projets aussi différents que ceux de Robert Barry, Mel Bochner, On Kawara, Joseph Kosuth, Sol LeWitt ou Lawrence Weiner aux États-Unis, Art & Language et les premiers travaux de Barry Flanagan en Grande-Bretagne, Bernar Venet et les premières manifestations de B. M. P. T. en France, ou encore Hanne Darboven en Allemagne. Mais il ne recouvre ni ne définit une pratique ou une discipline particulière. Il les questionne toutes et contribue à leur réfutation.

Jalon d'un processus critique visant à remettre en question l'impérieuse loi du formalisme, les notions d'antiforme et de process art, autour desquelles se rassemblent également Vito Acconci, Chris Burden, Eva Hesse, Bruce Nauman, Denis Oppenheim, comme les tenants de l'art pauvre, se trouvent réunies par Harald Szeemann, en 1969, pour l'exposition «Quand les attitudes deviennent forme». Minimalisme et art conceptuel constituent le socle du projet autour de figures tutélaires, tels Yves Klein, Claes Oldenburg ou Joseph Beuys, dont le projet de «sculpture sociale» a pris naissance dès 1958. «La volonté de construire une activité processuelle, fondée sur des pratiques confondues avec les exigences d'une réalité vécue, impliquée à la fois dans un contexte politique et idéologique», qu'appelle de ses vœux Germano Celant autour de la dizaine d'artistes qu'il présente à Gênes en 1967, manifeste également, dans le refus du seul objet, une extension du domaine de l'activité plastique à des pratiques alliant théâtre, danse, musique et performances.

Au même instant, la pensée du land art remet en cause le principe de la sculpture, sa définition comme son statut. Face à cette nouvelle syntaxe, penser la forme dans l'espace suppose désormais de pouvoir lui adjoindre un nouveau vocabulaire qui, de la notion d'installation à celle d'environnement ou de dispositif, forme de nouveaux paradigmes pour l'art contemporain. <

140

« La demeure totale »

ÉTIENNE-MARTIN
Le Manteau (Demeure 5)
1962. Tissus, passementeries, cordes, cuir, métal, enveloppe en toile de bâche et cuir, 160 x 200 x 30 cm.
Paris, centre G. Pompidou, MNAM.
Photo centre G. Pompidou.

Contemporaine du nouveau réalisme, du pop art, du minimalisme comme de l'art pauvre, l'œuvre d'Étienne-Martin, comme celle de son contemporain Dodeigne, semble malaisée à situer. Indifférent aux mouvements, habité par un projet singulier fondé sur l'exploration de sa mémoire et des lieux de son enfance, Étienne-Martin reste une figure majeure de la sculpture qu'Harald Szeemann n'a jamais oublié de célébrer.

Le thème de la demeure apparaît dans son œuvre au début des années 50 comme expression du lieu originel et matriciel, cheminement initiatique vers la connaissance.

S'il prend généralement la forme de vastes sculptures pénétrables qu'Étienne-Martin accepte de couler en bronze, la *Demeure 5,* intitulée *le Manteau* est, avec *les Passementeries, l'Abécédaire* et *la Marelle,* une pièce essentielle pour comprendre la contemporanéité de son œuvre. Souvent comparé au vêtement du chef de tribu au pouvoir fétichiste, *le Manteau* est à la fois «la maison, la mère, la couverture enveloppante, la demeure totale». Mais c'est aussi, à l'aube des années 60, l'une des toutes premières pièces connues où l'objet n'est plus fin en soi mais outil d'un rituel singulier et personnel, qu'il paraît nécessaire de remettre désormais dans la perspective des attitudes et pratiques les plus novatrices qui adviennent alors.

« Objets en moins »

MICHELANGELO PISTOLETTO
Objets en moins
1965-1966. Technique mixte. Installation à la galleria nazionale d'Arte moderna, Rome. Coll. part. DR.

Parmi les protagonistes de l'art italien, faisant à lui seul, à l'instar de Pino Pascali, mort brutalement en 1968, le lien entre l'imaginaire des années pop et l'art conceptuel, Michelangelo Pistoletto occupe une place essentielle. Défiant toute notion de style ou de catégorie, alliant à la radicale hétérogénéité des formes l'extrême cohérence de son propos, il entreprend à la fin des années 50 une série d'œuvres où se mêle une réflexion sur la fonction spéculaire de l'art dans la civi-

lisation occidentale et expose dès 1962, ses tableaux-miroirs qui «laissent l'image être pénétrée par les règles de la réalité objective».

Mais ce sont les *Objets en moins,* présentés par Pistoletto dans son atelier turinois en 1965, qui témoignent indubitablement de la singularité du propos comme de la spécificité du projet théorique et sculptural de l'artiste. Accompagnés d'un texte – *Photo de Jasper Johns, Structure pour parler debout, Rose brûlée, Corps en forme de poire,* etc. –, ils rendent compte de différentes expériences perceptives qui «ont eu lieu une fois pour toutes» et témoignent d'une recherche libérée de toute contrainte formaliste. Menant, sur un mode ontologique proche de

l'expérience du Living Theater, une activité de théâtre de rue avec le groupe Zoo créé en 1967, comme avec les *Azzioni povere* (actions pauvres), Pistoletto préfigure le développement du mouvement qu'impose alors Germano Celant et développe depuis, autour de *Progetto arte,* le corpus de son œuvre.

« UNE FORME EST COMME UNE IDÉE.

« Instabilité intellectuelle »

JANNIS KOUNELLIS
Sans Titre
janvier 1969.
Douze chevaux vivants. Rome,
galerie l'Attico. DR.

« Impacts indifférenciés »

MARIO MERZ
Sans Titre (che fare ?)
février 1969.
Matériaux divers.
Rome, galerie l'Attico. DR.

Présentées à un mois d'intervalle, les deux installations que réalisent Jannis Kounellis et Mario Merz apparaissent aujourd'hui comme les fondements distinctifs de la nouvelle syntaxe que l'un et l'autre abordent, la même année où Harald Szeemann réalise à Berne la désormais mythique exposition «Quand les attitudes deviennent forme».
Si Merz dispose dans l'espace de la galerie installée dans un ancien garage, quelques-uns des signes récurrents de son vocabulaire tels l'igloo, la botte de paille, le néon et s'interroge après Cesare Pavese sur «que faire aujourd'hui ?», Kounellis, «à la recherche d'une instabilité à la fois intellectuelle, émotive et sensorielle» transforme quant à lui l'espace en une écurie où des chevaux vivants sont exposés au public.
La frontière que Michael Fried dénonce entre les arts visuels et le théâtre est ici franchie. L'art et la vie se confondent à l'aune du règne animal.
Mario Merz, sensible aux matériaux précaires et vitaux à la fois, «témoin spirituel et magnétique», «voulait, selon Celant, exprimer son idée de la perception de la réalité qui ne dérive pas d'une série d'ob-

jets contrastants mais d'une suite d'impacts indifférenciés» : «une pensée sauvage» entre une connaissance qu'il souhaitait scientifique et une actualisation du mythe.

« Une énergie physique »

GIOVANNI ANSELMO
Sans Titre
(Struttura che mangia)
1968.
Granit, fil de cuivre, salade
et sciure de bois, 70 x 23 x 37 cm.
Paris, collection du centre
Georges Pompidou, MNAM.
Photo centre G. Pompidou.

Mêlant l'indicible et le sensible, aux confins d'une phénoménologie comme d'une poétique de la perception, Giovanni Anselmo conçoit dès 1965 une œuvre constituée de matériaux élémentaires, parmi lesquels pierre, eau, fer, coton, et utilise un principe de projection lumineuse de mots afin de mettre en relation les dimensions spatiales et temporelles de certaines catégories abstraites de la pensée, tels entre

141

autres le fini et l'infini, le tout et le détail. Privilégiant l'intuition, il fait de son corps comme de celui du spectateur l'outil et la mesure continus d'une possible introspection.
Les sculptures et dispositifs qu'il réalise à la fin des années 60 sont avant tout pour lui «une énergie physique». Témoin et acteur des lois fondamentales de l'univers telles la gravitation et la pesanteur, Anselmo réalise une suite de propositions plastiques où l'œuvre n'est plus soumise à une dimension fictionnelle mais à une réalité physique, organique et vivante. En témoigne ici la salade maintenue par un fil de cuivre et un bloc de granit qui, dans l'instant de faner, rompt l'équilibre précaire de la construction.

« Une œuvre d'art total »

JOSEPH BEUYS
Objet de «Eurasia,
32. Satz der Sibirischen
Symphonie 1963»
Action du 31 oct. 1966.
Technique mixte,
183 x 230 x 51 cm. Collection
particulière, Allemagne. DR.

Figure charismatique de la scène artistique, pédagogique et politique de l'Allemagne de l'après-guerre dont il incarne l'anamnèse cathartique et thérapeutique, Joseph Beuys demeure l'un des artistes les plus ambitieux de notre temps. Professeur à l'académie des Beaux-Arts de Düsseldorf à partir de 1961, son influence sur la pensée et le travail de deux générations d'artistes reste déterminante. Le contrôle constant de sa propre biographie, ses prises de position et activités politiques aux côtés des écologistes, comme l'élaboration d'une syntaxe originale à même de redéfinir la finalité de l'acte créateur ont contribué à la fabrication et à la diffusion du mythe qui s'est constitué de son vivant.
Pilote dans la Luftwaffe, son avion est abattu en Crimée en 1943. Blessé, il est soigné par les nomades tatars de la steppe. Cet épisode et le récit controversé que Beuys en fait, prennent désormais valeur d'événements fondateurs dans l'ordre symbolique qui structure son œuvre. Libéré en 1946, il étudie dans l'atelier du sculpteur Ewald Mataré jusqu'en 1951 et élabore avec ses premiers dessins, le bestiaire de l'Eurasie mythique et certains thèmes obsessionnels de son œuvre. Nourri des traditions les plus diverses allant du christianisme aux mythes et légendes du Nord, du chamanisme à l'alchimie de Paracelse, de l'anthroposophie de Rudolf Steiner à Dostoïevski, il met en place dans les années 60 le répertoire de matériaux caractéristiques de feutre, cuivre, bois, soufre, miel, graisse, os, batteries et mécaniques, autour duquel il constitue un langage de la sculpture amplement métaphorique, fonctionnant en autant d'environnements et de dispositifs mêlant énergie réelle et symbolique. Sa théorie de la «sculpture sociale» manifeste ainsi la croyance de Beuys en une conception romantique et idéaliste d'une «œuvre d'art total», fonctionnant comme modèle et moteur du développement de notre monde.

L'ANTIFORME, ELLE, EST UNE ÉNERGIE » Beuys

« *Propriétés physiques* »

RICHARD SERRA
Belts
1966-1967. Caoutchouc vulcanisé et néons bleus, 214 x 752 x 51 cm.
New York, The Solomon R. Guggenheim. Collection Panza di Biumo. DR.

Né à San Francisco, Serra étudie l'art dans les universités californiennes, puis à Yale où il travaille avec J. Albers. En Europe, il s'attarde longuement à Paris dans l'atelier de Brancusi reconstitué au musée national d'Art moderne et rencontre le musicien Philip Glass. À Rome, il expose en 1966 *Animal Habitats Live and Stuffed,* curieux assemblage d'animaux vivants et empaillés dans lequel certains veulent reconnaître les prémices de l'art pauvre.
Installé à New York, dans la proximité de Robert Smithson et de Joan Jonas, Serra exécute ses premiers œuvres de caoutchouc et néon pour lesquelles

il cherche une fusion entre principes sculpturaux et picturaux. Simultanément, il dresse une liste de cent verbes (rouler, plisser, plier, ranger, etc.) qui constituent autant de propositions possibles. Entre 1968 et 1970, les *Splash Pieces,* projections de plomb fondu ainsi que les équilibres en châteaux de cartes ou rouleaux appuyés au mur, le délitement comme la dispersion au sol de matériaux divers, les vidéos et films, parmi lesquels *Hand Catching Lead* (1969), composent un vocabulaire à la fois critique et original du minimalisme. Le danger comme l'équilibre instable deviennent fondements de l'acte constitutif de la sculp-

ture. «Il est, comme le précise en 1972 Gregoire Müller, impossible de dissocier les propriétés physiques d'une pièce et les conditions psychologiques de sa perception. Les matériaux, les processus, les mécanismes de pensée, le temps, l'horizontalité, la verticalité, la composition, le poids, le désordre, les perspectives, la Gestalt, le Savoir, les structures et la matérialité [...] forment un système complexe.» Ils mettent en péril la géométrie. L'accroissement progressif de la dimension des pièces extérieures que l'artiste réalise à partir de 1970 contribue à l'analyse critique du monument et des fondements mêmes de la sculpture.

« *L'expérience des limites* »

BRUCE NAUMAN
From Hand to Mouth
1967. Cire sur toile, 76,2 x 25,4 x 10,2 cm.
Collection particulière, États-Unis.
Courtesy Joseph A. Helman. DR.

Échappant à toute école et à tout classement, la complexité de l'œuvre de Bruce Nauman et la diversité des propositions qui la compose en font l'un des projets les plus ambitieux de l'art des trente dernières années. Cherchant à réintroduire dans la pratique moderniste toute forme de sentiments

comme de sensations que celle-ci évacue, Nauman, au même moment que Vito Acconci, Chris Burden ou Robert Morris, prend à témoin son propre corps comme celui du spectateur en autant d'expériences physiques, physiologiques et psychologiques de l'espace pour le mettre à l'épreuve des différentes catégories de la perception. Aussi réalise-t-il une œuvre où les définitions comme les différentes disciplines ne cessent de vasciller et de s'entremêler. Matériaux classiques, cages de métal, objets en suspension arrimés à l'espace, fibre de verre, cire ou caoutchouc, néons, dispositifs vidéos et filmiques, performances conduites également dans l'intimité de l'atelier participent dès lors à une réinvention permanente du langage de l'art et de sa finalité et conduisent à une véritable «expérience des limites» de l'espace et du temps. L'œuvre n'est dès lors plus une fin en soi qu'un outil et un stimulus agissant, un langage que l'artiste ne cesse de nouer et de dénouer où, à l'instar de Beckett qu'il admire, l'impossible communication entre les êtres, demeure l'un des thèmes dominants.

EVA HESSE
Sans Titre (Seven Poles)
1970. Sept éléments :
fil d'aluminium, polyéthylène, résine et fibre de verre, 272 x 240 cm environ.
Paris, centre Georges Pompidou, MNAM.
Photo Ph. Migeat/ centre G. Pompidou.

Dès 1964, après de petites gouaches comme des peintures aux formes singulières, Eva

« *Le chaos peut être structuré* »

Hesse expose des dessins linéaires aux formes organiques et machiniques et des reliefs réalisés avec des rebuts industriels. De retour à New York en 1965, elle réalise ses premières sculptures aux allures biomorphiques, au gré de matériaux inhabituels, pauvres et fragiles, tels cordes et fils, et préfère retrouver, à l'instar d'un Richard Tuttle ou d'un Joel Shapiro dans les années qui vont suivre, une échelle plus modeste que celle de ses contemporains. En 1967, elle découvre et utilise les qualités sculpturales et ductiles du latex, de la résine de polyester et de la fibre de verre, qu'elle explore en autant de figures fragiles et de gestes simples et intimes, jusqu'à sa mort précoce en 1970.
Avec Eva Hesse, «le chaos peut être aussi structuré que le non-chaos». L'art minimal est pris au piège de son formalisme. L'obéissance à la logique du matériau comme une attention particulière à l'espace dans ses dimensions aussi bien psychologiques, culturelles que politiques, conduisent à l'élaboration de la notion de process art.

« JE M'INTÉRESSE À EXPLORER LES POSSIBILITÉS

« Et in Utah ego »

ROBERT SMITHSON
Spiral Jetty
1970.
Roche noire, terre, cristaux
de sel, 45 700 x 450 cm.
Grand lac salé, Utah.

La notion de land art veut prolonger la pratique de l'art hors du lieu clos et institutionnel et la confronter à l'espace ouvert. Interventions ponctuelles ou durables, fragiles ou démiurgiques allant jusqu'à modifier un site, écho lointain du Black Mountain College qui, dans les années 50, ambitionne par le mélange des genres et le refus des catégories établies de faire sortir la pratique artistique de ses frontières, retour vers un monde libéré des contraintes de l'espace social, les premières œuvres de Robert Smithson, comme celles de Hamish Fulton, Michael Heizer, Richard Long, Walter De Maria, et dans une certaine mesure de Christo et Jeanne-Claude, inaugurent un travail dans et sur la nature.
Sculpture, paysage et architecture se confondent dans le projet qu'élabore Smithson à partir de 1964. La notion de «présence», propre aux sculptures minimalistes, est ainsi physiquement dissoute dans une première série d'œuvres en acier et miroir qu'il réalise entre 1964 et 1968, comme dans les *Earthworks*, véritables avatars du projet minimal, dans les

Nonsites, formes résiduelles de l'expérience, véritable «archéologie métaphysique» que Smithson appelle de ses vœux.
Voulant imposer une œuvre à la nature, la qualité comme l'étendue de sa réflexion, l'extrême diversité d'une production protéiforme pénétrée de la notion d'entropie, son exploration continue des fissures et des failles de l'histoire, enfin son goût de l'expérience et de l'analyse, rendent son parcours plus indispensable que jamais. La *Spiral Jetty* (jetée en spirale), digue de 457 m de long constituée de boue, de cristaux de sel et de blocs de rocher, incarne toujours aujourd'hui l'aspiration élémentaire et symbolique qui préside aux interventions de Smithson dans la nature et demeure, au rythme de l'évaporation de l'eau et de la résurgence de la forme, une allégorie de la Création.
Par la force de ses écrits, à la fois intransigeants et volontiers polémiques, Robert Smithson, mort accidentellement à 35 ans en 1973, ambitionne une véritable conceptualisation de l'activité artistique. Il invente ainsi une notion comme une pratique dont on mesure désormais combien la force illusoire et l'utopie stigmatisent les générations actuelles et mettent en garde, selon ses dires, «contre le régisseur de l'Ennui – l'habitude – qui rôde partout».

Chronologie 1939-1970

En regard du sujet traité, les éléments de cette chronologie sont essentiellement consacrés aux événements et réalisations en Europe et aux États-Unis.
On se reportera, pour des informations complémentaires sur la même période, aux chapitres précédents

1939
• A. Giacometti : principe de réduction des figures.
1941
Jacques Lipchitz s'installe à New York.
1942
• Mort de Julio González.
1943
• Isamu Noguchi réalise *Monument aux héros*.
1944
• P. Picasso réalise *l'Homme au mouton*.
Rétrospective de son œuvre au salon d'Automne.
1945
• Germaine Richier développe son vocabulaire.
New York, MoMA : rétrospective Calder.
Première exposition de Louise Bourgeois,
Bertha Schaefer Gallery, New York.
1947
• Premières sculptures en plâtre et fer de César suivies des *Compressions* (1960), *Empreintes* et *Expansions* (1965).
• Lucio Fontana : notion de «concetto spaziale».
Robert Jacobsen s'installe à Paris.
1950
• Premières sculptures de Richard Stankiewicz.
• Grandes constructions de Louise Nevelson.
Sculptures abstraites d'Eduardo Chillida.
1953
• Jean Tinguely réalise ses premières *Méta-Matics*.
1954
• Mort d'Henri Laurens.
• Paris, galerie Arnaud : 1re exposition J. Tinguely.
Étienne-Martin : cycle des *Demeures*.
1955
• R. Rauschenberg, J. Johns, C. Twombly commencent plusieurs sculptures.
1957
• Mort de Brancusi.
• Première exposition de John Chamberlain.
1958
• Takis réalise des sculptures magnétiques.
• Y. Klein : premières sculptures-éponges.
• Nice : Ben ouvre son Magasin.
J. Beuys élabore la syntaxe de son œuvre.
Christo réalise ses premiers empaquetages.

1959
• Arman réalise ses premières «accumulations» et «poubelles» suivies des «coupes», «colères» (1961) et «combustions» (1963).
D. Judd publie jusqu'en 1965 des critiques dans *Art News* puis *Art in America*.
1960
• New York, J. Tinguely : *Hommage à New York*.
• J. R. Soto développe ses *Pénétrables*.
• Raymond Mason : premières œuvres sur le thème de la foule.
A. Caro : premières pièces métalliques.
1961
• Erik Dietman : *Objets pensés* et *Sparadraps*.
• Piero Manzoni : *le Socle du monde*.
• George Segal : premières sculptures de plâtre.
• Richard Artschwager : «meubles-objets».
• Claes Oldenburg réalise successivement *la Rue* (1960), *le Magasin* (1961), *la Maison* (1965).
• New York, MoMA : «l'Art de l'assemblage».
• Galerie Addi Köpcke, Copenhague : première exposition de Robert Filliou.
1962
• Jean Pierre Raynaud réalise le premier *Pot*, suivi des *Psycho-objets* (1965).
• Premières expérimentations de Panamarenko.
T. Smith réalise *Die*.
Paris, Christo : *Rideau de fer*, rue Visconti.
J. Beuys rencontre N. J. Paik et
G. Maciunas, protagonistes de Fluxus.
1963
• Edouard Kienholz conçoit jusqu'en 1977 le *Art Show*.
• Jean-Michel Sanejouand : premiers *Charges-objets*.
• Hans Haacke : premières *Condensations*.
• B. Newman commence la réalisation de *The Broken Obelisk* achevée en 1967.
1964
• Andy Warhol réalise les *Brillo Boxes*.
• Marcel Broodthaers publie *le Pense-bête* et élabore ses premières œuvres-objets.
1965
• Pino Pascali réalise *les Armes* suivies des *Finte Sculpture* (fausses sculptures).
• Joseph Kosuth : premières *Définitions*.
• Robert Morris développe une activité protéiforme.
• Barbara Rose parle d'«ABC art», Richard Wolheim d'«art minimal».

DE CE QUE L'ART PEUT ÊTRE » Nauman

1961-1963.
Tony Smith,
sculptures.
Au premier plan :
Die, 1962, acier,
183 x 183 x 183 cm.
Exposition à la galerie
Daniel Templon,
Paris, 1986.
Courtesy D. Templon.

1965.
Joseph Beuys,
*Comment expliquer
un tableau à un
lièvre mort,* action,
galerie Schmela,
Düsseldorf. DR.

1967.
Robert Morris,
Sans Titre (version
de 1986). À l'arrière-
plan : œuvres
de Serra, LeWitt,
Flavin, Fabro,
Hesse, Zorio.
Exposition au centre
G. Pompidou, 1986.
Photo B. Hatala/
centre G. Pompidou.

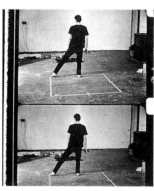

1968.
Bruce Nauman,
*Dancer Exercice on
the Perimeter of a
Square,* film 16 mm
sonore, 10 min.

1966-1967.
Helio Oiticica,
*Tropicalia
Penetrable PN 2,*
«la pureté
est un mythe».
Réinstallation à la
galerie nationale du
Jeu de paume,
Paris, 1996.
Photo P. Y. Brest/
centre G. Pompidou.

144

Chronologie 1939-1970

M. Pistoletto commence la série des *Objets
en moins.*
G. Anselmo élabore son vocabulaire.
D. Judd publie *Specific Objects.*
New York, galerie Tibor de Nagy : première
exposition de Carl Andre.

1966

• Mort de H. Arp.
• Stockholm : Niki de Saint-Phalle conçoit *la Hon,*
première *Nana* géante.
• Ian Hamilton Finlay élabore la conception de son
domaine-jardin philosophique.
Rome : R. Serra expose *Animal Habitats Live
and Stuffed.*
New York, Jewish Museum : «Primary Structures».
Début du land art.

1967

Gênes, galerie La Bertesca : G. Celant organise
l'exposition «Arte Povera/Im Spazio»
et élabore la notion d'«art pauvre». Publication
de *Note pour une guérilla* (*Flash Art,* nov.-déc.).
Premier manifeste de Sol LeWitt sur l'art
conceptuel *Paragraphs on Conceptual Art* (*Art
Forum,* juin), qui sera suivi de *Sentences on
Conceptual Art* (*Art Language,* mai 1969).
Michael Fried publie *Art and Objecthood.*

1968

• Neuilly : mort de M. Duchamp;
découverte à New York de *Étant donné...*
• Premières sculptures de Bernard Pagès.
• New York, Fischbach Gallery : exposition
«Eccentric Abstraction».
R. Morris publie *Antiform* (*Art Forum,* avril).
R. Serra : premières *Splash Pieces.*
Premières expositions de B. Nauman.
Gilberto Zorio développe son vocabulaire.

1969

• W. De Kooning expérimente la sculpture.
• Leverkusen, Städtisch Museum : exposition
«Konzephon/Conception».
• Début de l'art corporel.
New York, Whitney Museum : exposition
«Anti-Illusion : Procedures/Materials».
R. Smithson élabore ses *Nonsites.*
Berne : H. Szeemann organise «Quand
les attitudes deviennent forme».

1970

• Toni Grand entreprend sa «lecture déconstructive»
de la sculpture traditionnelle.
• Daniel Dezeuze réalise après les *Châssis,* les
Échelles de bois tressées.
• New York, MoMA : Kynaston McShine organise
l'exposition «Information».
• Premières «mises en situations» d'André Cadéré.
Giuseppe Penone développe ses œuvres
dans la nature et sur son corps.
R. Smithson réalise *Spiral Jetty.*
Turin, Galleria civica d'arte moderna : G. Celant
organise l'exposition «Conceptual Art,
Arte Povera, Land Art».

Études sur la sculpture
(complément aux
numéros 174 : "Sculpture : du
monument au ready-made",
et 180 : "Sculptures,
assemblages, constructions :
langages de l'espace").

**Dictionnaires et
ouvrages généraux**
G. Battcock, *Minimal Art,
a Critical Anthology,* New York,
Dutton, 1968. *
G. Celant, *Arte povera,*
Villeurbanne, Art Edition,
1989. *
C. Gintz, *l'Art conceptuel, une
perspective,* Paris, 1989-1990,
musée d'Art moderne
de la ville de Paris. *
J. Kastner, B. Wallis, *Land
and Environmental Art,*
Londres, 1998, Phaidon.
L. Lippard, *Six Years: The
Dematerialization of the Art
Object From 1966 to 1972,*
Londres, Studio Vista, 1973. *
Catalogue *The New Sculpture
1965-75: Between Geometry
and Gesture,* 1990,
New York, Whitney Museum
of American Art. *
G. A. Tiberghien, *Land art,*
Paris, 1993, éd. Carré. *
Catalogue *When Attitudes
Become Form,* Berne, 1969,
éd. Kunsthalle. *

**Monographies
et catalogues
d'expositions sur
les sculpteurs étudiés**
Catalogue *Carl Andre, Sculptor
1996,* Krefeld, Wolfsburg, 1996.
Catalogue *Joseph Beuys,*
Paris, 1994, MNAM,
éd. du centre G. Pompidou.
Catalogue *Alexandre Calder,*
Paris, 1996, musée
d'Art moderne de la ville,
Paris-Musées.
Diane Waldman, *Anthony
Caro,* Oxford, 1982, Phaidon.
Catalogue *Donald Judd,* 1987-
1988, Eindhoven, Düsseldorf,
Paris, Barcelone.
J. Ch. Ammann, D. Le Buhan,
M. Ragon, H. Szeemann,
Étienne-Martin, Paris, 1991,
Adam Biro.
Catalogue *Eva Hesse,* Paris,
1993, galerie nationale
du Jeu de paume, RMN.
Catalogue *Sol LeWitt,
Retrospective,* New York,
1978-1979, MoMA.
Catalogue *Bruce Nauman,
catalogue raisonné,*
Minneapolis, 1994,
éd. Walker Art Center.
Catalogue *Michelangelo
Pistoletto,* Rome, 1990, galleria
nazionale d'arte moderna.
Catalogue *Richard Serra,*
Münster, Munich, Bâle, 1987-
1988, Verlag Gerd Hatje.
R. E. Krauss, *The Sculpture of
David Smith,* MIT Press, 1971.
Catalogue *Robert Smithson.
Une rétrospective, le paysage
entropique, 1960-1973,*
Marseille, 1994, Musées
de Marseille et RMN.

* à lire en priorité

ARCHITECTURE
« après le modernisme »

« La maison du fada »

LE CORBUSIER (CHARLES-ÉDOUARD JEANNERET, DIT)
Unité d'habitation (dite Cité radieuse), Marseille
1945-1952.
© (de g. à d. et de h. en b.) :
P. Cook/Archipress ;
F. Eustache/Archipress ;
Y. Lion/centre G. Pompidou ;
M. Babey/Artephot.

La commande par l'État de l'unité d'habitation de Marseille (1945-1952) permet à Le Corbusier, précise Gérard Monnier, «la mise en œuvre de son interprétation typologique de l'habitat, tout en lui ouvrant le champ d'une intervention plastique et figurative nouvelle». Quatre autres vont suivre qui connaissent des fortunes diverses : à Rézé-les-Nantes (1948-1955), Berlin-Tiergarten (1957-1958), Briey-en-Forêt (1956-1963) et Firminy (1959-1967) achevée deux ans après la mort accidentelle de l'architecte.
On connaît aujourd'hui l'impact considérable du projet qui conduit Le Corbusier à l'affirmation de ses conceptions fonctionnalistes, hygiénistes et circulatoires du logement moderne. Longue de 165 mètres et haute de 150 mètres, «la maison du fada» voit le jour après bien des vicissitudes. Elle abrite quelque 337 logements en duplex et témoigne d'une grande maîtrise technique : les cellules d'habitation sont glissées dans l'ossature comme des boîtes individuelles pour les insonoriser et préserver l'habitat individuel au sein d'une construction de masse. Tous les besoins du quotidien y sont regroupés : commerces, équipements communaux, crèche, école, hôtel... jusqu'à un espace de loisir sur le toit dont la superficie avoisine celle d'un stade.
À la recherche d'une synthèse des arts, Le Corbusier met au point en 1950 le Modulor, véritable système régulateur des mesures. Les nombreux projets qui suivent ne sont plus tant les prototypes d'une «architecture à venir» que la synthèse des programmes de ses débuts conjugués à l'invention plastique et sculpturale de sa maturité.

L'après-guerre est marquée, du sceau nécessaire de la reconstruction. Le libéralisme américain construit gratte-ciel et lotissements alors que l'URSS impose un habitat collectif. La Charte d'Athènes de 1943 entend dicter les principes généraux de l'architecture et de la ville moderne jusqu'au milieu des années 50. Elle est contestée au Xe CIAM à Dubrovnick (1956) par Alison et Peter Smithson, Aldo van Eyck et l'équipe Candilis-Josic-Woods qui constituent le groupe

> > >

> > > Team X et proposent chacun des solutions antagonistes, entre principes organiques et mécanismes «mégastructurels».

En France, dès 1944, le gouvernement tente de loger les sans-abri et de fabriquer la ville de demain. Auguste Perret au Havre, Le Corbusier à Marseille définissent «le logement du grand nombre». La ville reconstruite, les programmes se déplacent à sa périphérie. Les villes nouvelles se construisent. Jean Prouvé, après Eugène Beaudouin et Marcel Lods, propose des solutions d'urgence pour des lotissements, dont les maisons pour l'abbé Pierre. Selon la formule de Nikolaas Habraken, «l'homme ne se loge plus, il est logé». Bientôt, les banlieues se peuplent de barres contre lesquelles Émile Aillaud propose des formes courbes préfabriquées, alors qu'Édouard Albert construit, en 1958, rue Croulebarbe à Paris, la première habitation de grande hauteur.

L'Europe du Nord impose l'humanisme d'Alvar Aalto et Arne Jacobsen, ainsi qu'Aldo van Eyck qui définit le principe d'un «structuralisme architectural». Mies revient bâtir en Allemagne alors que Walter Gropius, Hans Scharoun et Frei Otto suggèrent de nouvelles typologies à la reconstruction. Les modèles britannique et hollandais opposent au seul objet architectural sa conscience urbaine et sociale. L'Italie, liée depuis 1949 au système INA-Casa, subventionne des projets de nature différente. Dans les années 50, la tentation historiciste y prend le pas sur le moderniste d'un Giuseppe Terragni, souvent identifié au fascisme, alors que se développe une politique de réhabilitation des centres anciens bientôt appliquée en France, avec la loi sur les «secteurs sauvegardés» (1963).

Hors d'Europe, se développent un urbanisme et une architecture affranchis des contraintes du vieux continent. À Mexico, Caracas, Santiago, Lima, Rio et Bogota, comme en Asie, les modèles de Le Corbusier, de Gropius et Mies van der Rohe deviennent les paradigmes de l'Esprit moderne. De nouvelles capitales et villes neuves voient le jour. Chandigarh, Brasília et Dacca sont ainsi chacune les œuvres d'un seul homme. Certaines, comme > > >

« Les structures monumentales du passé »

LOUIS I. KAHN
Centre gouvernemental, Dacca, Bangladesh
1962-1983 (achevé par Wisdom & Associates).
© S. Alam.

D'abord influencé par le style international, Louis Kahn s'attache aux «structures monumentales du passé» qui, seules, lui semblent «posséder les caractéristiques universelles du grandiose, sur lesquelles les architectes de notre avenir devront s'appuyer». En 1950, il découvre Rome, la Grèce et l'Égypte et s'arrête à Marseille où s'édifie la Cité radieuse de Le Corbusier. Il introduit alors une volumétrie nouvelle faite de formes et de figures monumentales d'un extrême dépouillement et conjugue au béton le travertin et la brique. Architecte de la méditation et de l'immanence, Kahn cherche «le silence, avec son désir d'être, et la lumière, d'où vient toute présence». À l'instar de Brasília de Niemeyer et Costa et de Chandigarh de Le Corbusier, l'assemblée du Bangladesh, à Dacca, constitue l'un des rares exemples où l'architecture contemporaine se confonde avec la naissance d'une nouvelle nation.

Louis Kahn aura une influence indubitable sur Aldo Rossi, Mario Botta, Tadao Ando et Rafael Moneo. Son ancien associé Robert Venturi publie pourtant en 1972, deux ans avant la mort de son maître, *Learning from Las Vegas*, dont on sait combien l'éclectisme et les thèses post-modernes vont à l'opposé de la spiritualité monumentale et monacale de Louis Kahn.

« Less is more »

LUDWIG MIES VAN DER ROHE
Seagram Building, New York (avec Philip Johnson)
1954-1958.
Photo E. Stoller. © Esto.

Maison Farnsworth, Plano, Illinois
1945-1950.
© P. Cook/Archipress.

Le thème de la maison individuelle en verre apparaît dans le projet de Mies van der Rohe dès les années 20. Du pavillon de Barcelone (1929) à la villa Tugendhat, à Brno (1928-1930), et à de nombreux projets non réalisés, le principe de la boîte de verre posée sur pilotis ne trouve finalement son véritable accomplissement qu'aux États-Unis, en 1945, avec la construction de la maison Farnsworth, véritable concept architectural repris par nombre de ses successeurs.

Cependant, avec les deux immeubles de Lake Shore Drive, construits à Chicago en 1948, Mies peut enfin utiliser un tissage de métal apparent à l'échelle du gratte-ciel, qui préfigure la réalisation du Seagram Building, entre 1954 et 1958. L'esthétique de verre et de métal, le principe des proportions de 3/5 pour les baies conduisant au choix d'une simple dalle prismatique et rectangulaire dressée sur pilotis, enfin la trame unique de haut en bas, dont

aucun élément rythmique ne vient rompre la continuité, devient le symbole du monde industriel contemporain et, avant d'être galvaudée, l'affirmation de la célèbre formule de Mies : «Less is more.»

« DIEU EST DANS

« Une image futuriste de l'envol »

EERO SAARINEN
Terminal de la compagnie TWA, aéroport Kennedy (antérieurement Idlewild), New York
1956-1962. © TWA/ E. Stoller Associates, New York.

Né en Finlande, E. Saarinen s'établit avec sa famille aux États-Unis dès 1923. Diplômé de Yale, il rejoint l'agence de son père dont il devient l'associé en 1941. Lauréat du concours du Mémorial Jefferson à Saint Louis (Missouri) en 1948, il édifie une gigantesque arche revêtue d'acier qui apparaît moins comme une performance technique qu'une recherche sur le monument commémoratif, au point de rencontre de l'architecture et de la sculpture.

Le terminal de la TWA de l'aéroport Kennedy, à New York, dont les courbes et contre-courbes de béton imposent «une image futuriste de l'envol», véritable fusion de la fonction et de la forme, incarne comme celui de l'aéroport de Washington, réalisé au même moment, l'idéal moderne d'une architecture libre et dynamique, détachée des contraintes stylistiques et techniques du modèle du style international.

« Un temple de l'art non-objectif »

FRANK LLOYD WRIGHT
Solomon R. Guggenheim Museum, New York
1943-1959.
© F. Eustache/Archipress.

Porteuse d'une infinité de formes et idées architectoniques en constant devenir, sur une durée de près de 70 ans, l'œuvre de Wright, tour à tour élitiste et sociale, traversée de visions utopistes et suffisamment singulières pour ne pas faire école, à l'opposé de «l'esprit des Lumières» qui habite l'œuvre de Mies, incarne le mythe américain du pionnier à la conquête du nouveau.

Dès 1925, le motif de la spirale apparaît dans son œuvre. Il devient réalité avec l'élaboration complexe du Solomon R. Guggenheim Museum, achevé en 1959 quelques mois après sa mort. Symbole de l'architecture des années 50, le bâtiment et sa rampe en pente douce qui conduit du haut vers le bas son public, est l'expression d'un tracé symbolique et continu d'un mouvement moderne qui se veut téléologique et ouvert. Faisant initialement référence à la ziggourat, ce temple de «l'art non-objectif» reste l'accomplissement du bâtiment-sculpture que, quelque 40 ans plus tard, Franck O. Gehry voudra réinterpréter et édulcorer avec le musée Guggenheim de Bilbao.

CARLO SCARPA
Cimetière Brion-Vega, San Vito d'Altivole, Trévise
1969-1978.
© Y. Lion.

« Une ambiance spatiale »

Établi à Venise jusqu'en 1962, Carlo Scarpa y enseigne le dessin puis la décoration jusqu'en 1972. Attaché à l'Art nouveau comme à la Sécession viennoise, il entame à partir de 1942 une collaboration continue avec la biennale de Venise, dont il reste le conseiller et scénographe pendant 30 ans. Sa proximité avec la création contemporaine et son activité de muséographe le conduisent à une approche singulière de l'histoire des formes et des objets. Développant son projet architectural comme un vaste raisonnement critique, Scarpa s'attache aux détails et aux éléments d'intersection qui lient un espace à un autre. Sensible à la lumière et à la couleur, il inaugure en metteur en scène une conception de «l'ambiance spatiale» qu'il envisage, sous une forme sensible et cognitive au-delà de l'espace clos et qu'il applique à la réalisation de certains espaces publics, tel le cimetière Brion-Vega, à Trévise, construit entre 1969 et 1978.

« Seule la beauté peut être fonctionnelle »

KENZO TANGE
Centre de communication de Yamanashi, Tokyo
1962-1966. © O. Murai.

Fasciné par Le Corbusier, chez qui il refuse de voir un dogme issu du style international, Kenzo Tange cherche, dès les années 40, à démontrer son aptitude à combiner un langage stylistique à grande échelle à des images de l'architecture japonaise traditionnelle. Le centre de la Paix d'Hiroshima (1949-1955) marque le début de sa carrière et le met au contact du CIAM de 1951 qui l'invite à présenter son projet. Cherchant «une nouvelle tradition», entre architecture internationale et redéfinition des fondements d'une architecture japonaise, Tange invente une synthèse entre les deux pôles opposés de sa culture, le Yayoï et le Jomon. La préfecture de Kagawa (1955-1958), le palais des sports de Takamatsu (1962-1964), le centre de communication de Yamanashi (1962-1966), témoignent ainsi de son refus de «l'ennuyeuse architecture moderne» et de la volonté de retrousser l'axiome premier du fonctionnalisme en proclamant que «seule la beauté peut être fonctionnelle».

Initiateur avec, entre autres, Kisho Kurokawa, du mouvement métaboliste, il s'attache à l'analyse

de la ville contemporaine pensée telle une structure biologique et élabore, en 1960, un projet d'urbanisme pour Tokyo qui reste à l'état de théorie, où des méga-structures sont connectées par des axes routiers traversant la ville de part en part.

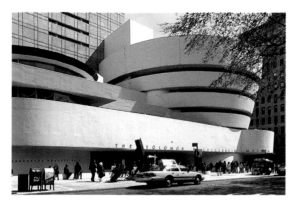

LES DÉTAILS » Mies van der Rohe

> > > en Afrique, proposent un retour aux modèles vernaculaires alors que des architectes, tels Buckminster Fuller («dôme géodésique») ou Paul Rudolph, Yona Friedman («villes mobiles»), le groupe Archigram («*living cities*»), les métabolistes japonais (Exposition universelle d'Osaka), les Italiens de Superstudio et, au sein de la «dérive» urbaine des situationnistes, Constant, opposent au fonctionnalisme une vision utopique de la ville. Dans le climat critique des «grands récits» du siècle, alors que des architectes, tels le groupe des Five, Tadao Ando au Japon, Henri Ciriani en France, réaffirment leur confiance dans la «tradition moderne» et le néo-corbusianisme, le post-modernisme s'impose, après les années 70, comme produit culturel et spectaculaire du moment. Ainsi, les critiques et architectes anglo-saxons Charles Jencks, Charles Moore, Robert Venturi, Philip Johnson, Michael Graves, James Stirling, Arata Izosaki au Japon, ou, en Italie, Aldo Rossi et, en France, Bernard Huet disent réinscrire l'architecture dans l'histoire de la ville.

Parodies et pastiches ornent alors édifices ou *piazzas* à la stylistique éclectique et archétypale alors que le néo-régionalisme critique de Mario Botta et d'Alvaro Siza, que définit Kenneth Frampton, tente de combiner, du Tessin au Portugal, l'universalisme moderne à des référents locaux. Simultanément, le *high-tech* développe à l'extrême une sophistication technologique qui, de Norman Foster à Richard Rogers et Renzo Piano, traduit sa fascination pour une architecture cherchant ses sources dans l'indexation de «l'art de l'ingénieur», alors que la notion de «déconstructivisme» emprunte ses modèles théoriques à la pensée philosophique contemporaine.

Dès lors, la subjectivité a pris la place des dogmes. Il ne semble plus que l'architecte ait à inventer de nouvelles typologies mais à penser le territoire et le réel auquel il se confronte. Après les avatars du post-modernisme, à l'instar de l'éclectisme du Japon, la ville occidentale nous laisse face à des démarches aussi synchrones que différentes qui rappellent, selon la formule d'Antoine Grumbach, que «l'architecture sans contrainte est une imposture». <

148

LE CORBUSIER (CHARLES-ÉDOUARD JEANNERET, DIT)
Parlement de Chandigarh, Inde
1951-1957.
© F.-X. Bouchart/Archipress.

Chapelle Notre-Dame-du-Haut, Ronchamp, Jura
1951-1955.
© F. Eustache/Archipress.

C'est en Inde, à Ahmedabad, où il réalise le musée (1953-1956), la maison de l'association des Filateurs (1954-1956), la maison Sarabhai (1955-1956) et la villa Shodan (1956), que Le Corbusier met en pratique

la synthèse de ses idées architecturales et urbanistiques. À Chandigarh, capitale de l'État du Pendjab fondée en 1947, le quartier du Capitole avec les bâtiments du gouvernement qu'il édifie entre 1952 et 1964 sur un plan d'ensemble conçu en collaboration avec Maxwell Fry et Jane Drew, lui permet de mettre en œuvre à l'échelle de la nouvelle ville, une synthèse de l'esthétique

du béton armé sans contradiction avec l'architecture indienne traditionnelle.

À la technique rationnelle de l'ingénieur se superpose une manière ineffable de «vivre l'espace et la forme», notion dont se sert Le Corbusier au même moment pour désigner le sentiment de l'espace lorsqu'il invente la beauté plastique de la chapelle de Ronchamp.

« Vivre l'espace et la forme »

OSCAR NIEMEYER
Cathédrale, Notre-Dame-de-Fatima, ville nouvelle de Brasília, Brésil
1958-1970.
© M. Moch/Archipress.

Au contact de Lucio Costa et de Le Corbusier pour la construction du ministère de l'Éducation et de la Santé à Rio de Janeiro dès 1936, Oscar Niemeyer envisage d'emblée l'architecture comme le support d'une esthétique spécifique.

Dans la proximité de Juscelino Kubitschek, maire de Belo Horizonte et futur président du Brésil, il réalise entre 1943 et 1944, un vaste ensemble pour le parc de Pampulha qui lui vaut une réputation internationale et le consacre comme l'architecte d'un Brésil en pleine expansion.

Le chantier de Brasília offre à Niemeyer, aux côtés de L. Costa, la possibilité d'un projet architectural et urbanistique majeur qu'il développe dans un style

d'un classicisme épuré, à la recherche d'une élégance et d'une maîtrise du béton armé en autant de surfaces aux courbes complexes et irrégulières. Notre-Dame-de-Fatima, sur la place centrale de la capitale, dont la structure hyperbolique s'élève dans les airs telle une couronne d'épines, suggère la conjugaison d'un principe architectural et sculptural que Niemeyer exploitera tout au long de son œuvre.

« Une ville nouvelle »

« À L'INTÉRIEUR DE LA GRANDE STRUCTURE,

« Structuralisme architectural »

ALDO VAN EYCK
Orphelinat municipal, Amsterdam
1955-1960. Avant-projet : esquisse, crayon de couleur et mine de plomb sur calque, 40,5 x 31,5 cm. Paris, centre G. Pompidou, MNAM-CCI.

Esprit libre et curieux, Aldo van Eyck n'a cessé de se renouveler, pendant un demi-siècle, «dans le respect, précise Jean Claude Garcias, de valeurs immuables : engagement social, attention maniaque portée à l'usage, goût de la participation, refus de toute hiérarchie, tiers-mondisme, goût quasi enfantin pour le coloriage». À Amsterdam, où il s'installe en 1945 après des études à

La Haye et à Zurich et de nombreux voyages jusqu'en pays Dogon, il travaille à l'atelier public d'architecture et se spécialise dans les aires de jeux. Membre de Team X, au contact du mouvement Cobra et des situationnistes, il s'attache à la remise en cause du CIAM et de la doxa moderne et envisage les projets qui lui sont confiés dans des dimensions sociale et culturelle singulières. Ainsi de l'orphelinat d'Amsterdam, prémices du «structuralisme architectural», véritable «autre pensée», sur lequel il travaille jusqu'en 1960. Petite ville-maison créée contre la métropole, constituée d'une multitude de dômes autour de patios et de cours intérieures, le projet marque, comme le précise encore J.-C. Garcias, «une rupture radicale avec l'image institutionnelle de l'en-

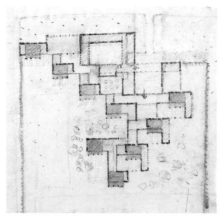

fance malheureuse, sinon avec l'institution elle-même». À ce titre, le foyer Hubertus pour mères célibataires, la reconstruction du quartier Nieuwmarkt d'Amsterdam et la clinique psychiatrique Padua à Bœkelo sont autant de projets fondés sur une véritable éthique architecturale.

« La ville comme événement permanent »

ARCHIGRAM
Plug-in-City, Peter Cook
1964. Coupe : tirage et film plastique sur carton, 58,8 x 121 cm. Paris, centre G. Pompidou, MNAM-CCI.
© J.-C. Planchet/centre G. Pompidou.

Warren Chalk, Peter Cook, Dennis Crompton, David Greene, Ron Herron et Michael Webb ont d'abord imaginé un fanzine, produit de la contre-culture des années 60, dans le but, précise Dominique Rouillard, d'informer de façon «urgente et simple» sur les innovations architecturales du temps. Après «Flux et Mouvement», «Extension et Changement», «le Jetable», le numéro 4 intitulé «Zoom ! Amazing Archigram» publié en 1964, s'affirme comme le manifeste d'un mode de pensée et de vie nourri de références historiques et d'indexations des formes les plus novatrices. Dans le contexte du pop art naissant, Archigram se veut en prise directe avec son époque. Combinant l'enseignement des Smithson aux thèses situationnistes et à l'«urbanisme indéterminé» de Yona Friedman, il met en scène la ville «comme événement permanent» dans le cadre de l'exposition «Living City», à Londres, en 1963. Pendant une décennie, les membres d'Archigram vont concevoir de nombreux projets jamais réalisés, alliant à la fascination pour une machinerie

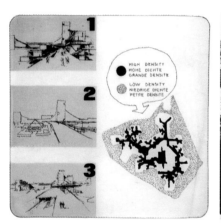

« Une société du plus grand nombre »

GEORGES CANDILIS, PAUL DONY, ALEXIS JOSIC, SHADRACH WOODS
Centre linéaire, Toulouse-le Mirail
1961-1962. Encre de Chine sur calques, 27 x 26,5 cm. Paris, centre G. Pompidou, MNAM-CCI (fonds Candilis). Photo centre G. Pompidou.

GEORGES CANDILIS, PAUL DONY, ALEXIS JOSIC, SHADRACH WOODS, MANFRED SCHIEDELM

Université libre, Berlin
1963-1974. Photo Cardot-Joly/ documentation générale du centre G. Pompidou.

Sur le chantier de l'unité d'habitation de Le Corbusier dont ils dirigent les travaux, G. Candilis, A. Josic et S. Woods se rencontrent et travaillent ensuite au Maroc jusqu'en 1955 où ils réalisent des logements sociaux pour l'ATBAT qui se veut un centre de recherches interdisciplinaire. De retour à Paris, ils participent aux travaux de Team X et figurent parmi les

seuls architectes travaillant en France à situer leurs activités en regard des débats internationaux. Engagés dans de vastes programmes de logements sociaux, ils réalisent de nombreux projets en banlieues et sont lauréats, en 1961, des concours de la ZUP de Toulouse-le Mirail et de l'Université libre de Berlin. Ils y développent des principes urbanistiques qui révisent ceux de la Charte d'Athènes et entrevoient, sur un mode clairvoyant et utopique, les problèmes d'une «société du plus grand nombre».

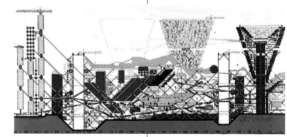

anarchique et rhizome, une vision libertaire de la ville et une inventivité verbale qui contribuent à fournir à l'architecture un nombre infini de modèles plastiques, théoriques et sociaux.

PRESQUE TOUT PEUT ARRIVER » Archigram

HANS HOLLEIN
*Formation urbaine
au-dessus de Vienne*
1960. Photomontage,
13,2 x 32,7 cm. Paris, centre
G. Pompidou, MNAM-CCI. DR.

« Tout est architecture »

Renouant avec l'esprit du modernisme autrichien, Hans Hollein enseigne dès le début des années 60 en Europe et aux États-Unis. Son intérêt pour les situations urbaines, ses projets-collages tels *Stadtstruktur* (structure urbaine, 1962) et *Flugzeugträgerstadt* (ville porte-avions, 1964), le principe selon lequel «tout est architecture», sont autant de modèles et d'images critiques. Ses premières réalisations recourent aux emprunts et citations de tout ordre comme aux matériaux précieux et aux détails innombrables. Les joailleries Schullin (1972-1974 et 1981-1983) ainsi que le siège de l'office du Tourisme autrichien, à Vienne (1976-1978), où des palmiers artificiels évoquant le pavillon royal de Brighton de John Nash, invitent le public au voyage et, plus récemment la Haas-Haus de Vienne (1990) ainsi que les musées Abteiberg de Mön-chengladbach (1972-1982) et d'Art moderne de Francfort (1991) évoquant l'étrave d'un navire, témoignent d'un rapport singulier à l'environnement. Le «Reiner Raum» (espace pur) de la banque de Santander à Madrid (1993), les projets du musée Guggenheim de Salzbourg (1990) et du centre européen du Volcanisme en Auvergne conjuguent à l'utopie des villes souterraines des années 60 la recherche d'un rapport entre tous les arts pour définir la pratique architecturale dans sa dimension rituelle.

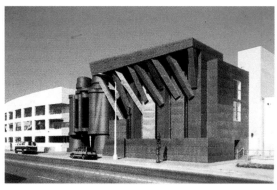

« Une architecture sans loi »

**FRANCK O. GEHRY
(AVEC CLAES
OLDENBURG)**
*Immeuble Chiat-Day, Venice,
Californie*
1991. DR.

Né à Toronto, il étudie sur la côte Ouest américaine ainsi qu'à la Harvard University de Cambridge (Massachussets). Il ouvre sa propre agence à Los Angeles en 1962. À la recherche d'une «no rule architecture» (une architecture sans loi), Gehry réalise quelques projets d'habitations individuelles et sa propre maison à Santa Monica (Californie), en 1977-1978, à partir de matériaux ordinaires qui marquent la singularité de son propos. Sensible à toutes les formes de la création contemporaine comme à la réhabilitation d'une conception sculpturale de l'architecture, Gehry réalise de nombreux bâtiments pour Disneyland à Marne-La-Vallée et à Los Angeles, à Barcelone (vila Olimpica, 1989-1992), à Weil-am-Rhein (musée et usine Vitra, 1987-1989), à Paris (American Center, 1993). Loin des ambitions comme des contraintes sociales de l'architecture européenne, Gehry développe une méthode fondée sur un incessant principe d'improvisations et d'esquisses qu'il transpose en maquettes, alliant, comme le souligne Alain Guiheux, à un principe «quasi chorégraphique», le goût de la forme libre. Ses projets plus récents comme le musée Guggenheim de Bilbao (1995-1997) et le projet d'un musée Guggenheim sur l'Hudson River, à New York, témoignent d'une volonté de spectacularisation de l'architecture conçue comme un signe fort, si ce n'est dominant, au cœur de la ville.

« Un lieu mémorable »

CHARLES MOORE
*Piazza d'Italia,
La Nouvelle Orléans*
1975-1978. DR.

Avec ses différents partenaires, à partir de 1962, comme au gré de son enseignement, Charles Moore développe une œuvre d'une grande variété dont la typologie architecturale reste complexe à établir. De sa propre maison à Orinda (Californie, 1962), première démonstration du «débordement» de l'espace de vie au moyen d'édicules en forme de baldaquins de bois, au Faculty Club de l'université de Californie (Santa Barbara, 1966-1968); des nombreux logements sociaux volontairement disparates du Kresge College pour l'université de Californie (Santa Cruz, 1973-1974), où une «acropole rurale» cite des éléments du forum de l'Antiquité; de la piazza d'Italia (La Nouvelle Orléans, 1975-1978), construite dans l'esprit des coulisses d'un théâtre antique, au Tegeler Hafen de Berlin (1980), Moore élabore un langage plastique souvent parodique, surchargé de souvenirs et de citations, moins cérébral que celui d'un Robert Venturi, décidé à ne plus «se laisser intimider par la morale et le langage puritain de l'architecture moderne orthodoxe». Plaidant dans *Body, Memory and Architecture,* publié en 1977, pour un «lieu mémorable» cher au régionalisme et à l'architecture rationnelle, Charles Moore, à l'instar de Charles Jencks, Robert Venturi, Aldo Rossi et Michael Graves, témoigne du doute du postmodernisme dans la conscience contemporaine.

« LE MOUVEMENT MODERNE AVAIT

« Dialectique de l'image et du sens »

JAMES STIRLING
(AVEC JAMES GOWAN)
École d'ingénierie, Leicester, Grande-Bretagne
1959-1964. DR.

Né à Glasgow, James Stirling grandit à Liverpool et s'imprègne de l'architecture monumentale et navale de la ville et de la pensée du théoricien Colin Rowe. À Londres, il rencontre James Gowan, avec qui il réalise plusieurs projets, dont l'école d'ingénierie de l'université de Leicester. De 1963 à 1971, Stirling manifeste son goût grandissant pour un emploi sculptural des matériaux et, selon Catherine Slessor, pour «une dialectique de l'image et du sens». La faculté d'histoire de Cambridge (1964-1967), la ville nouvelle de Run-

corn (1967-1976), les bureaux d'Olivetti à Haslemere (1969-1972) se caractérisent par un sens aigu du spectaculaire. Stirling puise son inspiration dans de multiples images allant de la serre au cuirassé, du constructivisme russe à l'habitat anglais du XVIIIᵉ siècle ou aux rampes de lancement de Cap Canaveral.

Dans les années 70, les commandes se font rares et Stirling se rapproche étonnamment du postmodernisme. Il réalise plusieurs projets, dont le Wallraf-Richartz Museum de Cologne (1975) et la Neue Staatsgalerie de Stuttgart (1977-1983) ainsi qu'une aile de la Tate Gallery consacrée à Turner (1984-1988). Son dernier projet pour l'usine Braun de Melsungen (Allemagne) terminé l'année même de sa mort, en 1992, témoigne de références éclectiques et de formes structurelles d'une extrême sophistication théorique.

« Antimonument »

RENZO PIANO
ET RICHARD ROGERS
Centre national d'Art et de Culture Georges Pompidou, Paris
1971-1977.
Photo G. Meguerditchian/ centre G. Pompidou.

«En 1971, deux jeunes architectes, l'Italien Renzo Piano et le Britannique Richard Rogers remportent le concours international pour le nouveau centre d'art et de culture dont Georges Pompidou veut doter la France. Sur le plateau Beaubourg, au cœur de Paris, ils proposent d'installer un «grand jouet urbain», un «antimonument», qui incarne les aspirations de l'époque à la culture pour tous. On connaît la fortune critique de cette «architecture pop» dans laquelle on veut reconnaître un emblème du *high-tech* et l'image de la machine comme modèle symbolique dérivé du fonctionnalisme, d'Archigram, des métabolistes et bien sûr de Jean Prouvé, président du jury du concours pour le centre, et de Peter Rice. L'œuvre subtile de R. Piano, semée de réflexions écologiques, urbaines et sociales se développe ensuite avec la fondation De Menil à Houston (1982-1986), l'aéroport du Kansaï, inauguré en 1995, la fondation Beyeler, à Bâle (1997), et le centre culturel Jean-Marie Tjibaou, à Nouméa (1992-1996). L'admiration de Rogers pour Charles Eames, Louis Kahn et les plateaux ouverts de L. Mies van der Rohe, se traduit quant à elle dans le siège social de la Lloyd's dans la City de Londres (1978-

NORMAN FOSTER
Usine Reliance Controls, Swindon, Grande-Bretagne (avec Team 4)
1965-1967. DR.

Banque de Hong Kong et Shangai, Hong Kong
1979-1985.
© R. Bryant/Archipress/Arcaid.

Diplômé de l'université de Yale, Norman Foster fonde à Londres, en 1963, l'agence Team 4 avec son épouse Wendy Cheeseman, Richard Rogers et Georgie Wolton. En 1965, ils réalisent pour Renault

l'usine Reliance Controls de Swindon. Conçue comme un ensemble de modules soutenu par des mâts creux en acier précontraint, sur lesquels s'accrochent des poutres d'acier en arc brisé et pensée tel un bâtiment virtuellement illimité, l'usine Reliance affirme l'attachement de Team 4, après les recherches brutalistes des Smithson, pour une architecture préoccupée de technologie contemporaine. À partir de 1968, Norman et Wendy Foster s'associent à Buckminster Fuller pour de nombreux projets dont aucun ne sera réalisé.

« Une métaphore de la technologie »

La tour de la Hong Kong and Shangai Bank marque, au terme d'un long travail de redéfinition de la typologie du gratte-ciel avec l'ingénieur Ove Arup, la capacité de sortir du dogmatisme et du Meccano pour imposer un bâtiment symbolique et métaphorique de la technologie du *design development* de la fin de ce siècle. Suivent de très nombreuses commandes, dont le Carré d'Art, à Nîmes (1984-1992), qui conduit Foster vers une recherche sensible sur les relations du bâtiment contemporain à la ville du passé.

1986), l'usine Inmos Microprocessor de Newport, au Pays de Galles (1982), et le siège de Channel Four, à Londres (1990-1994).

(PRESQUE) RAISON » Venturi

« Une complexité formelle et sémantique »

DANIEL LIBESKIND
*Extension du musée
d'Histoire,
département
du Musée juif, Berlin*
1989-1999.
© Archipress.

Ses études de musique, de peinture et de littérature achevées en Israël, Daniel Libeskind, né en Pologne en 1946, poursuit sa formation à New York, où il obtient son diplôme d'architecte à la Cooper Union School et un doctorat en histoire et théorie de l'architecture à l'université d'Essex, deux ans plus tard. Après de nombreuses années consacrées à l'enseignement, il fonde à Milan, en 1976, un institut privé, Architecture Intermundium, qu'il dirige jusqu'en 1989. Il installe alors son agence à Berlin et continue d'enseigner à Los Angeles, privilégiant la dimension théorique à la construction proprement dite. Ses différents projets de caractère conceptuel, parmi lesquels *Between Zero and Infinity* (1981), *Chambers Work* (1983), *Theatrum Mundi* (1985) et *Line of Fire* (1988), lui assurent une reconnaissance internationale.

Pour autant, c'est avec le projet du Musée juif, qu'il intitule *Between the Lines,* pour le concours de l'extension du musée d'Histoire de Berlin, lancé l'année de la chute du mur, qu'il accède à la construction et met en œuvre ses réflexions théoriques sur la notion de rupture, de destruction et d'absence, mêlant une complexité que Chantal Béret qualifie de «formelle et sémantique».

Conjuguant urbanisme et architecture, Daniel Libeskind s'affirme désormais comme un penseur singulier, privilégiant «le jeu d'esprit où une pensée s'élabore et devient la formation d'une idée que l'édification restitue». Refusant toute analyse progressiste de l'histoire, sa vision de l'architecture s'inscrit résolument, après la Shoah, au cœur d'un monde en perpétuelle instabilité et tension.

« Architecture et disjonction »

BERNARD TSCHUMI
*Le Fresnoy, studio national
des Arts contemporains,
Tourcoing*
1991-1998. © Ch. Richters.

Diplômé de l'école polytechnique fédérale de Zurich en 1969, Bernard Tschumi enseigne à Londres jusqu'en 1979, à Princeton en 1980 et 1981, et à la Cooper Union en 1982 et 1983. Depuis 1988, il est doyen de l'école d'Architecture de l'université de Columbia, à New York. Parallèlement à une intense activité théorique, «analysant, selon Chantal Béret, les marges de l'architecture pour mieux en déconstruire les fondements et les règles», il publie de nombreux essais, rassemblés en 1994 sous le titre *Architecture and Disjunction,* puis expose une œuvre de caractère conceptuel et inaugural, *Screenplays,* et surtout *The Manhattan Transcripts, Theoretical Projects* (1977-1981), «fiction théorique» dans laquelle «le parc, la rue, la tour et le bloc» lui permettent de développer une argumentation fondée sur la disjonction et l'événe-ment. Chantal Béret précise : «La disjonction entre usages, forme et valeurs sociales procède de l'analyse des relations entre espace et usage, décor et scénario, objet et événement, dans le cadre de la métropole contemporaine.» Lauréat du concours international pour l'aménagement du parc de La Villette, sa première construction, il réalise ensuite de nombreux projets, parmi lesquels le pavillon pour les Arts vidéo de Groningue (1990), ainsi que Le Fresnoy, studio national des Arts contemporains, à Tourcoing, mise en pratique de ses théories, au cœur desquelles les notions d'hétérogénéité et de transformation empruntent volontiers à la pensée de Georges Bataille et de Jacques Derrida. «De leur contamination, écrit encore Chantal Béret, émergent événements et mouvements, qui, dans leur désordre, dérèglent et subvertissent le code et la norme, et définissent l'architecture moins par l'objet que par l'action.»

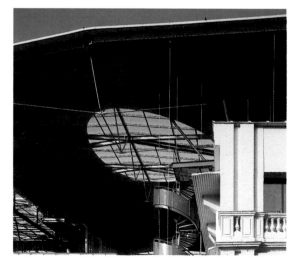

« L'architecture doit brûler »

COOP HIMMELB(L)AU
Ufa Cinema Palast, Dresde
1996-1998. © Archipress.

Wolf D. Prix et Helmut Swiczinsky forment en 1968 le groupe Himmelb(l)au (ciel bleu/construire le ciel), auquel Rainer Michael Holzer appartiendra jusqu'en 1971. Proche des actionnistes, hostile à l'architecture fonctionnaliste, parallèlement au groupe Haus Rücker, Coop Himmelb(l)au, précise Jacqueline Stanic, «se déclare pour une utopie radicale». Le groupe développe de nombreux projets de nature conceptuelle, influencés par les théories de Günther Feuerstein sur «l'archi-tecture incidente». Certains projets sont présentés lors des expositions «Urban Fiction» et «Herzstadt/Weisser Anzug» (Vienne, 1967 et 1969), parmi lesquels celui du «cœur battant», où la complexité d'une ville planétaire est assimilée à un organisme de science-fiction sensible et sensoriel.

Parce que «l'architecture doit brûler», entre «usure» et «blessure urbaine», Coop Himmelb(l)au développe une œuvre où ressurgit l'influence des expressionnistes allemands. Le projet de Dresde est conçu, précise Wolf D. Prix, tel «un clip vidéo qui cherche à rompre avec le principe de perspective centralisée».

« L'ARCHITECTURE EST, PAR DÉFINITION,

« L'esprit du temps »

JEAN NOUVEL
Fondation Cartier, Paris
1991-1995.
© Archipress.

Figure protéiforme de l'architecture contemporaine, Jean Nouvel crée sa première agence en 1970 avec Gilbert Lézénès et François Seigneur. Ses premières réalisations sont influencées par Claude Parent et Paul Virilio.

Suivent, dans l'énergie continue de concours gagnés – mais aussi pour beaucoup restés sans suite –, le collège d'Anthony (1978-1980), l'extension de la clinique de Bezons avec G. Lézénès (1978), la transformation du théâtre de Belfort avec G. Lézénès et Dominique Lyon (1980-1983), et la construction des logements Nemausus I, à Nîmes, avec Jean-Marc Ibos (1985-

1987), habile réflexion sur les conditions d'habiter. Avec l'institut du Monde arabe, conçu avec G. Lézénès, Pierre Soria et Architecture Studio (Paris, 1981-1987), Nouvel réalise l'un des bâtiments les plus remarqués de la fin du siècle. La fondation Cartier (1991-1995), le concours du Stade de France (1994), la Tour sans fin (projet, 1988), le centre de Culture et de Congrès de Lucerne (1998-

2000), ou encore le projet pour le musée du Quai Branly, en collaboration avec le paysagiste Gilles Clément, sont autant de projets singuliers, voire provocants qui, parce qu'ils témoignent d'une réelle attention aux lieux et à l'esprit du temps, marquent aussi le témoignage d'une dimension sociale et critique qu'incarnent également les combats de Jean Nouvel contre la destruction des halles, à Paris, et de l'île Seguin, à Billancourt.

« Nous avons besoin d'avant-garde »

ZAHA HADID
Projet du centre d'Art contemporain Rosenthal, Cincinnati
1998.
Image infographique.
Courtesy CAC.

Née à Bagdad en 1950, Zaha Hadid étudie l'architecture au sein de l'Association architecturale de Londres. Diplômée en 1977, elle conserve depuis un rôle de pédagogue au sein de multiples universités, dont Columbia et Harvard, où elle a succédé à Kenzo Tange. Dès 1983, de nombreux projets tels le Kurfürstendamm à Berlin (1986), le centre des Arts et Médias de Düsseldorf (1989), le Cardiff Bay Opera House (1994) et le centre d'Art contemporain de Cincinnati (projet de 1998, fin de la construction en 2003) la consacrent comme l'une des figures majeures du déconstructivisme. Scénographe, elle conçoit pour la ville de Groningue un projet de pavillon pour les arts vidéos et, en 1992, l'installation de l'exposition des avant-gardes russes «The Great Utopia», au musée Guggenheim de New York. Associée aux réflexions sur les réhabilitations des friches portuaires de Hambourg, Bordeaux et Cologne, elle développe une réflexion complexe sur la notion de territoire, tout en continuant de confronter, sur un mode dialectique, la pratique manuelle de la peinture et du dessin à la conception assistée par ordinateur. Résolument engagée, Zaha Hadid en appelle aux modèles et pratiques issus des utopies du XXe siècle et proclame : «Nous avons besoin d'avant-garde.»

153

« Aventures programmatiques »

REM KOOLHAAS
Palais des congrès, Euralille, Lille
1988-1995.
© P. Cook/Archipress.

D'abord journaliste et scénariste, Rem Koolhaas étudie l'architecture à Londres entre 1968 et 1972. Deux projets théoriques et fictionnels, inspirés de Superstudio et d'Archizoom, marquent cette période.
Après un long séjour aux États-Unis jusqu'en 1979, R. Koolhaas fonde l'Office for Metropolitan Architecture (OMA), qui se donne pour but la définition de nouveaux modes de relations «stratégiques» entre l'architecture et la ville. Koolhaas publie alors *Delirious New York,* qu'il conçoit comme «un manifeste rétroactif de Manhattan» et décrit comme «le paradigme de l'exploitation de la densité». De retour en Europe, il s'installe à Rotterdam et participe à de nombreux projets publiés

mais pas réalisés, et aborde, dans une suite de contributions écrites et orales, la question cruciale de l'architecture moderne dans le contexte historique de la ville européenne. Dès 1987, la réalisation du théâtre de Danse de La Haye, de maisons individuelles à Rotterdam (1988), Saint-Cloud (1991) et Floirac (1997), de logements à Amsterdam (1989) et Fukuoka (1991), de la Kunsthalle de Rotterdam (1992), du plan d'urbanisme pour la nouvelle ville de Melun-Sénart et, de 1988 à 1995, le projet urbain du «Triangle des gares» de la ville de Lille, que Jacques Lucan décrit tel «un extraordinaire maelström [...], où se mêlent et se croisent les infrastructures [...]» sont, avec le musée Guggenheim de Las Vegas, autant de dispositifs et d'«aventures programmatiques» marquant profondément et spectaculairement l'architecture contemporaine.

UNE AVENTURE CHAOTIQUE » Koolhaas

« Un parti pris minimaliste »

DOMINIQUE PERRAULT
Bibliothèque
François Mitterrand, Paris
1989-1997.
© M. Denance/Archipress/BNF/
D. Perrault architecte, Paris.

Diplômé en 1978, Dominique Perrault réalise, à la suite d'un concours, l'école supérieure d'Ingénieurs en électronique et électrotechnique de Marne-la-Vallée (1984-1987), d'une réelle sobriété et perfection technique, qui lui permet d'emblée d'ambitionner la conception de grands projets.

De l'hôtel industriel Berlier (1986-1990), constitué d'une immense couverture de verre posée sur des plateaux libres de béton et offrant un contraste diaphane avec l'intrication du tissu urbain alentour, à l'usine de la SAGEP à Ivry-sur-Seine (1987-1993); des Archives de la Mayenne à Laval (1989-1993) au vélodrome et à la piscine olympique de Berlin (1992-1999) ou à la récente usine Aplix (1999) à Nantes, l'œuvre de Dominique Perrault, à l'instar de celle de Jacques Herzog et Pierre de Meuron, sensible à la «peau des édifices», affirme un parti pris volontiers «minimaliste» et interroge les possibles relations de l'architecture avec les formes les plus exigeantes des arts plastiques.

Dernier des grands projets de François Mitterrand, la Bibliothèque nationale de France impose sa conception résolument simple. La sobriété et l'évidence symbolique de sa structure contrastent avec celles de nombre de projets contemporains et suggèrent l'effacement et la disparition de l'objet architectural au profit de sa seule présence.

KAZUYO SEIJIMA
Studio multimédia,
Oogaki, Gifu, Japon
1996-1997.
© Shinkenchiku-Sha.

Émule de Toyo Ito, avec qui elle travaille de 1981 à 1986, Kazuyo Seijima partage avec lui, selon Alain Guiheux, «le sens des espaces translucides, construits avec des matériaux légers et contemporains, ainsi que l'intérêt pour les solutions constructives innovantes mais non démonstratives. Elle a fait émerger une nouvelle conscience d'un espace architectural contemporain, non sculptural, minimal, nuageux, artificiel, luminescent, dont la force est aussi celle de son évidence».

Associant au métal et au verre des matériaux plastiques et des tissus synthétiques, Seijima accède à la reconnaissance internationale avec la réalisation à Kunamoto, en 1991, d'un dortoir de jeunes filles.

De nombreux projets, parmi lesquels la Villa dans la forêt, à Chino, et l'hôtel de police de Chofu (1994), les salles de jeu de Pachinko I, II et III (1991-1995) et le Studio multimédia de Gifu (1996), bâtiment enterré et sans façade, dont le toit semble être devenu le sol, témoignent de ses recherches pour une architecture de la transparence, aux antipodes du fonctionnalisme, préférant un espace volontiers irréel et dématérialisé, dans lequel on pourra reconnaître l'écho des *manmaku* de l'architecture classique japonaise et un manifeste ultime de la tradition moderne «à la recherche de son effacement».

« L'architecture du vent »

TOYO ITO
La Tour des vents, Yokohama
1986. DR.

Diplômé en 1965, Toyo Ito travaille dans l'agence de Kiyonuri Kikutake, membre du mouvement métaboliste. Il fonde son agence, Urban Robot, à Tokyo, en 1971, et réalise de premiers projets fortement influencés par Arata Isozaki et Kazuo Shinohara. Ses différentes maisons individuelles l'engagent à une critique du formalisme et à la redéfinition de la fonction architecturale à partir de l'analyse de la société et des modes de vie contemporains. «Il élabore, explique Chantal Béret, le concept de nomadisme, propre à une ville fragmentée, fluide, dynamique, éphémère, impalpable, où le sens du *genius loci* est perdu», et ce qu'il appelle «l'architecture du vent», dont la Hutte d'argent (Tokyo, 1982-1984) reste l'œuvre emblématique.

La Tour des vents, conçue selon un principe technique lui permettant de se métamorphoser au gré du temps et de l'environnement, est, à l'aube des projets qui vont suivre dans les années 90 – Œuf des vents (Tokyo, 1991), musée municipal de Yatsushiro (1991), centre culturel du Japon à Paris (non réalisé, 1990) –, l'expression sensible d'un art à la recherche d'immatérialité, en opposition à la théâtralité emphatique et aux gestes héroïques. Elle ouvre la voie à une architecture japonaise qui, avec Kazuyo Seijima, trouve son accomplissement.

« Un espace non sculptural »

« COMMENT IMAGINER

« La peau des édifices »

JACQUES HERZOG ET PIERRE DE MEURON
Tate Modern, Londres
1995-1999.
© M. Leith.

Élèves de l'École polytechnique de Zurich, où ils ont suivi l'enseignement d'Aldo Rossi, Jacques Herzog et Pierre de Meuron s'installent à Bâle en 1978. Dès leurs premiers projets, «leur travail, précise Alain Guiheux, se caractérise par une intense application à déterminer la surface ou la peau des édifices».
Le bâtiment de logements de l'Hebelstrasse, à Bâle (1984-1988), est recouvert de bois, au point que portes, fenêtres, poteaux et tous les autres orifices disparaissent sous cette peau unificatrice. «On parle volontiers, précise Alain Guiheux, d'un bâtiment-meuble, c'est-à-dire mobile, au sens de "passager"», d'autant que le bâtiment est posé sur des fondations laissées apparentes, telle une baraque de chantier. L'immeuble de logements de la Schützenmattstrasse, également à Bâle, les entrepôts

Ricola (1987), à Mulhouse, dont le principe semble né du procédé d'empilement du bois des scieries environnantes et qui est couvert d'une fonte s'apparentant à une résille, sont autant d'exemples d'un art de bâtir qui redécouvre un espace plan qu'Alain Guiheux compare à celui de l'information sous toutes ses formes : journaux, publicités, écrans... Pourtant, ce sont les différentes formes des arts conceptuels et minimalistes, dont ils déplacent les expériences dans le champ de l'architecture, qui caractérisent les réalisations

d'Herzog et de Meuron. En témoignent la galerie Goetz à Munich (1992), qui offre au regard une cohérence géométrique et abstraite en osmose avec les œuvres exposées, et l'atelier de Rémy Zaugg à Mulhouse (1996), dont le strict néo-minimalisme n'est altéré que par l'écoulement de l'eau sur la façade.
La Tate Modern de Londres, installée dans la centrale thermique de Bankside, reprend la notion de «présence», entre cohérence géométrique et sobriété, ainsi que Barnett Newman l'avait suggéré à propos de son projet pictural.

« Noyer la ville »

MVRDV
Appartements WOZOCO, Amsterdam
1997. DR.

Winy Maas (1959), Jacob van Rijs (1964) et Nathalie de Vries (1965), issus d'agences hollandaises telles que Van Berkel, Mecanoo et OMA, fondent l'agence MVRDV en 1991. Leur production a été décrite comme une architecture de l'optimisme et de l'utopie, de par les multiples possibilités de construire qu'elle propose, sa distance résolue avec les dogmes, l'histoire et les conventions.
Les appartements WOZOCO (1997), la villa Vpro (1997), le pavillon hollandais de l'Exposition internationale de Hanovre (2000) – «empilement vertical

155

de scènes, explique Alain Guiheux, sans se préoccuper de l'esthétique de ses façades et du reste» – et leur proposition pour la fondation Pinault, à Billancourt, comptent parmi les projets les plus significatifs.
Entre utopie et pragmatisme, au cœur de la société de l'information, leur architecture est envisagée tel un élargissement de l'expérience. Cherchant à jouer des situations les plus révélatrices de l'espace urbain, MVRDV envisage d'agir et de transformer le réel de façon singulière. Chargés ainsi de réfléchir à l'évolution urbaine du Brabant, ils proposent, à travers un plan-masse, d'élaborer un parc à l'échelle de la région, avec de véritables attractions paysagères telles des dunes et des montagnes. À Rotterdam, ils suggèrent de noyer une partie de la ville pour retrouver un lien entre l'eau et le port.

« Une enveloppe sensible »

PETER ZUMTHOR
Kunstmuseum Bregenz, Bregenz
1997. © B. Staubasch/Archipress.

Né à Bâle en 1943, Peter Zumthor est une figure exemplaire d'une architecture de la transparence alliant à sa précision et son exactitude la poésie et le radicalisme d'un vocabulaire formel d'une extrême pureté. Plusieurs réalisations, dont son propre atelier à Haldenstein (1986) et la chapelle Sainte-Bénédicte de Sumvitg, en Suisse (1989), jouant sur des contrastes de matériaux, témoignent d'un attachement aux valeurs des avant-gardes historiques. Mais ce sont bien sûr le Kunstmuseum de Bregenz, en Autriche (1997), les

thermes de Vals (1996), en Suisse, qui, dans leur simplicité et leur précision technique, affirment le caractère physique et original de l'architecture de Zumthor. Travaillant à l'extrême la sophistication de la construction, il privilégie une architecture d'idées et de détails, en opposition avec les conventions normées. Les textures des matériaux translucides comme la lumière sont autant de recherches sur les formes et les fonctions des édifices. Ainsi du projet Topographie de la terreur pour Berlin (2000), architecture de méditation et de célébration, conçue telle une enveloppe sensible, entre le musée et le mémorial.

UN CARRÉ SANS VIE ? » MVRDV

« L'art du camouflage »

ÉDOUARD FRANÇOIS
Le château Le Lez,
dit «l'immeuble
qui pousse», Montpellier
1999. © P. Raftery/View.

Associés jusqu'en 1999, Édouard François, architecte, et Duncan Lewis, designer, ont fondé leur agence à Paris en 1993. Leurs premiers projets, parmi lesquels le viaduc de l'autoroute A 86 à Saint-Quentin-en-Yvelines (1994), l'extension du groupe scolaire Buffon à Thiais (1995) et la station d'épuration de Nantes (1995), témoignent de leur intérêt pour des matériaux pauvres et des lieux sans qualité.

Pourtant, les serres pour le nénuphar géant Victoria Regia, couvertes d'une bâche de PVC de 150 m² reposant sur des bambous (festival des Jardins de Chaumont, 1996), les gîtes ruraux de Jupilles (1997) et, surtout, le château Le Lez, dit

«l'immeuble qui pousse», qu'Édouard François réalise seul, prouvent qu'il existe une demande pour un habitat dérogeant aux conventions. À l'opposé de tout régionalisme, ce projet témoigne d'une expérimentation aux frontières de la composition paysagère : «Une architecture à la fois "pauvre", comme l'arte povera, environnementale comme le land art, structurée comme une architecture sans architecte, mimétique comme un caméléon, ajoute Chantal Béret, qui tend à disparaître ou à devenir invisible, au point de relever de l'art du camouflage.»

ANNE LACATON ET
JEAN-PHILIPPE VASSAL
Maison Latapie, Floirac
1993. © Ph. Ruault.

«L'architecture, disent Lacaton et Vassal, sera directe, utile, précise, économe, libre, gaie, poétique et cosmopolite.» Après avoir été remarqués pour la construction de la maison Latapie, dans la banlieue de Bordeaux, en 1993, Anne Lacaton et Jean-Philippe Vassal imaginent, parmi d'autres projets, à Lège-Cap-Ferret, en 1999, un scénario singulier en proposant de réaliser, sur la pente de la dune de sable, une maison enchâssant les hauts pins du terrain, sorte de «non-architecture» ou de «non-design», sans langage, «sinon, précise Alain Guiheux, celui de la simplicité constructive, du choix des matériaux les plus évidents». Lauréats de l'appel à candidature pour la conception et l'aménagement du site de

« Simplement la vie du lieu »

Création contemporaine dans les locaux du palais de Tokyo, à Paris, ils proposent de s'inspirer du modèle de la place Djemáa el-Fna de Marrakech et de développer une conception scénique et dématérialisée de leur intervention. Pour «éviter de continuer de dégrader ou de démolir» et «éventuellement réparer» un bâtiment déjà par trop brutalisé, Lacaton et Vassal décident de se situer dans une logique de retour à l'architecture d'origine du palais de Tokyo au niveau structurel et fonctionnel. Ainsi définissent-ils une architecture qui se glisse dans l'existant «pour être simplement la vie du lieu» et fonctionner littéralement en osmose avec l'endroit, privilégiant l'élargissement de l'expérience et de l'imaginaire social, dans lesquels Jean-François Lyotard voulait voir la seule prolongation possible des expériences de la modernité.

« Maison de papier »

SHIGERU BAN
Maison de papier,
Lac Yamanaka,
Yamanashi, Japon
1994-1995.
© Hiroyuki Hirai.

Né à Tokyo en 1957, Shigeru Ban étudie l'architecture à Los Angeles, puis à la Cooper Union de New York. Il ouvre son agence à Tokyo en 1985 et se fait connaître avec les *«case study houses»*, dans lesquelles il explore la relation extérieur/intérieur.

La «maison-mur-rideau» (1995) et la «maison sans mur» (1997) sont autant d'étapes qui le conduisent à la redécouverte de matériaux recyclés, tels les tubes de carton ou les bûches de papier, avec lesquels il élabore la construction d'habitats d'urgence à la suite du tremblement de terre de Kobé (1995), ainsi que la «maison de papier» à Yamanashi (1995) et le pavillon du Japon pour l'Exposition internationale de Hanovre (2000).

La «maison de papier», d'une surface de 100 m², fait partie d'une série de trois sur les rives du lac Yamanaka. C'est le premier projet réalisé au Japon à partir de matériaux recyclés pour un bâtiment pérenne. Les 110 tubes de 28 cm de diamètre sur 2,7 m de haut sont dressés sur une plate-forme carrée de 10 m de côté. L'ensemble s'organise en une ample boucle qui délimite un vaste espace de séjour et une salle de bains. Il rappelle la simplicité radicale des espaces et du mode de vie traditionnels du Japon.

« ÊTRE ARCHITECTE C'EST DONNER DES RÉPONSES

Chronologie 1944-2000

En regard du sujet traité, les éléments de cette chronologie privilégient les événements liés à l'architecture, en France essentiellement. Les dates indiquées pour les projets réalisés marquent l'achèvement de la construction.

1944
• Ministère de la Reconstruction et de l'Urbanisme.
Jean Prouvé : structures en tôle pliée.

1945
• Finlande : Alvar Aalto, village de Raniemi.
• Danemark : Arne Jacobsen, maisons à Soholm.
• Bruno Zevi, *Vers une architecture organique.*
• Luigi Nervi, *Art ou science de construire ?*
Auguste Perret : projet pour Le Havre.
Marseille : Le Corbusier, première unité d'habitation.
Plano : L. Mies van der Rohe, maison Farnsworth.

1946
• Londres : l'ingénieur Ove Arup ouvre son agence.

1947
• Paris : exposition internationale de l'Urbanisme et de l'Habitation (Grand Palais).
• Turin : Pier Luigi Nervi, halle du salon de l'Auto.

1948
• URSS : normalisation des projets et industrialisation de la construction pour l'architecture de l'habitat.
Le Corbusier met au point le Modulor.
Chicago : programme de L. Mies van der Rohe.

1949
• Cologne : exposition «l'Habitat moderne et l'architecture allemande depuis 1945» organisée par le Werkbund.
• Norfolk : Peter et Alison Smithson, école secondaire d'Hunstanton, 1er manifeste du New Brutalism.
Hiroshima : Kenzo Tange, centre de la Paix.

1950
• Meudon : A. Sive et J. Prouvé, 14 maisons individuelles.

1951
Ahmedabad, Inde : projets de Le Corbusier.
Yale : Louis Kahn, musée de l'Université.

1953
Aix-en-Provence : CIAM 9.
Formation du groupe Team X.

1954
• Royan : Guillaume Gillet, église Notre-Dame.
Jean Prouvé : maisons pour l'abbé Pierre.

1955
• Pantin : Émile Aillaud, cité des Courtillières.
• Milan : Gio Ponti, immeuble Pirelli.
• Stuttgart : F. Leonhardt, Tour de la télévision.
Ronchamp : Le Corbusier, Notre-Dame-du-Haut.

1956
• Bazoche : A. Aalto, projet de la maison Carré.
• Berlin : Hans Scharoun, salle de concert.
Bagnols-sur-Cèze : G. Candilis, A. Josic et S. Woods, plans de Toulouse-Le-Mirail.
Dubrovnik : CIAM X, intervention de Team X.
New York : Eero Saarinen, aéroport Kennedy.
New York : L. Mies van der Rohe et Ph. Johnson, projet du Seagram Building.
Brasília : O. Niemeyer organise le concours de la ville nouvelle (lauréat : Lucio Costa).

1957
• Alger : Fernand Pouillon, les «200 Colonnes».
Paris : Le Corbusier et Lucio Costa, maison du Brésil de la cité universitaire.

1958
• La Défense : Robert Camelot, Jean De Mailly, Bernard Zerhfuss, centre national des Industries et Techniques.
• Création des Zones à urbaniser en priorité (ZUP).
• Paris : Marcel Breuer, Pier-Luigi Nervi, B. Zehrfuss, siège de l'Unesco.
• Paris : Édouard Albert, tour de la rue Croulebarbe.
• Yona Friedman, *l'Urbanisme spatial.*
• Orly : H. Vicariot, aéroport d'Orly-sud.
Bruxelles : exposition internationale avec pavillon de la France (G. Gillet et J. Prouvé) et pavillon Philips (Le Corbusier avec I. Xenakis et E. Varèse).

1959
• Marly-le-Roi : Marcel Lods, les Grandes Terres.
New York : achèvement du musée Guggenheim.
Milan : G. Ponti et P. L. Nervi, centre et tour Pirelli.

1960
• Flaine : M. Breuer, station de sports d'hiver.
• Pantin : E. Aillaud, ensemble d'habitations des Courtillières.
• Londres : Rainer Banham, *Théorie et Design au premier âge de la machine.*
• Rome : Luigi Benevolo, *Histoire de l'architecture moderne.*
Londres : fondation du groupe Archigram.

1961
• Le Havre : G. Lagneau, M. Weill, J. Dimitrijevic, G. Audigier, musée et centre culturel (programme d'André Malraux).
Chandigarh, Inde : programme Le Corbusier.

1962
• Loi Malraux pour la création des secteurs sauvegardés.
Dacca, Bangladesh : Louis Kahn, parlement.

1963
• Michel Ragon, *Où vivrons-nous demain ?*
• Saint-Paul-de-Vence : José Luís Sert, fondation Maeght.
• France : création de la délégation à l'Aménagement du territoire (Datar).
• Berlin : H. Scharoun, salle de concert de la Philarmonie.
P. Virilio et Claude Parent : groupe et revue *Architecture principe,* église Sainte-Bernadette, Nevers.

1964
• Moscou : Bourdine, L. Batalov, N. Nikitine, «tour de la télévision».
Peter Cook, groupe Archigram : manifeste *Plug-in-City.*

1965
• Firminy : Le Corbusier, maison de la Culture.

1966
• Milan : Aldo Rossi, *l'Architecture de la ville.*

1967
• Paris : création de la revue *Architecture, Mouvement et Continuité,* qui deviendra en 1983 *le Moniteur architecture AMC.*
• R. Venturi, *Complexité et Contradiction en architecture.*

1968
• Fernand Pouillon, *Mémoires d'un architecte.*
Berlin : L. Mies van der Rohe, Nationalgalerie.
Paris : Oscar Niemeyer, siège du parti communiste.

1969
• Paul Andreu, étude pour l'aéroport de Roissy.
• Paris, musée des Arts décoratifs : exposition «Architecture sans architecte».
• Création des zones d'Aménagement concerté (ZAC).
New York, MoMA : exposition des Five.

1970
• Osaka : Exposition universelle.

1971
• Paris : destruction des halles de Baltard.
Évry : AUA-Bofill, concours de la ville nouvelle.
Riva-San-Vitale : Mario Botta, maison Bianchi.

1972
• Port-Grimaud : F. Spoerry, ensemble de vacances.
Robert Venturi, *Learning from Las Vegas.*

1974
• Barcelone : José Luís Sert, fondation Miró.
• Concours d'aménagement de Marne-la-Vallée.

1977
• Loi du 3 janvier : création en région des conseils d'Architecture, d'Urbanisme et d'Environnement.
• Roumanie : destruction du centre historique de Bucarest.
Ch. Jencks, *le Langage de l'architecture post-moderne.*
Paris : R. Piano et R. Rogers, futur centre Pompidou.

1978
New York, Londres et Paris : Rem Koolhaas, *Delirious New York.*
La Nouvelle-Orléans : Ch. Moore, piazza d'Italia.

1979
• Paris : Claude Vasconi et Georges Pencreac'h, construction du forum des Halles.
Paris : Ch. de Portzamparc, les Hautes Formes.

1980
• Ouverture de centres de diffusion sur l'Art et l'Architecture : IFA (Paris) et Arc-en-rêve (Bordeaux).

1981
Programme des Grands Travaux de F. Mitterrand.

1983
Turin : Renzo Piano, réhabilitation de l'usine Fiat.

1984
Saint-Cloud : Rem Koolhaas, villa Dall'Ava.

SIMPLES À DES PROBLÈMES COMPLIQUÉS » Lacaton et Vassal

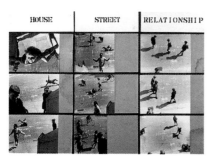

1952-1953.
Alison et Peter Smithson, *Grille pour le CIAM d'Aix-en-Provence*, technique mixte, 55 x 260 cm (détail). Paris, centre G. Pompidou, MNAM-CCI. DR.

1958-1959.
Yona Friedman, *Étude de la ville spatiale*, perspective, feutre sur photocopie, 29,7 x 38 cm. Paris, centre G. Pompidou, MNAM-CCI. DR.

1963-1966.
Claude Parent et Paul Virilio (groupe Architecture Principe), église Sainte-Bernadette, Nevers. DR.

1969.
Superstudio, *le Monument continu, New York*, photographie et technique mixte, 49,9 x 64,7 cm. Paris, centre Pompidou, MNAM/CCI. © RMN.

1984-1990.
Christian de Portzamparc, cité de la Musique, section Ouest, Paris. © N. Borel.

1997.
Nox/Lars Spuybroek, *Blow Out Toilet Block* (sanitaires), Zeeland, Pays-Bas. © Nox/Archilab 1999, Orléans.

Chronologie 1944-2000

1985
• Montpellier : Ricardo Bofill, quartier Antigone.
Hong Kong : N. Foster, banque de Hong Kong et Shanghai.

1986
**Londres : Richard Rogers, siège de la Lloyd's.
Houston : Renzo Piano, fondation De Menil.**

1987
• Paris : I. M. Pei et M. Macary, projet du Grand Louvre.
• Los Angeles : Arata Isozaki, Museum of Contemporary Art.
Paris : J. Nouvel, avec G. Lézénès, P. Soria et Architecture Studio, institut du Monde arabe.

1988
• Marne-la-Vallée : concours pour le parc EuroDisney.
• Saint-Jacques-de-Compostelle : Alvaro Siza, centre d'Art contemporain.
• New York, MoMA : «Deconstructivist Architecture».
Hokkaido : Tadao Ando, église sur l'eau.

1989
• La Défense : Johan Otto von Spreckelsen, Grande Arche et son «nuage» conçu par Paul Andreu et Peter Rice.
• Paris : Paul Chemetov et Borja Huidobro, ministère des Finances.

1990
• Paris : Frédéric Borel, immeubles, rue Oberkampf.
• Lille : Jean Marc Ibos et Myrto Vitart, extension du musée des Beaux-Arts.

1991
• Berlin devient la capitale de l'Allemagne réunifiée.

1992
• Paris : Bernard Tschumi, parc de La Villette.
• Paris : Patrick Berger avec Gilles Clément (paysagiste) et Peter Rice, parc André Citroën.
• Péronne : Henri Ciriani, Historial de la Grande Guerre.
Nîmes : N. Foster, médiathèque.

1994
• Orléans : Dominique Lyon et Pierre du Besset, médiathèque.
• Bernard Tschumi, *Architecture and Disjunction*.
Osaka : Renzo Piano, aéroport du Kansaï.

1995
• Paris : Christian de Portzamparc, cité de la Musique.

1996
• Chaumont-sur-Loire : Édouard François, Duncan Lewis, serre du Victoria Regia; Jupilles, Hôtel rural.

1997
• Nouméa : Renzo Piano, centre Jean-Marie Tjibaou.
• Bilbao : Frank O. Gehry, Musée Guggenheim.
• Tourcoing, Le Fresnoy : Bernard Tschumi, Studio national des arts contemporains.

1998
Caen : Dominique Perrault, redéveloppement du site industriel d'Unimetal.

1999
**New York : Christian de Portzamparc, tour LVMH.
Lucerne : J. Nouvel, centre de Culture et de Congrès.**

2000
• Boulogne-Billancourt : projets d'aménagement de l'île Seguin et de la fondation Pinault pour l'art contemporain.
Paris : Anne Lacaton et Jean-Philippe Vassal, projet d'aménagement du site de Création contemporaine du Palais de Tokyo.

Monographies sur les architectes étudiés

Shigeru Ban, par E. Ambasz et S. Ban, New York, Princeton Architectural Press, 2001.

Candilis, Josic, Woods, par J. Joedicke, Stuttgart, Karl Kramer Verlag, 1978.*

Coop Himmelb(l)au. *Construire le ciel*, Paris, éd. du centre Pompidou, 1993.

Aldo van Eyck, Projects 1944-1998, Bussum, Thot, Bâle, Birkhauser, 1999.

Norman Foster, par D. Treiber, Paris, éd. Hazan, 1994.*

Frank O. Gehry, Paris, éd. du centre Pompidou, 1991.*

Zaha Hadid: the Complete Buildings and Projects, par Z. Hadid et A. Betsky, New York, Rizzoli, 1998.

Herzog & de Meuron et Rémy Zaugg, une exposition, Paris, les Presses du réel/éd. du centre Pompidou, 1995.

Hans Hollein, Vienne, Historisches Museum, 1995.*

Toyo Ito, par S. Roulet et S. Soulié, Paris, le Moniteur, 1991.*

Louis I. Kahn: The Complete Works, 1935-1974, Bâle, Stuttgart et Boulder, 1977.*

Oma-Rem Koolhaas, Architecture 1970-1990, New York, Princeton Architectural Press, 1991.*

Daniel Libeskind, *Beyond the Wall*, National Architecture Institute, Rotterdam, 1997.

Charles Moore, Buildings and Projects, 1949-1986, New York, Rizzoli, 1986.*

Oscar Niemeyer par O. Niemeyer, Belmont-sur-Lausanne, éd. Alphabet, 1977.*

Jean Nouvel, par P. Goulet, F. Pace, Ph. Ruault, Paris, IFA/éd. du Regard, 1994.*

Dominique Perrault, arquitecto, Barcelone, éd. Actar, 1999.

Renzo Piano, carnet de travail, Paris, Le Seuil, 1997.

Christian de Portzamparc, scènes d'atelier, Paris, éd. du centre Pompidou, 1996.*

Richard Rogers Partnership : œuvres et projets, par R. Burnett, Paris, Gallimard, 1996.*

Eero Saarinen, par R. Spade et F. Yokio, Londres et New York, Thames & Hudson, 1971.*

Carlo Scarpa, par G. Mazzariol et F. Dal Co, Paris, Electa-le Moniteur, 1984.*

James Stirling, Michael Wilford and Associates : Buildings and Projects, 1975-1992, M. Wilford, Londres, 1994.*

Kenzo Tange : 40 ans d'urbanisme et d'architecture, par F. Wehrlin, Paris, ensb-a, 1987.*

Bernard Tschumi, *Architecture and Disjunction*, Cambridge, MIT Press, 1994.

Peter Zumthor, *Thinking Architecture*, Baden, Lars Müller Publishers, 1998.

* à lire en priorité.

L'ART AUJOURD'HUI
« situations et enjeux »

« L'âge d'homme »

CHRISTIAN BOLTANSKI
L'Album de la famille D.
1971. 150 photographies
et cadres de fer blanc,
22 x 30 cm chacune (détail).
Frac Rhône-Alpes. DR.

*Réserve du Musée
des enfants*
1989. Vêtements d'enfants,
éclairage, 55 photos noir
et blanc de 50 x 60 cm (détail).
Paris, musée d'Art moderne
de la ville. © musée d'Art
moderne de la ville de Paris.

*Rire aux larmes
(projet d'affiche de la série
Saynètes comiques)*
1974. Pastel sur photographie,
104 x 80 cm. Coll. part.
Courtesy galerie Yvon Lambert,
Paris. DR.

Théâtre d'ombres
1986. Poupées de matériaux
divers, structure de métal
et Plastiline, projecteur
électrique et transformateur,
ventilateur, dim. variables.
Séoul, Musée national.

Quatre images ne permettent certes pas de rendre compte de l'œuvre d'un artiste qui semble avoir aujourd'hui abandonné la dimension drolatique sur laquelle il fondait son projet pour l'engager désormais dans une dimension toujours plus sombre.
L'enfant C. B. et le conteur «à rire aux larmes» exhibent désormais un cortège d'images funèbres où la douleur et la mort sont au rendez-vous. «Les peintures d'histoire et d'événements dramatiques» s'effacent derrière l'Holocauste. Les *Saynètes* et comptines sont remplacées par *le Voyage d'hiver* de Schubert. Les «jolies photos en couleur» disparaissent derrière celles extraites d'albums nazis. Les *Vitrines de références* s'oublient derrière les tombeaux. Les *Ombres* et le merveilleux des danses macabres ont laissé place aux linceuls, les guirlandes de Noël, à des veilleuses. Et l'ironie à la détresse. Plus même de quoi sourire. Et plus le temps d'en rire. Car si c'était finalement de la vie et non plus seulement de l'idée qu'on s'en fait qu'il fallait maintenant témoigner ? Et si tout cela voulait dire que C. B.

a désormais «l'âge d'homme» et qu'il nous demande de l'avoir avec lui ? Plus donc question de «reconstituer l'enfance». De faire croire et donc de mentir. Plus besoin d'une *Jeune Femme de Bois-Colombes*, d'un Michel D. ou d'un François C. Le souvenir ne peut plus être vague. La douleur a une histoire. De la vie à la mort : tel Perec et son contraire en un seul homme, Boltanski n'est pas un mais multiple. Ou tel Beckett, et donc profondément solitaire... De l'universel au particulier, *En attendant Godot,* Boltanski serait-il devenu dramaturge ?

Le réel sous toutes ses formes prend désormais le pas sur l'illusion et les conventions de la représentation. Ainsi déjà de l'art conceptuel, né en 1967 de la primauté d'interroger le pourquoi de l'art, et de l'art corporel, que François Pluchart définit en 1968, à l'exemple de Chris Burden et Gina Pane, telle une «multitude de pratiques utilisant le corps comme matériel et souvent la photographie comme média»; de l'art sociologique aux pratiques politiques qui, de > > >

> > > Fred Forest à Hans Haacke et Dan Graham et à ses tenants les plus divers – General Idea, Krzysztof Wodiczko, Philippe Thomas, l'Atelier Van Lieshout… –, envisagent le matériau «art» et ses débats comme l'enjeu de la création.

À l'hyperréalisme d'un Chuck Close, Richard Estes, Duane Hanson, et Jean-Olivier Hucleux répond l'appropriation des images et des signes quotidiens recyclés en autant de «mythologies individuelles». «Une certaine scène parisienne» réunissant alors, entre 1968 et 1972, Christian Boltanski, Annette Messager, Jean Le Gac, Paul Armand Gette, Bernard Borgeaud, Sarkis conserve, à plus d'un titre, une valeur d'exemple. Autour d'eux comme des archéologies-fictions d'Anne et Patrick Poirier, les années 70 sont «les années mémoire».

Au même instant, pour Gérard Gasiorowski, Malcolm Morley, Paul Thek, Gerhard Richter et même Sigmar Polke, le tableau n'est pas une fin en soi mais une réflexion sur l'image contemporaine. Il engage à inventer, «à l'ère de la reproductibilité technique», autant de «façons de peindre».

Les années 80 vont, elles, être identifiées de façon confuse et réductrice à l'exposition «A New Spirit in Painting» de Londres qui, suivie d'un «Zeitgeist» berlinois, endosse la notion pour le moins aléatoire de trans-avant-garde, née en 1979 du critique Achille Bonito Oliva – autour des Italiens Sandro Chia, Francesco Clemente, Enzo Cucchi – et tend à l'appliquer aux pratiques picturales du temps. S'agit-il pour autant d'une simple réaction ou d'une analyse sommaire de «la condition postmoderne» traitée dans un but consensuel, quand Jean-François Lyotard affirme que «l'invention se fait dans le dissentiment» ? La citation et la parodie des modèles mythologiques et légendaires s'en prennent-elles à l'idée de progrès et définissent-elles une pensée «nomade et transitoire», que le critique dit appeler de ses vœux ?

La question est réglée si on l'assimile à un simple souci de restauration fructueuse et manichéenne. Elle demeure plus subtile si on rappelle qu'à l'origine des pratiques de certains des artistes confondus à cette véritable vague – Jean Michel Alberola, Gérard Garouste et bien sûr Martial Raysse en France, Jörg Immendorff, Markus   > > >

« L'idée de l'art et l'art sont la même chose »

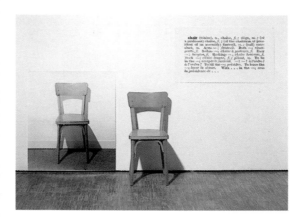

JOSEPH KOSUTH
One and Three Chairs
1965. Chaise en bois et deux photographies noir et blanc, la chaise : 82 x 40 x 37 cm; les photographies : 112 x 79 cm et 50 x 75 cm. Paris, centre G. Pompidou, MNAM. Photo Ph. Migeat/centre G. Pompidou.

Théoricien américain de l'art conceptuel, mais peut-être avant tout plasticien reprenant à son compte les formules de Gertrude Stein et d'Ad Reinhardt, Joseph Kosuth affirme dès le milieu des années 60 que l'art, par les efforts de l'artiste, ne peut que mettre l'art en question en l'interrogeant sur sa propre nature. «Le ready-made, écrit-il dans son manifeste *Art After Philosophy* publié en 1969, fit de l'art une question de fonction. Cette transformation – ce passage de l'apparence à la conception – marquera le début de l'art moderne et de l'art conceptuel. Tout l'art après Duchamp est conceptuel. [...] L'idée de l'art et l'art sont la même chose.»

Étayant son discours par une approche tenant de la fascination pour la linguistique ainsi que la logique de Ludwig Wittgenstein, Kosuth reconnaît que les tautologies sont les seules propositions certaines puisque, comme l'art, elles restent vraies en vertu d'elles-mêmes. «L'art est une tautologie. L'art est la définition de l'art.»

Ainsi, des *Proto-investigations* aux *Investigations*, *Blow Up*, *Art as Idea as Idea*, *Cathexis* et *Hypercathexis*, comme aux différentes séries qui suivent, le projet de Kosuth apparaît-il comme une réinterprétation et «une enquête sur l'art», à l'aune de la fascination qu'exerce la vieille Europe sur l'Amérique contemporaine, du mythe platonicien de la mimésis.

« Les mots et les choses »

MARCEL BROODTHAERS
Salle blanche
1975. Reconstitution de l'atelier-maison de l'artiste à Bruxelles : bois, photographies, ampoules et inscriptions, 390 x 336 x 658 cm. Paris, centre G. Pompidou, MNAM. Photo Ph. Migeat/centre G. Pompidou.

Sous l'égide de Mallarmé et de Magritte, la pratique de Marcel Broodthaers ne cesse d'osciller entre «les mots et les choses». Dès 1964, le recueil *le Pense-bête* fige le texte dans le plâtre alors que le carton d'invitation de sa première exposition annonce, laconique : «Moi aussi je me suis demandé si je ne pouvais pas vendre quelque chose.» Jusqu'en 1968, Broodthaers réalise de nombreux objets où la belgitude apparaît tel un leitmotiv et une géographie imagée et infinie, à la fois «poétique et politique». *Les Fables* de la Fontaine et *Un Coup de dés jamais n'abolira le hasard* de Mallarmé deviennent alors autant d'*Images* que Broodthaers décline. Films et livres s'enchevêtrent en un rébus infini. La notion de musée devient prétexte à de multiples environnements ayant pour but de «séparer dans un objet ce qui est art et idéologie». Ainsi, de l'atelier-maison de Bruxelles, où du 27 septembre 1968 au 27 septembre 1969, il avait ouvert son *Musée d'Art moderne, département des Aigles, section du XXIe siècle,* et qu'il reconstitue tel un transplant, en 1975, pour son exposition parisienne intitulée «l'Angélus de Daumier».

« MOI AUSSI JE ME SUIS DEMANDÉ SI

« Le faire n'est pas un acte artistique »

GERHARD RICHTER
Glenn
1983. Huile sur toile,
190 x 500 cm.
Saint-Étienne, musée d'Art
moderne. Photo Y. Bresson.

Figure majeure de la peinture contemporaine dont l'influence ne cesse de grandir tant elle impose une règle qui lui est propre, Gerhard Richter reste aujourd'hui encore le peintre de ce que Jean-François Chevrier désigne tel «le conflit de la toile et de l'écran».
Procédant par séries depuis les premières œuvres qu'il réalise en 1962, Richter interroge au gré des images qui lui servent de motifs, les fondements de la peinture comme la diversité et la finalité de ses différents styles. Résolument hété-

rogène et discontinue, son œuvre demeure, souligne Benjamin H. D. Buchloh, «une critique de la notion d'originalité par sa multiplication potentielle». Cherchant à bâtir ses toiles selon une méthode et opposant à toute forme d'incertitude la volonté de «construire des tableaux selon des normes», Richter s'approprie tous les sujets possibles, constituant à lui seul un lexique et un *Atlas* des différents styles qui constituent le corpus de son travail. Depuis les *Nuages, Alpes, Paysages*

urbains, *Forêts vierges, Portraits* puisés au hasard des pages historiques du dictionnaire, faits divers transposés des journaux, *Bougies, Crânes* qui côtoient, telle une dichotomie voulue, les *Monochromes gris* et les *Peintures abstraites*, les sujets de Richter semblent aborder le registre de l'intime et réintroduire un mouvement allant de l'universel au particulier alors que la photographie et la reproduction subsistent, gages d'une originalité picturale tirant sa source du multiple.

« Qu'est-ce que le sujet si ce n'est soi-même ? »

MALCOLM MORLEY
Race Track
1970. Acrylique et encaustique,
175 x 220 cm.
Budapest, Musée Ludwig. DR.

À l'instar de celle de Gérard Gasiorowski dont elle est contemporaine, l'œuvre de Malcolm Morley est une interrogation sans cesse rejouée du sujet comme du pouvoir de la peinture à l'ère de la tyrannie des images. À l'origine de l'hyperréalisme des années 60 auquel on l'a trop rapi-

dement confondue, cette œuvre tient, à la différence d'un Chuck Close ou d'un Jean-Olivier Hucleux, le médium à distance sans jamais se soumettre au pouvoir de l'illusion. Naviguant allégrement entre passé et présent comme entre mythes et réalité, Morley recycle le flot d'images et de cartes postales de notre monde contemporain.
Anglais installé, comme David Hockney, aux États-Unis dès 1958, il peint d'abord des œuvres «dans l'orbite de l'école de New York», puis envisage la peinture dans tous ses styles, alliant à la patience maniaque du trompe-l'œil, la virtuosité d'une technique-charge proche de l'expressionnisme. *Race Track* rompt avec les «peintures parfaites» des années 60. La croix qui biffe l'image est tout autant la marque d'une distance critique et politique vis-à-vis du sujet peint à l'acrylique que l'appropriation par la peinture à l'huile d'un cha-hut et de «modulations» permettant de «réintroduire l'indécision» avec violence et ironie.

« La peinture en soi est une immense ignominie »

SIGMAR POLKE
Vue d'exposition,
au centre : Maison de
pommes de terre
1967. Structure de bois et pommes de terre (celles recommandées par l'artiste sont les «Ackersegen», littéralement «bénédiction du champ»). 250 x 200 x 200 cm. Berlin, coll. Block.

à l'extrême g. :
Moderne Kunst
1968. dispersion sur toile,
150 x 125 cm. Berlin, coll. Block.

à l'extrême d. :
Remingtons Museums-
Traum ist des Besuchers
Schaum.
1979. dispersion sur toile,
212 x 135,5 cm. Kunstmuseum,
Bonn. Photo DR.

«À la différence de l'esprit moderniste des années 60, explique Claude Gintz, Sigmar

Polke introduit ces «ennemis jurés» de la peinture que sont le ready-made et la photographie pour en faire le support et la source de sa pratique picturale.» Dès 1963, il invente avec Konrad Lueg et Gerhard Richter le réalisme capitaliste et élabore une peinture de la parodie et du simulacre, «un art de la séduction», précise C. Gintz, au sens où Jean Baudrillard l'entend, «qui a tout transgressé et rayonne dans le vide comme une solution imaginaire».
Travail de sape et de provocation, «la peinture, en soi, est pour Polke, une immense ignominie». Car l'art agit sur l'individu, le transforme et, dans son devoir de subversion, a mission de le décaper. Puisant à la source du banal ou laissant libre cours au caprice, l'œuvre de Polke oscille entre le trivial et le tragique. Mêlant invention et

désinvolture, jouant d'une alchimie qui lui est propre jusqu'à introduire, en métaphore absolue, des produits toxiques, comme du curare, dans l'exécution de ses compositions, «pour éprouver la peinture et voir ce qui arrive», à la recherche de l'instable, Polke envisage la pratique de l'art à l'image du chaos incoercible et dérisoire de notre monde contemporain.

JE NE POUVAIS PAS VENDRE QUELQUE CHOSE » Broodthaers

> > > Lüpertz, et même Anselm Kiefer et ceux que Wolfgang Becker réunit à Cologne en 1980 sous le terme quelque peu ambigu de «nouveaux Fauves», mais aussi certains tenants américains du *bad painting* tels David Salle, Julian Schnabel et Malcolm Morley –, l'entreprise ne se veut pas tant une «restauration» qu'une mise à l'épreuve du présent au regard des formes du passé.

Derrière ces classifications, se cachent la tentation d'un appel aux modèles nationaux et la réfutation du rêve universaliste. Sur les bases d'une confusion entre nationalisme et identité se constituent une «peinture allemande», une «sculpture anglaise» voire un «esprit français», qu'incarne, avec notamment Robert Combas, la figuration libre, à la recherche d'un nouvel art brut.

Face à l'échec du projet politique des avant-gardes et à ces différents mouvements de retour aux normes et aux modèles, se développent les pratiques des simulationnistes, tels Allan McCollum, Peter Halley et Haim Steinbach, ou néo-abstraits américains et européens, inspirés souvent de façon vague par les théories du structuralisme. Alors que des modèles non-occidentaux nous requièrent, vient le temps de «l'âge contemporain» et de sa mise à mal. Parce que la création, à l'époque post-moderne ne peut plus croire aux grands récits et reste effrayée à l'idée que la seule alternative soit dans un surcroît de puissance ou un savoir devenu «marchandise informationnelle», elle veut concevoir sur un mode pragmatique une logique qui lui est propre et que Lyotard appelle «la paralogie des inventeurs». À l'heure de la communication, les pratiques artistiques engagent à toutes les perspectives. Ce n'est plus tant à l'intérieur d'une même discipline que dans une heuristique, «préférant le voyage à la destination», que la création contemporaine fait face au monde. Il n'y a désormais pas plus d'art vidéo que d'installations, de multimédia que de cellules (le mot dit bien ce qu'il veut dire) propres à une *discipline*. Il n'y a que notre sombre désir de classer et d'en finir avec ce qui a pour mission d'élargir le champ de la pensée. Reste aux artistes à trouver, si ce ne sont les moyens de s'y opposer, tout du moins, la force et la forme du combat. <

« *Same Old Shit* »

JEAN-MICHEL BASQUIAT
Homme de Naples
1982. Acrylique, pastel et collage sur toile, 123 x 265 cm. Galerie Bruno Bischofberger, Zurich. © Galerie Bischofberger.

Héros tragique d'une société en mal de destins brisés, à l'image de ceux qui peuplent l'œuvre de Andy Warhol, son complice de tableaux peints à deux, Jean-Michel Basquiat incarne l'image du prodige américain d'origine portoricano-haïtienne, venu de la rue et happé par la drogue.

Samo – contraction de «same old shit», (toujours la même merde) –, le tagueur devenu peintre, maître de cérémonie d'une histoire parallèle et *underground* toujours en mouvement, prenant pied dans SoHo, devient Basquiat que les États-Unis puis le monde entier vont offrir comme gage d'une liberté et d'une révolte jugulée sur la toile, ravalée au rang de marchandise.

À la recherche d'une symbiose entre la culture américaine et celle de ses origines, la carrière de Basquiat fait néanmoins figure d'exception. Et si, couvrant la ville déshumanisée, «le tag, comme le remarque Paul Ardenne, reste un problème social en même temps que *l'expression* d'un problème social», le parcours de l'artiste demeure unique et irrécupérable, dans la cohorte de ceux qui allient à la mythologie de la rue conjuguant rap et jazz, violence et drogue, une forme de transculturalisme sans ligne de partage.

« *Trouver un moyen de réévaluer l'objet* »

TONY CRAGG
Opening Spiral
1982. Installation : matériaux divers, 152 x 260 x 366 cm. Paris, centre G. Pompidou, MNAM. Photo A. Rzepka.

De formation scientifique et élève de multiples collèges anglais, parmi lesquels le Royal College of Art de Londres, entre 1973 et 1977, Tony Cragg incarne, avec de nombreux autres tels Barry Flanagan, Richard Deacon, Bill Woodrow, Anish Kapoor et, plus près de nous, Damien Hirst, la notion à la fois vague et emblématique de «nouvelle sculpture anglaise», apparue par étapes au début des années 80 au travers de multiples expositions habilement orchestrées.

Depuis les premières œuvres du milieu des années 70, conjuguant aux objets usagés les rebuts de la civilisation industrielle qu'il récupère et classe tant pour leur valeur symbolique que plastique, Cragg entreprend, à l'opposé d'un Richard Long, une œuvre fondée sur une archéologie urbaine contemporaine, ainsi que le commentaire ironique des choses et des images de notre société. À ses premières œuvres succède cependant, depuis les années 80, en autant de matériaux et formes classiques propres aux modèles qu'il critiquait alors, une prolifération de constructions et assemblages où semblent reconsidérés quelques dispositions techniques et principes traditionnels, ainsi qu'une subtile réflexion méthodologique et ludique sur les styles et l'histoire des formes de la sculpture du siècle.

« ÉTAT SAUVAGE DE CELLULOÏD... PAYSAGES VIDÉO...

« Une agression immédiate »

GEORG BASELITZ
Sans Titre
1982. Bois peint,
250 x 90 x 60 cm.
Coll. part. DR.

Né en 1938 à Deutschbaselitz (Saxe, ex-RDA), Georg Kern est renvoyé de l'école supérieure des Arts plastiques de Berlin-Est en 1956 pour «manque de maturité sociopolitique». L'année suivante, il passe à l'Ouest plus de 20 ans avant son ami A. R. Penck, et publie, en 1961 et 1962, deux *Manifestes Pandämonium* influencés par Antonin Artaud dans lesquels il se déclare pour un réalisme expressif à l'opposé de l'art abstrait.
Gestuelle et expressionniste, l'œuvre de Baselitz est, à son commencement, le témoignage de la crise morale de l'Allemagne de l'après-guerre. Les corps tumescents de 1961-1963, les *Héros,* vagabonds errant parmi les ruines sont, jusqu'en 1966, les images hantées et écorchées de l'histoire de son pays. Les *Tableaux-fractures* des années 1966-1968, puis les sujets retournés des œuvres peintes à partir de 1969 vont progressivement laisser place à une plus grande simplification du sujet comme à une intensification de la couleur.
À partir de 1980, Baselitz aborde conjointement à la gravure, comme «une agression immédiate», la sculpture de bois à la hache, opposant tant par son sujet que par la technique, toute fin de non-recevoir aux formes et sujets dominants chez ses contemporains. Ainsi ne faut-il pas appréhender l'œuvre de Baselitz dans son seul lien ou recours à la tradition, mais davantage comme une interrogation sans cesse rejouée sur les relations confuses des formes esthétiques face à la «terreur de l'histoire».

« La liberté de faire quoi que ce soit »

PHILIP GUSTON
Talking
1979. Huile sur toile,
157,5 x 198,5 cm.
Los Angeles,
The Edward R. Broida Trust.
Photo D. McKee Gallery, New York.

L'art de Guston est fait de ruptures violentes et signifiantes. Peintre de fresques pour l'administration américaine dans les années 30, proche du principe du *color-field* des peintres expressionnistes abstraits entre les années 50 et 70, il dénonce alors «l'académisme moderniste» et «son masque pour cacher la peur de se révéler tel qu'on est».
Jusqu'à sa mort à Woodstock en 1980, Philip Guston peint alors une suite ininterrompue de tableaux au contenu métaphorique puisant dans la bande dessinée et les différentes formes de la culture populaire, des images au contenu témoignant de la violence et du délabrement de notre monde contemporain.

163

Répliquant à ses détracteurs qui voient en lui un abandon du projet moderne, Guston évoque en mars 1978, «la liberté de faire quoi que ce soit que l'artiste ait dans la tête». Son projet apparaît ainsi comme l'expression du refus de la téléologie moderne «de peindre, ajoute-t-il, seulement ce que la peinture, à travers ses propres moyens, pouvait exprimer», et une brèche ouverte dans laquelle s'est engouffrée malgré lui, pour le meilleur et pour le pire, toute une génération d'artistes à l'œuvre dans les années qui suivent sa mort.

« L'histoire est un matériau »

ANSELM KIEFER
Parsifal II
1975. Huile sur papier en grain sur mousseline, 300 x 533 cm.
Zurich, Kunsthaus. DR.

Élève de Joseph Beuys de 1970 à 1972, quelque six années après avoir abordé l'art suite à des études de droit et de littérature, Anselm Kiefer appréhende la pratique artistique tel le vaste champ des conflits individuels et collectifs et reprend à son compte, sur un mode transhistorique, la mémoire d'une Allemagne romantique qui, de Hölderlin à Rilke, des *Niebelungen* à la Seconde Guerre mondiale, se constitue en une totalité tragique et mythologique.
Entre exorcisme et catharsis, de ses premières actions de la fin des années 60 aux vastes installations de terre et de cendre qu'il réalise désormais, Kiefer ne cesse d'interroger la mémoire du pays où il a décidé de ne plus vivre aujourd'hui comme porteuse des strates du temps et de ses ruines.
La nuit romantique et son héros Hermann, la grande forêt d'où surgit l'évocation de batailles et de guerres, d'invasions ou de dévastations, les villes allemandes à jamais marquées, où paraissent dans «des lieux de culte sans culte», les fantômes de ses architectures speeriennes, sont autant de stigmates où se mêle au sable et au goudron, à la paille, au bois et au plomb, le conflit entre une nation réelle et rêvée, vivant son histoire sur un mode traumatique et ambivalent, que l'œuvre de l'artiste, habitée de mots, de phrases et de poèmes, d'invocations en évocations, se fait un devoir de révéler.

TOUJOURS UN CHOIX D'IMAGES DE SECONDE MAIN » Cragg

« La mémoire historique du passé récent »

DAN GRAHAM ET JEFF WALL
Pavillon des enfants
1989-1991.
Technique mixte, maquette monumentale en bois, hauteur : 350 cm, diamètre : 600 cm. Courtesy galerie Roger Pailhas/ARCA, Marseille. Photo Dan Graham.

Projet élaboré conjointement par Dan Graham et Jeff Wall en 1989, le *Pavillon des enfants* synthétise les réflexions sur les typologies de l'architecture historique et moderne que Dan Graham entreprend avec les célèbres *Homes for America*, inventaire systématique des modes d'habitation des États-Unis qu'il publie en 1966 dans la revue *Arts Magazine*.
Figure majeure de la pensée artistique et intellectuelle de l'après pop, contemporain du minimalisme, Dan Graham reste celui par qui s'opère une symbiose entre les différentes données de la création, alliant à l'analyse critique une exploration continue de tous les genres et disciplines. Refusant l'idée que l'art puisse être une entité autonome, il investit tous les supports qui, du film à la vidéo, de la musique à la performance, des arts plastiques au design et à l'architecture, lui permettent d'interroger sur un mode phénoménologique et politique, «la mémoire historique du passé récent».
Les neuf caissons lumineux en formes de *tondi* réalisés par Jeff Wall, à la croisée des genres que constituent peinture, photographie et cinéma, figurant des enfants de races et d'ethnies différentes interpellent, rappelle le critique et artiste Alan Sekula, le souci du rêve d'universalisme de la célèbre exposition organisée en 1955 par Edward Steichen, «The Family of Man».

« Pouvoir et persiflages »

THOMAS SCHÜTTE
Dreiakter
1982. Installation : acrylique sur toile, 3 x (227 x 305 cm); deux personnages en bois, 37 cm de haut; balustrade en bois, 20,5 x 65 cm. Paris, centre Georges Pompidou, MNAM. Photo Ph. Migeat/centre G. Pompidou.

Élève de Klaus Rinke à l'académie d'Art de Düsseldorf, comme Reinhardt Mucha et Thomas Ruff, Thomas Schütte est marqué par l'enseignement de Joseph Beuys et de Gerhard Richter, chez lesquels il reconnaît une alternative à l'expressionnisme ambiant.
Utilisant un vocabulaire issu du théâtre, de l'architecture et du décor, variant les échelles afin d'induire une relation critique de l'œuvre avec l'espace qu'elle habite, Schütte élabore, au cœur d'une Allemagne reconstruite, des dispositifs complexes sur l'espace de l'art et ses contraintes, ainsi que sur les mécanismes sousjacents du pouvoir et du jeu social et politique.
Les maquettes qu'il construit et qui ne supposent pas nécessairement leur concrétisation architecturale, permettent à Schütte d'interroger la place de l'homme au cœur de la réalité urbaine et sociale et confèrent à l'œuvre sa dimension proprement utopique. Dès 1982, un traitement plus réaliste évoquant les caricatures de Daumier, les *Têtes de caractère* de Messerschmidt, mais aussi les figurines-test réalisées en guise de thérapie par les aliénés, se substituent aux silhouettes de bois découpé. L'art de Schütte parle du désarroi de l'homme dans la schizophrénie du monde contemporain et le représente désormais sous une forme à la lisière du naufrage.

« L'art est communication »

JEFF KOONS
Art Magazine Ads-Artforum
1988-1989.
Publicité parue dans la revue *Art Forum* (détail) et lithographie, 50 ex., 115 x 95 cm. © Jeff Koons.

«L'art, avoue Jeff Koons, est communication, il est la faculté de manipuler les gens.» Agent de change au visage poupin, il incarne avec délectation le *golden boy* américain dans sa splendeur (et sa misère) et s'ingénie à raconter qu'il serait là «pour éduquer les classes populaires sur le fonctionnement du système pour leur donner une chance de s'exploiter eux-mêmes». À l'ère de ce qu'Arthur Danto appelle «la transfiguration du banal» et Abraham Moles «l'extase du kitsch», Koons devient artiste et se promeut sur la scène de l'art. Consommation et communication allant de pair pour magnifier une esthétique «simulationniste», il réalise de nombreuses séries parmi lesquelles *The New* (1980), aspi-
rateurs rutilants sous vitrines, *Equilibrium Tanks* (1985), aquariums où flottent des ballons de basket, de nombreux objets de pacotilles en acier poli (*Rabbit*, 1986), ou encore la série des *Made in Heaven* (1992) qui, entre pornographie et imagerie pieuse, offre l'artifice d'un Éros vitrifié.
Au comble de la réussite, il épouse, conjuguant amour et raison, la partenaire de ses ébats publics, Ileona Staller, plus connue du cinéma porno et du parlement italien sous
le nom de Cicciolina. Le pacte sera rompu mais le rêve collectif en forme de sitcom mêlé de bibelots devenus œuvres d'art, d'articles de bazar transmués en valeurs de salles de vente, et de galeries et musées convertis en sex-shop, continue d'alimenter avec talent et ambiguïté la chronique d'une œuvre au pouvoir subversif qui flirte ostensiblement avec les interdits et transforme en marchandise, feignant l'innocence, le moindre de ses faits et gestes.

« DISONS QUE CES OBJETS SONT DES

« Martin, tu devrais avoir honte »

MARTIN KIPPENBERGER
Transporteur de caisse sociale
1990. Installation. Galerie Luhring Augustine Hetzler, Santa Monica. DR.

Nul ne mesure la dimension de l'œuvre de Martin Kippenberger s'il n'accepte de souligner l'ambition d'un projet collectif (Kippenbergers Büro Berlin) qui, simultanément à d'autres groupes tels Mülheimer Freiheit Group de Cologne (1979), et Désastre de la démocratie de Hambourg, embrasse sur un même plan toutes les formes et disciplines auquel s'associent, au cœur d'un rêve communautaire, les assistants et complices en tout genre. Conjuguant sur un mode résolument hybride et nomade toutes les formes possibles de

la création à la nécessaire réinterprétation de l'histoire de l'art, Kippenberger aura été jusqu'à sa mort, en 1997, l'avers d'un Jeff Koons et tout entier engagé dans la critique acerbe d'un système dont chacune de ses propositions dénonce les turpitudes et les bassesses. Provocateur, il réalise dès le début des années 80 des *Lanternes pour ivrogne*, des tableaux «pour réfléchir si on peut continuer ainsi», peint des autoportraits «en caleçon» et parle du «supplice

de l'alcool» tout en se flagellant dans *Martin, au coin, tu devrais avoir honte* (1989). Mais le projet de Kippenberger est avant tout utopique et poétique. En témoigne *Metro-Net. Subway Around the World* (1993-1997) et le rêve d'installer des bouches d'un métro imaginaire comme dans le parc de Kasper König pour «Skulptur : Projekte» à Münster ainsi qu'une autre à la documenta X, conçue comme une entrée mobile pour un métro dont le réseau couvrirait la terre.

BERTRAND LAVIER
Walt Disney production
1984-1998. Installation pour l'exposition «Premises...», New York, Solomon R. Guggenheim Museum (1998-1999). Technique mixte, dimensions variables. Photo E. Labenski/ The Solomon R. Guggenheim Foundation, New York.

Parmi les nombreux «chantiers» ouverts par Bertrand Lavier depuis 25 ans, les *Walt Disney productions,* commencées en 1984 et présentées tel l'environnement virtuel d'un musée dans le musée, à New York en 1998, apparaissent comme une somme des intentions de l'artiste. Conjuguant à la diversité des supports et des disciplines, le principe du recyclage de signes et images issus des stéréotypes de la représentation «à l'ère de la reproductibilité technique», Lavier décline ici en autant de variations picturales et sculpturales possibles, les

« Une méthode paradoxale »

différentes formes que lui suggère la bande dessinée *Traits très abstraits* publiée par Walt Disney en 1947.
De la reproduction à l'original comme du multiple au particulier, le travail de Lavier vise tout autant à saper la loi des genres qu'à la réinvention d'une méthode que lui-même définit comme «paradoxale». La pratique de l'art procède ainsi par distorsions délibérées, allant des premiers objets repeints

acquérant un statut hybride entre sculpture, peinture et image, aux superpositions d'un objet sur un autre, «autre forme de recouvrement». Les «chantiers» qui suivent mettent ainsi à l'épreuve un lexique infini d'objets et de signes interrogeant avec une subtile ironie les paradoxes qui structurent les relations de la réalité avec ses différents modes de représentation et de perception.

« Le rôle du diable »

ALAIN SÉCHAS
Professeur Suicide
1995. Installation vidéo sonore, polyester, et matériaux divers 220 x 300 cm. Paris, Fnac. Photo E. Labenski/The Solomon R. Guggenheim Found., New York.

Trop ignoré, le parcours d'Alain Séchas n'en témoigne pas moins, à l'instar de Katharina Fritsch, d'une singularité et d'une acuité rares, préférant la force de l'humour noir à l'ironie intelligente de ses contemporains.
Dès 1982, il réalise à partir d'images et situations incongrues une imagerie à même de perturber les conventions esthétiques. *Le Vélo* (1985) ou *le Man-*

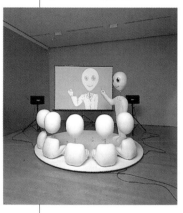

nequin (1985) sont autant de figures de style suffisamment énigmatiques pour entretenir la distance avec les modes de représentation et ménager des situations du meilleur anachronisme. À partir de 1988, Séchas commence de créer des installations aux allures de dispositifs complexes peuplés de figures sculpturales et d'idéogrammes nés de l'immédiateté du dessin d'humour. La violence latente qui s'exprime dans *la Pieuvre* (1994), *les Papas* (1995) et *Professeur Suicide* (1995), entre sérénité et «contemplation passive», laissent le spectateur face au leurre d'une participation complice. Patrick Javault souligne que Séchas n'est pas loin de celui qui s'assigne «le rôle du diable» pour nous engager à réévaluer notre comportement vis-à-vis de l'œuvre d'art et ainsi sa finalité.

SCULPTURES, ET TOUT S'ARRANGE » Lavier

« Mensonges et promesses »

166

ANNETTE MESSAGER
Mes Vœux
1989. Photographies sous verre et ficelles, env. 150 cm de diamètre. Paris, centre Georges Pompidou, MNAM. Photo Ph. Migeat/centre G. Pompidou.

Au gré des différents cycles qui ponctuent son parcours depuis quelque 30 années, Annette Messager s'est, entre autres identifications, tour à tour instituée «Collectionneuse», «Femme pratique», «Truqueuse», «Colporteuse» ou «Artiste».
Figure sans compromis de la création artistique contemporaine, elle ne cesse de mettre en scène l'identité et la condition de la femme, alliant aux «travaux de jeune fille» et «ouvrages de dames», une appropriation subversive des codes, pratiques et rites d'un quotidien qu'elle transmue en autant de «mythologies individuelles» riches de «mensonges et de promesses».

Sous le masque de l'ironie et de la cruauté, entre taxonomie et taxidermie, elle excise de l'art, des pratiques populaires ou des contes de fée, les souffrances et angoisses propres à la condition intime de l'être. Mêlant enfance et sortilège, rêves et cauchemars, corps humains et animaux dépenaillés, rituels et cérémonies, Annette Messager prend à témoin l'histoire sociale, ses combats, ses interdits comme ses répressions, pour mettre l'homme, ses perversions et ses fantasmes, sa condition de baudruche, son désarroi et ses troubles, aux prises avec les objets d'étayage qu'il invente pour subsister face à la misère du monde.
Depuis les années 90, dans de multiples installations tenant de la grotte et du pénétrable, Annette Messager tisse sa toile et jette des filets en autant d'environnements et de pièges sur le spectateur engagé au propre comme au figuré dans un labyrinthe physique et mental.

« Hors de l'appartement communautaire »

ILYA KABAKOV
L'Homme qui s'est envolé dans l'espace
1988. Installation, matériaux divers, env. 280 x 610 x 244 cm. Paris, centre G. Pompidou, MNAM. Photos A. Rzepka et Ph. Migeat/centre G. Pompidou.

Dans l'URSS des années 60, Ilya Kabakov incarne avec Erik Bulatov et Komar & Melamid le post-utopisme soviétique, le soc-art, transposition critique du réalisme socialiste qu'impose le régime communiste moribond.
Illustrateur à Moscou dès 1957, il aborde avec ses *Albums* un long travail sur 55 personnages qui constituent la structure narrative qu'il prolonge dans différentes installations. Au début des années 80, plusieurs expositions le révèlent en Europe de l'Ouest et le conduisent à s'installer aux États-Unis. «Ce qui m'importait, précise-t-il, c'était que mon travail devienne prétexte à des discussions.» *L'Homme qui s'est envolé dans l'espace* reprend à son compte le principe de «l'œuvre d'art total». Bâtie telle une histoire en forme de conte russe, l'installation est une ample métaphore à l'heure de la Perestroïka. Exaltation de la libération et de la liberté, elle suggère «l'envol dans le cosmos traversé par des flux ascendants d'énergie» d'un personnage

expédié hors de «l'appartement communautaire» par une catapulte. Projet politique et poétique faisant face à l'effondrement du bloc soviétique, mêlant souvenirs personnels et réflexions métaphysiques, l'art de Kabakov s'impose en 1993 à la biennale de Venise où l'artiste représente, avec le «pavillon rouge», la communauté des États indépendants.

« Être un au milieu du monde »

LOUISE BOURGEOIS
Passage dangereux
1997. Technique mixte, 1200 x 250 x 200 cm. New York, collection de l'artiste. Photo E. Labenski/ The Solomon R. Guggenheim Foundation, New York.

Œuvre singulière et hantée par sa propre histoire, le projet de Louise Bourgeois reste peut-être le premier à s'être entièrement constitué sur un mode autobiographique. Échappant à toute classification esthétique, oscillant entre géométrie abstraite et formes organiques, le long parcours de l'artiste se nourrit de son enfance puis de son exil volontaire aux États-Unis, où elle épouse en 1938 l'historien de l'art Robert Goldwater.

Dès 1945, certains sujets récurrents, tel celui de la femme-maison, se précisent dans des peintures, des gravures et de nombreux dessins. Elle aborde la sculpture en 1949 avec des figures totémiques de bois dans lesquelles elle reconnaît des «présences» face au «drame d'être un au milieu du monde». Suivent de très nombreuses œuvres aux allures biomorphiques et anthropomorphes où les thèmes du nid, du refuge et de la tanière, alliés à des formes suggérant un monde organique témoignent d'un corps hybride, et traumatique dans tous ses états. Aux performances des années 70, vont succéder dès 1980 les *Chambres magiques, Cellules* et *Lieux de mémoire* comme autant de reconstructions de soi où s'expriment, sur un mode symbolique et métaphorique, la complexité comme la permanence de nos émotions et de nos désirs.

« POUR MOI, À NEW YORK, LA MORT

« Un espace plus mental que physique »

ABSALON

à g. : Cellule n° 2 (pour Zurich)
1993. Réalisation habitable. Bois, peinture blanche imperméabilisante, équipements sanitaires et ménagers, 9,50 m².

à d. : Cellule n° 2 (pour Zurich)
1992. Prototype non habitable. Bois, carton et peinture blanche, 250 x 430 x 220 cm. Exposition à la Kunsthalle de Zurich (1997). Coll. Hauser & Wirth, Zurich (pour les deux pièces). © A. Troehler, Zurich.

Compartiments, *Cellules, Propositions d'objets quotidiens, Propositions d'habitation* sont autant d'espaces clos qu'Absalon a construits pour se soustraire au monde environnant et proposer une alternative individuelle et subjective, un exil réel et volontaire.

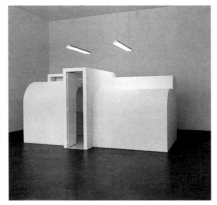

Mais le projet d'Absalon est aussi à réinscrire dans une histoire formelle des utopies du modernisme qui, de Malevitch au Stijl ou aux thèmes de l'unité d'habitation de Le Corbusier, naît, précise-t-il, «de la nécessité des contraintes imposées à [sa] quotidienneté par un univers esthétique où les choses sont standardisées, moyennes».

Aussi, le projet des six *Cellules* réalisées entre 1990 et 1993 – année de sa mort –, qu'il envisage d'habiter et d'installer dans différents lieux, sont autant à inscrire dans la téléologie des formes sculpturales que sur un mode personnel et individualiste. Évoquant une architecture d'urgence et de survie, les *Cellules* d'Absalon, à la différence des utopies d'un Krysztof Wodiczko, d'une Andrea Zittel ou d'un Joep van Lieshout sont un «espace plus mental que physique» que l'artiste a testé sous le regard d'une caméra filmant le rituel de son quotidien vécu comme une mise à l'épreuve.

« Surveiller et punir »

ROBERT GOBER

Jambe avec bougie
1991. Matériaux divers, 34 x 18 x 96,5 cm. Collection Benedikt Taschen. Courtesy galerie Paula Cooper, New York. DR.

Réactivant certaines procédures du surréalisme, les situations auxquelles Robert Gober confronte le spectateur le mettent face à une société encline à «surveiller et punir». Car sa démarche, sous l'allure sensible et émue des images de l'enfance, traite à l'instar de Felix Gonzalez-Torres, Charles Ray et Matthew Barney, des répressions et des

refoulements, comme des combats continus de chaque minorité. Les situations que Gober recrée cachent, sous l'apparence de l'incongruité, la souffrance et le traumatisme des expériences de l'enfance.

Semblable à un long processus d'analyse au cœur duquel l'artiste met en scène les moments de sa propre histoire, le travail de Gober témoigne aussi du nécessaire engagement à l'ère du sida, face aux oppressions comme aux répressions qu'il engendre. Un papier peint aquarellé aux motifs alternés représentant la pendaison d'un Noir et un haltérophile blanc endormi laisse poindre, dans l'apparence d'un décor domestique qu'habitent une robe de mariée et deux sacs de litière pour chat, «le théâtre de la cruauté» d'un foyer qui n'est autre qu'une *Allégorie du réel* mise à vif.

« Je suis un récepteur »

GABRIEL OROZCO

La DS
1993. Automobile transformée, 140 x 480 x 114 cm. Paris, fonds national d'Art contemporain. Photos Kleinefenn, Paris.

Sculpteur et photographe, Gabriel Orozco est d'abord le témoin attentif de la réalité qui l'entoure comme des formes et des objets qui rythment le mouvement et le flux de notre quotidien. Se définissant lui-même d'abord tel un «récepteur», il recompose et repeuple notre monde contemporain de figures et d'objets qu'il transforme pour en modifier le sens et les sens. Ainsi, de *la DS* (1993), qu'il réduit de son tiers médian et reprofile en un objet désormais inerte, poussant à son paroxysme absurde l'analyse aérodynamique et sa fluidité moderne que Roland Barthes avait célébrée dans *Mythologies*. Ainsi d'un *Billard* (1996),

dont le lieu propre à son installation conduit à le réinventer sous une forme ovoïde et à redéfinir dès lors la règle du jeu. Ainsi d'un *Ascenseur* (1994) sorti du lieu même de son fonctionnement et exposé tel quel, tel un objet dépossédé de sa fonction. Ainsi d'une *Grande Roue de foire* à moitié enfouie dans le sol (1997), projet d'une expérience de l'espace entre «monde des enfers» et «hauteurs célestes», qu'à l'heure du spectacle continu qui règne sur notre monde, personne n'a bien sûr trouvé la possibilité de réaliser.

Gabriel Orozco est un perturbateur insidieux à l'ère de la société post-industrielle, un «objecteur» s'appropriant le réel qu'il refigure en autant d'hypothèses critiques.

A PROVISOIREMENT RATTRAPÉ LA VIE » Gober

« Le cinéma comme modèle »

DOMINIQUE GONZALEZ-FOERSTER, PIERRE HUYGHE, PHILIPPE PARRENO
à g. : Dominique Gonzalez-Foerster, séquence de *Shadows II* (1998);
à d. : Pierre Huyghe et Philippe Parreno, *Salle Anna Sanders* (1998).
Installation multimédia temporaire à l'ARC, musée d'Art moderne de la ville de Paris, vues de salles 1998-1999.
Photos M. Domage/Tutti.

Si Dominique Gonzalez-Foerster, Pierre Huyghe et Philippe Parreno développent depuis le début des années 90 une œuvre qui leur est propre, ils décident, à l'occasion de la proposition que leur fait Suzanne Pagé en 1998 pour le musée d'Art moderne de la ville de Paris, de concevoir un projet commun.

Bien que le travail de chacun soit resté perceptible, ils souhaitaient que l'exposition conduise à une réflexion du public sur l'identité d'un propos comme sur les signes distinctifs qui le font reconnaître, bref son style, à l'ère d'une esthétique fondée sur l'appropriation de méthodes et de moyens venant de communautés formelles différentes.

Mais la proposition, pour autant qu'elle transformait l'espace du musée non plus en un lieu de promotion individuelle mais en une ambiance collective était d'abord la résultante de la construction du récit de l'exposition conçue dans l'espace et le temps comme un scénario et, ce faisant, mettait en évidence la dimension de l'image, du cinéma et de ses conventions comme modèles de l'esthétique contemporaine.

« Psychoses »

MIKE KELLEY ET TONY OURSLER
The Poetics Project
1977-1997. Installation multimédia : peintures, objets/sculptures, vidéo, matériel audiovisuel, dimensions variables. Paris, centre G. Pompidou, MNAM. Don de la société des Amis du MNAM. Photo Metro Pictures.

Si la scène californienne, à l'aune des modèles que constituent les œuvres de John Baldessari, Ed Ruscha, Gary Hill et Paul McCarthy, est l'un des ferments les plus intenses de la création actuelle, c'est qu'elle s'est construite à distance géographique et mentale des modèles européens et a constitué son vocabulaire propre. Mike Kelley est aujourd'hui une figure emblématique d'une culture (se) jouant allègrement de l'iconographie chrétienne à la psychanalyse, de la culture hippie et punk au *trash*, de la caricature et du folklore du temps. *The Poetics Project*, qu'il conçoit avec Tony Oursler pendant près de 20 ans, allie aux traumatismes et refoulements de leur passé commun au sein d'un groupe punk, l'exploration de la mémoire de chacun. L'ensemble conjugue aux souvenirs d'une expérience collective associant parmi d'autres, John Cale, Alan Vega, Kim Gordon, Genesis, Dan Graham, Tony Conrad, Laurie Anderson, les fragments recomposés à partir de carnets, de documents peints et d'éléments sculptés, de bandes sonores, d'entretiens de critiques et d'artistes que restituent des vidéos, une recherche du sens et des sens pleinement engagée dans une hybridation subversive propre à l'analyse des psychoses et névroses de la société.

« Échanges impurs »

FABRICE HYBERT
Hybertmarché
1995. Vue de l'exposition «1-1=2». Paris, musée d'Art moderne de la ville. Photo A. Morin.

Eau d'or, Eau dort, ODOR...
1997. Installation multimédia, biennale de Venise, pavillon français. Photo L. Lecat.

Entre *Hybertmarché* (1995) et *Eau d'or, Eau dort, ODOR* (1997), Fabrice Hybert organise son propos autour de la consommation et de la communication. En dupliquant les deux modèles, Hybert vient s'immiscer dans leur fonctionnement et fonde son projet sur la notion d'entreprise usurpée à l'économie de marché. Ainsi crée-t-il en 1994, non sans ironie, une société à responsabilité limitée, UR (Unlimited Responsibility), dans le but, explique le psychanalyste et critique Jean-Michel Ribettes, «de favoriser les échanges impurs, faire pénétrer la logique du marketing dans la recherche artistique».
UR se fera éditeur, producteur d'émissions de télévision et concepteur de *Pofs (Prototypes d'objets en fonctionnement)*, «résultats de dérives linguistiques et matérielles de produits fonctionnels», tels que le *Bonbon très bon,* la *Balançoire à godemichés incorporés,* ou le *String d'épaule.* Avec *Hybertmarché,* Hybert subvertit le fonctionnement du musée en «une expérimentation politique hors des limites de la politique. [...] C'est, ajoute Ribettes, la continuation de l'érotisme par d'autres moyens.»

« JE NE CROIS PAS À L'ART DE QUALITÉ,

« Prenez un siège... »

FRANZ WEST
Moon Project
1997. Installation : six bancs
de métal, mousse et tissu,
76 x 88 x 110 cm chacun.
New York, The Museum
of Modern Art. Photo MoMA.

THOMAS HIRSCHHORN
Skulptur-Sortier-Station
1997. Installation multimédia :
vidéo, bois, plastique, ruban
adhésif, Plexiglas, néons,
feuilles d'aluminium et carton,
10 vitrines, 1000 x 240 x 280 cm.
Exposition Skulptur : Projekte,
Münster, 1997.
Coll. centre G. Pompidou, MNAM.
Photo R. Mensing.

Des *Accolements* réalisés au
début des années 80 aux travaux indexant sans pathos l'activisme viennois d'un Günter
Brus, Hermann Nitsch, Otto
Mühl, Rudolf Schwarzkogler
dans leurs formes les plus
incandescentes, l'œuvre de
Franz West navigue avec
humour entre recherches
esthétiques et valeurs d'usage.
Les sièges et environnements

qu'il conçoit sont ainsi l'idée
d'une forme intermédiaire
entre contemplation et parabole du divan freudien : la
recherche d'un état spécifique
où l'artiste médiateur travaille
à la fois à l'invention d'un langage formel «relationnel» et à
l'établissement de nouvelles
relations physiques et mentales à la création.
Refusant l'ironie, Thomas Hirschhorn envisage quant à lui,
depuis 1984, l'édification d'un
projet politique et social fondé
sur la notion d'échange. À l'âge
de l'hyperproductivité, il
demande à l'artiste, dans un
amalgame délibéré de signes,
d'aphorismes et de dédicaces
aux figures qui, tels Gilles Deleuze, Otto Freundlich et Robert
Walser, incarnent une résistance subversive à la barbarie
du temps, un devoir de vigilance, d'énergie et d'échange
qu'il traduit en autant d'installations de fortune, conçues
à partir des matériaux précaires, rebuts et ersatz de notre
société de consommation.

« J'aime des choses bêtes... »

Chronologie 1971-2000

En regard du sujet traité, les éléments de cette chronologie privilégient essentiellement les événements et une sélection d'expositions en Europe et aux États-Unis.

1971
• Ian Burn et Mel Ramsden rejoignent la revue et le groupe Art and Language.
• Düsseldorf, Städtische Kunsthalle : «Prospect».
• Paris : naissance des revues *Artitudes* et *Peinture, Cahiers théoriques*.
Premières actions corporelles de Gina Pane.

1972
• Paris, Grand Palais : «1960-1972, 12 ans d'art contemporain en France».
• Paris, galerie Yvon Lambert : «Yvon Lambert, actualité d'un bilan».
• Paris : naissance de la revue *Art Press*.
Kassel : documenta V (directeur H. Szeemann).

1973
• Mort de P. Picasso.
• Claude Rutault : «Définition/méthode n° 1, 1973».
• Genève : groupe Écart autour de John M. Armleder.
• Bordeaux : création du Capc (centre d'Art plastique contemporain) par Jean-Louis Froment.
Paris, Cnac : «Hyperréalistes américains, réalistes européens».

1974
• Paris : 1er salon international d'Art contemporain qui devient, en 1975, la Fiac.
• Paris, palais Galliéra : «Daniel Templon, l'art au présent».
• Paris, MAMVP : «Art Vidéo/Confrontation.
• Orlan crée l'association Comportement, Environnement, Performance.

1975
• Paris : ouverture de la galerie Ghislain Mollet-Viéville.
• Paris : naissance de la revue *Traverses*.

1976
• Venise : «Ambiente Arte».
Paris : naissance des revues *Doc(K)s*, *Macula* et *NDLR*.

1977
• Kassel : documenta VI (directeur M. Schneckenburger).
• Münster : «Skulptur : Austellung und Projektbereich», sous la direction de K. Bussmann et K. König.
• Paris, ouverture du centre Georges Pompidou.
• États-Unis : Walter De Maria, *The Lightning Fields*.
• Londres : mouvement punk.
• Fred Forest réalise l'action *Mètre carré artistique*.

1978
• New York, Whitney Museum : «Art about Art».
• New York (Bronx) : ouverture de «Fashion Moda».
• Paris : Jean-Marc Bustamante, début des *Tableaux*.

1979
• New York, Club 57 : expositions Keith Haring.
• Paris, musée d'Art moderne de la ville : «Tendances de l'art en France : 1968-1978/1979, Partis pris 1 et 2, Partis pris autres».

1980
• Saint-Étienne, musée d'Art et d'Industrie et maison de la Culture : «Après le classicisme».
• Bernard Frize réalise la suite *Segond*, 1re étape du développement analytique de son projet pictural.

• Paris : création des *Cahiers du MNAM*.
Aix-La-Chapelle, Neue Galerie Sammlung Ludwig : «les Nouveaux Fauves».

1981
• Cologne, Museen der Stadt Köln : Westkunst. Londres, Royal Academy : «A New Spirit in Painting».
• New York, East Village : développement du graffiti autour de Keith Haring.
• Nice : Ben, 1re exposition de la figuration libre, suivi par B. Lamarche-Vadel, à Paris, avec «Finir en beauté».
• Sophie Calle réalise *l'Hôtel*.

1982
• Amsterdam, Stedelijk Museum : «60'80 Attitudes/Concepts/Images».
• Berne et Chambéry : «Leçons de choses».
• Kassel : documenta VII (directeur R. H. Fuchs).
• Berlin, Martin Gropius Bau : «Zeitgeist».
• France : création de la délégation aux Arts plastiques (DAP) et des Frac.
• Zurich : création de la revue *Parkett*.

1983
• Paris, hôpital Curie : «À Pierre et Marie...».
• Zurich, Kunsthaus : «l'Angoisse de l'œuvre d'art total».
• Berne, Kunsthalle : «Konstruierte Orte 6 X D + 1 X NY».
• Jean-Marc Bustamante et Bernard Bazile s'allient pour créer le label BAZILEBUSTAMANTE.
• Création de *Beaux-Arts magazine*.

1984
• New York, MoMA : «An International Survey of Recent Painting and Sculpture».
• Düsseldorf : «Von Hier Aus» (à partir de là).
• New York, MoMA : «Primitivism in 20th Century».
• Schaffhausen : ouverture du Hallen für Neue Kunst.
• Turin : ouverture du Castello di Rivoli.
• Fondation du label IFP par J.-F. Brun, D. Pasqualini et Ph. Thomas.
Paris, MAMVP : «Figuration Libre, France/USA».

1985
• Toronto, Art Gallery of Ontario : «The European Iceberg. Creativity in Germany and Italy Today».
• Paris, centre G. Pompidou : «les Immatériaux».
• New York : «The Knot Arte Povera at PS 1».
• Paris : création de la revue *Galeries magazine*.

1986
• Gand : «Chambres d'amis».
• Paris, Palais Royal : Daniel Buren, *les Deux Plateaux*.
• Barcelone, fondation Caixa de Pensiones : «Art and its Double. A New Perspective».
• Paris : création de la revue *Artstudio*.

1987
• Philippe Thomas crée l'agence «Les ready-made appartiennent à tout le monde».
• Münster, «Skulptur Projekte in Münster 1987».
• Paris, centre G. Pompidou : «l'Époque, la Mode, la Morale, la Passion...».

1988
• Lyon, Elac et musée Saint-Pierre : «la Couleur seule, l'expérience du monochrome».
• Berlin, Berlinische Galerie : «Stationen der Moderne».

JE NE CROIS QU'À L'ÉNERGIE » Hirschhorn

1973.
Charles Ray,
Plank Piece I-II.
photographie, 100 x 68 cm.
© Sotheby's.

1973.
Gina Pane,
Action sentimentale,
galerie Diagramma, Milan.
Panneau avec
7 photographies couleur,
120 x 100 cm.
Collection particulière.
Photo F. Masson.
Courtesy Anne Marchand.

1977.
André Cadéré portant
un *Bâton* sur la piazza
du centre Georges Pompidou.
Photo Ghislain Mollet-Viéville.

170

1982.
Jenny Holzer, *Truisms,*
écran lumineux,
installation à Times Square,
New York. DR.

1984.
Robert Combas, *Le Pendu.*
Le Pendu content de l'être
semble de loin faire des signes
de tête et marcher sur les épis de
blé. Il s'est pendu parce qu'il en
avait ras le cul, mais sur une toile
c'est pas bien grave un pendu.
Ça pourrait même faire rire,
acrylique sur toile, 204 x 154 cm.
Paris, coll. part. Courtesy
galerie Yvon Lambert, Paris. DR

1991.
Eugène Leroy, *La Terrible,*
huile sur toile, 73 x 92 cm.
Coll. particulière.
Courtesy Galerie de France.

Chronologie 1971-2000

1989
• Paris, centre G. Pompidou et Grande Halle de la Villette : exposition «Magiciens de la terre».
• Paris, MAMVP : «Histoires de musée».
• Poitiers, le Confort moderne : «Bestiarium jardin-théâtre».
• Los Angeles, MoCA : «A Forest of Signs...».

1990
• New York, Solomon R. Guggenheim Museum : acquisition de 310 œuvres de la collection Panza di Biumo.
• New York, MoMA : «High and Low, Modern Art and Popular Culture».
• Paris, centre G. Pompidou : «Art et Publicité, 1880-1990».

1991
• Berlin, Martin-Gropius-Bau : «Metropolis».
• Turin, Castello di Rivoli : «Sguardo de Medusa».
• Lyon : 1re biennale d'Art contemporain : «l'Amour de l'art, une exposition d'art contemporain en France».
• Nice, Villa Arson : «No Man's Time».
• Paris : ouverture de la galerie nationale du Jeu de paume.
• Paris : ouverture du lieu d'exposition de la caisse des Dépôts et Consignations.

1992
• Paris, centre G. Pompidou : «Passages de l'Image».
• Pully-Lausanne, «Post Human».
• Bonn, Kunst und Austellungshalle, «Territorium Artist».
• Tours, CCC : «Il faut construire l'hacienda».
• Kassel : documenta IX (directeur J. Hoet).
• Paris : création des revues *Bloc-Notes, Documents sur l'art, Purple Prose,* suivi de *Purple Fashion, Purple Fiction* (1995).

1993
• Lyon, biennale d'Art contemporain : «Et tous ils changent le monde».
• Paris : création de la revue *Omnibus.*

1994
• Paris, MAMVP : «l'Hiver de l'amour».
• Paris : création de la revue *Exposé.*

1995
• Paris, centre G. Pompidou : «Fémininmasculin : le sexe de l'art»; «Hors limites : l'art et la vie, 1952-1994».
• Villeurbanne, le Nouveau Musée, institut d'Art contemporain : «Artistes/Architectes».

1996
• Paris, centre G. Pompidou : «l'Informe, mode d'emploi».
• Marseille, MAC : «l'Art au corps».
• Bordeaux, CapcMusée : «Traffic».

1997
• Paris, centre G. Pompidou : «l'Empreinte».
• Londres, Royal Academy of Art : «Sensation».
• Humlebaek (Danemark) : «Sunshine & Noir : Art in LA...».
• Kassel : documenta X (directeur C. David).
• Münster, Westfällisches Landesmuseum : «Skulptur : Projekte in Münster 1997».

1998
• Grenoble, le Magasin : «Dramatically Different».
• New York, Guggenheim Museum : «Premises...».

1999
• Los Angeles, MoCA : «Out of Action, Art After Performance».
• Paris, centre G. Pompidou : «Dijon/le Consortium coll.»
• Cahors : «ExtraetOrdinaire».
• Paris, musée d'Art moderne de la ville : «ZAC 99».
• Berlin, Altes Museum, Hamburger Banhof Museum, Neue Nationalgalerie : «le XXe Siècle, l'art en Allemagne».

2000
• Paris : réouverture du centre Georges Pompidou.

Catalogues et ouvrages généraux

A New Spirit in Painting, Londres, 1981, Royal Academy of Arts/Weidenfeld & Nicholson.

Art at the Turn of the Millenium, Cologne, 1999, Taschen.*

Cities on the Move, Bordeaux, 1997, éd. du CapcMusée/Wiener Secession.

L'Époque, la Mode, la Morale, la Passion, 1977-1987, Paris, 1987, éd. du centre Pompidou.*

Groupes, Mouvements, Tendances de l'art contemporain depuis 1945, Paris, 1990, énsb-a.*

Hors limites, Paris, 1995, éd. du centre Pompidou.*

Masculinféminin, le sexe de l'art, 1995, éd. du centre Pompidou.*

Une scène parisienne, 1968-1972, Rennes, 1991, centre d'Histoire de l'art contemporain.

Zeitgeist, internationale Kunstausstellung, Berlin, 1982, Frölich & Kaufmann.

P. Ardenne, *Art, l'âge contemporain. Une histoire des arts plastiques à la fin du XXe siècle,* Paris, 1997, éd. du Regard.*

G. Battcock, *New Artist'Video: A critical Anthology,* New York, 1978, Dutton.

L. Bertrand-Dorléac, L. Gervereau, S. Guilbaut, G. Monnier (sous la direction de), *Où va l'histoire de l'art contemporain ?,* Paris, 1997, éd. l'Image et énsb-a.

P. Bourdieu et H. Haacke, *Libre-échange,* Paris, 1994, le Seuil/les Presses du réel.

J. Deitch, *Post Human,* Pully-Lausanne, 1992, FAE.

A. M. Duguet, *Vidéo, la mémoire au poing,* Paris, 1981, Hachette.

J.-Y. Jouannais, *Artistes sans œuvres,* Paris, 1997, Hazan.

K. Honnef, *l'Art contemporain,* Cologne, 1990, Taschen.

A. Labelle Rojoux, l'*Art Parodic-Essai excentrique,* Paris, 1996, éd. Java.

E. Lucie-Smith, *American Art Now,* Oxford, 1985, Phaïdon.

F. de Mèredieu, *Histoire matérielle et immatérielle de l'art moderne,* 1994, Paris, Bordas.

C. Millet, *l'Art contemporain en France,* Paris, 1987, Flammarion.

G. Mollet-Viéville, *Art minimal & conceptuel,* Genève, 1995, Skira.

J.-L. Pradel, *l'Art contemporain depuis 1945,* Paris, 1992, Bordas.

F. Pluchart, *l'Art corporel,* Paris, 1983, Limage 2.

R. Rochlitz, *Subversion et Subvention : art contemporain et argumentation esthétique,* Paris, 1994, Gallimard.

C. Schlatter, *Art conceptuel, formes conceptuelles,* Paris, 1990, Galerie 1900-2000.*

* à lire en priorité.

L'ART AUJOURD'HUI
« vers d'autres territoires »

« Partage »

**FELIX
GONZALEZ-TORRES**
Sans Titre (Death by Gun)
1990. Tirages offset.
Coll. MoMA, New York. DR.

Sans Titre (Golden)
1995. Rideau de perles.
Coll. part. © centre Pompidou,
MNAM-CCI, Paris.

*Sans Titre
(Portrait de Marcel Brient)*
1992. 90 kg de bonbons.
Coll. Marcel Brient. Courtesy
galerie Jennifer Flay, Paris.

*Sans Titre
(Gogo Dancing Plateform)*
1991. Podium, *gogo dancer*
avec Walkman. Courtesy
galerie Andrea Rosen,
New York. © P. Muscato.

Né à Cuba, Felix Gonzalez-Torres engage avec le collectif Group Material une réflexion sur une politique identitaire dans le monde de l'art. Émigré aux États-Unis, homosexuel militant, il remet en scène dans l'espace public du musée et de la ville, sur un mode subtil et sensible, des signes et des images traversés d'un sentiment de fête et de partage, où l'intimité du corps et du désir se refuse à la standardisation et à l'oubli. Largement «autofictionnel», l'univers de Felix Gonzalez-Torres, qui meurt du sida à 39 ans, en 1996, détourne de leurs lieux d'origine des formes et des signes simples et immédiats qu'il remet en situation dans l'espace social pour en transformer le rite comme le protocole d'usage. Le monde de la nuit, dans lequel on pénètre en fran-

chissant un rideau de perles, en quête de rencontres et de communion, la culture gay et ses références et situations propres, la notion de *gender performance* au cœur d'une Amérique décrite par l'écrivain Bruce Benderson, transparaissent dans des œuvres aux allures de podiums de *gogo dancers,* de guirlandes lumineuses et autres espaces épris de fête et de désir, où l'interdit est transgressé.
Mais ce sont sans doute les piles d'affiches sérigraphiées et les tas de bonbons que le public est invité à emporter ou

à consommer qui, dans leur simple évidence, témoignent, au moment où la création plastique est en quête de lien social, du propos et de la stratégie de l'artiste, fondés sur la notion de don et de partage. À l'heure d'une «esthétique relationnelle», au cœur d'une société de paillettes et de faux-semblants, le bonbon offert par Gonzalez-Torres serait, dans une société où l'innocence et le plaisir menacent de disparaître, une version contemporaine et profane de l'eucharistie et l'espérance d'un possible réenchantement du monde.

À l'ère de la mondialisation économique, la dimension territoriale, voire nationale, de la création est-elle à réinventer ? L'élargissement de l'offre entraîne un marché planétaire qui se confond avec ce que l'on nomme «l'art contemporain», dans lequel les critères d'évaluation semblent toujours plus standardisés. La juxtaposition de scènes artistiques spécifiques aurait-elle cédé la place à un système unique dictant sa loi ? Au cœur de ce dispositif, l'artiste est > > >

> > > soumis aux biennales, aux foires et aux ventes publiques comme autant de rendez-vous obligés. Les œuvres les plus prisées constituent désormais une masse flottante qu'analysent les sociologues, alors que d'autres se perdent en conjectures sur les stratégies à adopter. Cinquante pour cent du marché mondial de l'art est aux mains des États-Unis. La promotion commerciale s'est appropriée le champ des arts plastiques. Elle exprime l'acte de vendre comme suprême pensée capitaliste : ce que la philosophie appelle «le cogito de la marchandise». Paradoxalement, à moins qu'il ne s'agisse là d'un juste retour des choses, la concentration du marché s'est accompagnée d'une dispersion des lieux et des modes de production de l'art d'aujourd'hui. Jamais les artistes n'ont autant éprouvé le besoin de s'organiser et, on veut l'espérer, de riposter. Collectifs et associations se mettent en place de par le monde. La notion de réseau est devenue un mot d'ordre. Quels seront les effets du néo-libéralisme et de la globalisation sur la création ? Les critères du jugement ne tendent-ils pas vers un relativisme de bon ton ? La contestation nécessaire de l'universalisme moderniste a conduit à privilégier une approche de la création essentiellement anthropologique. La question de «l'autre» revient souvent de façon confuse au cœur d'expositions et de manifestations au caractère exotique et parfois bien-pensant. Une perspective esthétique est-elle encore possible ? Sur quel territoire et pour qui l'artiste travaille-t-il ? Son devoir comme le nôtre n'est-il justement pas d'inventer son territoire et sa manière propre de «faire des mondes» ? Si les valeurs de l'universalisme ont été mises à mal dans un monde d'inégalités, comment alors accéder de la périphérie à l'universel ? Comment et pourquoi se rapprocher d'un centre ? Faut-il s'assimiler, se fondre ou se dissimuler ? Face au risque du multiculturel, ne faut-il pas privilégier et espérer l'interculturel afin de poursuivre les interrogations de la modernité et de se retrouver encore en position d'agir ? <

172

« Libre échange »

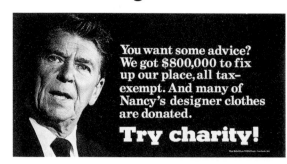

HANS HAACKE
Filet de sécurité, proposition pour Grand Central Station, New York
1982. Photographie et texte présentés dans un caisson lumineux, 106,7 x 188 x 16,5 cm. © H. Haacke Artfairisms.

Placée sous le double signe de la critique et de l'engagement, l'œuvre de Hans Haacke affirme sa dimension utopique et politique. Né à Cologne en 1936, proche du groupe Zéro entre 1960 et 1965, Haacke réalise des œuvres qui explorent les qualités visuelles et les propriétés physiques des matériaux. Suivent des propositions où les structures biologiques végétales et animales conduisent à des travaux de caractère analytique qui le mènent à des recherches sur les systèmes économiques et sociaux et les relations qu'ils tissent avec les milieux artistiques. À la fin des années 60, l'œuvre de Haacke manifeste des préoccupations sociologiques et théoriques. Combinant textes et photographies, ses travaux traitent du contenu historique, économique et social de l'art. Dans les années 80, Haacke abandonne la dimension austère et documentaire de ses œuvres pour de grandes installations critiques parodiant les différentes formes de la création émergente.

À travers une recherche formelle alliant esthétique et éthique, le musée, ses emblèmes et les codes qui régissent le monde de la culture sont l'objet d'analyses violentes et sagaces des liens, souvent cachés, entre l'économie, la politique et l'art. Cette dimension rend aujourd'hui plus présente et nécessaire la vigilance critique que Hans Haacke et Pierre Bourdieu appellent de leurs vœux dans des entretiens publiés en 1994 et intitulés, non sans ironie, *Libre Échange*.

« Faire jurer notre perception »

ART & LANGUAGE
Index: Wrongs Healed in Official Hope
1998-1999. Technique mixte (toiles peintes, contre-plaqué, hologrammes...), dimensions variables. Installation à PS1, New York. Courtesy galerie Lisson, Londres.

Fondé en 1968 par les quatre artistes Terry Atkinson, David Baindridge, Michael Baldwyn et Harrold Hurrel, le groupe Art & Language entend d'emblée mener une analyse sur le rapport entre théorie et pratique de l'art. L'analyse des écrits de Karl Marx, Marshall MacLuhan et Ludwig Wittgenstein les conduit à publier, à partir de 1969, la revue *Art & Language*. Plusieurs artistes emblématiques de l'art conceptuel, parmi lesquels Mel Ramsden et Joseph Kosuth, les rejoignent. Affiches, collages et documents s'attachent à «retrouver et préserver le caractère dialectique du modernisme».

Au cours des années 70, le groupe se divise en deux branches, l'une américaine et l'autre britannique, puis se recompose à Londres autour des deux seules figures de Mel Ramsden et Michael Baldwyn, auxquels Charles Harrison apporte une contribution théorique. Ils réalisent alors des œuvres de caractère parodique et critique des icônes du modernisme, tels *les Incidents au musée, l'Atelier des artistes peint à la bouche*, et la série des *Otages*, ainsi que des travaux et dispositifs complexes sur l'histoire et ses emblèmes, où des préoccupations textuelles se fondent dans des recherches plastiques et chromatiques qui font «jurer notre perception». Dans les années 90, Ramsden et Baldwyn apparaissent comme les protagonistes polémiques du conflit entre l'art et sa perception dans un monde dominé par la tyrannie des images.

« IL FAUT RETROUVER ET PRÉSERVER

« Fiction »

PHILIPPE THOMAS
Les Ready-Mades appartiennent à tout le monde®. Une fiction qui fait l'unanimité
1988. Diptyque de deux photographies noir et blanc montées sur aluminium, 152 x 120 cm chacune. Biennale de Venise 1990. DR.

Figure marquante d'une période qui reprit à son compte l'enseignement de l'art conceptuel et la pensée critique de la génération pré-cédente, Philippe Thomas fut le stratège d'un corpus complexe articulant textes, photographies et objets en de multiples dispositifs fonctionnant comme autant de rébus au cœur de l'espace de l'art et des échanges qui l'animent.

Membre du groupe IFP (Information, Fiction, Publicité), qu'il fonde avec Jean-François Brun et Dominique Pasqualini en 1983, Philippe Thomas entreprend dès 1985 de développer son projet seul et présente, dans l'exposition du centre Pompidou «les Immatériaux», conçue par le philosophe Jean-François Lyotard, *Sujet à discrétion*, un triptyque photographique dans lequel le collectionneur endosse le statut d'auteur sur un mode à la fois fictif et fictionnel. Suivra *Fictionnalisme : une pièce à conviction*, présentée en 1986 à Paris (galerie Claire Burrus). Il crée à New York, en 1987, une agence qu'il appelle «Les Ready-mades appartiennent à tout le monde» et qu'il décidera de fermer peu de temps avant sa mort, en 1995.

En 1990, l'agence avait présenté au CapcMusée d'art contemporain de Bordeaux l'une de ses manifestations les plus accomplies, intitulée «Feux pâles». Philippe Thomas y mettait en scène ses réflexions sur l'histoire et la mémoire et, ce faisant, suggérait, comme il le fit au cours de toutes ses interventions, que la médiatisation d'une œuvre était peut-être l'œuvre elle-même.

« Commerce et stratégie »

GUILLAUME BIJL
Gold Ankauf, stand «Achat d'or»
1989.
Installation d'un stand d'achat, 300 x 300 x 300 cm. Paris, FNAC. DR.

Entre ambiance et décor, stéréotype et parodie des fonctionnements d'une société fondée sur l'échange et la marchandise, le stand «Achat d'or» de Guillaume Bijl (né à Anvers en 1946) s'inscrit dans une suite de propositions qui, d'un institut d'art contemporain devenu une *Friterie* (Berchem, 1983) à une galerie transformée en *Boutique d'articles de mode* (Bruxelles, 1985); du Stedelijk Museum mué en *Magasin de tapis d'Orient* (Amsterdam, 1985) au *Caravan Show*, installé dans le centre d'art le Magasin (Grenoble, 1989), s'organisent depuis 1979 en une critique sociale, écho de ses premiers projets intitulés *SOS, liquidation de l'art*. S'appuyant sur un discours de fiction, Bijl démontre que les activités artistiques sont, d'un point de vue économique, inutiles. Aussi propose-t-il de transformer les lieux d'exposition réservés à l'art contemporain en espaces commerciaux.

En contrepoint de ses installations et de ses «compositions trouvées», embryons de possibles environnements, Bijl présentera à la documenta de Cassel, en 1988, un nouveau parti politique. Volontiers chroniqueur radical et intempestif, il dit vouloir «faire une reconstitution de la deuxième partie du XXe siècle». Souvent seul protagoniste dans son propre décor à l'échelle un, il tente, à l'instar de certains de ses contemporains, une substitution du commerce à la stratégie critique, jeu subtil et dangereux où, sans nostalgie, la pratique artistique s'infiltre et dévoile le réel comme une mise en scène.

« Jeux de rôles »

MARTIN TUPPER
Un cabinet d'amateur
Depuis 1994.
Choix d'œuvres de quatre artistes (Cercle Ramo Nash, Richard Kongrosian, David Vincent, Kit Rangeta) de la collection Yoon-Ja & Paul Devautour, installation évolutive, MAMCO, Genève, état n° 7. © I. Kalkkinen.

Parmi les artistes collectionnés par Yoon-Ja et Paul Devautour, que présente ici Martin Tupper, le Cercle Ramo Nash développe depuis 1987 une pratique critique fondée sur l'analyse de l'art conçu tel un système. Le cycle des expositions «la Guerre des réalités» est élaboré sur le modèle des jeux de rôles avec la présentation à Paris, en 1991, à la galerie Sylvana Lorenz, de la manifestation intitulée «Règles du jeu», suivie à Milan, au studio Marconi, par «le Labyrinthe de la super-définition». Le cycle de ces manifestations a pris fin en 1993, à Venise, avec l'installation intitulée «Total Recall», consacrée à «l'hypothèse de l'artiste artificiel». Depuis lors, le Cercle Ramo Nash s'est attaché à explorer l'intelligence des pratiques artistiques au cœur des réseaux, avec la manifestation «Suite des mêmes opérations» (galerie Roger Pailhas, Paris, 1995) et a entrepris l'élaboration d'un système artistique de technologie de l'information intitulé «Sowana», présenté dans le cadre de plusieurs expositions : dès 1997 à La Box, à Bourges, au Mamco, à Genève, ainsi qu'à la galerie Chantal Crousel, à Paris, en 1998. Au sujet de ce système, le Cercle Ramo Nash précise : «Le travail peut construire l'artiste, l'artiste peut être fabriqué, l'artiste a besoin d'être construit.» La collection Yoon-Ja & Paul Devautour rassemble à ce jour une douzaine d'artistes trop mal connus.

LE CARACTÈRE DIALECTIQUE DU MODERNISME » Art & Language

« Changer de manière »

BERNARD FRIZE
Taunus
1997. Acrylique et résine
sur toile, 239,5 x 190 cm. DR.

Résolument peintre, Bernard Frize affirme depuis sa première exposition à l'ARC/musée d'Art moderne de la ville de Paris, en 1977, sa rupture avec le statut traditionnel du peintre. En ne signant pas ses œuvres, il dénie leur valeur d'usage commune, car la peinture est d'abord, selon lui, objet de réflexion. Dès lors,

procédant par séries qui sont autant de «déconstructions» de la peinture et de ses mythes fondateurs, il avoue «ne pas tellement changer de style, mais plutôt de manière de peindre». Élaborant son œuvre «dans la conjonction de la matérialité de la peinture et de sa finalité», il intègre hasard et temps comme deux facteurs constitutifs de sa méthode. Des *Travaux* (1977) à la *Suite Segond* (1980), jusqu'aux *Vases* (1985), *Natures mortes* et autres *Vues dans un carré* (1993), fruits de «quelques causes accidentelles et d'autres naturelles», Frize se fait l'observateur de ses multiples procédures. La peinture n'est plus l'exaltation d'un genre ou d'un mode particulier. Elle constitue son originalité, de série en série, par sa capacité à se mettre à l'épreuve du temps et de techniques singulières. «[Elle] s'accommode, comme l'écrit Patricia Falguières, autant que du désastre de la règle, de la vanité de son objet.»

174

CLAUDE RUTAULT
Le Rêve de Van Meegeren
1989.
Installation avec toiles peintes, dimensions variables.
Lille, FRAC Nord-Pas-de-Calais.
© E. Watteau.

Dès mars 1973, faisant suite à des travaux à caractère géopolitique, voulant prolonger de manière subtile et laconique la réflexion sur le monochrome, Claude Rutault propose d'en radicaliser le fonctionnement en suggérant à tout acquéreur de sa première «définition-méthode» de peindre la toile de la même couleur que le mur sur lequel elle serait accrochée. La proposition est suffisamment sagace pour que le rapport de l'œuvre au lieu d'exposition, comme à celui qui la prend en charge, transforme les relations de dépendance entre l'artiste et son commanditaire, ainsi que celle de l'œuvre à son contexte. Suit, jusqu'en 1981, une série de «définitions-méthodes» que Rutault continue d'enrichir et consigne dans des publications régulières

« Définition-méthode »

comme autant de propositions et de possibilités offertes d'explorer les relations entre le mur et la toile, le temps de sa présentation, au gré des réalisations et des actualisations successives qu'il contractualise avec différents acquéreurs privés et publics.
À partir de 1984, la notion de «travaux publics» permet, sous forme de publications, d'affiches et de guides donnant la situation des multiples prises en charge, d'instaurer de nouvelles relations entre espace privé et public.
À l'heure de l'œuvre d'art ravalée au rang de marchandise, la pratique de Rutault suggère, au fil des différentes «actualisations» et «contextualisations» de ses propositions, une morale de la valeur d'échange et d'usage qui ne trouve son objectivation que dans la mise en œuvre par le collectionneur de la «définition-méthode» choisie.

« Une conception phénoménologique de l'art »

RÉMY ZAUGG
Feuille de papier, III
1973-1990. Papier marouflé sur toile, carton, sérigraphie, huile et vernis synthétique, 200 x 175 cm. Paris, FNAC.

Peintre et théoricien né en Suisse en 1943, Rémy Zaugg est aussi le scénographe de multiples expositions, parmi lesquelles les rétrospectives des architectes Herzog et de Meuron au centre Pompidou (1995) et de Giacometti au musée d'Art moderne de la ville de Paris (1991). Ce double statut le rapproche d'une conception phénoménologique de l'art, qu'il développe dès 1963 dans une suite de 27 esquisses perceptives à partir de *la Maison du pendu* de Cézanne.
Il entreprend en 1973 une série de *Feuilles de papier*, tableaux recouverts de papier d'emballage et de peinture à l'huile, sur lesquels sont inscrits, en caractères typographiques aux limites du perceptible, différents mots et textes comme autant d'indications possibles que suggère la peinture.
Analyste, tel le Merleau-Ponty de *l'Œil et l'Esprit*, des relations sensibles qui s'établissent entre ces deux langages distincts que sont la peinture et l'écriture, Zaugg élabore «une peinture qui s'assigne pour tâche, précise Michel Gaulthier, de tenir les annales de sa propre perception».

« LE MONOCHROME OUVRE SUR

« Réseaux »

PETER HALLEY
Day-Glo Prison
1982. Peinture acrylique
Day-Glo et Roll-a-Tex sur toile,
160 x 198 cm. Collection
Spiegel, New York. DR.

Né en 1953 à New York, Peter Halley fut élève des universités de Yale et de la Nouvelle-Orléans. Il y découvre le structuralisme et se fait connaître

au milieu des années 80 en présentant à New York, dans la galerie International with Monument, où expose aussi J. Koons, des tableaux de composition géométrique simple, réalisés à l'aide d'une peinture murale «fluo» appelée Day-Glo. Dès lors, les notions de «simulationnisme» et de «post-style» collent à son œuvre comme des qualificatifs à même de déterminer un nouveau standard pictural.

Volontiers commentateur de sa propre démarche, Halley laisse entendre que les origines de son travail ne sont pas tant à quérir dans l'histoire dominante de l'abstraction, à laquelle on voudrait l'apparenter, que dans la complexité des signes et des images du monde contemporain. Réseaux urbains, circuits électriques, composants électroniques et autres grilles de lecture nées de l'espace virtuel des nouvelles technologies sont autant de sources et de motifs que son œuvre laisse deviner. Mais c'est sans doute la figure de la cellule qui en constitue la métaphore démythifiante la plus évidente. Peter Halley y reconnaît le signe récurrent sur lequel s'édifie son œuvre, comme la plupart des motifs essentiellement linéaires qui la composent : une façon dérivée de l'univers et de la méthode du pop art, qu'il revisite à l'heure du culte de l'apparence et prolonge sans en avoir l'air.

« Deux ou trois cauchemars »

MONA HATOUM
Light Sentence
1992. Casiers en treillis métallique, moteur électrique, ampoule, poulie,
198 x 185 x 490 cm.
Paris, FNAC. DR.

Le spectre de la guerre plane indéfectiblement sur l'œuvre de Mona Hatoum, artiste née à Beyrouth en 1952. De ses premières performances aux grandes installations qu'elle réalise dès la fin des années 80, le thème de l'enfermement, voire de l'emprisonnement, traverse chacune de ses propositions et rappelle, outre son histoire propre, l'impact et l'influence des thèses développées par Michel Foucault dans plusieurs de ses œuvres, dont *Surveiller et Punir*. Œuvre dramatique et métaphorique, le projet de Mona Hatoum est aussi une relecture

subtile des propositions plastiques développées par Bruce Nauman, Robert Morris et certains tenants de l'*arte povera*. Les cages, structures à claire-voie, barrières et autres éléments formels issus du vocabulaire de l'art minimal, qu'elle installe à la lueur d'ampoules et d'éclairages indirects dans l'obscurité, composent des environnements oppressants dans lesquels chacun évolue lentement, au gré des émotions et des souvenirs qui lui sont propres. Dans ces «petits arrangements avec deux ou trois cauchemars», Mona Hatoum compose ce que Jean-Charles Masséra appelle «une esthétique du rétrécissement».

« Spontanéité gelée »

JONATHAN LASKER
Believe in Everything
1997.
Huile sur toile, 183 x 244 cm.
Collection particulière.
Courtesy galerie Thaddaeus
Ropac, Paris.

Né en 1948 à Jersey City, Jonathan Lasker vit aujourd'hui à New York, où il développe depuis la fin des années 80 un projet pictural fondé sur une analyse critique, voire ironique, des différentes formes et figures de style qui se sont constituées au gré de l'histoire de l'abstraction. Adepte de ce que son exégète Hans Michael Herzog désigne comme une «spontanéité gelée», Jonathan Lasker est, avec Philip

Taaffe, Meyer Waisman, mais aussi avec des peintres européens qui, tels Bernard Piffaretti et John Trembley, s'attachent à mettre la peinture en question, peintre à l'heure du «devenir image» de la peinture, analyste critique de ses fondements et de son interprétation.
À l'héroïsme né du discours idéologique porté par Clement Greenberg, il préfère une approche «déceptive», critique et caustique de la lecture transcendantale de l'abstraction. Les grilles, motifs et autres éléments formels ponctuant ses tableaux «préconçus», nés de petites esquisses qu'il agrandit et gauchit ostensiblement, font de Jonathan Lasker l'un des parangons

singuliers d'une «néo-abstraction», dont «les formes gestuelles, ou les figures, [seraient], selon H. M. Herzog, comme des espèces de touristes subliminaux qui visitent différents lieux culturels dans différentes peintures».

UNE FENÊTRE VIDE, REFERMONS-LA... » Rutault

« À voir et à penser »

JEAN-LUC VILMOUTH
Le Bar Séduire
1997. Installation au Spiral/
Wacoal Art Center, Tokyo. DR.

Complice de l'aventure du groupe «ja na pa» à Paris, au début des années 70, puis longtemps confondue avec l'esthétique de la sculpture anglaise, l'œuvre de Jean-Luc Vilmouth s'est souvent transformée sans pour autant perdre le fil de ce que lui-même définit, à partir de la découverte de l'esthétique de Roger Caillois, comme la pensée d'un «augmentateur». Volontiers critique de la dimension délibérément réductrice du ready-made, Vilmouth ne cesse, au gré d'objets, d'installations ou d'environnements, de redonner une charge symbolique et poétique aux propositions complexes qu'il développe. Alors que ses premiers travaux tendaient à retrousser les principes *a minima* issus de la génération qui le précède, les œuvres de la série *Discover* (1983-1987), comme l'ensemble de ses propositions plastiques autour d'objets recyclés, visent à suivre la logique propre aux formes et aux matériaux qui les composent, et témoignent d'une réflexion «à voir et à penser» sur le statut de la sculpture comme sur sa valeur d'usage. Suivent ainsi ses premières propositions de conception d'espaces de convivialité, tel *le Bar Séduire*, installation réalisée à Tokyo en 1997. Attentif à tous les domaines de la science, de la culture et du savoir, Vilmouth a voulu développer, à travers des projets et des réalisations dans l'espace public, des propositions visant souvent à activer la fonction visuelle et mentale de certains sites, dans le souci constant de favoriser le lien social et l'intelligence du monde que nous habitons. À ce titre comme à d'autres, son influence, comme son rôle d'enseignant avec Ange Leccia à l'école du Magasin de Grenoble, ainsi que celle de co-concepteur d'expositions, est décisive sur la génération désormais à l'œuvre.

« Illusions et désenchantement »

CLAUDE LÉVÊQUE
Sans Titre
1993.
Installation au centre d'art
Optics, Montréal.
DR.

Transgressant les limites de l'espace codifié et aseptisé du cube blanc qu'incarnent musées et galeries, Claude Lévêque ne cesse de susciter des rencontres et des émotions intenses à la faveur d'installations mêlant souvent lumière, son et matériaux précaires.
Depuis les années 80, il développe une œuvre au contenu imperceptiblement autobiographique, dans laquelle le spectateur est confronté à des sensations violentes, au point d'y perdre tout repère physique et sensoriel.

Volontiers narratifs, les premiers travaux de Claude Lévêque ont progressivement investi et «squatté» des espaces sur un mode paroxystique. De ses premières installations, composées de tessons et reliques de fête, jusqu'à ses surfaces recouvertes de matériaux plastiques ou métalliques, renvoyant aux spectateurs une image disloquée et informe d'eux-mêmes, de ses espaces vides, secoués de projecteurs aveuglant de lumière, au noir absolu d'où s'échappe la voix de sa mère chantant un pauvre tube des années 70, l'œuvre de Claude Lévêque s'affirme, au gré du temps, comme une douloureuse allégorie de la vie, de ses illusions et de ses désenchantements.

« CERTAINS ARTISTES FABRIQUENT DES OBJETS,

« Une vie rêvée et normée »

ANDREA ZITTEL
Raugh
1998. Mousse de polyuréthane.
Installation au centre
Pompidou pour l'exposition
«Elysian Fields», 2000.
Courtesy galerie Andrea
Rosen, New York.

Née aux États-Unis en 1965, Andrea Zittel se fait connaître au début des années 90 en réalisant la série des *Living* puis des *Comfort Units,* structures nomades et modulables selon les désirs de chacun. L'utopie des premiers modernistes, du Bauhaus à toutes les formes d'expression plastique ayant tenté de rapprocher la production artistique et la valeur d'usage de l'œuvre, se resserre ici sur le confort individuel, sur les rêves d'intimité et d'isolement de notre société : «Une vie rêvée, mais aussi normée : mobiliers ascétiques pour un comportement puritain», précise Jean-Max Colard.
Si les structures habitables et autres «caravanes» imaginées par Andrea Zittel, à partir de sa structure de production qu'elle intitule *A to Z Administrative Services,* apparaissent comme au croisement d'une réflexion sur le design et ses utopies, certaines installations telle *Raugh,* présentée pour la première fois dans la galerie Andrea Rosen, à New York, ne sont pas sans ambiguïté ni ironie. L'environnement est bien donné tel un possible espace de repos et de méditation, mais il est aussi

la reproduction des rochers artificiels construits pour les singes dans les zoos : une façon sarcastique de renvoyer le visiteur aux illusions et utopies d'une société vouée au capitalisme et de retrouver l'état sauvage dans un monde abandonné au consumérisme.

« Celui qui change le village »

RIRKRIT TIRAVANIJA
Sans Titre
(le Pavillon de moules)
1997. Installation proposant un espace de dégustation.
Paris, FNAC.
© Ph. de Gobert.

Lors de sa première exposition, en 1990, Rirkrit Tiravanija cuisine un dîner thaï dont il abandonne les restes. Pourtant, au-delà des reliques d'un repas partagé, c'est dès lors autour des notions de cuisine et d'échange que se focalise l'attention sur l'artiste.
Dans les espaces qu'il conçoit à partir de différentes typologies prises à l'univers domestique comme à ses rites et son histoire, Tiravanija lui-même s'expose et ne cesse, sous des formes diverses, de favoriser une rencontre. «Le dispositif culinaire, remarque Éric Troncy, crée insidieusement une esthétique et un vocabulaire plastique.» On y consomme, on y discute ; Nicolas Bourriaud y reconnaît les fondements de ce qu'il nomme «esthétique relationnelle». «Mon œuvre, dit l'artiste, traite de l'absence et de la présence. Au-delà de tout lieu, elle questionne le contexte et le site.» L'ensemble n'est pas tant là

pour sa forme que pour les situations de tout ordre qu'elle peut produire, «les comportements qu'elle induit, [...] les rencontres qu'elle favorise, ce qu'elle met en lumière». Il réactive, à sa façon, la notion d'œuvre tel un «rendez-vous» décrite par Duchamp.
Pourtant, considérer l'exposition comme œuvre en soi, camper des situations éphémères, appréhender autrui tel un matériau sont autant de propositions qu'il serait faux d'analyser hors d'une histoire de l'art qui, avec toutes les avant-gardes, voit ressurgir, comme autant de tentatives et d'enjeux, la volonté de favoriser un lien social afin d'habiter le réel autrement. Studio d'enregistrement, espace de repos, restaurant et abris de fortune, tel *le Pavillon de moules,* conçu à Anvers en 1997, témoignent d'une forme obstinée de partage communautaire. Ainsi, Rirkrit Tiravanija est-il sans doute, et non sans naïveté, de ceux que Jerry Salz compare subtilement à l'idiot du village : «Celui, précise Éric Troncy, qui change le village.»

« Autodéfense »

ATELIER VAN LIESHOUT
Annexe
2000.
Vue extérieure, technique mixte.
© Coll. de la ville de Brétigny.

«Il y a, explique Joep van Lieshout, quatre possibilités : 1) Une recherche approfondie de ce qui définit et constitue l'art. 2) Choisir un autre mode d'approche et faire de l'art "normal", dénué de toute influence extérieure. 3) Trouver un travail ordinaire et être heureux. 4) Une combinaison des trois.»
Travaillant sur un mode communautaire, jusqu'à transgresser les frontières de l'art, de l'architecture et du design, Van Lieshout collabore avec des architectes, parmi lesquels Rudy Ricciotti et Rem Koolhaas. «Ses "objets de première nécessité", à l'aspect standardisé, sont, explique François Piron, une réponse au capitalisme tardif par l'idée de survie et d'autonomie.» Mais l'Atelier Van Lieshout réalise aussi différentes formes d'unités d'habitations, mobiles et modulables – certaines sont réservées à la lecture ou à d'autres activités plus divertissantes (*Baise-ô-drôme,* 1995) –, dont celle récemment installée pour le centre d'Art de Brétigny, véritable protubérance sur l'architecture du bâtiment. D'autres objets, tels ses *Casques de privatisation sensorielle,* permettent de s'évader du monde. Dans un souci d'autodéfense, l'Atelier Van Lieshout s'est d'ailleurs constitué un véritable arsenal au cœur d'un micro-État près de Rotterdam, mode de retranchement parodique et néanmoins stratégique.

177

MON TRAVAIL CONSISTE À ORGANISER LA VIE » Zittel

« Tableau vivant »

**ROSEMARIE TROCKEL
ET CARSTEN HÖLLER**
*Une maison pour les porcs
et les hommes*
1997.
Vue de l'installation
à la documenta X, Cassel.
© VG Bild Kunst, Bonn.

Une maison pour les porcs et les hommes constitue la réponse de Rosemarie Trockel et Carsten Höller à l'occasion de leur invitation par Catherine David à participer à la documenta X de Cassel, qu'elle organisait en 1997.

«Inventeur de nouveaux psychotropes et de modules perceptifs expérimentaux, concepteur de pièges pour enfants et analyste des réactions des oiseaux [comme] des odeurs dans notre vie affective, Carsten Höller, écrit Nicolas Bourriaud, est un praticien mutant.»
Instaurateur d'une véritable écologie formelle, adepte d'une «psychologie évolutionniste» inspirée par les travaux du biophysicien Richard Dawkins, il met à mal notre anthropocentrisme et tente, non sans humour, de réconcilier biologie, éthologie et humanisme.
Rosemarie Trockel, entre culture savante et populaire, développe son œuvre sur un

mode hétérogène, conjuguant une utilisation de tous les matériaux et de toutes les techniques. Aliénation comme rites domestiques y dessinent, en autant de médiums possibles, une vision obsessionnelle de notre quotidien.
Le dispositif extérieur proposé ici par les deux artistes peut induire de multiples interprétations. Il est en effet tout autant l'écho ironique d'un tableau vivant qu'une actualisation implicite de la tradition de la peinture de genre de l'époque classique, à laquelle renvoie également la boîte perspective à partir de laquelle les spectateurs sont appelés à contempler la nature et le règne animal.

« Soupe culturelle »

178

PAUL MCCARTHY
Tomato Heads
1992. Vue de l'installation à la galerie Rosamund Felsen, Los Angeles. Courtesy galerie Air de Paris, Paris.

Figure provocatrice et désormais tutélaire d'une scène artistique américaine tentée par le conservatisme, Paul McCarthy catalyse aujourd'hui l'expression de l'acuité critique et politique de la scène artistique et culturelle de Los Angeles.
Né à Salt Lake City, en 1945, au cœur d'une Amérique réactionnaire, il étudie la peinture à San Francisco à la fin des années 60. Depuis 1984, il est professeur à l'université de Californie, à Los Angeles, où il enseigne les nouvelles formes d'expression plastique contemporaine. Ses premières expositions et manifestations personnelles remontent au début des années 70. Il élabore une œuvre d'une extrême com-

plexité, dans laquelle la mise en scène des fantasmes et de la trivialité d'un monde contemporain voué à la marchandise prend une tournure parodique et caricaturale. *Sailor's Meat* (1975), *Cultural Soup* (1987), *Bavarian Kick* (1987), ou encore *Santa Chocolate Shop* (1997) représentent autant de dénonciations qui, sous le couvert de l'obscénité et du ridicule, sont une vaste entreprise de démo-

lition des idéologies conservatrices et de toutes les formes de domination aliénante d'un monde contemporain «spectacularisé».
Paul McCarthy échafaude un projet aux fondements résolument stratégiques, qui vise, sous l'apparente trivialité, à dénoncer, sur un mode jubilatoire, l'immonde par l'immonde, l'obscène par l'obscène, la bêtise par la bêtise, la violence par la violence.

L'œuvre de McCarthy se déploie, tel un grand rire, sur fond d'excréments, de sarcasmes, de ketchup et de mayonnaise. La pratique de l'art n'y a de sens que dans sa capacité à résister aux désirs de componction et d'hypnose auxquels nous soumettent l'ordre du monde et le système complice de l'art dans lequel nous évoluons complaisamment.

« MES PÔLES D'INTÉRÊT SONT PLUTÔT ORIENTÉS

« La viande et la chair »

JANA STERBAK
*Vanitas : robe de chair
pour albinos anorexique*
1987. Photographie, viande
de bœuf crue sur mannequin.
Paris, centre G. Pompidou,
MNAM, CCI. © J. Faujour/RMN.

Née à Prague en 1955, Jana
Sterbak émigre à l'âge de
13 ans, avec sa famille, au
Canada. Elle laisse derrière

elle l'une des grandes capitales de l'Europe centrale pour une nouvelle culture politique. Dans les années 70, Jana Sterbakova, devenue Jana Sterbak, étudie dans différentes écoles, à Vancouver, Toronto et Montréal, où elle vit aujourd'hui. Simultanément, elle développe une activité de critique d'art et réalise différentes expositions personnelles, dont une première rétrospective de ses travaux, dès 1991, au musée des Beaux-Arts du Canada, et une exposition au musée de Saint-Étienne, en 1995. Plusieurs expositions de groupe également – dont la biennale de Venise (1990), puis l'exposition collective «Générique 1 : Désordre», à la galerie nationale du Jeu de paume (1992) –

révèlent la complexité d'une œuvre acerbe et souvent douloureuse, traversée par l'écartèlement des deux cultures antagonistes dans lesquelles Jana Sterbak a vécu.
Vanitas : robe de chair pour albinos anorexique (1987) est encore à ce jour la pièce emblématique de son œuvre. La viande de bœuf fraîche est cousue et portée par une jeune femme, puis installée sur un mannequin de couturière, sur lequel elle continue aujourd'hui encore de se dessécher. Jana Sterbak en appelle ici au thème de la vanité comme au mythe médiéval pragois du Golem et pousse à un paroxysme l'allégorie de l'art et du temps dans sa relation au musée et à la relique.

« Esthétique de la disparition »

JASON RHOADES
*Uno Momento/The Theatre
in my Dick/A Look
to the Physical/Ephemeral*
1996. Matériaux divers.
Installation à la Kunsthalle
de Bâle. Courtesy Hauser &
Wirth & Presenhuber, Zurich.

Né à Newcastle (États-Unis) en 1965, Jason Rhoades vit et travaille à Los Angeles. Il développe ses premiers projets au début des années 90. *Young Wight Grand Prix* (1993), «snowball project» organisé avec Peter Bonde, en 1999, par Jérôme Sans dans le cadre du pavillon danois de la biennale de Venise, et bien sûr *Proposition*, réalisé la même année en complicité avec P. McCarthy, sont autant de propositions parodiques et évolutives, véritables *melting pots* où sport, loisirs et activités culturelles s'intriquent en une vaste allégorie de la création continue. *Uno Momento...* est à ce jour l'œuvre programmatique la plus accomplie de Jason Rhoades. Le titre de ce *luna park* est à lui seul l'expression

de son contenu, de la prolifération et de l'énergie qui l'animent. Véritable laboratoire chaotique et sonore, l'environnement est un paradigme artistique où tous les matériaux sont recyclés dans un mouvement perpétuel mû par des ouvriers en combinaisons de chantier et des batteries d'ordinateurs que l'artiste actionne. Dans un monde contemporain plus que jamais épris de «dépense»,

Rhoades met en branle «à plein régime», en objecteur de conscience, une réflexion sur le temps et la lumière, le visible et les effets de réel. Entre accélération et décélération, *Uno Momento...* interroge les perceptions inconscientes, la vraisemblance des images et les manipulations cinématiques. Autant de thèmes que P. Virilio identifiait dès 1980 comme ceux d'une «esthétique de la disparition».

« Causalité sauvage »

**PETER FISCHLI
ET DAVID WEISS**
Le Cours des choses
1986-1987. Film 16 mm, 30 mn.
Production T & C-Film, Zurich,
et Alfred Richterich. DR.

Depuis 1979, Peter Fischli et David Weiss, nés à Zurich, portent un regard allègre et excentrique sur notre société. Ils collectent des objets, reproduisent la réalité avec de la pâte à modeler, du plâtre ou de la gomme, réalisent des assemblages qu'ils filment et photographient. Entre bricolage et science, Fischli et Weiss échafaudent un projet dans lequel Daniel Soutif reconnaît l'écho d'une «causalité sauvage». Contre l'esprit de sérieux, entre gravité et gravitation, ils élaborent ce que Christophe Domino appelle «une encyclopédie désinvolte du monde». Le réel y figure en autant d'artefacts et de clichés, d'archétypes et d'ersatz. Sur le mode de la fable et de la saynète, de *la Moindre Résistance* (1979-1981) au *Monde des animaux,* dans la précarité des équilibres, la réalité n'apparaît plus qu'en une succession d'images dérisoires. Fischli et Weiss ont l'humour métaphysique. *Le Cours des choses* est une digression sur le processus d'élaboration d'une œuvre, entre suspens et suspension, une métaphore de l'histoire de l'art et de la façon dont elle s'invente. Sous couvert de dérision, Fischli et Weiss portent sur le monde une attention grinçante; sur le mode du jeu, ils assignent à l'art – à l'instar de Wim Delvoye, Martin Kersels, Peter Land et Roman Signer – un devoir de morale.

179

VERS LA PARODIE OU LA DÉRISION » McCarthy

« Boîte noire »

RINEKE DIJKSTRA
*Buzzclub..., Liverpool, UK/
Mysteryworld, Zaandam, NL*
1996-1997.
Installation vidéo, projection
murale synchronisée
sur deux écrans,
26 mn 40 s. Paris, FNAC.

Comme Gillian Wearing, Collier
Shorr ou Sam Taylor Wood,
Rineke Dijkstra (née aux Pays-
Bas en 1959) participe d'une
génération d'artistes sensibles
au pouvoir du modèle cinématographique. Si beaucoup privilégient la narration avec la
volonté de reconstruire dans le
champ des arts plastiques la
magie de la boîte noire aux
dépens du cube blanc, sur lequel
fonctionne l'espace classique
de la représentation, Rineke
Dijkstra et d'autres artistes,
comme Eija-Liisa Ahtila, développent une pratique fondée sur
des expériences narratives conjuguant l'image et le son, dans
lesquels apparaissent des êtres
pris dans le tissu étroit des relations humaines. Ainsi de l'installation intitulée *Buzzclub...*,
qui vient en contrepoint de
photographies d'adolescents
sur les plages des pays baltes
et des États-Unis, froids constats
du désœuvrement d'une gé-
nération tuméfiée.
Le *Buzzclub...* est une suite de
plans-séquences montrant des
adolescents dansant seuls
devant une caméra avec laquelle
ils semblent engager progressivement une relation de séduction duelle. Ce casting impro-
visé, à l'heure de l'ennui et d'une
extrême solitude, instaure progressivement autour du vide de
l'espace du club et de celui de
l'exposition, une relation sensuelle entre l'être filmé, celui
qui filme et celui qui, incidem-
ment, regarde.

« Esthétique totale »

PIPILOTTI RIST
Ever is Over All
1997.
Installation vidéo.
Courtesy galerie Hauser
& Wirth & Presenhuber, Zurich.
© A. Troehler.

«Une jeune fille à moitié nue
se trémousse en violents mouvements de danse et récite une
phrase de John Lennon, jusqu'à l'épuisement. Dans cette
sorte de clip vidéo dysfonc-

tionnant, on retrouve, écrit Stéphanie Moisdon-Trembley,
l'ensemble du vocabulaire de
Pipilotti Rist : recentrement du
regard et du désir sur un seul
corps (de femme), travestis-
sement de l'artiste, omnipré-
sence de la voix comme vec-
teur de subjectivité, effets
d'interruption et de distorsion
signalant l'activité permanente
de l'image dans l'image, le
rapport infantile et jubilatoire
avec la machine.»
Ancienne élève de la classe
des arts appliqués de Vienne
et de la classe audiovisuelle
de Bâle, Pipilotti Rist, tour à

tour chanteuse d'un groupe
rock et auteur de vidéos
suaves et sensuelles, élabore,
dès le milieu des années 80,
une réflexion sur les perceptions inconscientes et la vraisemblance des images. Cela à
partir de la vidéo, qu'elle considère comme «une esthétique
totale», et d'installations
mêlant narration et profusion,
mouvements et apparences
momentanées et trompeuses,
en autant d'apparitions fugitives. «La vidéo, dit-elle, est
la synthèse de la musique, de
la parole, de la peinture, du
mouvement, d'images moches
et mauvaises, du temps, de la
sexualité, de l'illumination, de
la fièvre, de la technique.»
«La force de Pipilotti Rist, précise Stéphanie Moisdon-Trembley, est d'avoir su se dégager
de la problématique formelle
et critique des médias et de se
situer dans un monde après
la télévision, après Paik,
Warhol et McLuhan, entre la
sphère du village global et
celle de sa chambre d'enfant.»

« Le plus heureux traité d'éducation naturelle »

RODNEY GRAHAM
Vexation Island
1997.
Installation vidéo, 9 mn.
Paris, FNAC.

Rodney Graham, né en 1949,
est contemporain de la génération d'artistes de Vancouver qui, de Jeff Wall à Ken Lum,
de Ian Wallace à Stan Douglas ou Roy Arden, explorent
après l'art conceptuel des sup-

ports de natures différentes
pour interroger, note Jean-
Pierre Criqui, «le travail du
sens et de l'image». Graham
s'attache à faire dialoguer littérature, arts plastiques et
cinéma, afin de questionner
les pouvoirs de la narration
et de susciter un élargissement des territoires propres
à chacune de ces disciplines.
De Poe à Büchner, de Melville
à Freud, de Fleming à Czerny,
Wagner ou Chateaubriand, le
travail de Rodney Graham se
propose comme une véritable
amplification des textes qui
le nourrissent.
Vexation Island est une courte
fiction muette, mais sonore,
aux modalités d'exposition
variables selon les contextes
et les espaces, qui témoigne
de l'impact du modèle cinématographique dans le
champ de l'art contemporain.
«Il s'agit, précise encore Jean-

Pierre Criqui, d'un travail sur
la dramaturgie du jeu de l'acteur, sur les simulacres, la
nature et l'artifice, le décor
et la représentation, aux références multiples.» Rodney
Graham construit son œuvre
à partir du roman de Daniel
De Foe, *Robinson Crusoé*, en
mettant en scène un per-
sonnage dont l'histoire est
ici inscrite dans une spirale
ininterrompue. «Le film, selon
J.-P. Criqui, s'inscrit au sein
d'une œuvre rigoureuse qui
a fait de la progression en
tour d'écrou l'une de ses
figures cardinales.» Mais,
au-delà de l'emprunt aux
modalités du cinéma, on
peut aussi voir dans cette
citation la volonté de l'artiste d'en appeler à la pensée critique et sociale de
Rousseau, qui voyait dans
ce roman «le plus heureux
traité d'éducation naturelle.»

180

« ON NE CONÇOIT PAS D'ŒUVRE SANS LES AUTRES :

« Histoire sociale »

JORGE PARDO
Sans Titre
1999. Technique mixte. Courtesy galerie G. Hussenot, Paris.

Né à La Havane en 1963, Jorge Pardo vit aujourd'hui à Los Angeles. Entre fonctionnalité et valeur d'usage, son projet se constitue telle une réflexion originale sur les styles et leur rapport à l'histoire du goût. Intégrant souvent le mobilier emblématique du design moderne, les installations et autres «arrangements» de Jorge Pardo sont autant de méditations sur l'idéologie du confort et des codes régissant nos modes de vie. Invité par le musée d'Art contemporain de Los Angeles en 1996, Pardo suggère alors de construire sa propre maison – dans laquelle il vit désormais – et d'y montrer une sélection d'œuvres du musée : une façon de retourner la proposition et de reprendre à son compte la critique du musée et de sa fonction, tout en activant son fonctionnement sur un mode comparable à celui que Buren ou Broodthaers avaient initié.
Mais le travail de Jorge Pardo se fait aussi sur l'histoire sociale et ses conventions, comme sur les éventuelles conditions d'une nouvelle synthèse entre les arts et leurs modes de production. À ce titre, les matériaux et les techniques qui composent ses installations constituent une investigation, entre artisanat et design industriel, fondée sur les principes d'économie et de diffusion du design à l'heure du culte de la marchandise.

« Identifications multiples »

UGO RONDINONE
Dogdays are Over
1995. Installation vidéo. Courtesy gal. Hauser & Wirth & Presenhuber, Zurich.

Par la diversité de ses formes et de ses matériaux, l'œuvre de Rondinone s'inscrit dans un courant propre aux artistes ayant émergé dans les années 90. Il développe son projet en autant de signes intermédiaires, allant de toiles diaphanes en forme de cibles colorées à des environnements vidéo et sonores au sensualisme *new age*.
Porté par l'idée rimbaldienne que «je est un autre», Rondinone apparaît parfois dans son travail, en personnage de cire ou encore asexué, comme dans une suite de photographies réalisées par Jean-Baptiste Mondino pour *Vogue*, portant un masque de carnaval ou celui d'un clown inactivé et avachi. Au centre du corps social, Rondinone est «l'individu incertain» décrit par Alain Ehrenberg. À l'opposé du principe d'identité, il se donne en autant «d'identifications multiples», tel l'être contemporain que reconnaît Michel Maffesoli.
Dogdays are Over est un environnement dans lequel on accède en empruntant une porte, sur laquelle l'artiste a peint un paysage à l'encre de Chine, et un couloir à l'éclairage jaune vif. Quatre films vidéo sont projetés sur les murs de la salle. Chacun montre des clowns disproportionnés et avachis qui semblent en état d'asthénie. Il n'y a plus à rire, mais peut-être à attendre que quelque chose du renoncement qui nous saisit vienne à se dissiper.

« Génériques »

XAVIER VEILHAN
Le Feu
1996. Cheminée et bancs avec coussins. Vue de l'installation à la galerie Agnès b., New York. Courtesy centre d'Art le Magasin, Grenoble.

Ancien élève de l'école des Arts décoratifs, Xavier Veilhan séjourne quelque temps dans l'atelier de Georg Baselitz. «Metteur en scène de fragments du quotidien, [...] Veilhan utilise des techniques volontairement traditionnelles [...], souligne

Anaïde Demir. L'image neutre et générique qui en résulte, tant en peinture, en sculpture que dans d'autres dispositifs, projette le spectateur adulte dans un univers fictionnel.»
Entre inanité et immobilité, écho des simulacres du «système des objets» analysé par Jean Baudrillard, il y a en effet de l'enfance de l'art dans l'œuvre de Veilhan, qui restitue et fige en grandeur nature, tels les modèles de la statuaire, des figurines génériques.
Conjuguant technologies contemporaines et formes traditionnelles, Veilhan propose en 1996 *le Feu*, réalisé à l'occasion de l'exposition «Traffic» (CapcMusée, Bordeaux). Méditation sur notre isolement dans un univers quotidien peuplé d'images et de signes modélisés à l'extrême, cette installation, à l'instar d'autres œuvres de l'artiste, allie archaïsmes, conventions et réflexions sur les styles dans leur rapport à l'histoire et aux habitudes sociales.

L'ARTISTE EST À L'OPPOSÉ DE L'AUTISTE » Veilhan

« Hédonisme »

TOBIAS REHBERGER

Nancy's Sunny 11-10-78
2000. Technique mixte.
420 x 300 x 200 cm. Courtesy
galerie G. Hussenot, Paris.

Combinant arts plastiques, architecture et design, reprenant les modèles du Bauhaus et du Stijl, et transformant l'Esprit nouveau et le minimalisme en autant de figures suggestives et hérétiques, Tobias Rehberger développe de vastes environnements dans lesquels il reconnaît une nouvelle forme d'hédonisme. Ironisant à propos de l'aura exercée par les maîtres du modernisme, sur lesquels il porte un regard fasciné et critique, Rehberger rejette toute nostalgie ou mélancolie des utopies passées pour réactiver, en autant

d'objets, d'installations et de dispositifs combinant couleurs et lumières, une vision dans laquelle il engage le spectateur à une expérience sensible de l'espace et du temps. Sous l'apparence de la limpidité d'ambiances colorées, se cache une approche subversive des codes régissant le fonctionnement des catégories esthétiques. Les podiums, accessoires et objets du modernisme qu'il remet en situation sont autant de tentatives pour redéfinir les fondements sociaux et la valeur d'usage de l'œuvre d'art au temps des illusions perdues. Ses travaux engagent à explorer le fonctionnement de l'esprit, de la perception physique et mentale, ainsi que les relations cognitives du sujet à l'espace qu'il arpente.

« Scénarios »

LIAM GILLICK

The What If ? Scenario, plate-forme suspendue et décalée
1996. «Plate-forme de discussion» conçue pour la maison Stillpass, Cincinnati, Ohio, 120 x 120 cm. Collection Stillpass, Cincinnati. DR.

Né en 1964 en Grande-Bretagne, Liam Gillick vit et travaille à Londres. Critique d'art et artiste, il a construit, écrit Éric Troncy, «une œuvre riche où s'imbriquent éléments narratifs et réflexions sur l'évolution des formes historiques de l'art.» Construisant son projet à partir de publications qu'il réalise en parallèle à son travail plastique, tel un récit ininterrompu mêlant personnages réels et fictifs, Gillick échafaude son programme artistique et théorique comme un rébus et un puzzle. Le spectateur se trouve ainsi happé par un récit sur le monde contemporain et différents jeux de rôles. Ses structures composées d'écrans d'aluminium et de Plexiglas coloré, ou de peintures murales reprenant à leur compte une géométrie minimale, constituent le support et le décor environnemental à toutes les formes de négociations et de compromis, d'échanges et de réflexions sur le pouvoir. L'œuvre est autant dans l'espace scénique ainsi constitué que dans les scénarios imaginés par Gillick. Ainsi de *l'Île de discussion,* véritable contamination de la raison par le sensible, récit continuant à sa façon le principe de Clausewitz visant à développer la réflexion esthétique «par d'autres moyens». Le spectateur du projet de Gillick, dans sa rhétorique subversive, est conduit à retrouver le regard originel au travers des écrans et des surfaces colorées – telles celles des peintures de Sarah Morris – et à prendre la mesure spatiale et sensible des mécanismes des relations de l'art à son discours.

« Minimalisme funky »

GERWALD ROCKENSCHAUB

Sans Titre
1998. 16 cousins en PVC, 110 x 110 x 70 cm chacun. Coll. part. Courtesy galerie Vera Munro, Hambourg.

Gerwald Rockenschaub étudie à Vienne, de 1975 à 1981, la philosophie, l'histoire, la psychologie et les arts appliqués. Contemporain de Peter Kogler et Heimo Zobernig, qui, comme lui, prennent leurs distances avec l'influence théorique de Beuys, Rockenschaub travaille dans la proximité de Peter Weibel et de Bazon Brock. Les notions de *sozio-design,* l'étude de Wittgenstein et des relations entre objets et quotidien le conduisent à l'expression d'un scepticisme teinté d'ironie sur la fonction de l'œuvre et de sa valeur d'usage. Au début des années 80, il participe, dans la mouvance punk, à la fondation du groupe Molto Brutto. Attaché au métissage des pratiques de communautés artistiques différentes, Rockenschaub cherche un vocabulaire plastique concis mêlant signes issus de la culture techno et du multimédia à une réflexion sur la perception. À partir de 1988, son activité de DJ, conjuguée à un langage plastique simple, le conduit à élaborer la notion de «minimalisme funky», dans laquelle il entrevoit la possibilité d'une conjugaison de l'esthétique et de l'action. À sa façon, Rockenschaub fait écho à la pensée de P. Bourdieu pour qui «la complexité structurée de l'expérience de la réalité impose la complexité structurée de l'œuvre».

« TOUT CECI EST TOUJOURS ENCADRÉ PAR

« Je m'intéresse aux images immobiles »

JOHN CURRIN
Entertaining
with Mr. Acker Bilk
1995. Huile sur toile,
121,9 x 96 cm. Coll. part.,
courtesy galerie Donald Young,
Chicago/FRAC Limousin.

Né en 1962 dans le Colorado, John Currin se fait connaître dans les années 90 par une façon de peindre que les catégories esthétiques ont vite voulu classer du côté du régionalisme.

«La peinture de John Currin, précise pourtant Frédéric Paul, ne serait ni mondaine ni parodique, c'est au contraire une peinture mystérieuse qui [...] s'appuie sur la persistance d'une imagerie naïve et idéalisée jusqu'à la trivialité, laquelle assigne à l'homme et à la femme le statut de modèles et va parfois pousser cette "modélisation" jusqu'à la caricature, mais sans céder à la facilité du kitsch, du grotesque ou de l'effet comique : hommes-modèles virils et barbus, femmes-modèles plutôt rondes et à la beauté plutôt sage, voire un peu fanée.»
Si l'art de John Currin reprend ostensiblement à son compte l'idée d'un «style américain», il induit aussi une attention particulière à des figures, tels l'Otto Dix des portraits des années 20, le Picabia des années de guerre, ou encore,

plus près de nous, l'artiste hollandais René Daniëls. Mais Currin sait aussi que le statut d'une peinture n'est pas tant déterminé par son style et son sujet que par le lieu et la place où elle est donnée à voir. Aussi risque-t-il une œuvre plus critique qu'il n'y paraît, où s'entrecroisent les conventions du réalisme, les stéréotypes et les avanies de la notion américaine de «genre». À moins qu'il ne s'agisse de la réhabilitation de «l'art modeste», dont Alain Sevestre fit au même moment le sujet d'un livre, et d'une façon de poser la question de l'échec en peinture. «J'aime les choses qui ne bougent pas; je m'intéresse aux images immobiles. Je n'ai pas beaucoup d'imagination pour les scénarios, mais j'en ai beaucoup quand il s'agit de savoir à quoi quelque chose pourrait ressembler...»

« Hamlet-machine »

NEO RAUCH
Handel
1999.
Huile sur papier,
200 x 216 cm. Kunstmuseum,
Wolfsburg. Photo U. Walter.
© VG Bild Kunst, Bonn.

Né en 1960 à Leipzig, Neo Rauch appartient à une scène allemande qui voit partout se développer des foyers esthétiques radicalement opposés. Citant volontiers l'*Hamlet-machine* d'Heiner Müller, dont les thèmes allient monde ouvrier et sujets mythiques, Neo Rauch se définit davantage comme un narrateur que comme un moraliste. Considérant la peinture comme «la forme d'expression la plus élevée», il en élabore une déconstruction parallèle aux courants de pensée issus, dans l'Allemagne contemporaine, des théories esthétiques qui ont succédé à celle de T. W. Adorno.

À la recherche d'une «libération du représentationalisme», Rauch compose l'espace pictural tel un scénario à travers lequel le langage contribue à une mise en forme de l'absurde et de l'incommunicabilité dans un monde industriel désactivé. D'autres images se composent de bulles d'où toute parole a disparu. Œuvres contemporaines de la Glasnost, les images de Rauch sont peuplées de figures somnambules aux gestes mécaniques suspendus. Ses êtres-mannequins harnachés de prothèses et ses objets incongrus, détournés de l'iconographie publicitaire, composent un récit fragmenté, voire disloqué, dans lequel on reconnaîtra volontiers une imagerie de propagande vidée de sa signification, comme un miroir de la décomposition croissante du sens et du sujet. Images

de désenchantement et d'aporie d'un présent incertain, les peintures de Neo Rauch mettent en lumière, sur un mode subversif, une réflexion critique sur les hypothétiques fonctions «communicationnelles» de l'art à l'ère de l'industrie culturelle, déjà dénoncées par Adorno et Horkeimer.

« Plus-value »

RAYMOND PETTIBON
Sans Titre
(She nobly declined...),
1996.
Encre sur papier, 28 x 19 cm.
Courtesy Regen Projects/
David Zwirner, New York. DR.

183

S'il souligne son attachement aux textes de James, Proust et Ruskin, qu'il introduit dans des dispositifs alliant dessins sur papier ou à même le mur et ses installations, Raymond Pettibon précise qu'il ne s'agit aucunement pour lui de littérature, et moins encore de bandes dessinées. Tout au contraire, il se reconnaît des influences allant de Goya à Whistler et Palmer, de Sloane à Hopper, et affirme volontiers que ses dessins et installations tiennent davantage d'une transposition du film noir et de formes dramatiques issues du découpage et du montage cinématographiques.
De fait, le travail de Raymond Pettibon est fragmentaire, combinant des citations et des textes inventés à la structure lapidaire des dessins animés. Pettibon avoue vouloir prendre ses distances avec l'esthétique imposée par les *cultural studies*. S'il raconte une histoire, s'il évoque la mythologie quotidienne des États-Unis, la juxtaposition et la collision de ces différents principes lui permettent l'élaboration d'une «esthétique de la plus-value» qui, par les déplacements successifs qu'elle suscite, n'est pas tant conforme à ses modèles qu'ouverte à toutes les interprétations.

UN JEU CONSTANT ENTRE ACTIVITÉ ET ANALYSE » Gillick

1987.
Gérard Garouste,
Le Temple-Indiennes,
acrylique sur toile,
760 x 410 cm.
et 775 x 315 cm.
© Frédéric Delpech.

1993.
Lucian Freud,
*Evening
in the Studio,*
huile sur toile,
200 x 168 cm.
© Sotheby's.

184

1994.
Lily van der Stokker,
*Thank you Wall
Painting,*
Acrylique sur mur
et techniques mixtes.
Courtesy galerie
Air de Paris.

1996.
Panamarenko,
Viaggio Alle Stelle,
photographie,
57 x 64 cm.
Courtesy galerie
Continua,
San Gimignano.

1999.
Tacita Dean,
Bubble House,
photographie,
99 x 147,5 cm.
Courtesy
galerie Frith Street,
Londres.

Chronologie 1980-2000

En regard du sujet traité, les éléments de cette chronologie privilégient une sélection d'expositions. Ils viennent compléter le dossier intitulé «L'art aujourd'hui, situations et enjeux».

1980
• Gand, Museumvan Hedendaagse Kunst : «Kunst in Europa na '68».

1981
• Paris, MAMVP : «Art Allemagne aujourd'hui - Différents aspects de l'art actuel en RFA».
• Londres, Royal Academy : «A New Spirit in Painting».
• Cologne, Museum der Stadt : «Westkunst et Heute».

1982
• Rome, Mura Aureliane : «Avantguardia-Transavanguardia».
• New York, Guggenheim Museum : «Italian Art Now : An American Perspective».

1984
• New York, The New Museum : «Art & Ideology».
• Cadillac, château d'Épernon : «Histoires de sculpture».
• Bruxelles, Palais des Beaux-Arts : «le Temps».

1985
• Paris, MAMVP : «Dispositif Sculpture/Dispositif Fiction».

1986
• Gand, Museum van Hedendaagse : «Chambres d'amis».
• Nice, Villa Arson : «Tableaux abstraits».
• Barcelone, fondation Caixa : «l'Art i el seu doble».

1987
• Paris, centre Pompidou : «les Courtiers du désir».
• Cassel : Documenta VIII (direction : M. Schneckenburger).

1989
• Paris, MAMVP : «L'art conceptuel, une perspective».
• Los Angeles, Moca : «A Forest of Signs».

1990
• Paris, musée du Louvre : «Polyptiques».
• Paris, centre Pompidou : «Passages de l'image».

1991
• Nice, Villa Arson : «No Man's Time».

1994
• Lucerne, Kunstmuseum : «Backstage».
• Madrid, Reina Sofia : «Cocido y Crudo».

1995
• Minneapolis, Walker Art Center : «Brilliant !»

1996
• San Francisco, Museum of Modern Art : «Transexualis and Repressia».
• Turin, Galleria civica d'arte : «Campo 6 : The Spiral Village».

1997
• Londres, Royal Academy : «Sensation».

1998
• Minneapolis, Walker Art Center : «Unfinished History».
• Cahors : «EXTRAetORDINAIRE».

1999
• Londres, Tate Gallery : «Abracadabra».

2000
• Londres, Royal Academy : «Apocalypse, Beauty and Horror in Contemporary Art».
• Bordeaux, CapcMusée : «Présumés innocents».

Catalogues et ouvrages généraux

D. Baqué, *la Photographie au risque de l'art*, Paris, 1995, éd. du Regard.

P. Bourdieu et H. Haacke, *Libre-Échange*, Paris, 1994, éd. du Seuil - Les Presses du réel.*

J. Clair, *Considérations sur l'état des Beaux-Arts. Critique de la modernité*, Paris, 1983, Gallimard.

J. P. Criqui, *Un trou dans la vie*, Paris, 2001, éd. Desclées de Brouwer.

A. Danto, *la Transfiguration du banal : une philosophie de l'art*, Paris, 1989, éd. du Seuil.*

G. Debord, *la Société du spectacle*, Paris, 1967, éd. Buchet-Chastel.*

R. Debray, *Vie et mort de l'image : une histoire du regard en Occident*, Paris, 1992, Gallimard.

T. De Duve, *Voici*, Bruxelles, 2000, Ludion.

C. Gintz, *Ailleurs et autrement*, Nîmes, 1993, éd. Jacqueline Chambon.

N. Goodman, *Langages de l'art. Une approche de la théorie des symboles*, Nîmes, 1990, éd. Jacqueline Chambon.*

O. Hahn, *Avant-garde : théorie et provocations*, Nîmes, 1992, éd. Jacqueline Chambon.

P. Halley, *la Crise de la géométrie et autres essais*, 1981-1987, Paris, 1993, énsb-a.

J. Henric, *la Peinture et le mal*, Paris, 1983, Grasset.

J. Y. Jouannais, *Artistes sans œuvres*, Paris, 1997, Hazan.

R. Krauss, *l'Originalité de l'avant-garde et autres mythes modernistes*, Paris, 1993, Macula.

Lebeer, *l'Art, c'est une meilleure idée ! Entretiens 1972-1984*, Nîmes, 1997, éd. Jacqueline Chambon.

T. McEvilley, *Art, contenu et mécontentement*, Nîmes, 1996, éd. Jacqueline Chambon.

E. Michaud, *la Fin du salut par l'image*, Nîmes, 1992, éd. Jacqueline Chambon.

Y. Michaud, *les Marges de la vision, Essai sur l'art (1978-1995)*, Nîmes, 1996, éd. Jacqueline Chambon.

J.-L. Pradel, *l'Art contemporain depuis 1945*, Paris, 1992, éd. Bordas.

H. Rosenberg, *la Dé-définition de l'art*, Nîmes, 1992, éd. Jacqueline Chambon.*

D. Soutif, *Papiers-journal*, Nîmes, 1994, éd. Jacqueline Chambon.

*à lire en priorité.

le DESIGN

« les choses, mode d'emploi »

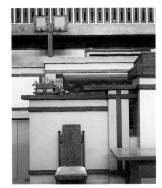

« Déblaiement d'art »

**LLUÍS DOMÈNECH
I MONTANER**
*Maison Navas,
Tarragone, Espagne.
Vue de la salle à manger*
1900.
Photo M. Loiseau/Archipress.

HENRY VAN DE VELDE
*Maison Hohenhof, Hagen,
Allemagne. Vue de la salle
à manger et détail du lustre*
1900.
Photo M. Loiseau/Archipress.

FRANK LLOYD WRIGHT
*Temple unitarien, Dak Park,
Chicago*
1905-1908.
Photo P. Cook/Archipress.

**CHARLES RENNIE
MACKINTOSH**
*Hill House,
Helensburgh, Écosse*
1903.
Photo M. Loiseau/Archipress.

Entre 1895 et 1905, l'influence de la galerie l'Art nouveau, ouverte à Paris par Siegfried Bing, «afin de jouer les intermédiaires entre les acheteurs, les fabricants et les artistes», contribue au développement du style qui portera son nom.

Dès 1894, Henry van de Velde publie avec *Déblaiement d'art*, un véritable plaidoyer pour une synthèse des arts. Refusant tout historicisme, l'ornementation devient partie constitutive de l'objet.
Mais l'école de Glasgow autour de C. R. Mackintosh, la première Sécession viennoise autour de J. Hoffmann, l'Art nouveau belge autour de Victor Horta, Hector Guimard en France, le style Liberty en Italie, le Jugendstil allemand, et dans une certaine mesure, l'œuvre d'A. Gaudí comme l'Art nouveau russe et américain autour de L. C. Tiffany s'inscrivent dans ce vaste mouvement qui connaît son apogée et déjà son déclin lors de l'Exposition universelle de Paris en 1900 au profit de la Sécession viennoise qui, elle-même, éclate face à ses contradictions, dès 1905.

Si le mot reste impropre mais semble désormais prévaloir sur tout autre, c'est que l'idée de design reste suffisamment libre d'interprétation et d'usage pour résister à toutes tentatives de soumission à un ordre formel établi.
La notion, il est vrai, semble laisser derrière elle celles d'arts appliqués et même d'arts décoratifs dont on vient à penser qu'elles appartiennent à un temps où il fallait encore que «l'invention du quotidien» se réclame indéfectiblement de la seule idée d'«art».
Nous vivons désormais le design au rythme des mutations de notre vie et son territoire, quel que soit son champ d'investigation, ne cesse de s'étendre.　　　> > >

> > > La France, à la différence de nombreux pays, l'a fort longtemps considéré comme une part subalterne de la création, privilégiant dans la hiérarchie des genres survivant au Grand Siècle, l'idée qu'il n'est que l'ornement et donc la part superficielle de ce qui nous entoure.

Il reste pourtant nécessaire de souligner que les avant-gardes, dont le projet ne voulait être séparé de la transformation des modes de vie, se sont tour à tour confrontées à l'établissement d'un programme au cœur duquel la redéfinition des formes et des usages du monde tenait lieu de promesse de bonheur.

Si l'idée de confort appartient résolument à un ordre bourgeois et charrie avec elle une cohorte de conventions qui perdurent encore, les mouvements de la modernité ont associé l'idée de révolution à celle de transformation radicale des conventions et des pratiques sociales comme des signes qui les représentent. De cette utopie subsistent, outre ce qui est l'art d'une époque, les formes, images et objets qui les accompagnent, comme autant de signes qui, au gré du temps, transforment les styles et inventent là le mobilier, là les accessoires et la typographie, là la mode et, ce faisant, les codes de l'homme en société. Entre «les choses» et «la vie mode d'emploi», le design – puisqu'il faut lui donner un nom – à l'état de projet ou livré à l'industrie et la consommation, a aujourd'hui droit de cité dans les musées d'art moderne et contemporain. Plus, il est partie intégrante d'une remise en perspective obligée de la lecture de l'art de ce siècle. Il était temps, puisque dès 1932 le musée d'Art moderne de New York lui consacrait un département.

Dès lors, on mesure le chemin parcouru et combien d'embûches levées avec l'ouverture d'un centre de Création industrielle en 1969 au sein de ce qui deviendra le centre Pompidou, comme l'opportunité qui dorénavant est offerte, avec la constitution d'une collection de design depuis 1992, de ne plus considérer les pratiques artistiques au nom de la seule hiérarchie des genres que la création elle-même, dès lors qu'elle s'attache à la vie, s'entend à abolir. <

GERRIT THOMAS RIETVELD
Maison Schröder, Utrecht
1924.
Photo F. den Houdsten/
VG Bild-Kunst.

Dès 1918, Rietveld rejoint le mouvement de Stijl. Influencé par le groupe Nieuwe Bouwen (Nouvelle construction), il réalise dès 1918 la célèbre Chaise bleue et rouge conçue comme une sculpture à même de révéler l'espace qui l'entoure. En 1924, il construit la maison Schröder à Utrecht dans laquelle T. van Doesburg reconnaît la seule véritable application des principes du Stijl. Cherchant à explorer les possibilités de la fabrication industrielle, il importe de Scandinavie dès 1922 du bois cintré, réalise en 1932 la fameuse chaise Zigzag et entreprend en

« La véritable application du Stijl »

collaboration avec Metz & Co et Artifort la production d'objets de bois et de métal d'une extrême précision technique. La maison de la décoratrice d'intérieurs Truus Schröder-Schräder traduit l'abstraction des plans, propre au langage du Stijl, dans un espace tridimensionnel. Conçue selon un principe d'intersection géométrique, son rez-de-chaussée est divisé de façon fonctionnelle alors que l'étage supérieur pour lequel Rietveld conçoit l'ensemble des aménagements et du mobilier, reste, pour l'essentiel, un volume uniforme rythmé d'éléments intégrés et de partitions coulissantes.

« L'URSS en construction »

ALEXANDER RODTCHENKO
Club ouvrier du pavillon soviétique pour l'Exposition internationale des arts décoratifs et industriels modernes, à Paris.
1925. Documentation générale du centre G. Pompidou.

Dès 1916, Alexander Rodtchenko réalise plusieurs travaux graphiques de caractère géométrique qu'il présente à l'exposition «le Magasin». Suivent de nombreuses recherches sur le volume qui le conduisent aux *Constructions spatiales* des années 20. Responsable du syndicat des Artistes peintres à partir de 1917, il dirige le département des musées de la section IZO du Narkompros de 1918 à 1922, participe à la création de l'Inkhuk et enseigne à la section graphisme de la faculté de dessins du Vhutemas.
Membre de la commission pour la Synthèse des arts (Zivskul'ptarkh), il réalise quantité de projets architecturaux pour les soviets et esquisse les éléments architectoniques de l'urbanisation de la cité moderne. Son désaccord avec V. Kandinsky dans le cadre de l'Inkhuk, le conduit à créer le Groupe d'analyse objective (1920) et à rejoindre V. Tatline. Avec Varvara Stepanova, il conçoit de très nombreux projets dans toutes les disciplines, allant de véhicules pour la projection de cinéma en plein air à des vêtements «de production», des recherches dans le domaine du photomontage et de la typographique. En collaboration avec Vladimir Maïakovski, il multiplie les recherches graphiques qu'il applique à tous les domaines de l'esthétique. Outre sa participation à la conception graphique du pavillon de l'URSS pour l'Exposition internationale des arts décoratifs de 1925, il y réalise le mobilier démontable et transformable pour un club ouvrier qui obtient le premier prix. Initiateur du groupe Octobre en 1930, Rodtchenko reste un emblème, à l'image de la revue *l'URSS en construction*.

« LA BEAUTÉ EST UNE ARME

« Vers un programme d'habitation »

**LUDWIG MIES
VAN DER ROHE**
*Pavillon de l'Allemagne
pour l'exposition
de Barcelone*
1929 (reconstruit en 1986).
Photo F. Eustache/Archipress.

MARCEL BREUER
Fauteuil Wassili
1926.
Vue de l'école du Bauhaus
(1925, architecte : Walter
Gropius), Dessau.
Photo F. Eustache/Archipress.

À la suite des nombreux projets, dont le pavillon pour Barcelone, pour lequel il dessine le célèbre mobilier, ainsi que celui de la villa Tugendhat à Brno (Tschécoslovaquie) et de «la maison d'un célibataire», à Berlin en 1931, Mies van der Rohe est nommé à la direction du Bauhaus où il renforce l'enseignement de l'architecture, de ses aspects techniques et professionnels. En 1933, après la fermeture du Bauhaus, il vote l'appel des intellectuels favorables à Hitler, espérant du nazisme, à l'instar du fascisme, la reconnaissance de l'architecture moderne. Mies participe ensuite à l'Exposition internationale de Paris de 1937 avec l'architecte et designer Lilly Reich, ancien professeur de l'atelier de textile du Bauhaus. En 1938, il part aux États-Unis et ouvre son agence à Chicago alors que Walter Gropius se retrouve, quant à lui, à la tête de la Graduate School of Design de l'université de Harvard.

Marcel Breuer, ancien maître de l'atelier de menuiserie du Bauhaus, à Dessau, où il avait réalisé l'ensemble des meubles métalliques et tubulaires de l'école, rejoint Gropius aux États-Unis, où il obtient grâce à lui une chaire d'architecture dans la même université.

« Un art d'habiter »

**CHARLOTTE PERRIAND,
LE CORBUSIER
ET PIERRE JEANNERET**
*La Maison du jeune homme
pour l'exposition de Bruxelles*
1935. Photo Vanderberghe/
archives Charlotte Perriand.

Diplômée de l'école des Arts décoratifs, Charlotte Perriand persuade, à la fin des années 20, Le Corbusier et Pierre Jeanneret de la prendre comme collaboratrice. De multiples recherches aboutissent à la présentation en 1929, dans le cadre du salon d'Automne, d'un ensemble de meubles sous le titre de «l'Équipement d'une habitation». Charlotte Perriand adhère alors à l'UAM, participe au CIAM IV, où est élaborée, sous le thème de la «ville fonctionnelle», la Charte d'Athènes. En 1935, elle présente avec René Herbst et Louis Sognot «la Maison du jeune homme» et participe l'année suivante au salon des Arts ménagers à la IIIᵉ exposition de l'habitation où elle préconise le passage du «tout acier» au «tout bois». En 1937, «le Refuge bivouac» pour le pavillon de l'UAM et sa collaboration avec Fernand Léger pour le programme du ministère de l'Agriculture du Front populaire marquent la fin de sa collaboration avec Le Corbusier. En 1940, avec Pierre Jeanneret et Pierre Blanchon, elle fonde le Bureau de la coordination de la construction et fait à Tokyo l'expérience du «tout bambou».

D'innombrables projets suivent après la guerre dont sa collaboration avec l'architecte Paul Nelson, sa participation à l'exposition «Formes utiles, objets de notre temps» ainsi que plusieurs collaborations avec Jean Prouvé et sa participation de 14 années à l'édification de la station de sport d'hiver des Arcs.

À la recherche d'un véritable «art d'habiter» comme d'une «synthèse des arts» et du «dialogue des cultures», Charlotte Perriand aura été, pendant 75 ans, l'expression sans faille de la modernité.

« Fonctionnalisme de prestige »

**JACQUES-ÉMILE
RUHLMANN**
*Mobilier du salon
de Paul Reynaud
(fresques de Louis Bouquet).*
1931.
Paris, musée national
des Arts africains et océaniens
Photo Schormans/Arnaudet/RMN.

Décorateur et créateur de mobilier, Jacques-Émile Ruhlmann est le fils d'industriels du bâtiment, fournisseur de peinture, papier peint et miroiterie. Dès 1913, il expose ses différentes réalisations au salon d'Automne, encouragé par son fondateur Frantz Jourdain et Jacques Doucet. En 1920, Ruhlmann devient membre de la société des Artistes décorateurs. Aux côtés de l'architecte Pierre Patout, il travaille alors à la réalisation du célèbre «Hôtel du collectionneur» de l'Exposi-

tion internationale de 1925. Désormais reconnu, il entreprend de très nombreux chantiers en France et à l'étranger, aménage entre autres, la salle de délibération et la salle des fêtes de la Chambre de commerce de Paris, certains salons de l'Élysée, ainsi que les salons du paquebot Île-de-France.

En 1929, le maharadjah d'Indore, «qui oriente son style vers un fonctionnalisme de prestige», lui commande un important ensemble de mobilier. Dès lors, Ruhlmann introduit le métal dans ses différents projets tout en s'attachant à préserver l'idée de la tradition de l'ébénisterie française par l'utilisation de bois exotiques et précieux qu'il combine à des matériaux rares.

187

ET LE MOYEN EST RÉVOLUTIONNAIRE » Van de Velde

« Un esprit libre »

JEAN ROYÈRE
Projet de living-room pour un chalet à Megève
Vers 1955.
Source documentaire galerie Jacques Lacoste. Photo Norma éditions. DR.

Jean Royère incarne un certain esprit de la décoration qu'il étudie, dès les années 30, au contact du fabricant de meubles de style Pierre Gouffé. Dès 1934, il reçoit le prix de la ville de Paris pour le chantier d'une brasserie des Champs-Élysées. Mobilisé en 1940, il entre dans la Résistance aux côtés du général de Gaulle. Au sortir de la guerre, Royère ouvre plusieurs bureaux en Afrique et

au Proche-Orient, puis en Amérique du Sud, et devient le décorateur des palais princiers. Conjuguant à un talent réel pour la recherche de matériaux singuliers, allant de la fausse fourrure au raphia aux effets cinétiques, la recherche de formes singulières qui contribuent grandement au renouvellement esthétique des années 70, Royère reste le modèle d'un esprit libre auquel une nouvelle génération va s'identifier. Ainsi d'Élizabeth Garouste et Mattia Bonetti qui réalisent, en forme d'hommage, la scénographie de l'exposition de la galerie 1950 Alan et de la galerie Néotù, lors de la présentation de «l'Intérieur d'un musicien», autour du mobilier d'Henri Salvador.

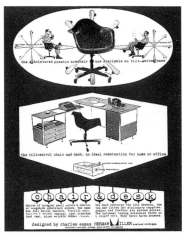

« Streamline »

STANLEY MESTON
Premier restaurant McDonald's, Des Plaines, Illinois
1955. Photo McDonald's.

CHARLES EAMES
Publicité de la firme Herman Miller (États-Unis) pour un fauteuil de bureau parue dans «Interiors»
Février 1954. DR.

Au début des années 40, Charles Eames et Eero Saarinen accèdent à la célébrité en remportant un concours organisé par le musée d'Art moderne de New York intitulé Organic Design in Home Furnishings (1940-1941), où ils présentent, entre autres réalisations, un siège en contreplaqué moulé que les restrictions de la guerre empêchent de produire en série. Dès 1941, Charles et son épouse Ray s'installent en Californie et mettent au point différentes techniques pour courber le contreplaqué et produisent des pièces pour la marine américaine et l'aviation. Rejoints par Herbert Matter et Harry Bertoia, ils fondent la Plyformed Wood Company et produisent de nombreuses pièces pour le fabricant Herman Miller. Leurs idées sur l'utilisation du contreplaqué et de la fibre de verre et leur intérêt pour le cinéma éducatif et publicitaire exercent une influence considérable. Scénographes, ils réalisent aussi de nombreuses expositions dont le célèbre «American National Exhibition Pavilion» en 1959 à Moscou. En 1948, la réalisation d'une coque de siège en polyester et fibre de verre pour le concours Low-Cost Furniture Design lancé par le MoMA, marque un jalon important de l'histoire du «design global» et du *streamline* qu'incarne à sa façon l'architecture du premier des restaurants McDonald's dont la forme des arches inspire le célèbre logotype réalisé en 1968 par l'agence d'Arcy.

« Forme libre »

CARLO MOLLINO
Laboratoire Apelli & Varesio, Turin, où Carlo Mollino a fait réaliser ses pièces les plus prestigieuses.
Vers 1950. Photo R. Moncalvo.

Figure protéiforme de la scène italienne, anticonformiste et

individualiste jusqu'à l'excès. Carlo Mollino perpétue la recherche et la spéculation constantes du futurisme et des avant-gardes sur la forme et le mouvement. Passionné de tous les sports, de l'automobile au ski et à l'aéronautique, il développe dès les années 30 une activité trépidante dans laquelle la majeure partie de ses réalisations conjugue, à l'esprit de l'Art nouveau, de Mendelsohn et de Aalto, les modèles formels que lui suggèrent les machines. Architecte, il est aussi ingénieur et inventeur, travaillant dans la proximité de nombreux techniciens avec lesquels il réalise aussi bien des objets, du mobilier que des environnements et différents bâtiments. Exubérante et fantasque, voire étrange, telles les différentes réalisations architecturales des années 40 et 50 pour la ville de Turin, l'œuvre de Mollino fait écho à sa vie et préfigure à la fois une méthode et des principes de production novateurs, dans lesquels l'analyse contemporaine reconnaît la quintessence de la «forme libre». Anthropomorphes et organiques, largement influencés par l'anatomie, ses décors intérieurs comme son mobilier restent également le gage d'une maîtrise et d'une réinvention des matériaux réellement accomplie.

« LE DESIGN NE DISPARAÎT PAS.

ROGER TALLON
*Production de la galerie
Jacques Lacloche, avec
l'escalier hélicoïdal et le
mobilier en fonte de fer M 400*
1966. Exposition à New York.
Archives Roger Tallon.

**QUASAR (NGUYEN
MANH KHAN, DIT)**
Collection Aérospace
1968. PVC.
Photo Norma éditions. DR.

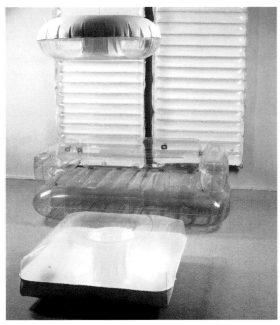

« Pour nous, le beau, c'est le bon »

« Une alternative aux habitudes »

VERNER PANTON
Fantasy Landscape
1970. Création pour la manifestation «Visiona II» organisée par la firme Bayer.
© Marianne Panton.

Danois, Verner Panton collabore de 1950 à 1952 avec Arne Jacobsen. À la suite d'un voyage en Hollande, il installe son agence en Suisse au début des années 60 où il développe une activité allant du design à la scénographie d'expositions. Expérimentateur, il réalise de nombreuses recherches sur les matériaux dont le carton, les plastiques et la fluidité des formes, qui le conduisent à la célèbre chaise Panton reprenant le principe initial de la chaise Zigzag de G. Rietveld, première chaise en porte-

L'histoire du design se confond amplement avec la diversité des projets mis en œuvre par Roger Tallon. Complice de nombreux artistes, dont les Nouveaux Réalistes, il participe à de multiples projets allant de la conception d'objets de la vie quotidienne : Téléavia (1959 et 1966), sièges et tabourets M 400 pour Sentou (1960), escalier hélicoïdal pour la galerie Lacloche... jusqu'à la conception des différents programmes pour le train Corail et du TGV, avec Alsthom, pour la SNCF. Graphiste, il est aussi le concepteur de la maquette de la revue *Art Press* (1972) et de chartes graphiques pour la SNCF et les autobus de Moscou. En 1969, il est l'un des invités du centre de Création industrielle pour son exposition inaugurale «Qu'est ce que le design ?». Une année auparavant, Quasar présente son mobilier gonflable en PVC à l'exposition du musée des Arts décoratifs «les Assises du siège contemporain». La boutique de la rue Boissy-d'Anglas, à Paris dans les années 70 incarne un mode de vie «au ras du sol» qu'avec Marc Held et son mobilier en plastique Quasar va alors personnifier.

189

« J'ai fait des pièces dans les pièces »

PIERRE PAULIN
*Appartement privé
pour le Président
et Mme Pompidou,
palais de l'Élysée, Paris*
1971-1972. Documentation du centre G. Pompidou. DR.

Avec le réaménagement des appartements privés de l'Élysée entrepris par Georges et Claude Pompidou en 1971, Pierre Paulin trouve une consécration propre à incarner l'esprit des 30 glorieuses. Designer industriel, Paulin crée ses premiers meubles à la fin des années 50 pour la société hollandaise Artifort, dont les célèbres fauteuils F 560 (1960) et Ruban (1969). Il est un des premiers à utiliser les tissus élastiques. Sa collaboration avec le Mobilier national le conduit à réaliser pour l'Exposition universelle d'Osaka, en 1970, un ample environnement en mousse polychrome dont le style marque son époque. En 1975, Paulin fonde le groupe ADSA, bientôt rejoint par R. Tallon et Michel Schreiber. De nombreux objets suivent pour Calor, Allibert, Renault, Simca, Saviem, ainsi que la célèbre chaise empilable Stamp. Son esthétique, comme celle d'Olivier Mourgue (série Djinn, 1964) que Stanley Kubrick utilise pour *2001 : l'Odyssée de l'espace* (1968) et celle de Joe Colombo prennent le contrepied de la tradition artisanale à l'ère de la production industrielle et de la grande consommation.

à-faux moulée d'une seule pièce, esquissée en 1954 et éditée en 1968 par Herman Miller.
Sa Living Tower (tour habitable), réalisée à la même époque, structure modulaire invitant le corps à venir s'y lover librement, oppose à la rigueur de sa structure extérieure, un espace affranchi de toute convention où la manière de trouver le repos reste à inventer.
Mais c'est aussi la couleur qui requiert Panton qui, avec le Color System, met au point dans les années 60 un code chromatique applicable à tous les domaines de la création et que lui-même utilise pour la conception du Paysage de fantaisie réalisé en mousse et présenté par la firme Bayer pour son exposition «Visiona II», à Cologne, en 1970.

LES STYLES DISPARAISSENT » Tallon

« Plaisir esthétique »

ETTORE SOTTSASS (AVEC MARCO ZANINI ET MIKE RYAN)
Zibibbo Bar, Kukuoka, Japon
1990. Photo Nacasa & Partners.

Né d'un père architecte qui collabora avec O. Wagner, E. Sottsass participe, dans les années 50, à la reconstruction du Nord de l'Italie et devient designer conseil d'Olivetti. En 1960, il fonde Studio Richerche Design, à Milan, et entreprend un voyage déterminant en Orient. Malade, il publie *Room East 128,* suivie d'un magazine, *Pianeta Fresco,* avec son épouse Fernanda Pivano et le poète Allen Ginsberg.
Activiste, Sottsass développe alors une activité débordante. En 1970, commence une longue collaboration avec Poltronova et Alessi. Trois ans plus tard, il fonde la contre-école d'architecture et de design, la Global Tools. Mais c'est avec la journaliste Barbara Radice qu'à partir de 1976, Sottsass mul-

190

tiplie ses activités. Expositions, collaborations avec le studio italien Alchimia puis, bien sûr, la fondation en 1981 à Milan du groupe international Memphis qu'il quitte quatre ans plus tard, le consacrent comme l'une des figures emblématiques du design. Depuis lors, à la recherche de nouveaux territoires, Sottsass se consacre essentiellement à l'architecture qu'il considère «comme un lieu de plaisir esthétique».

« Lumière et artifice »

SHIRO KURAMATA
*Boutique Tokio Kumagai,
Nagoya, Japon*
1986.
Photo Hiroyuki Hirai.

Architecte d'intérieur et designer, Shiro Kuramata fonde en 1965, après ses études à Tokyo et ses collaborations pour des firmes japonaises parmi lesquelles le magasin Matsuya, le Kuramata Design Office. Tenté par des formes inhabituelles, il crée de nombreux objets domestiques fondés sur l'aléatoire et sur l'expérimentation de matériaux ductiles. Cherchant une alliance entre tradition japonaise et meubles occidentaux, il invente des formes véritablement divagantes tels le secrétaire Ritz (édité par Memphis en 1982), le meuble de rangement Solaris (édité par Cappellini en 1985) ou les chaises et fauteuils How High the Moon (édité par Vitra en 1989) obtenus à partir de résille d'acier nickelé.
Mais c'est sans doute le siège en acrylique Miss blanche (1986) avec ses fausses roses incluses dans le plastique, jouant sur la lumière et sur l'artifice, qui réalise l'expression la plus significative d'une alliance de l'objet et du meuble et traduit la poétique propre de l'œuvre de Kuramata et la recherche d'une esthétique que le Japon contemporain développe également autour de ses créateurs de mode tels Comme des Garçons ou Issey Miyake, dont Kuramata conçoit, avant sa mort, les aménagements intérieurs.

« Le temps des questions »

GAETANO PESCE
*Collection Unequal suite.
Vue de la table Sansone II
et du divan Cannaregio.*
1986-1987.
Photo B. Wulf, Hambourg.

Architecte et designer, Gaetano Pesce fait ses études à Venise et participe en 1959 à la fondation du Gruppo N à Padoue, premier groupe à orienter ses recherches vers un «art programmé». Alliant à ses premiers travaux de nombreux modes d'expression, tels la lumière et le son, Pesce développe alors des projets de caractère cinétique et sériel. Auteur du *Primo Manifesto per un'architettura elastica,* il rencontre en 1965 Cesare Cassina et Francesco Binfare et crée avec eux, à Gênes, la compagnie Bracciodiferro pour la réalisation d'objets expérimentaux à partir, entre autres, de polyuréthane et de jersey.
En 1971, le projet de «la ville souterraine à l'époque des grandes contaminations : Habitat pour deux personnes» conjugue fiction et réalité pour proposer une vision du monde organique et utopique. Recherchant la diversification au sein même des séries qu'il réalise, Pesce apparaît comme une des figures essentielles d'une réflexion continue sur le matériau et la forme ainsi que sur la fonction sociale et culturelle du designer. Architecte, il est aussi l'homme des projets socio-politiques (gratte-ciel à Manhattan, 1978; contre-projet pour les Halles de Paris, 1979) aux allures souvent anthropomorphes parmi les plus ambitieux de l'époque (Loft vertical, 1982) et l'un des rares à penser la fonction créatrice sur un mode résolument critique et utopique que l'exposition «le Temps des questions», organisée par François Barré et Raymond Guidot en 1996 au centre Pompidou va révéler dans toutes ses dimensions.

« ON VOULAIT DU CHAUD, PAS DES RADIATEURS

« L'amour est une espèce en voie de disparition »

PHILIPPE STARCK
Café Costes.
Vue du premier étage, Paris
1984. Photo P. Mardaga.

Maison préfabriquée pour les 3 Suisses
1993. Photo J. Dirand.

Parce que «l'amour est une espèce en voie de disparition», en maître absolu du slogan, Starck engage, tel qu'il le fait lui-même, à «penser le matin et travailler l'après midi». Fantastique vibrion, il est à 25 ans, avec la réalisation des nightclubs la Main bleue (1976) et les Bains-douches (1978), l'un des architectes d'intérieur les plus célèbres de la décennie. En 1979, sa lampe Easy Light

remporte l'oscar du luminaire. En 1982, il réalise les appartements privés de madame Mitterrand à l'Élysée, dont le plafond est peint par Gérard Garouste, et crée, à cette occasion, le fameux fauteuil-club Richard III. Mais c'est sans doute le café Costes, à Paris (1984) aujourd'hui détruit, puis d'innombrables projets de par le monde qui assurent à Starck une renommée internationale. Architecte, il réalise l'usine Laguiole (1988), de nombreuses maisons particulières et plusieurs immeubles à Tokyo et les plans d'une rue

à Paris qui portera rien de moins que son nom.
Dès lors, les projets se succèdent à un rythme sans faille : objets pour Alessi, Fluocaril, Vitra, Driade, Kartell, pâtes pour Panzani, moto pour Aprilia, direction artistique de XO, de Thomson et de Tim Thom et une collaboration avec les 3 Suisses, pour lesquels il va jusqu'à réaliser une maison en kit, font de Starck, à la recherche continue de «surprises fertiles», celui qui se veut désormais partout où la vie est à réinventer, entre jubilation et souci réel de l'environnement.

ANDRÉE PUTMAN
Salle de bain de l'hôtel Morgans, à New York
1982. Photo D. von Schaewen.

Témoin des métamorphoses de son temps, Andrée Putman reste avant tout associée à l'entreprise de Prisunic où, dès 1960, Denise Fayolle l'appelle pour initier des collections d'objets et de lithographies avec ses amis peintres parmi lesquels P. Alechinsky, R. Matta, W. Lam, J. Messagier et, bien sûr, Bram van Velde dont Jacques Putman est alors le témoin attentif et meilleur exégète. La fidélité d'Andrée Putman à ses amis, parmi lesquels Didier Grunbach, Maïmé Arnodin et Denise Fayolle, la conduit à de nombreux projets communs, puis à la création, en 1978, d'Écart, dont elle assure la direction artistique. La réédition de meubles et objets de créateurs – E. Gray, R. Mallet-Stevens, Jean-Michel Frank, Mariano

Fortuny, P. Chareau... –, connaît un succès considérable et témoigne du goût et des efforts d'Andrée Putman pour la redécouverte d'œuvres par trop oubliées. Mais c'est aussi en éditant de jeunes créateurs qu'Écart trouve sa pleine signification. Andrée Putman devient alors l'une des figures centrales du design et l'un de ses «passeurs» essentiels. Les architectures d'intérieur – hôtels, musées, showrooms, scénographies... –, se suivent depuis lors, conjuguant à ses créations propres celles de ceux dans la complicité desquels elle aime à travailler.

« Barbare »

ÉLIZABETH GAROUSTE ET MATTIA BONETTI
Salon de haute couture pour Christian Lacroix, Paris
1987. Courtesy Christian Lacroix.

Depuis 1980, É. Garouste et M. Bonetti conçoivent étroitement ensemble des objets,

meubles, scénographies et aménagements intérieurs sans qu'il importe de connaître la part qui revient à chacun. Après leur collaboration pour le restaurant du Palace, le Privilège, leurs premiers objets et meubles en 1981 (lampe Lune, 1980), (table Rocher,

1982), puis, l'année suivante, pour le VIA, pour lequel ils conçoivent des meubles de bois et cordage, se développent à l'opposé du design industriel du moment.
Renouant avec le principe du meuble de décorateur, dont l'un des accomplissements reste le showroom de Christian Lacroix (1987). Ils inaugurent avec la fameuse chaise du même nom, un style «barbare», volontiers sophistiqué, fait de formes composites qu'ils empruntent souvent à la nature. Hybride et sensible à l'esprit du théâtre, l'œuvre de Garouste et Bonetti incarne un univers et une pensée volontiers à contre-courant, dont l'un et l'autre restent surpris de l'impact et de la reconnaissance rencontrés depuis 20 années.

ON VOULAIT DE L'EAU, PAS DES ROBINETS » Starck

« Où es-tu Edison... ? »

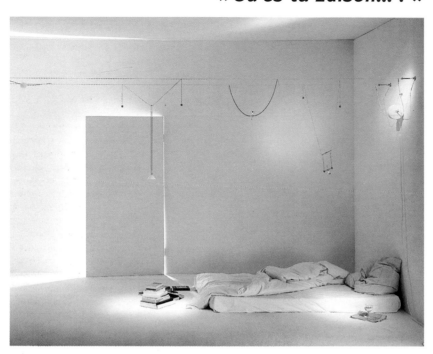

INGO MAURER
*Modèle d'accrochage
du système Ya Ya Ho*
1992. © Ch. Germain.

D'abord typographe et graphiste, Ingo Maurer, né en 1932 en Allemagne, s'installe aux États-Unis jusqu'en 1963. De retour en Europe, il fonde l'agence Design M en 1966 et conçoit sa première lampe Bulb en 1969. Suit alors une intense production qui témoigne d'une exploration attentive de la lumière, qu'il traite avec ironie et poésie. En 1979, il célèbre le centenaire de l'invention de la lampe à incandescence avec une suspension appelée «Où es-tu Edison, maintenant que nous avons besoin de toi ?» Également scénographe, Ingo Maurer réalise la mise en lumière de nombreuses expositions – «Design à la villa Médi- cis» (Rome, 1986), «Façonnage entre industrie et savoir-faire» (Francfort) – et crée des effets spéciaux pour le défilé de mode d'Issey Miyake à La Villette (Paris, 1999). De nombreuses manifestations et expositions personnelles lui sont consacrées, notamment «Ingo Maurer : lumière aha SoSo» (institut français d'Architecture, Paris, 1986), «Ingo Maurer : lumière, hasard, réflexion» (fondation Cartier, Paris, 1989) et «Ingo Maurer : travaux avec la lumière» (Munich, 1991). Attentif au design japonais, et particulièrement à Isamu Noguchi, Ingo Maurer s'est intéressé à l'origami qu'il transpose dans des procédés novateurs. Cherchant à faire valoir «une conscience culturelle reconnaissant la valeur de la matière et du savoir-faire», il allie subtilement esthétique et prouesses techniques.

« Formes élémentaires »

JASPER MORRISON
Le tramway de Hanovre
1997.
Miro Zagnoli/J. Morrison Ltd.

Né en 1959 en Grande-Bretagne, Jasper Morrison poursuit ses recherches à la Kunstakademie de Berlin après des études à la Kingston School of Art and Design et au Royal College de Londres. À contre-courant de la tendance ornementale et décorative des années 80, il réalise de nombreux meubles et objets qui témoignent de recherches épurées et inventives sur les matériaux. Concepteur du tramway de Hanovre pour l'Exposition internationale de 2000, pour lequel il remporte plusieurs prix, il reçoit des commandes de l'État français, parmi lesquelles la chaise du réfectoire du couvent de La Tourette et des objets de céramique créés à Vallauris. La collection Ply (1989), éditée par Vitra, réalisée en multiplis de bouleau, illustre le souci de simplicité et le défi technique propres au travail d'une génération qui, de Jasper Morrison à Konstantin Grcic ou Riccardo Blumer, revisite, à partir de matériaux nouveaux et de technologies de pointe, le langage moderne et ses formes élémentaires.

SYLVAIN DUBUISSON
*Structure gonflable
pour la présentation
d'une série d'objets
dessinés pour l'exposition
«Premises...», à New York*
1998.
Image de synthèse.
© P. Cagninacci/
Images de synthèse/
Sylvain Dubuisson.

« Un espace sensible »

Architecte et designer, Sylvain Dubuisson étudie en Belgique à l'école supérieure d'Architecture de Saint-Luc, à Tournai. Les pièces réalisées dans les années 80 – la table Quasi una fantasia, pour Furniture (1982), la lampe Beaucoup de bruit pour rien, éditée à l'initiative d'Andrée Putman pour Écart (1983), le Cuer d'amour épris (pièce unique, 1984), Tetractys (pièce unique pour Néotu, 1984) – marquent, par leur raffinement, une sensibilité réelle face à une époque par trop «brutaliste».
Parmi de nombreux aménagements, il conçoit l'accueil de la cathédrale Notre-Dame de Paris (1985), le musée des Tissus de Lyon (1988), les librairies Flammarion (1988), le passage de Retz (1993), le bureau de Jack Lang (1990) – pensé autour des thèmes de la théâtralité, de la lumière et de la culture –, le Panthéon (1995), le château de Fontainebleau (1996), ainsi que les scénographies des expositions «les Années plastiques» (cité des Sciences, Paris, 1985) et «la Magie des plastiques» (École des beaux-arts, Paris, 1996). Sylvain Dubuisson suit ainsi un parcours résolument différent, à la recherche de la clarté d'un espace sensible et «musical» comme d'un contenu littéraire qui se refuse à faire le deuil de la mémoire et de notre culture.

« POURQUOI AVOIR UN CHIEN

« Une logique sculpturale et organique »

MARC NEWSON
Hystérie Boutique
1992. Francfort et Paris. DR.

Élève du Sidney College of Arts, Marc Newson crée en 1986 sa propre agence de design. Voyageur, il s'installe à Tokyo entre 1987 et 1991 et développe dès lors des projets remarqués, parmi lesquels des chaises et objets édités depuis par Cappellini. Il se fixe à Paris en 1991 et est nommé en 1993 directeur du salon du Meuble. Installé à Londres en 1997, il y ouvre l'agence Marc Newson avec Benjamin de Haan.

Marc Newson est alors chargé de l'architecture intérieure de bars et de restaurants à Tokyo, Londres et Cologne, et de boutiques à Berlin et Francfort, notamment celle

du styliste belge Walter van Beirendonk, en 1996. Utilisant des matériaux aussi divers que le polyuréthane, l'aluminium, l'osier ou le feutre, Marc Newson imagine un style personnel qui le conduit à développer, entre autres, pour l'entreprise danoise Biomega, la fameuse bicyclette Extravaganza, ainsi que le *concept-car* 021C pour

Ford. Héritier du *stream line* et des conceptions de l'aéro-dynamisme, Newson soumet l'ensemble de sa production – dont la Wood Chair (1988) et l'Embryo Chair (1993) restent de splendides exemples – à une logique sculpturale et organique issue du vocabulaire formel moderniste.

« Ruiniste »

**RON ARAD
(AVEC ALISON BROOKS)**
Café du nouvel opéra de Tel-Aviv
1989. © G. Dagon.

Designer et architecte israélien installé depuis 1980 à Londres, Ron Arad ouvre avec plusieurs

complices, dont Peter Keene et Tom Dixon, l'agence-boutique One-Off. «La prise en considération des qualités intrinsèques du matériau ou du composant techniquement évolué d'aujourd'hui l'amène à une conception du design, explique Raymond Guidot, qui passe par la récupération et le détournement de composants

industriels existants [...] et par l'acceptation de formes qui sont essentiellement liées aux réactions aléatoires du matériau œuvré de manière inusitée.» Ainsi, le béton brut sert-il à la conception d'une chaîne hi-fi (1985), l'acier inoxydable conduit-il à la réalisation de fauteuils (Easy vol. I et Easy vol. II, Well Tempered Chair, 1987), les tubes d'échafaudage à la réalisation d'un lit, et une bande souple de vinyle coloré à la conception d'une bibliothèque-chenille (Bookworm, 1984).

Entre détournement et recyclage, Ron Arad marque fortement le développement d'une école «ruiniste», écho punk d'un Malcolm McLaren et des Sex Pistols, et vision résolument entropique d'un monde post-industriel. À Olivier Boissière, qui l'interroge, Ron Arad répond : «Je ne suis même pas un homme en colère. Je sais que, pour quelque raison mystérieuse, j'ai une sorte d'aversion pour la convention.»

« Mode de vie »

DROOG DESIGN
*Banc The Cross
par Richard Hutten*
1994.
© M. Boyer.

Créé à Amsterdam en 1994, à l'initiative de l'historienne et critique d'art Renny Ramakers et du designer Gijs Bakker, le collectif Droog Design («design sec» en néerlandais) a, sous l'impulsion du designer industriel Marcel Wanders, contribué au développement et à l'émancipation d'une nouvelle génération de créateurs hollandais en réalisant de multiples collections, parmi lesquelles Dry Tech (1996-97), Droog Design pour Rosenthal (1997), The Inevitable Ornament (1998), Couleur locale (1999), Do Create (2000).

L'ensemble des réalisations de Droog Design – quelque 150 pièces en 2000 –, dont certaines résultent essentiellement de réflexions théoriques collectives, est produit et distribué depuis 1993 par l'entreprise DMD (Development, Manufacturing, Distribution).

Entre recherches technologiques et un savoir-faire tenant lieu du bricolage et d'une adaptation aux situations les plus banales du quotidien, Droog Design a imposé la nécessité d'un design expérimental et ingénieux, et a collaboré avec de multiples entreprises et éditeurs en mêlant, à l'humour et à l'ironie, une analyse des conventions et des codes sur lesquels sont bâtis nos comportements et notre mode de vie.

SI TU SAIS ABOYER ? » Arad

« Les choses banales sont pleines d'idées »

KONSTANTIN GRCIC
«More Than Simple»,
exposition pour Authentics
GMGH, Milan.
1996. © F. Maier-Aichen.

Après une formation à la John Makepeace School, école anglaise réservée aux artisans du bois, Konstantin Grcic obtient une bourse de l'éditeur Cassina et poursuit ses études au Royal College of Art de Londres, dont il sort diplômé en 1990.

Très vite, il édite de nombreux meubles, parmi lesquels les tables Tom Tom, Tam Tam et Pop, qui le font connaître et le conduisent à l'ouverture de son propre bureau d'étude à Munich, en 1991. Le Design Buro Konstantin Grcic s'oriente alors vers la production industrielle pour de nombreux éditeurs internationaux. Il réalise, entre autres, des objets et du mobilier transformable et roulant, ainsi que la célèbre collection d'ustensiles, parmi lesquels les paniers en plastique Two Hands pour la société d'articles de maison Authentics. La confrontation à la réalité économique le conduit à des recherches alliant haute technicité et simplicité. L'observation du quotidien, la volonté «d'ouvrir un dialogue avec les choses existantes» et la recherche de solutions simples et modulables font du travail de Grcic une synthèse entre la fonction traditionnelle et l'expérimentation.

Complice de Jasper Morrison, il reconnaît avec lui que «les choses banales sont pleines d'idées» et préfère concevoir des objets et des formes dans lesquels on soulignera volontiers la permanence et la continuité, par-delà les effets de mode d'une société productiviste tentée à tout prix par les effets spectaculaires et les gadgets éphémères.

« Solutions simples et nomades »

MATALI CRASSET
Théo de 2 à 3
1998. Pouf pour la sieste au bureau. Édition Domeau et Pérès. © L. Nicolas.

194

Héritière d'une génération par qui la pratique du design exprime une réelle conscience critique et sociale, Matali Crasset est, avec certains de ses contemporains, notamment Denis Santachiara, l'un des designers incarnant de nouvelles attitudes. Pour elle, son métier ne repose pas tant sur les seuls objets produits que sur la manipulation des codes et des usages.

Née en 1965, Matali Crasset est une ancienne élève de l'Ensci. En 1992, elle présente à la triennale de Milan le projet Trilogies domestiques – diffuseurs de chaleur, de lumière et d'eau –, qui la fait connaître. Suivent cinq années de collaboration auprès de Philippe Starck en tant que coordinatrice de l'équipe Thim Thom, centre de design multimédia du groupe Thomson, pour lequel elle conçoit de nombreux produits pour les marques Saba, Telefunken et Thomson. Son activité se fait alors intense

et Matali Crasset développe des projets industriels pour plusieurs marques, ainsi que pour le Via, avec lequel elle conçoit une nouvelle typologie de bureau.

Grand prix de la création de la ville de Paris en 1997, elle mène, grâce à une bourse du ministère de la Culture, le projet Autogène. Complice de nombreux plasticiens, Matali Crasset travaille à la croisée des disciplines, multipliant réalisations vidéos, courts-métrages et scénographies, comme celle de l'exposition «En quête d'objets» pour le centre Pompidou (2000). Sensible aux rites domestiques comme à toutes les formes de convivialité, Matali Crasset incarne aujourd'hui un design en prise directe avec le réel, adepte de solutions simples et volontiers nomades pour suggérer de nouvelles manières d'habiter.

« Infiltrations »

RONAN BOUROULLEC
Modèle d'infiltration soft
à partir de la fondation
Donald Judd, à Cincinnati
1997.
Infographie pour Tarkett-Sommer. © R. & E. Bouroullec.

Les années 90 voient apparaître une génération de designers dont le souci immédiat est d'inscrire la logique de leur travail dans la diversité des processus industriels et commerciaux auxquels ils se confrontent. Parmi eux, Ronan Bouroullec occupe une place de premier plan, puisqu'un très grand nombre d'éditeurs d'objets et de meubles – Evansandwong, Roset, Néotu, Domeau et Pérès, Cappellini, Habitat ou encore Authentics – ont réalisé ses différents projets. Impliqué dans de multiples recherches techniques sur tous les matériaux s'offrant à lui, Ronan Bouroullec a pu ainsi mettre au point des procédés de fabrication alliant haute technologie, recherches artisanales et formes élémentaires. «Voulant sauver l'acquéreur d'une consommation passive, explique Christine Colin, en lui permettant d'associer sa propre créativité à la définition du produit», Bouroullec propose ainsi de nombreux projets fondés sur des principes d'empilement ou de transformation. Une façon d'introduire, au-delà des variations et combinaisons inhérentes à ses réalisations, une attention ludique et inventive de l'acquéreur et d'inscrire «un design, mode d'emploi» dans la réalité de notre quotidien.

« CONTRE LA DICTATURE

Chronologie 1900-2000

En regard du sujet traité, les éléments de cette chronologie sont essentiellement consacrés au design, aux arts appliqués et aux inventions. La mode en est exclue à l'exception de quelques points de repère.

1900
Paris : H. Guimard, entrée des stations de métro.
Paris, Exposition universelle : Joseph Hoffmann, salle de la Sécession.

1901
• L'école de Nancy se constitue en société.

1902
• J. Hoffmann et Kolo Moser fondent les Wiener Werkstätte.
• Paris : création du musée des Arts décoratifs.

1906
• Milan : Exposition universelle et internationale.

1907
• Leo H. Baekeland invente la bakélite.
• H. Muthesius et H. van de Velde fondent le Werkbund.

1908
• Henry Ford crée la Ford T.
• Adolf Loos : *Ornement et Crime*.

1910
• Bruxelles : Exposition universelle et internationale.
• Développement de l'atelier de Peter Behrens.

1913
• États-Unis : 1er réfrigérateur, commercialisé en 1918.
• Hans Geiger invente le compteur radioactif.
• Victor Courtecuisse invente la pile Wonder.

1915
• Alex Samuelson conçoit la bouteille de Coca-Cola.

1916
• Gabrielle Chanel fonde sa maison de couture.

1917
Hollande : T. van Doesburg fonde le groupe De Stijl.
Moscou : création des Vhutemas.

1919
Weimar : Walter Gropius fonde le Bauhaus.

1923
• Paris : Jules-Louis Breton, 1er salon des Arts ménagers.

1924
• Barker et Skiner inventent le Plexiglas.
Utrecht : G. Rietveld, maison Schröder.

1925
• Paris : Exposition internationale des arts décoratifs et industriels modernes.

1927
• Stuttgart : exposition du Werkbund.

1928
• Richard G. Drew invente le ruban adhésif Scotch.
• Jacob Schick invente le rasoir électrique.
• Gio Ponti crée *Domus*.

1929
• Raymond Loewy dessine le duplicateur Gestetner.
• Barcelone : Exposition internationale.
• Paris : fondation de l'union des Artistes modernes.
• IIe CIAM sur «l'habitation pour l'existence minimum».

1932
• Jean Mantelet invente la moulinette Moulinex.
• États-Unis : création du Black Mountain College.

1933
• Allemagne : appareil radiophonique Volksempfanger et prototype Volkswagen.
• Chicago : Exposition internationale «A Century of Progress».
Fermeture du Bauhaus par la Gestapo.

1934
• Manifeste de l'UAM : *Pour l'art moderne, cadre de la vie contemporaine*.
• Pierre-Jules Boulanger et André Lefèbvre : prototype 2 CV.
• Bruxelles : Exposition universelle et internationale.

1936
• Front populaire : congés payés, semaine de 40 heures.
• Le magasin le Printemps crée Prisunic.

1937
• Wallace Hume Carothers dépose le brevet du Nylon.
• Paris : Exposition internationale des arts et des techniques.

1938
• Développement des plastiques et des bombes aérosol.
• Laszlo Biro : stylo à bille.
• John Lodgie Baird : essais de télévisions couleur.

1939
• New York World's Fair : «Building the World of Tomorrow».

1940
• États-Unis : début de la télévision commerciale.
• Raymond Loewy : paquet de cigarettes Lucky Strike.

1942
• Paul Arzens : voiture électrique «l'Œuf».

1945
• Hiroshima : bombe atomique.
• Percy Le Baron Spencer invente le four à micro-ondes.
• Invention du Vélosolex.

1946
• Enrico Piaggio invente la Vespa (design : C. d'Ascanio).
• MoMA : exposition Charles Eames.

1947
• Christian Dior lance la mode «new-look».
• Usage domestique du papier d'aluminium.

1948
• Danemark : Ole Kirk Christiansen crée le jeu Lego.
• États-Unis : les laboratoires Bell inventent le transistor.
• Walter Bird conçoit les 1res architectures gonflables.

1949
• France : mouvement Formes utiles.

1950
• Ralph Scheider invente le paiement par cartes de crédit.

1951
• États-Unis : généralisation du chariot de supermarché.
• Londres : premier congrès d'Esthétique industrielle.

1952
• Raymond Loewy, *la Laideur se vend mal*.

1953
• Ordinateur IBM.
• Ulm : programmes de la Hochschule für Gestaltung, fermée en 1968.

1955
• Hans Gugelot lance le programme Braun.
• Flaminio Bertoni dessine la DS 19 Citroën.
• Californie : inauguration du premier Disneyland.
Des Plaines (Illinois) : 1er restaurant McDonald's.

1958
• Paris : Yves Saint-Laurent lance la ligne Trapèze.
• Suède : Ingvar Kamprad ouvre le 1er magasin IKEA.

1959
• Mattel commercialise la poupée Barbie.
• Dante Jiacosa dessine la Fiat 500.
• Alec Issigonis dessine la Morris Mini Minor.

1960
• Lancement du paquebot France.

1961
• Construction du mur de Berlin.
• URSS : Iouri Gagarine, 1er homme dans l'espace.
• Londres : publication de la revue *Archigram*.

1963
• 1re minicassette Philips.
• Création de l'Icograda (Conseil international des associations d'arts graphiques).
• États-Unis : premiers hologrammes.

1964
• Londres : Terence Conran crée les magasins Habitat.

1965
• Premier briquet jetable Cricket de Dupont.
• André Courrèges, collections alliant tissus et plastiques.

1966
• Italie : débuts de Archizoom et de Superstudio.

1967
• Montréal : Exposition universelle «Terre des hommes».
• Christian Barnard, 1re transplantation cardiaque.

1968
Paris, musée des Arts décoratifs : «les Assises du siège contemporain».
Maïmé Arnodin crée avec Denise Fayolle l'agence MAFIA puis, à partir de 1987, NOMAD.

1969
• Premier vol du Concorde.
• Mission «Apollo 11» : premiers hommes sur la lune.
• Jean Baudrillard, *le Système des objets*.
• Premier numéro de la revue *Créé*.
Développement des lignes de produits Prisunic.
Création du centre de Création industrielle (CCI) par François Mathey et François Barré.

1970
• Osaka : 1re Exposition internationale au Japon.

1974
• Roland Moreno invente la carte à puce.

DE LA SOLUTION UNIQUE » Bouroullec

1921-1922.
Rudolf Schindler,
maison de l'architecte
à Los Angeles.
Photo P. Cook/Archipress.

1935.
Alvar Aalto,
agence de l'architecte,
Helsinki.
Photo M. Loiseau/
Archipress.

1961.
Intérieur d'une nouvelle
habitation de la
République fédérale
d'Allemagne.
Photo AKG Paris.

1991.
Roger Tallon,
préfiguration
infographique
d'aménagement
intérieur du méga TGV.
Archives R. Tallon/
SNCF/CAV photothèque.

1998.
Martin Szekely, l'Armoire,
préfiguration
infographique
pour l'exposition
«Premises...», à New York.
Édition Kréo, Paris.
© Deis, Paris.

1999.
Radi designers,
porte-documents
Business Class.
© Pix/Radi designers.

Chronologie 1900-2000

1975
• France : Simone Veil impose la loi sur l'IVG.
• Pierre Bourdieu, création de la revue *Actes de la recherche en science sociale*.

1976
• Développement des télécopieurs et rasoirs jetables Bic.
• Italie : création du studio Alchimia.

1977
• Développement des codes à barres.
• Inauguration du centre Georges Pompidou.

1978
• Marée noire de l'Amoco Cadiz.
Andrée Putman fonde Écart et Écart International.

1979
• Akio Morita invente le Walkman Sony.
• Mise au point du compact-disc.
• Paris : création du VIA (Valorisation de l'innovation dans l'ameublement).

1980
• Développement des objets Alessi.
• Expérimentations du Minitel et des Macintosh Apple.
Ettore Sottsass Jr crée le groupe Memphis.

1981
Mise en service du TGV dessiné par Roger Tallon.

1982
• Paris : école supérieure de Création industrielle.

1983
• Le professeur Luc Montagnier identifie le virus du sida.
• Suisse : Apparition des montres Swatch.

1985
• Création des systèmes de mise en pages par ordinateur.
• Premier numéro de la revue *Intramuros*.

1986
• URSS : catastrophe nucléaire de Tchernobyl. Début de la perestroïka et de la glasnost.
• Marseille : Françoise Guichon crée le centre international de Recherche sur le verre (CIRVA).

1989
• Caméscope Sony et Game Boy Nintendo.
• Développement du réseau Internet.
• Renault conçoit la Twingo.

1991
• Guerre du Golfe.
• Effondrement du bloc soviétique.

1992
• Séville : Exposition universelle.

1993
• Paris, Grand Palais : exposition «Design, miroir du siècle».
• Issey Miyake : collection Pleats Please en polyester.

1996
• Japon : lancement du Digital Versatil Disk (DVD).

1997
• Boulogne : «Design français : l'art du mobilier, 1986-1996».

1998
• Grande-Bretagne : le professeur K. Warwick implante une puce électronique sur un humain.

2000
• Paris, centre G. Pompidou : «les Bons Génies de la vie domestique».

Études sur le design

Art Press hors-série n° 7:
À l'heure du design, Paris,
1987, éd. Art Press.

A. Barré-Despond (sous la dir. de), *Dictionnaire des arts appliqués et du design*, Paris, 1996, éd. du Regard.*

L. Blackwell, *Typo du XXe siècle*, Paris, 1993, Flammarion.

G. de Bure, *le Mobilier français 1965-1979*, 1983, éd. du Regard.*

S. Bayley, P. Garnier, D. Sudjic, *Twentieth Century Style and Design*, Londres, 1986,

O. Boissière, *Streamline, le design américain des années 30-40*, Paris, 1987.

A. Bony, *les Années 50 d'Anne Bony*, Paris, 1982 (et autres ouvrages de la même collection, des années 10 aux années 80), éd. du Regard.*

P. Bourdieu, *la Distinction, critique sociale du jugement*, Paris, 1979, éd. de Minuit.*

Y. Brunhammer, G. Delaporte, *les Styles des années 30 à 50*, Paris, 1987, éd. de l'Illustration, Baschet & Cie.

Y. Brunhammer et M.-L. Perrin, *le Mobilier français, 1960-1998*, 1998, éd. Massin.

L. Burckhard, *le Design au-delà du visible*, Paris, 1991, éd. du Centre G. Pompidou.

C. Colin, *Design aujourd'hui*, Paris, 1988, Flammarion.

C. Fayolle, *le Design*, Paris, 1998, éd. Scala.

P. Fossati, *Il Design in Italia, 1945-1972*, Turin, 1972.

R. Guidot, *Histoire du design, 1940-1990*, Paris, 1994, Hazan.*

R. Hollis, *le Graphisme au XXe siècle*, Paris, 1997, Thames & Hudson.

S. Katz, *les Plastiques, de la bakélite au high-tech*, Paris, 1985, éd. Denoël.

C. McDermott, *Street Style, British Design in the 80's*, Londres, 1987.

F. Mathey (sous la dir. de), *Au bonheur des formes, design français, 1945-1992*, Paris, 1992, éd. du Regard.

J. de Noblet, *Design, introduction à l'histoire de l'évolution des formes industrielles, de 1820 à nos jours*, Paris, 1974, Stock-Chêne.*

J. de Noblet (sous la dir. de), *Design, miroir du siècle*, Paris, 1993, Flammarion/APCI.*

N. Pevsner, *The Sources of Modern Architecture and Design*, Londres, 1986.

J. Soulillou, *le Décoratif*, Paris, 1990, Klincksieck.

G. Vattimo, *la Fin de la modernité*, Paris, 1987, le Seuil.

R. Venturi, *l'Enseignement de Las Vegas*, Bruxelles, 1977, Mardaga.*

C. P. Warncke, *l'Idéal en tant qu'art, De Stijl 1917-1931*, Cologne, 1991.

H. M. Wingler, *The Bauhaus, Weimar, Dessau, Berlin, Chicago et Boston*, 1978, MIT Press.*

* à lire en priorité.

GRAPHISME

« la lettre et l'esprit »

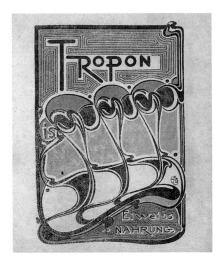

« Un nouveau message »

HENRY VAN DE VELDE
*Affiche publicitaire
pour les aliments Tropon*
1898.

KOLOMAN MOSER (?)
Logo des Wiener Werkstätte
1902.

PETER BEHRENS
*Affiche publicitaire pour
les ampoules électriques AEG*
Vers 1907.

Peu d'années séparent les dernières expressions graphiques du XIXᵉ siècle – telles celles d'Hector Guimard, Henry van de Velde ou Alphonse Mucha – des techniques qui ouvrent la voie à la production en série du XXᵉ siècle. Entre les pratiques artisanales du mouvement anglais Art & Crafts et le graphisme des artistes viennois qui travaillent au sein des Wiener Werkstätte, la rupture, pourtant, est essentielle. Koloman Moser, calligraphe de la revue sécessionniste *Ver sacrum* et probable concepteur des monogrammes du mouvement, se débarrasse de la dimension ornementale de l'Art nouveau pour donner à ses travaux un tour géométrique. Au-delà des références organiques du Jugendstil et de la tradition «gothique», les caractères typographiques qu'il dessine annoncent les principes de production des décennies à venir.

Peter Behrens, graphiste allemand s'intéressant tout autant à l'architecture qu'au dessin de caractères, en quête d'un langage moderne pour signifier la production de masse, témoigne d'une attitude positive à l'égard du monde industriel nouveau. Conjuguant les *Textur* des gothiques allemands aux illustrations de l'Art nouveau, il procède à une profonde remise en question des modes de représentation et de production de l'époque. Dessinant diverses typographies, il abandonne les caractères romains pour composer son ouvrage *Feste des Lebens (la Fête de la vie)* en lettres-bâtons et ouvre la voie à la typographie moderne. Concepteur de l'ensemble graphique et visuel de la firme d'équipements électriques AEG, il travaille sur l'ensemble de l'image de l'entreprise et sur la conception architecturale du bâtiment, de telle sorte qu'il initie une approche globale et synthétique du rôle futur du designer. Il met en œuvre cette approche avec la fondation, en 1907, de la Deutscher Werkbund.

Les nouvelles techniques mises en œuvre au cours du XXᵉ siècle ont contribué à l'évolution continue des multiples disciplines tournant autour de la notion de graphisme. De la typographie en caractères de plomb de l'imprimerie industrielle aux innovations stylistiques du graphisme et de l'édition numérique, les transformations de ce siècle sont à la mesure des mutations profondes qu'ont connues les formes de la communication. De Behrens à Tschichold, de Marinetti à Schwitters, de Cassandre à Cieslewicz, > > >

>>> de Bass à Glaser, de Lubalin à Brody ou d'Emigre à M/M, l'histoire du graphisme, comme celle des modes qui s'y rattachent, est aussi l'histoire des sollicitations d'un monde voué au culte de l'image et du signe, souvent violent et catégorique. Si l'Europe des avant-gardes historiques a été pour les graphistes le terrain d'expression d'une culture de la contestation, voire de la révolution, la discipline a trouvé dans les États-Unis d'après-guerre sa pleine efficacité marchande et économique.

À ce titre comme à beaucoup d'autres, parce que le graphisme ne peut se situer qu'entre utopies et pragmatisme, il est un art moderne. Les quelques exemples choisis ne sauraient pour autant suffire à traduire la complexité des histoires et des parcours qui, tout au long de ce siècle, ont vu se croiser des enjeux esthétiques, économiques et politiques de tous ordres. Livres et magazines, publicité et signalétique, identité d'entreprise et marques… de l'espace intime au domaine public, le graphisme est partout, telle une culture visuelle puissante et immédiate, toujours confrontée à la nécessité de se réinventer. Aussi, les différentes applications de la création graphique, dont on ne peut rendre compte ici que de façon succincte, apparaissent comme autant de moyens d'investigation et de pénétration de notre société, qu'il appartient de situer au centre même de la création artistique plutôt que de les considérer comme des formes annexes. On découvrira par ailleurs que la règle du jeu s'est peut-être inversée et que ce sont ces formes d'expression, longtemps tenues au rang d'un genre mineur, qui désormais affectent et transforment les modes de réalisation, de production et de diffusion de la création contemporaine. Au cours d'un siècle qui aura été celui du triomphe de la communication sous toutes ses formes, au moment où l'immédiateté s'est imposée comme un impératif, le graphisme apparaît au cœur du message puisqu'il est, dans sa nature même, une nouvelle écriture. <

198

GUILLAUME APOLLINAIRE
Il pleut
Paru en 1918. Extrait du recueil *Calligrammes*, 1913-1916.

« Poèmes figuratifs »

L'éclatement des modes de représentation dans les années 10 ne peut se comprendre sans mesurer l'importance de l'apport de la mise en espace du langage poétique et annonce la liquidation du schéma structurel et narratif existant. Après *Un coup de dés jamais n'abolira le hasard* de Mallarmé (1897), les *Calligrammes* d'Apollinaire, qui seront repris sur un mode différent par les cubistes et les surréalistes – notamment Pierre-Albert Birot, auteur de «poèmes-pancartes» – participent d'une redécouverte de formes excessivement anciennes qu'ils réactivent en autant de variations mêlant la narration et la représentation. Véritables poèmes graphiques «figuratifs», les lectures multiples et fractionnées que suggèrent les *Calligrammes* contribuent à la révolution du langage poétique du début du XXe siècle. Elles sont le contrepoint d'une attention aux formes extrêmes de la modernité, pour lesquelles Apollinaire soulignait que «catalogues, affiches, publicités en tous genres […] contiennent la poésie de notre époque».

« Mots en liberté »

FILIPPO MARINETTI
Couverture du roman «Zang Tumb Tumb»
1914.

Instigateur en 1909 du *Manifeste du futurisme*, qu'il publie dans *le Figaro*, Filippo Marinetti est d'abord le poète qui fonde, dès 1905 à Milan, la revue *Poesia*, qui le conduit à nouer de multiples contacts à travers l'Europe. Faisant fi de toutes les conventions littéraires et typographiques, au profit d'un agencement rythmique des mots et d'une mise en page foncièrement visuelle, Marinetti, comme Carrà et Soffici, qui publient *Tipografia in libertà*, explorent les territoires conjoints du verbe, de la voix et de l'image. En 1912, Marinetti publie le *Manifeste technique de la littérature futuriste*, qui sera suivi, en 1913, du manifeste *les Mots en liberté futuristes*, dans lequel il annonce sur un ton résolument prophétique que «l'énergie dynamique» et les «lignes de force» de sa «révolution typographique» succéderont à «la conception idiote et nauséeuse du livre de vers passéiste, avec son papier à la main, genre XVIe siècle, orné de galères, de minerves, d'apollons, de grandes initiales et de paraphes, de légumes mythologiques, de rubans de missel, d'épigraphes et de chiffres romains».

« J'AI L'INTENTION DE FAIRE REDOUBLER

« Dislocation »

**THEO VAN DOESBURG
ET KURT SCHWITTERS**
*Affiche «Kleine Dada
Soirée»*
(«Petite Soirée Dada»)
1922.

Les collaborations entre dadaïstes et constructivistes, parmi lesquels Theo van Doesburg, qui vécut à Weimar entre 1921 et 1923, et Kurt Schwitters, fondateur de la revue *Merz*, en 1923, montrent les interactions essentielles qui se sont développées entre Dada et De Stijl

dès le début des années 20. L'abandon du principe d'horizontalité et la superposition de textes qui ne perdent rien de leur lisibilité témoignent de «l'anarchie graphique» née de combinaisons de différentes polices de caractères et lettres faites à la main, afin de bouleverser la lecture et de donner une dimension quasi sonore au message. En écho au concept de «dislocation» de Victor Chklovski, théoricien du formalisme, l'œuvre typographique de Schwitters, comme les passerelles qu'elle établit avec d'autres disciplines, le conduit à constituer avec Jan Tschichold, dès 1927, le cercle des Nouveaux Artistes publicitaires, ainsi qu'à collaborer avec Walter Gropius pour le salon de l'Habitat moderne de Karlsruhe. Persécuté par les nazis, il perd en 1934 son poste de conseiller en typographie et publicité de la ville de Hanovre et connaît l'exil jusqu'à sa mort, en 1948.

« La clarté absolue »

JAN TSCHICHOLD
*Carton d'invitation
pour l'exposition
«Die Neue Typographie»*
1927.

Né à Leipzig en 1902, fils d'un peintre en lettres, Jan Tschichold étudie à l'académie des Arts graphiques et des Arts du livre entre 1919 et 1921. À Weimar, en 1922, Tschichold visite la première exposition du Bauhaus, et les principes de «clarté absolue», qui seront développés en 1923 avec l'arrivée de L. Moholy-Nagy, orientent ses propres travaux. Il publie alors, en 1925, le numéro spécial *Elementare Typographie* de la revue *Typographische Mitteilungen*, enseigne à l'école professionnelle de l'Imprimerie allemande de Munich, de 1926 à 1933, sous l'autorité de Paul Renner, et dessine un alphabet universel expérimental en caractères-bâtons largement inspiré de Herbert

Bayer. Contraint de quitter l'Allemagne, il émigre à Bâle et travaille pour les éditions Benno Schwabe jusqu'en 1940, puis il devient typographe des éditions Birkhäuser de 1941 à 1946. Rejetant les principes de la nouvelle typographie, qu'il assimile à l'idéologie nazie, il refond alors la maquette des éditions londoniennes Penguin Books sur un mode classique. Typographe

de la société Hoffmann-La Roche de 1955 à 1967, Tschichold a réalisé un nombre considérable d'ouvrages – parmi lesquels *Die Neue Typographie* (1928), qui met en évidence le principe d'asymétrie, et *Typographie Gestaltung* (1935) – qui en font l'une des figures tutélaires du graphisme et de la typographie du XXe siècle.

« Propagande »

**ALEXANDER
RODTCHENKO**
*Affiche pour la promotion
de la lecture
dans la Russie soviétique*
1923.

Peintre, photographe, typographe et enseignant, A. Rodtchenko organise dès 1917 le syndicat des Artistes peintres. En 1920, il remporte le premier prix pour le concours du design d'un kiosque à journaux. Professeur des *Vhutemas* (ateliers artistiques et techniques) de 1921 à 1930, il se détourne de «l'art pur» pour privilégier une communication visuelle au service de la révolution. Rodtchenko conçoit, entre autres, la maquette de la revue *Kino-Fot* et travaille avec Dziga Vertov pour la revue de cinéma *Kino Pravda*. De nombreux travaux

typographiques pour des éditeurs, ainsi que des photomontages pour des livres et des affiches, en font une des figures centrales de la typographie propagandiste. Les maquettes des revues *Molodaja Gvardija* et *Juni Kommunist*, comme sa participation avec Osip Brik et Vladimir Maïakowski au comité de rédaction de la revue *LEF*, entre 1923 et 1925, le conduisent à réaliser pour Maïakowski plusieurs anthologies de poèmes. Outre la réalisation en affiches de l'histoire du parti communiste soviétique, il est le scénographe de l'exposition «l'Histoire du PC soviétique» pour le musée de la Révolution, et le typographe et photographe du mensuel *USSR in Construction*.

199

LA FORCE EXPRESSIVE DES MOTS » Marinetti

« Identité d'entreprise »

HERBERT MATTER
Affiche pour l'Office national du tourisme helvétique
1935.

Für schöne Autofahrten die

SCHWEIZ

Alors que se développent les moyens de communication, les besoins publicitaires appellent des slogans perceptibles par tous. Les différentes langues sont ainsi réduites au minimum et l'osmose entre image et texte prend une prééminence absolue. Herbert Matter, disciple de Léger, Cassandre et Le Corbusier – après des études à Genève de 1924 à 1926 –, collabore à la revue *Vogue*, puis, entre 1936 et 1946, s'installe à New York, où il travaille pour *Harper's Bazaar*. Il réalise l'architecture intérieure du pavillon suisse pour l'Exposition universelle de New York, en 1939. Conseiller en identité d'entreprise pour Knoll, de 1946 à 1966, il est, de 1952 à 1976, professeur de photographie à l'université de Yale. Il reconnaît dans ce médium «l'élément indispensable d'une communication visuelle réussie». Matter conçoit encore la charte graphique du musée Guggenheim et du musée des Beaux-Arts de Houston, et participe à la réalisation de films, parmi lesquels *le Cirque de Calder* (1949), ainsi que d'autres, éducatifs, sur l'œuvre de Richard Buckminster-Fuller, en 1968.

CASSANDRE
Le caractère Bifur dessiné pour Deberny & Peignot
1929.

Adolphe Jean-Marie Mouron, dit Cassandre, est né en Ukraine en 1901 et émigre avec sa famille à Paris pendant la Première Guerre mondiale. Élève des Beaux-Arts et de l'académie Julian, il s'initie à l'art de l'affiche par la lithographie chez Hatchard et Cie et réalise, dès 1923, une suite d'affiches publicitaires assimilant les différentes inventions stylistiques des avant-gardes. Les grands aplats de couleur comme la stylisation des figures et l'intégration des lettres dans l'image ont fait des affiches de Cassandre, de Paul Colin et de Jean Carlu, ou, plus tard, de Raymond Savignac, certaines des plus célèbres du siècle. En 1927, Cassandre fonde avec Charles Loupot et Maurice Moyrand l'Alliance graphique, qui sera dissoute en 1935. Pour la fonderie française Deberny & Peignot, il crée le caractère Bifur (1929) – «dessiné pour la publicité, [...] pour un mot, un seul mot, dessiné sur une affiche» –, de même que les polices Acier noir (1936) et la célèbre Peignot (1936). Il travaille à cette époque pour les États-Unis et réalise des couvertures pour le magazine *Harper's Bazaar*. Cassandre revient en France en 1939 et se consacre jusqu'à sa mort, en 1968, à la peinture et à des décors de théâtre et de ballet. En 1948, Cassandre contribue à la création de l'AGI (Alliance graphique internationale) et dessine, en outre, en 1963, le sigle de la maison Yves Saint Laurent.

« Dessiné pour la publicité »

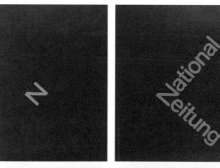

« Un style rationaliste »

KARL GERSTNER
Prospectus-emballage pour le journal suisse «National Zeitung»
1959.

Né en 1930 à Bâle, où il effectue toute sa carrière, Karl Gerstner est à la fois maquettiste, typographe et peintre. Aux côtés de Fritz Bühler et Max Schmidt, il travaille pour les laboratoires Geigy et crée avec Markus Kutter, en 1959, une agence de publicité. À l'arrivée, en 1962, de Paul Gredinger, l'agence prend le nom de GGK et élabore, suivant les modèles du Bauhaus et de Max Bill, le style rationaliste du graphisme suisse de l'après-guerre, dont l'influence reste aujourd'hui une forme de résistance indéfectible à toutes les transformations stylistiques qui ont suivi. Les années 70 conduisent l'agence à intégrer de nombreuses photographies, rompant ainsi avec l'austérité des travaux précédents. Gerstner se retire alors du groupe pour poursuivre une œuvre littéraire et plastique. En 1959, il publie *Die Neue Graphic,* ouvrage écrit avec Markus Kutter sur l'évolution du graphisme dans la première moitié du siècle. Suivent des ouvrages théoriques sur la typographie et le langage, dont *Designing Programmes* (1963), *Kompendium für Alphabeten* (1970) et *Die Formen der Farbe* (1986).

« AU MILIEU D'UNE FOULE HABILLÉE,

« Dynamisme optique »

FRANCO GRIGNANI
Publicité pour les imprimeurs Alfieri & Lacroix
1963.

Dès 1932, alors qu'apparaît en Italie, avec le graphiste d'origine suisse Max Huber, un travail typographique nouveau, Franco Grignani travaille comme peintre, designer et photographe à Milan, après avoir étudié l'architecture. Il participe au second mouvement futuriste et devient, de 1948 à 1960, directeur artistique de la revue *Belezza d'Italia* et membre fondateur du Gruppo Exhibition Design à Milan, en 1969. Président de la section italienne de l'AGI jusqu'en 1981, Grignani s'attache à étudier les dynamiques optiques et les effets du mouvement à travers de multiples publicités, notamment celle pour Alfieri & Lacroix, où le texte déformé suggère le principe des rotatives sur lesquelles elles sont imprimées. Il élabore ainsi un projet plastique dans lequel on reconnaît l'influence de nouvelles techniques de photocomposition, qui ébranlent l'aspect jusqu'alors artisanal du graphisme et l'entraînent vers de nouveaux modes de production et de diffusion.

« Motifs psychédéliques »

MILTON GLASER
Affiche promotionnelle pour un disque de Bob Dylan
1966.

Ancien élève de la Cooper Union de 1948 à 1951, puis de Giorgio Morandi, auprès duquel il étudie la gravure à l'académie des Beaux-Arts de Bologne, entre 1952 et 1953, Milton Glaser fonde l'année suivante à New York, avec S. Chwast et R. Ruffins, le Push Pin Studio qu'il dirige jusqu'en 1974. Professeur au Pratt Institute à partir de 1961 et directeur artistique de la revue *New York Magazine* en 1968, il développe son activité dans le champ de l'architecture d'intérieur et du mobilier. Glaser repense alors les maquettes de *Paris Match, l'Express, Esquire* et *Jardin des modes,* et devient le directeur artistique du magazine new-yorkais *Village Voice.* Dès la fin des années 70, il travaille à la globalité de l'identité visuelle de plusieurs sociétés, parmi lesquelles la chaîne de super-

marchés Grand Union Company. Il acquiert une célébrité mondiale avec ses différentes contributions pour des couvertures de livres, des pochettes de disques, des affiches mêlant motifs psychédéliques et lignes épurées – telle celle réalisée pour Bob Dylan –, ainsi qu'avec le signet «I love New York» que lui commande le département d'État au Commerce de la ville (1973). En 1987, l'organisation mondiale de la Santé le charge de concevoir une affiche et un symbole contre le sida.

« Graphisme et cinéma »

SAUL BASS
Affiche pour «The Man With the Golden Arm», film d'Otto Preminger
1955.

Graphiste et auteur de multiples affiches, génériques et bandes-annonces de films, Saul Bass étudie les arts visuels à l'Art Students League et au Brooklyn College de New York entre 1944 et 1945, sous la direction de Gyorgy Kepes. Graphiste indépendant, il s'établit en 1946 à Los Angeles et travaille, entre autres, pour Hitchcock et Preminger, réduisant à un schématisme efficace les signes figurés. Bass participe également à la réalisation de certaines séquences de films, parmi lesquelles la scène de la douche de *Psychose* (1960), et réalise lui-même le célèbre documentaire *Why Man Creates*. Pour, notamment, United Airlines, AT & T, Warner, Minolta et les Jeux olympiques de Los Angeles (1984), il crée de nombreux signets et logos, dont la dimension graphique et rythmique de la typographie influencera durablement le cinéma d'animation.

« Impact »

HERB LUBALIN
Affiche publicitaire pour Audi
1970.

Né à New York en 1918, diplômé de la Cooper Union en 1939, Herb Lubalin est nommé après la guerre directeur artistique de Sudler & Hennessy, dont il devient vice-président en 1955. Il crée son cabinet en 1969 et participe à de nombreux collectifs et associations aux côtés, entre autres, du célèbre typographe Tony DiSpigna. Rejetant le fonctionnalisme au profit d'un graphisme éclectique et émancipé de la norme, fondé sur un principe d'interlettrage serré, Lubalin travaille sur l'impact de visuels où s'associent textes et images sur un mode dynamique. Adepte des nouveaux systèmes de photocomposition, il multiplie les innovations dans tous les domaines, y compris la signalétique. Maquettiste du *Saturday Evening Post* et de nombreux magazines comme *Eros* (1962), *Fact* (1967) et *Avant-Garde* (1968), il fonde en 1970 l'International Typeface Corporation, dont le retentissement reste considérable.

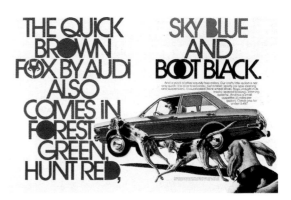

MES CARACTÈRES SONT NUS » Cassandre

« Dazibaos »

GRAPUS
*Affiche de Pierre Bernard
contre l'apartheid*
1986.

Collectif de graphistes créé à Paris en 1970, Grapus réunit Pierre Bernard, Gérard Paris-Clavel et François Miehe, qui se sont rencontrés à l'Atelier populaire de l'École des arts décoratifs de Paris avant d'étudier à Varsovie, sous l'autorité de l'affichiste et illustrateur Henryk Tomaszewski. Mai 68 donne à Grapus l'opportunité de réaliser des affiches comme autant de dazibaos, puis de bâtir un projet de recherche pour l'institut de l'Environnement sur l'imagerie de la propagande politique. Profondément engagé, Grapus conserve néanmoins son indépendance tout en contribuant aux campagnes de la gauche. Au milieu des années 70, Jean-Paul Bachollet et Alexander

Jordan intègrent le groupe alors que François Miehe le quitte pour devenir professeur à l'ENSAD. La CGT confie son identité visuelle à Grapus en 1976. S'ensuit une profusion d'images à vocation sociale ou politique, dont l'affiche contre l'apartheid que réalise, en 1986, Pierre Bernard – associé un temps au collectif Ne Pas Plier –, mais aussi l'identité visuelle du Grand Louvre (1989), juste avant que que le groupe ne soit dissout.

« Just do it »

NEVILLE BRODY
Affiche pour Nike
1987.

Concepteur de pochettes de disques pour de nombreux labels indépendants, Neville Brody est l'un des directeurs artistiques du magazine britannique *The Face*. En écho au mouvement punk, la complexité comme l'éclatement des conventions graphiques qu'il instaure bousculent les conventions jusqu'aux limites paradoxales de l'illisibilité. Graphiste des magazines *City*

Limits (1983-1987) et *Arena*, la méthode de Brody illustre le potentiel technologique qu'offrent alors le Macintosh et de nouveaux logiciels graphiques. Avec un souci d'efficacité visuelle, Brody joue ici de la rencontre de l'image et d'un langage d'onomatopées, reprenant l'impératif populaire «Just do it». De nombreuses publications, telles que *The Graphic Language of Neville Brody* (1988), ou son actuelle participation à la revue numérique *Fuse,* font de Brody l'une des figures les plus emblématiques d'une internationale de la communication.

« Une culture de la glisse »

DAVID CARSON
*Couverture du magazine
«Beach Culture»*
1990.

Avant d'aborder le graphisme, David Carson termine ses études en 1977 à l'université de San Diego et enseigne la sociologie, la psychologie, l'économie et l'histoire. Surfeur professionnel depuis 1970, Il conçoit alors la maquette du magazine *Transworld Skateboarding*, puis celle des revues *Musician* et *Beach Culture*. Dès la fin des années 80, il utilise l'ordinateur et réinvente alors différentes maquettes, dont celle des revues *Surfer* et *Ray Gun*. Graphiste pour Levi's, Nike, Pepsi-Cola, American Express, CitiBank, Coca-Cola, MCI, National Bank, ou encore pour les musiciens David Byrne et Prince, David Carson développe son travail

dans le prolongement des expériences formelles du mouvement Objets trouvés. En 1995, Lewis Blackwell lui consacre un ouvrage intitulé *David Carson, The End of Print*. Carson y apparaît comme un graphiste débarrassé des contraintes historiques et techniques afin d'engager le graphisme vers une pratique libre et hédoniste qu'exalte la culture de la «glisse».

« La revue qui ignore les frontières »

EMIGRE GRAPHICS
Couverture de la revue Emigre
1991.

Revue semestrielle de graphisme et de typographie créée en 1984 par le Hollan-

dais Rudy VanderLans, la Tchèque Zuzana Licko, Menno Meyjes et Marc Susan en Californie, *Emigre* est, sans conteste, essentielle pour avoir permis à de nombreux créateurs de s'exprimer, et est devenue, à ce titre, l'un des vecteurs déterminants d'une composition numérique exploitant toutes les capacités du Macintosh. Se définissant comme «la revue qui ignore les frontières», *Emigre* conçoit chaque numéro comme un espace d'expérimentation et de réflexion théorique. Parmi ses collaborateurs, Allen Hori, Rick Valicenti et le Français Pierre di Sciullo ont contribué à faire d'*Emigre* une référence mondiale. Le collectif a par ailleurs participé au *San Francisco Chronicle* et à la revue *Mother Jones,* tout en développant de nombreuses collaborations avec Esprit ou encore Apple.

« POURQUOI NE PAS APPLIQUER

« Construction »

BRUCE MAU
Couverture de «S, M, L, XL» :
OMA Rem Koolhaas
and Bruce Mau
1995.
010 Publishers

Né en 1959 au Canada, Bruce Mau fonde en 1985 son propre atelier. Ancien designer chez Pentagram Design, à Londres, et co-fondateur de Public Good Design and Communication Inc., Bruce Mau

acquiert une notoriété internationale en collaborant avec de multiples institutions à travers le monde et en contribuant à différents projets avec Claes Oldenburg, Coosje van Bruggen et Frank Gehry. Directeur de la création pour *I.D. Magazine* de 1991 à 1993, il est l'invité du Getty Museum et publie, en 1994, les résultats de ses recherches avec Rem Koolhaas pour le Southern California Institute of Architecture de Los Angeles sous le titre *S, M, L, XL*, ouvrage qui apparaît comme un programme et une synthèse de la collaboration des deux créateurs. La mise en page et la juxtaposition de toutes sortes d'informations traduisent graphiquement la conscience aiguë de l'univers des mégapoles, développée par Koolhaas depuis *Delirious New York*, ainsi que la transposition effective de la pensée de l'architecte dans la trame et la construction du livre.

« Une stratégie d'infiltration »

M/M
No Ghost, Just a Shell
2000. Poster sérigraphié, 12 x 17,6 cm. Courtesy M/M

Atelier de graphisme français fondé en 1992 par Michaël Amzalag et Mathias Augustyniak, qui se rencontrent à l'École des arts décoratifs en 1989, M/M témoigne de la porosité des disciplines et des territoires dans lesquels s'exprime aujourd'hui la création graphique. Alors que M. Amzalag prend en charge la direction du mensuel *les Inrockuptibles*, M. Augustyniak poursuit sa formation au Royal College of Art de Londres. Leurs premiers clients sont des maisons de disques (Polydor, Virgin, Sony Music...), ainsi que des stylistes – Jil Sander, Yoji Yamamoto, Martine Sitbon et Balenciaga. Dans la proximité de nombreux photographes, parmi lesquels Craig McDean ou Paolo Roversi, et de plasticiens comme Pierre

Huyghe et Philippe Parreno, ils développent une stratégie d'infiltration des différents territoires de l'art et interviennent dans la construction des scénarios de multiples expositions. La création de l'alphabet Barthes/Simpson (1994), à partir des frites McDonald, ainsi que le caractère Pasqua (1993), constitué d'un assemblage de revolvers, contribuent à l'établissement d'une posture singulière mêlant efficacité et ironie à l'égard des conventions de la discipline.

Chronologie 1897-2000

En regard du sujet traité, les éléments de cette chronologie sont essentiellement consacrés aux faits et réalisations en Europe et aux États-Unis.

1897
• Stéphane Mallarmé publie *Un coup de dés jamais n'abolira le hasard*.

1901
• F. Goudy dessine le corps du Copperplate Gothic.

1902
Koloman Moser dessine le logo de la Wiener Werkstätte.

1904
• États-Unis : mise au point de l'impression offset.

1910
• Russie : I. Zdanevitch invente la langue «zaum».

1911
• États-Unis : F. Goudy dessine le Kennerley.

1913
Italie : F. Marinetti publie *les Mots en liberté futuristes*.
• France : B. Cendrars publie *la Prose du Transsibérien et de la petite Jehanne de France...*

1914
Italie : F. Marinetti publie *Zang Tumb Tumb*.
• Angleterre : P. W. Lewis crée la revue *Blast*.
• États-Unis : Fondation de l'American Institute of Graphic Arts (AIGA) et du Goudy Old Style. B. Rogers crée le Centaur.
• Allemagne : R. Koch crée le Maximilian Antiqua.
• Russie : D. et V. Burljuk réalise *Tragedie* de V. Maïakovski.

1915
• Italie : A. Soffici dessine le BIF & ZF + 18.

1916
• Angleterre : E. Johnson crée l'Underground.

1917
• Allemagne : John Heartfield réalise ses premiers photomontages. Il crée *Neue Jugend*.
• Barcelone : F. Picabia publie 4 numéros de *391*.

1919
• Allemagne : R. Hausmann publie le premier numéro de *Der Dada*.
Hollande : Th. van Doesburg crée la revue *De Stijl* à partir d'un alphabet expérimental.

1920
• États-Unis : Création de l'Arts Directors Club of New York. Développement du Bookman (Antique Old Style).

1922
• Angleterre : S. A. Morison crée Le Fleuron.
URSS : A. Rodtchenko réalise les éléments typographiques de *Kino Pravda* de D. Vertov.

1923
• Paris : Iliazd publie *Ledentu Le Phare*.
• Allemagne : L. Moholy Nagy enseigne avec J. Itten le graphisme au Bauhaus. Il prépare la publication

de *Typographie contemporaine, objectifs, pratique, critique* (1925). Lissitzky met en page *Pour la voix* de V. Maïakovski.
• Hollande : H. Werkman crée la revue *The Next Call*.

1925
• Allemagne : H. Bayer est le 1er directeur de l'atelier de typographie du Bauhaus. El Lissitzky et H. Arp publient *les «Ismes» de l'art*.
• Allemagne : E. Gill crée le Perpetua et le Gill Sans.

1927
Allemagne : K. Schwitters fonde le cercle des Nouveaux Artistes publicitaires.
P. Renner crée le Futura.
• Tchécoslovaquie : K. Teige publie *la Typographie moderne*.
• Pologne : H. Berlewi crée le Mechano Faktur.
• France : Ch. Peignot crée Arts et Métiers graphiques.

1928
Allemagne : J. Tschichold publie *Die Neue Typographie*.
J. Schmidt crée l'atelier de publicité du Bauhaus.

1929
France : Cassandre crée le Bifur.

1930.
• Création de la Society Industrial Artists and Designers.
• Angleterre : S. Morison publie *les Premiers Principes de la typographie*.

1931
• A. Tolmer crée la revue *Mise en page*.

1935
• États-Unis : création du Federal Art Project.
P. Rand devient directeur d'*Esquire* et conseil d'IBM dont il crée le logo en 1956.
• Espagne : création du périodique *AC*.

1940
• États-Unis : R. Loewy dessine le logo Lucky Strike.

1944
• Fondation du Council of Industrial Design.

1950
• France : R. Excoffon crée le Banco, le Mistral et le Choc ainsi que l'Antique Olive.

1951
• France : Fondation de l'Alliance graphique internationale (AGI).
• Japon : Y. Kamekura fonde le Club des artistes publicitaires japonais.

1957
• Fondation de l'Association typographique internationale (AAATypI).
• Suisse : A. Frutiger crée l'Univers.

L'EXPÉRIENCE DU SURF À LA LECTURE ? » Carson

1900.
Hector Guimard,
Modèle de
typographie, fonte
florale au plomb.

1925.
Josef Albers,
dessin
de lettres-pochoir
pour le Bauhaus.

1933.
Harry Beck,
Plan du métro
de Londres.

204

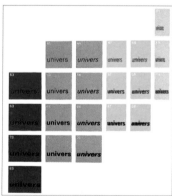

1954-1957.
Adrian Frutiger,
caractère Univers
pour Deberny
& Peignot.

1974.
Jean Widmer,
logo du
centre Pompidou.

1994.
Étienne Robial,
Identité visuelle
de Canal+.
© É. Robial/Canal+.

Chronologie 1897-2000

1958
• États-Unis : H. Zapf crée le Melior et l'Optima.
• Suisse : J. Müller-Brockmann, R. Lohse, H. Neuberg
et C. Vivarelli créent la revue *Neue Graphik*. M. Miedinger
crée le Neue Haas Grotesk, qui deviendra l'Helvetica.

1959
• Japon : M. Katsumie crée Graphic Design.

1960
• Angleterre : apparition des caractères Letraset.

1962
• France : P. Faucheux conçoit la collection «Point»
(le Seuil) et «le Livre de Poche» (Hachette).

1963
• Hollande : W. Crouwel co-fonde *Total Design*.

1966
• France : R. Cieslewicz devient directeur artistique
de *Vogue* et de *Elle*.
• Création des premières polices pour ordinateur.

1968
• Suisse : W. Weingart devient professeur à l'école
du design de Bâle.

1970
États-Unis : H. Lubalin et A. Burns créent
l'International Typeface Corporation.

1972
• Angleterre : A. Fletcher, C. Forbes et B. Gill créent
Pentagram.

1973
• Suisse : A. Frutiger crée le Frutiger pour l'aéroport
Roissy-Charles-de-Gaulle.

1974
• Allemagne : P. Karow crée le système Icarus.

1975
• France : R. Cieslewicz conçoit la plupart des affiches
du centre Pompidou jusqu'en 1983.

1981
• États-Unis : commercialisation du premier PC IBM.
N. Brody est directeur artistique de *The Face*.

1984
• États-Unis : commercialisation de l'ordinateur Apple
Macintosch. Invention de la signalétique électronique.

1985
• États-Unis : C. Bigelow et K. Holmes créent le Adobe,
premier caractère pour imprimante laser.

1987
• Débuts de la publication assistée par ordinateur.
• Angleterre : Création de l'agence Why Not Associates.

1989
• France : Ph. Apeloig crée son agence.

1991
• États-Unis : Développement de la revue *Fuse*. Tibor
Kalman prend la direction artistique d'*Interview*.

1999
• P. di Sciullo crée l'Aligourane selon la langue touareg.

2000
• France : Ruedi Baur redessine la signalétique
du centre Pompidou.

Ouvrages sur le graphisme

Art et Publicité, Paris,
éd. du centre Pompidou, 1990.

*Encyclopédie de la chose
imprimée*, sous la direction
de M. Combier et Y. Pesez,
Paris, 1999, éd. du Retz.*

L'Image des mots, Paris,
co-éd. centre Pompidou
et éd. Alternatives, 1985, APCI.

*Signes de la jeune création
graphique en France*,
Paris, 2001, éd. du centre
Pompidou/Mithra.

D. Ades, *The Twenty
Century Poster, Design
of the Avant-Garde*,
New York, Walker Art Center,
1984, Abbeville Press.

L. Blackwell, *Typographie
du xxᵉ siècle*, Paris, 1993,
Flammarion.*

F. Friedl, N. Ott, B. Stein,
Typo (quand, qui, comment),
Cologne, 1998, Könemann.*

A. Frutiger, *Des signes
et des hommes*,
Lausanne, 1983,
éd. Delta et Spes.

K. Gerstner et M. Kutter,
Niederteufen, 1959,
Arthur Niggli.

R. Kinross, *Modern
Typography, an Essay
in Critical History*, Londres,
1992, Hyphen Press.

A. & I. Livingston, *Dictionnaire
du graphisme*, Londres,
1998, Thames & Hudson.*

M. McLuhan,
Pour comprendre les médias,
Paris, 1973, éd. du Seuil.*

L. McQuiston, *Graphic
Agitation, Social and Political
Graphics Since the Sixties*,
Londres, 1993, Phaidon.

Ph. B. Meggs, *A History
of Graphic Design*, New York,
1983, Van Nostrand Reinhold.

J. et S. Müller-Brockmann,
Histoire de l'affiche, Zurich,
1971, ABC Verlag.

E. Neumann, *Functional
Graphic Design in the 20's*,
New York, 1967, Reinhold.

M. Rouard-Snowman,
Graphisme et Musée,
1993, éd. RMN.*

E. Ruder,
Typographie/Typography,
Nierderteufen, 1996, éd. Niggli.

H. Spencer, *Pioneers
of Modern Typography*,
Londres, 1990, Lund
Humphries.

A. Weill, *l'Affiche dans
le monde*, Paris, 1991,
éd. Somogy.

P. Widbur et M. Burke,
*le Graphisme d'information,
cartes, diagrammes,
interfaces et signalétiques*,
Paris, 2001, Thames & Hudson.

M. Wlasikoff, *Signes de la
jeune création graphique*,
Paris, 2001, centre
Pompidou/Mithra Productions.

Y. Zappaterra, *Typo-graphisme*,
Paris, 2000, éd. Pyramide.

* à lire en priorité.

PHOTOGRAPHIES

« de la mémoire au regard »

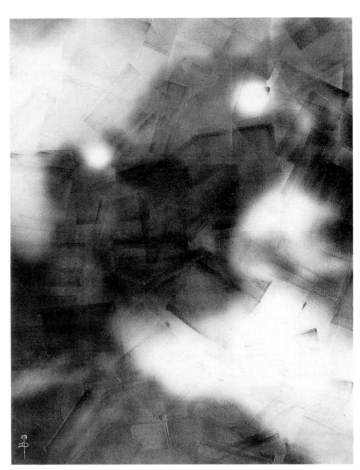

« Un médium »

ALFRED STIEGLITZ
Flatiron Building, New York
1903. Publié à l'échelle 1
dans *Camera Work* en
octobre 1903, 16,8 x 8,2 cm.
Paris, musée d'Orsay, don M.
de Gunzburg. © musée d'Orsay.

EDWARD STEICHEN
Flatiron Building, New York
1904. Bichromate et colle sur
platine, 47,8 x 38,4 cm.
Publié dans *Camera Work*
en avril 1906. New York,
The Metropolitan Museum of Art.
© Metropolitan Museum of Art.

PAUL STRAND
Aveugle
1916. Épreuve aux sels d'argent,
33,6 x 25,8 cm. Publié dans
Camera Work en juin 1917.
Paris, centre Georges Pompidou,
MNAM. © centre G. Pompidou.

PIERRE DUBREUIL
*Interprétation Picasso :
le rapide*
vers 1911. Épreuve aux encres
grasses rehaussée à la mine
de plomb et montée sur papier,
23,8 x 19,4 cm. Paris, centre
Georges Pompidou, MNAM.
© centre G. Pompidou.

Du «pictorialisme» de la fin
du XIXᵉ siècle – à la suite du
naturalisme anglais –, esthétique raffinée tentée par le
modèle pictural dont est issue
la figure «extrémiste» de Pierre
Dubreuil, à la création à New
York, dès 1902, par Edward
Steichen et Alfred Stieglitz du
groupe Photo-Secession et,
l'année suivante, de la revue
Camera Work, un monde ancien
cède progressivement le pas
à un monde nouveau. La ville
et la réalité sociale moderne
succèdent à la recherche d'effets plastiques soumis à la nostalgie. L'image photographique
se fait au présent.
Dès 1905, la galerie 291, à New
York, accueille simultanément
l'avant-garde européenne, de

Rodin à Brancusi, de Cézanne
à Picabia, et organise les premières expositions de photos.
Dans le dernier numéro de
Camera Work, en 1917, Paul
Strand publie des œuvres
qu'il intitule *Photographies*,
signant ainsi la naissance
d'une «straight photography»
(une photographie pure), sans
recours à une autre réalité
que celle qu'imposent la
lumière et le cadrage.
Stieglitz et Steichen le rejoignent bientôt, suivis de
Charles Sheeler et, en 1935,
des fondateurs du groupe
F/64, Imogen Cunningham,
Ansel Adams et Edward Wes-
ton, lequel affirme : «Un bon
photographe voit et pense le
langage de son médium.»

Écrire en quelques lignes
l'histoire d'un siècle de
photographies relève à plus d'un
titre d'une mission impossible.
Outre qu'il n'est plus temps de penser
la création au travers de ses seules disciplines,
la présence de la photographie est désormais
telle qu'elle se confond et interfère avec la
quasi totalité de l'art de ce temps. D'annexe
et parallèle, elle est, dans la complexité de sa
définition même, «l'art contemporain».
Être peintre «à l'ère de la photographie»
procède d'un enjeu qu'au fil du siècle les
artistes n'ont d'ailleurs jamais cessé de penser. > > >

> > > Dès 1931, Walter Benjamin, dans son célèbre essai *l'Œuvre d'art à l'époque de sa reproductibilité technique*, nous avertit : il ne faut pas se demander si la photographie est un art mais ce qu'elle change du caractère général de l'art, vieille querelle occidentale de l'*ars* et de la *techne* qui resurgit aussi impitoyablement avec la naissance du cinéma, ou dès lors que tout médium vient mettre à mal l'autorité des systèmes pérennes et faire face à une histoire de l'art qui impose, avant tout autre, le modèle pictural. Bref, la photographie comme le photographique nous occupent au point qu'un court essai ne doit pas manquer de souligner qu'elle est affaire de tous, puisqu'elle est là, à notre portée, tels un document et un fragment de l'universel et du particulier, du fait divers comme du fait d'histoire : rien de moins que le réel, sous toutes ses formes et dans tous ses états.

Dire «la photographie», de façon générique, suppose de s'en tenir à l'histoire d'une technique et d'un genre loin d'être immuables. C'est bien dans la diversité de ses pratiques qu'on trouve les moyens de son évaluation sans jamais omettre qu'il existe un récit officiel mais aussi un autre, anonyme, dont les aspects multiples sont autant d'élargissements possibles de son histoire.

Dire «le photographique», c'est ouvrir le champ et reconnaître, au-delà du genre, un espace où il n'est plus seulement question de la fabrication d'images, mais d'une manière de voir, de cadrer le réel.

Dire désormais «l'image», sans préjuger de l'appropriation d'une notion dont l'histoire se confond avec l'origine de notre culture, c'est reconnaître la vanité à classer au nom d'un genre en soi et embrasser, en une notion qui, à elle seule suscite bien des querelles, tout le champ du visible.

La photographie – ou, suggère Michel Frizot, «les photographies» –, le photographique, l'image donc, donnent ici quelques pistes qui ne sauraient plus être celles des disciplines ou des médiums mais de la porosité de ce siècle à tout ce qui le sollicite : ses «grains de sable», dit Michel Foucault, ses espérances et ses expériences pour conjurer le temps, transformer et manipuler encore ce qu'aucun style ne résume et aucune histoire ne saurait clôturer. <

206

« Un coup mortel aux vieux moyens d'expression »

MAN RAY
Le Violon d'Ingres
1924. Épreuve aux sels d'argent rehaussée à la mine de plomb et à l'encre de Chine, 28,2 x 22,5 cm. Paris, centre Georges Pompidou, MNAM. © centre G. Pompidou.

ERWIN BLUMENFELD
Manina ou *l'Âme du torse*
1934. Épreuve aux sels d'argent, photomontage, 29 x 22 cm. Paris, centre Georges Pompidou, MNAM. Don de Monty Montgomery. © centre G. Pompidou.

GYULA HALASZ BRASSAÏ
Statue du Maréchal Ney dans le brouillard
1932. Épreuve aux sels d'argent, 56,7 x 40,5 cm. Paris, centre Georges Pompidou, MNAM. © centre G. Pompidou.

À partir de 1910, photographie et avant-garde se lient au point que l'art y puise les sources de ses investigations comme la mise en question du «principe de réalité» surréaliste. De Man Ray, à la recherche d'images «préexistant ou non à leur fixation», aux «images de nuit sans nègre» de Brassaï, comme à tous ceux qui célèbrent le pouvoir de l'expérience, la photo est soumise à mille inventions.

De la schadographie, découverte en 1918 par C. Schad, à l'invention par Man Ray en 1922 du rayographe, du photomontage, dont M. Ernst, R. Hausmann, H. Höch et bien sûr J. Heartfield («le monteur-Dada»), vont faire une arme redoutable. Le renouvellement des relations de l'image au langage reste inégalée.

A. Breton souligne la possibilité dans la photographie d'un rapport automatique entre l'expression de l'inconscient et de la réalité. Il compose alors, avec J. A. Boiffard, Man Ray et Brassaï, ses propres publications. Man Ray et Raoul Ubac, par la solarisation et le brûlage, inaugurent, parmi beaucoup d'autres, une perception du monde dans laquelle G. Bataille célèbre «l'informe».
De Claude Cahun à Dora Maar ou Manina, qu'Erwin Blumenfeld affuble d'un corps de statue, la «femme surréaliste», modèle, artiste et muse d'une «beauté convulsive», contribue à la libération des interdits. Dans *les Pas perdus* (1924), A. Breton avait déjà reconnu que la photographie portait «un coup mortel aux vieux moyens d'expression».

HANS BELLMER
Maquette pour «les Jeux de la poupée»
1938-1949. 24 épreuves aux sels d'argent sur pages cartonnées et coloriées à l'aniline, 5,5 x 5,5 cm chacune (détail). Paris, centre Georges Pompidou, Mnam. © centre G. Pompidou.

Avec *les Jeux de la poupée*, variations infinies sur le thème du corps désiré en complicité avec P. Eluard, Bellmer s'explique sur la magie et le potentiel de rêves inhérents à l'objet-sujet qu'il a confectionné : «Ne serait-ce pas dans la réalité même de la poupée [...] que l'imagination trouverait ce qu'elle cherchait de joie, d'exaltation et de peur ?»

« Une réserve désespérante »

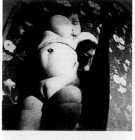 
 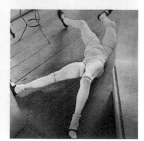

« L'APPAREIL PHOTOGRAPHIQUE PEUT PERFECTIONNER

« Ce siècle appartient à la lumière »

LASZLO MOHOLY-NAGY
Les Lumières de la ville
1926. Collages de photos de magazine et tempera sur carton, 61,5 x 49,5 cm. *Bauhaus Archiv n° 771.*
© Bauhaus Archiv/éd. Carré.

ALEXANDER RODTCHENKO
L'Escalier
1930. Épreuve aux sels d'argent, 27,7 x 41,5 cm. Paris, centre Georges Pompidou, MNAM.
© centre G. Pompidou.

GERMAINE KRULL
Le Pont transbordeur, Marseille
1935. Épreuve aux sels d'argent, 8 x 5,5 cm. Marseille, musée Cantini.
© Musées de Marseille.

La logique productiviste des constructivistes russes les conduit à reconnaître dans la photographie et dans le cinématographe les outils nécessaires de la révolution moderne. Reprenant à leur compte la logique de Taraboukine selon laquelle «l'art est fabrication, action, [...] fonction volontaire», Rodtchenko et El Lissitzky,

témoins et acteurs d'un nouveau monde, réalisent, grâce à la revue *Novi LEF,* une suite d'images dont les contre-plongées, cadrages et principes de photomontage, définissent «des points de vue impossibles, [...] des moments insoupçonnés». Chef de file de la «nouvelle photographie», reconnaissant que «ce siècle appartient à la lumière», L. Moholy-Nagy élabore, dès 1922, un langage plastique autonome et expérimental fondé sur le primat de la géométrie. Professeur au Bauhaus, il applique le programme lancé par W. Gropius pour une unité entre art et technique. En 1925, il publie *Malerei, Fotografie, Film* et réclame le passage de la «reproduction» à la «production».
À Marseille, dans les années 20, sur les traces de Sigfried Giedion, avec Herbert Bayer, Germaine Krull, Florence Henri ou Tim Gidal, il trouve dans le pont transbordeur le paradigme d'une typologie propre à la construction de la «vision moderniste». Alliant à l'attachement pour le documentaire des solutions plastiques nouvelles, Moholy-Nagy développe grâce au photogramme, au photomontage et au cinéma, les conceptions d'un projet que résument ses ouvrages posthumes, *The New Vision* (1946) et *Vision in Motion* (1947).

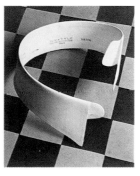

« Ready-made »

PAUL OUTERBRIDGE
Col Ide
1922. Épreuve au platine, 11,4 x 9,2 cm. New York, The Museum of Modern Art.
© MoMA.

En 1929, la manifestation «Film und Foto» organisée à Stuttgart, consacre l'autonomie de la photographie et l'extrême diversité de ses investigations. «La photographie a tous les droits et tous les mérites», précise Bertolt Brecht. Elle est «l'art de notre temps» et se doit de «construire quelque chose d'artificiel, de fabriqué, [...] car moins que jamais, le

seul fait de rendre la réalité n'énonce rien quant à cette réalité». Loin de la propagande, Paul Outerbrige, à la croisée de l'imaginaire constructiviste et surréaliste,

écho de l'extrême sophistication des années 30, réalise dès les années 20 de nombreuses images, dont le célèbre *Col Ide,* publicité pour les chemises de la Ide Company, dans laquelle Marcel Duchamp reconnaît une forme de ready-made.
En France, Laure Albin-Guillot, Florence Henri, François Kollar, René Zuber incarnent, parmi d'autres, la conjugaison d'une photographie et d'un photojournalisme ayant assimilé les courants esthétiques de l'avant-garde. Consommation des images rime dès lors avec images de la consommation.

« La photographie doit être réaliste »

ANDRÉ KERTÉSZ
Chez Mondrian
1926. Épreuve aux sels d'argent, 24,6 x 19,8 cm. Paris, centre Georges Pompidou, MNAM. Don de l'artiste, 1978.
© centre G. Pompidou.

À Paris en 1925, André Kertész fait de la photographie son moyen de subsistance. Habitué de Montparnasse, il fréquente de nombreux ateliers puis travaille pour différents magazines allemands et français en pleine expansion, tels *Frankfurte Illustrierte, Die Woche, Vu,* et publie ses images dans *Minotaure.* Entre instantanés et recherches formelles qui le conduisent à la série des *Distorsions,* photographies de reflets obtenus dans un miroir déformant entreprises en 1933 pour le magazine *le Sourire,* Kertész publie de nombreux livres et s'installe en 1936 à New York, où il travaille entre autres pour *Harper's Bazaar* puis *Vogue* mais est peu apprécié de l'esthétique volontiers héroïque du magazine *Life* qui dit «voir pour être étonné». En 1949, les éditions Condé-Nast lui proposent un contrat d'exclusivité qu'il résilie en 1962.
Partagé entre deux métropoles, Kertész apparaît désormais comme le photographe d'un «regard» sensible, à la recherche de l'instant et de la présence de

la forme dans l'espace. Refusant de se constituer en théoricien de son propre travail, il affirme : «La photographie doit être réaliste.»

L'INSTRUMENT OPTIQUE QU'EST NOTRE ŒIL » Moholy-Nagy

« Documents pour artistes »

EUGÈNE ATGET
La Villette, rue Asselin, fille publique faisant le quart devant sa porte, 7 mars 1921
1921. Épreuve à la gélatine, 22,3 x 17,7 cm.
Paris, musée d'Orsay.
© musée d'Orsay.

S'il appartient à la mémoire de la photographie du début du siècle, Eugène Atget, qui meurt à Paris en 1927, conçoit ses premières photographies comme des «documents pour artistes». Jusqu'en 1914, il vend ses clichés aussi bien à Derain ou Braque qu'aux commerçants qu'il photographie devant les devantures de leurs boutiques en voie de disparition.
Arpentant Paris et sa proche banlieue, il reste le mémorialiste d'un monde qui se termine. Après la guerre de 1914, pressé par la nécessité, Atget cède nombre de ses archives

à différentes institutions. Dans les années 20, Man Ray, fasciné par ses images, lui en achète et le publie dans *la Révolution surréaliste.* Berenice Abbott, alors assistante de l'inventeur du «rayographe» acquiert ses tirages et contribue à sa découverte aux États-Unis. Dans sa *Petite Histoire de la photographie*, Walter Benjamin reconnaît en Atget, entre travail du deuil et fixation archaïque d'un monde préindustriel, une figure hors de toute convention et l'initiateur du regard moderne sur l'objet.

ALBERT RENGER-PATZSCH
Sempervivum aabulaeforme crassulaceae
1928. Épreuve aux sels d'argent, 23 x 16,8 cm. Paris, centre Georges Pompidou, MNAM.

AUGUST SANDER
Confiseur, Cologne
1928. Épreuve aux sels d'argent, tirage de 1976, 30,4 x 22,3 cm. Paris, centre Georges Pompidou, MNAM.
© centre G. Pompidou.

« Vers une sociologie sans texte »

Alors que la modernité célèbre l'originalité du regard d'Atget sur un monde perdu, August Sander incarne, tout comme Albert Renger-Patzsch, la Neue Sachlichkeit (nouvelle objectivité) sociale et anthropologique de la photographie du temps. Dès 1918, Sander entreprend sur un mode documentaire, avec l'intention de «voir, observer et penser», l'inventaire typologique des *Hommes du XXe siècle,* dont le premier recueil paraît en 1929 sous le titre *Visage de ce temps* et reste inachevé, après son interdiction par Hitler en 1933, malgré les 2500 clichés réalisés et répartis en 45 albums. Alfred Dödlin y reconnaît alors «une sociologie sans texte» dans laquelle, à la différence d'un Karl Blossfeldt ou d'un Helmar Lerski, Sander saisit chaque individu en pied et de face, dans l'exactitude et la dignité d'un uniforme ou d'un habit de circonstance.
Dans son livre *le Monde est beau* (1928), Albert Renger-Patzsch s'attache, quant à lui, à des plans rapprochés comme à un cadrage qui le porte aux détails. Cherchant, précise Wilhelm Kästner dans *Photographie du présent* (1929), à définir une «structure formelle plus aisée à appréhender que celle du tableau», Renger-Patzsch précise encore : «Le secret d'une bonne photographie – qui, à l'égal d'une œuvre d'art, peut présenter des qualités esthétiques – est son réalisme.»

« Le contemporain de notre existence »

WALKER EVANS
Westchester, New York, Farmhouse
1931. Épreuve aux sels d'argent, 12 x 22,5 cm. Paris, centre Georges Pompidou, MNAM. © centre G. Pompidou.

BERENICE ABBOTT
La Maison de Mark Twain
1930. Épreuve aux sels d'argent, 25,3 x 20,2 cm. Poitiers, musée Sainte-Croix. © musée Sainte-Croix.

Célébré pour le style direct et descriptif des photographies qu'il réalise lors du lancement par le gouvernement américain en 1935 du Farm Security Administration, enquête sur les conditions de vie à l'ère de la dépression, Walker Evans est, au-delà du développement du documentaire social, une figure essentielle de la photo. De Robert Frank à Gary Winogrand ou Lee Friedlander, il exerce une influence déterminante jusque sur Dan Graham qui réalise 30 ans plus tard, avec *Homes for America,* précise Jean-François Chevrier, une enquête méthodologique comparable. Avec Walker Evans, à qui le Museum of Modern Art, à New York, consacre sa première exposition photographique en 1933, la photographie, à la fois document et objet esthétique, trouve sa voie dans de nombreux organes de presse tels *Time* ou *Fortune.* Berenice Abbott, de retour à New York à la fin des années 20, développe avec ses reportages pour la Works Progress Administration et son enseignement continu à la New School for Social Research, le projet d'une synthèse entre pratique photographique, reportage et engagement social. «La photographie, écrit-elle, est par excellence le contemporain de notre existence.»

« AVANT TOUT, JE SAIS QUE LE PHOTOGRAPHE

« L'histoire »

ROBERT CAPA
Soldat espagnol tombant
1936. Épreuve à la gélatine,
24 x 34 cm. Amsterdam,
Stedelijk Museum.
© Stedelijk Museum.

**HENRI
CARTIER-BRESSON**
Bruxelles
1932. Tirage de 1980,
24 x 35,8 cm. Paris, centre
Georges Pompidou, MNAM.
© centre G. Pompidou.

À la suite du photojournalisme
né en Allemagne de l'utilisation
d'appareils légers par des
photographes parmi lesquels
Erich Salomon ou Gisèle
Freund, se développe avec
A. Kertész, W. Evans, B. Abbott,
Bill Brandt, mais aussi Robert
Capa et Henri Cartier-Bresson

qui fondent après la Seconde
Guerre mondiale l'agence
Magnum, puis Marc Riboud et
Raymond Depardon, une
dimension moderne du reportage,
témoin des événements
dramatiques de l'histoire.
Dès 1936, Robert Capa, expulsé
de Hongrie, révèle, par son
reportage sur la guerre civile
espagnole publié dans *Vu,
Regards, Ce soir, Weekly Illustrated*
et *Life,* une conception
du journalisme «refusant, précise
Françoise Ducros, tout effet
de technique pour affirmer la
force de l'image en tant que
document historique».
Henri Cartier-Bresson appréhende
la réalité au moyen du
«tir photographique». Témoin
de tous les grands conflits du
temps et voyageur infatigable,
il affirme : «Nous travaillons
dans le mouvement, une sorte
de pressentiment de la vie.»

« À bout portant »

ROBERT FRANK
*Parade, Hoboken,
New Jersey*
1955. Épreuve aux sels
d'argent, 20,6 x 31,2 cm.
New York, The Museum
of Modern Art. © MoMA.

WILLIAM KLEIN
Quartier italien, New York
1954. Épreuve aux sels d'argent,
30,6 x 43,3 cm. Paris, centre
Georges Pompidou, MNAM.
© centre G. Pompidou.

DIANE ARBUS
*Enfant à la grenade factice
dans Central Park, New York*
1954. Épreuve aux sels d'argent,
21,3 x 18,4 cm, New York,
The Museum of Modern Art.
© MoMA.

Après avoir travaillé pour de
nombreux magazines de mode,

Robert Frank rencontre Walker
Evans et obtient de la fondation
Guggenheim et de Robert
Delpire les moyens de «se livrer
à une errance dans les villes
d'Amérique», photographiant
entre 1955 et 1956, «le cours
de la vie ordinaire, écrit Annick
Lionel-Marie, celle des Américains
qui semblent s'ennuyer
et rechercher le divertissement
à n'importe quel prix, celle des
bandes d'adolescents dont la
dégénérescence provient du
désœuvrement. Manière incisive,
sujets inexpressifs, clichés
flous à grain épais». Deux
ans plus tard, Robert Delpire
publie à Paris le recueil de ces
images, *les Américains,* traduit
l'année suivante avec un texte
de Jack Kerouac, poète de la
beat generation, livre que les
États-Unis considèrent alors
comme «sinistre» et «anti-

américain». Mais l'œuvre de
Robert Frank est aujourd'hui
l'objet d'un véritable culte et
incarne, avec Arthur Weegee,
Garry Winogrand, Lee Friedlander
et Diane Arbus, le saisissement,
jusqu'alors inconnu
de la photographie, du dérèglement
de la réalité et de la
représentation, décapitée,
brouillée et en abîme.
À Paris depuis 1948, à la
recherche d'une «antiphoto»,
portraitiste à bout portant des
foules anonymes, William
Klein souligne la violence du
monde contemporain, en
employant la technique à
contre-escient : flashs aveuglants,
cadrages instables,
traces lumineuses des déplacements,
allégories de l'état
d'alerte permanente dans
lequel doit pour lui se tenir la
photographie contemporaine.

« Géographie émotionnelle »

RICHARD AVEDON
Dovima avec éléphants
1955. Épreuve aux sels d'argent,
48,4 x 38,2 cm. New York,
The Museum of Modern Art.
© MoMA.

Après Horst P. Horst, Cecil Beaton,
Man Ray ou E. Blumenfeld,
Richard Avedon est avec Irving
Penn, l'un des photographes de
mode le plus remarquable de
toute l'après-guerre. Dès 1945,
il entame avec *Harper's Bazaar*
puis avec *Life, Look, Graphis,
Egoiste* et *Vogue* qui le débauche
en 1966, une œuvre singulière
dont il va progressivement gommer
toute narration, préférant
saisir le modèle sur le fond blanc
de son studio. «J'aurais l'impression
de mentir, dit-il, si je
photographiais en lumière du
jour dans un monde d'aéroports,
de supermarchés, de télévisions.
La lumière du jour est une chose
que je vois rarement, à laquelle
je dois renoncer.»
À l'élégance sophistiquée de ses
premières images, les photographies
sans décor, traitées avec
une précision chirurgicale, qui
naissent d'une attention redoutable
d'Avedon face à son
modèle, traduisent une «géographie
émotionnelle» d'une rare
intensité. Elles inaugurent une
conception de la photographie
qui, au-delà de la mode, trouve
avec Guy Bourdin et Helmut Newton,
une dimension singulière
qu'illustrait l'exposition «Vanités»,
en 1993 au centre national
de la Photographie, à Paris.

209

NE PEUT ENVISAGER LA VIE D'UN ŒIL INDIFFÉRENT » Frank

210

« Terra incognita »

HAMISH FULTON
Eyes of a Snake,
an Eleven Day Wandering
Walk in Center Australia
1982. Épreuve aux sels
d'argent, 96,5 x 250 cm.
Metz, Frac Lorraine. DR.

Avec Richard Long, Hamish Fulton incarne une pratique artistique au cœur de laquelle la photographie, aidant à s'avancer en *terra incognita*, occupe une position centrale. Investissant le milieu naturel dans lequel il se refuse au moindre prélèvement, Fulton dresse un constat des marches et voyages auxquels il s'astreint. La photographie ne traduirait là que le rêve romantique du voyageur s'il ne lui assignait, par le descriptif qui l'accompagne, le devoir de consigner, tel David Tremlett par ses relevés graphiques, son activité physique et mentale. Pourtant, précise Fulton, «l'œuvre d'art n'est pas un compte rendu et ne saurait transmettre l'expérience».

Située, datée, rapportée à un contexte déterminé, la dimension monumentale, panoramique et souvent polyptyque des compositions, le large passe-partout blanc qui les entoure comme le descriptif imprimé de la marche, enfin le cadre de bois qui en souligne la dimension objectale, substituent à l'absence même du paysage l'archétype de sa représentation.

« Une œuvre de mémoire »

**BERND ET
HILLA BECHER**
Tours d'extraction n° 4
1966-1973. Épreuves aux sels
d'argent, 9 photographies :
117 x 85 cm hors tout.
Lyon, Frac Rhônes-Alpes. DR.

Dès 1959, les photographies de Bernd et Hilla Becher constituent le constat et le répertoire des symboles d'un monde industriel finissant. Poussés par un principe d'inventaire qui n'est pas sans réactiver une taxonomie du XIXe siècle et de la nouvelle objectivité, ils réalisent en autant d'images frontales et sur un mode toujours identique les photographies en noir et blanc des châteaux d'eau, silos, hauts-fourneaux, maisons, gazomètres et che-valets qui sont autant de vestiges en suspens d'une société désormais passée.

Le principe de répétition et l'accrochage sériel accentuent la recherche d'une enquête au caractère résolument systématique que Bernd et Hilla Becher veulent tenir au plus près d'un principe historique et scientifique. De la similitude naissent pourtant la différence et la singularité de chacune des typologies; de l'analyse du réel, «l'inquiétante étrangeté» d'une œuvre de mémoire aux accents obstinés et métaphysiques.

Professeurs à l'académie des Beaux-Arts de Düsseldorf, Bernd et Hilla Becher sont à l'origine du courant qui, de Thomas Struth à Thomas Ruff, Candida Höfer et Andreas Gursky, affirme le lien de la photographie à l'histoire sociale, documentaire et objective à l'âge postindustriel.

« Décivilisation »

JEAN-MARC BUSTAMANTE
Tableau T.45.82
1982.
Cibachrome,
103 x 130 cm. Collection
particulière, Zürich. DR.

Depuis 1974, la photographie, sous toutes ses formes et dans tous ses états, semble la trame comme le fil conducteur de la démarche par laquelle appréhender le programme de Jean-Marc Bustamante.

Qu'il réalise de grandes photographies en couleur de sites aux limites de l'entropie, entre terrains vagues et espaces instables qu'il baptise *Tableaux,* qu'il sérigraphie en noir et blanc sur du Plexiglas et appelle *Lumières* des images retrouvées de sites abandonnés, qu'il réalise, en se confrontant à l'architecture moderniste des musées, des objets-sculptures aux frontières de toutes disciplines qu'il intitule *Paysages, Sites* ou *Intérieurs,* la photographie et le photographique se côtoient comme une possible méthode et approche d'un réel instable et transitoire que Bustamante appelle la «décivilisation».

Car l'œuvre de Bustamante ne saisit que le vide et l'absence du monde qu'il arpente. À l'opposé, les objets comme les dispositifs qu'il élabore, tels les signes d'une possible réappropriation de l'espace, semblent en attente du regard et de la présence de qui les indexe.

« IL Y A QUELQUE CHOSE DANS TOUTE IMAGE

« Mythologie de cinéma »

CINDY SHERMAN
Untitled Film Still, # 48
1979. Photographie,
20,3 x 25,4 cm.
Collection particulière. DR.

Des premières photographies des années 70 où elle est à la fois actrice et metteur en scène aux récentes images *gore* qu'elle réalise à partir de 1994, l'œuvre de Cindy Sherman s'est entièrement constituée à partir d'une réflexion sur l'histoire des images et sur les différentes métamorphoses de son propre corps, pris en otage de thèmes issus de l'analyse de multiples stéréotypes liés au féminisme.
La série des *Untitled Film Stills* (photos de films sans titre), réalisées de 1975 à 1986, parle de l'imaginaire de l'artiste, et ce faisant, de la mythologie du cinéma et de l'identification de chacun d'entre nous à ses

héros. «Mes photographies, précise-t-elle ainsi, ne racontent pas d'histoires particulières mais des personnages.»
Suivent de nombreuses séries en couleur où Cindy Sherman recherche la confrontation directe de l'image photographique et télévisée. Pourtant, dès 1982, se grimant et se travestissant, elle délaisse le roman-photo sans texte pour une construction d'images au chromatisme et au décor toujours plus complexes. Per-

sonnages grotesques et monstrueux, affublés de prothèses, côtoient un décor peuplé d'immondices et d'un magma de science-fiction. Avec les séries des années 90 – *Civil War, Sex Pictures et Horror Pictures* –, Cindy Sherman semble disparaître de l'image pour laisser place à des corps et mannequins désarticulés : une façon de précipiter le regard dans une réflexion toujours plus aiguë sur l'identité de chacun.

« Un univers domestique »

WILLIAM WEGMAN
Holiday Danse
1988. Photographie Polaroid Polacolor ER, 74 x 56 cm.
Limoges, collection du Frac Limousin. Courtesy W. Wegman et galerie Durand-Dessert.

Depuis le début des années 70, l'œuvre photographique et filmique de William Wegman est, sous le couvert de l'humour et du comique de situation, une critique acerbe des codes sociaux,

culturels et esthétiques de notre société. Complice de ses chiens successifs, qu'il met en scène dans des images noir et blanc puis, depuis 1982 dans de grands Polaroids, Wegman construit une parabole des conventions artistiques et réinvente, en autant de saynètes, la vie quotidienne, ses us et coutumes.
En fabuliste, digne héritier de Grandville, de Grimm et La Fontaine qu'il a illustrés, il substitue l'animal à l'homme, jouant d'autant de trucages, de costumes et de déguisements nécessaires à la recréation par l'image de l'univers domestique.
Mais le projet de Wegman ne tend pas seulement à cet exercice. Car la lignée de ses chiens Man Ray, Fay Ray et sa progéniture est aussi la source d'une recréation parodique de l'histoire des formes contemporaines. Dès lors, au-delà de la parabole de l'animal travesti en humain, le formalisme des avant-gardes se révèle sous la peau de l'animal qui, de sculpture vivante, devient ainsi une possible figure de style.

211

JEFF WALL
Picture for a Woman
1979. Cibachrome, lumière fluorescente et vitrine,
207 x 145 cm.
Coll. part. DR.

« Peintre de la vie moderne »

Auteur entre 1969 et 1970 de *Landscape Manual,* des photographies de banlieues accompagnées de textes, Jeff Wall rédige en 1977 une thèse sur le photomontage et le cinéma. Dès lors, il réalise ses *Transparencies,* photographies de très grande dimension à l'intérieur de caissons lumineux. Elles sont pour lui une réinterprétation du thème baudelairien du «peintre de la vie moderne», qu'il ponctue de références à l'histoire de l'art. Au croisement d'un imaginaire pictural et cinématographique, l'œuvre de Jeff Wall se propose ainsi tel l'arrêt sur image d'un écran-tableau. La construction de chaque pièce, élaborée comme un véritable scénario, met en évidence tout autant le

statut ambigu de l'œuvre à l'ère de la photographie que celui, tout aussi complexe, d'une photographie aux lisières du genre pictural. Et parce qu'elle ne se laisse pas appréhender sans recourir à la diversité des genres qu'elle évoque, l'œuvre de Jeff

Wall, en réintroduisant le film dans le tableau, souligne, à l'instar de John Hilliard ou Craigie Horsfield, d'Urs Lüthi, de Suzanne Lafont, Jean-Louis Garnell et Christian Milovanoff, la dimension réflexive du conflit entre la toile et l'écran.

QUI ÉCHAPPE AU FAIT D'ÊTRE MONTRÉ » Wall

« *Regarder les gens* »

ROBERT MAPPLETHORPE
Autoportrait
1988. Épreuve au gélatino-bromure d'argent,
60,6 x 50,5 cm. Paris, maison européenne de la Photographie. © MEP.

NOBUYOSHI ARAKI
Journée d'hiver
1990. Épreuve au gélatino-bromure d'argent, 35,4 x 43,2 cm. Paris, maison européenne de la Photographie. © MEP.

NAN GOLDIN
Autoportrait au lit, New York
1981. Cibachrome, 51 x 61 cm. Paris, maison européenne de la Photographie. © MEP.

De John Coplans à Robert Mapplethorpe ou Nobuyoshi Araki, de Nan Goldin à Wolfgang Tillmans ou Georges Tony Stoll, de Zoe Leonard à Andres Serrano, de Jack Pierson à Richard Billingham ou Rineke Dijkstra, de Jenny Gage à Florence Paradeis ou Delphine Kreuter, de Doningan Cumming à Martin Parr, une ample part de la photographie de la décennie qui s'achève ne cesse d'exhiber l'image d'un corps meurtri et tuméfié, de révéler sa souffrance et ses névroses, jusqu'à saisir l'instant de vérité de son agonie et de sa mort. Plus que jamais, la signification de l'acte photographique semble vouloir s'identifier et se confondre à la vie vécue, à l'intimité mise à nu comme à la révélation des oppressions et répressions de toute identité sociale. Dans l'espace sous haute surveillance d'un monde aliénant, entre images documentaires et sophistication accrue du regard, l'acte photographique témoigne d'une suite sans fin de portraits anonymes ou reconnaissables et transforme l'artiste en témoin et révélateur du désenchantement du monde contemporain. Images immédiates, aux lisières d'«un cinéma du réel» ou d'«un théâtre de la cruauté», la volonté sociale du sujet de la photographie veut obliger à rappeler que, avoue Andres Serrano, «nous passons tant de temps à ne pas regarder les gens».

« *Une reconstruction de soi* »

SOPHIE CALLE
L'Hôtel, chambre n° 28, 16 février
1983. Diptyque, photographies couleur et noir et blanc, 102 x 142 cm chacune. Paris, coll. part. Courtesy S. Calle. DR.

Des *Dormeurs* (1979) à la *Suite vénitienne* (1980), de *l'Hôtel* (1983) à *No Sex Last Night* (1995), film qu'elle réalise avec Greg Shepard, fictions et réalités se confondent ostensiblement au cœur de la vie et de l'œuvre de Sophie Calle au point qu'ils ne sont plus à démêler. La nature des enquêtes et des situations dans lesquelles elle-même intervient, tantôt en simple protagoniste, tantôt en héroïne, comme les constats et relevés du monde qu'elle arpente et investit au gré des projets et récits qu'elle échafaude tiennent de la volonté éperdue d'une reconstruction de soi au travers de l'histoire de l'autre.

« *Le miroir de rien* »

PATRICK TOSANI
P. G.
1992. Photographie couleur, 175 x 162 cm. Paris, collection particulière. Courtesy galerie Durand-Dessert, Paris. DR.

Depuis le début des années 80, le travail de Tosani ne tient pas tant d'une attention au détail qu'à un principe de grossissement de la chose photographiée : une façon de faire remonter à la surface l'abstraction de toute image.
On connaît la formation comme l'intérêt de l'artiste pour l'architecture. Des premiers sujets enfermés dans la glace (1982) aux *Talons* (1987), *Géographies* et *Cuillères* (1988), *Circuits* (1989) et *Niveaux* (1990), la présence de la forme affirme, au propre comme au figuré, un «point de vue» sur les choses dans lequel Jean-François Chevrier reconnaît une parenté avec le projet de Francis Ponge.
Depuis 1990, Tosani s'est simultanément attaché à photographier différentes parties du corps. Des *Ongles* (1990) aux crânes (1992), qu'il se refuse de nommer, l'exploration du corps souligne que Tosani, des premiers portraits en braille à aujourd'hui, n'a cessé d'interroger le pouvoir et la signification des images et d'affirmer, comme l'écrit Gilles A. Tiberghien à propos de l'artiste, que «la photographie n'est le miroir de rien, et surtout pas du réel qu'elle serait censée reproduire à la perfection».

« JE NE PRÉTENDS PAS QUE

« *Fantasmes et souvenirs traumatiques* »

TRACEY MOFFATT
Something More
1989. Tirage Cibachrome. DR.

Née en 1960 en Australie, Tracey Moffatt vit aujourd'hui entre Sydney et New York. Ses premières œuvres sont des documentaires et des clips vidéo qu'elle réalise dès 1985 pour SBS TV. Elle expose ses photographies dès 1989. *Something More* (1989) et *Scarred for Life* (1994), séries de tirages Cibachromes el noir et blanc, la font connaître. Soigneusement construites, elles sont le fruit d'un scénario sophistiqué élaboré en studio et en décors artificiels. Photographie et cinéma s'y entrecroisent, conjuguant une attention extrême au flux des signes de notre monde. Images fixes et images en mouvement interfèrent sans cesse. Elles sont, précise l'artiste, «la mise en scène d'une culture aborigène urbaine». Elles sont aussi, remarque Régis Durand, «entre haine et fascination, souvent énigmatiques». L'histoire est lacunaire, voire indéterminée. Les lieux et les référents sont difficiles à identifier. Tracey Moffatt fabrique des fictions riches de fantasmes, à partir de situations multiples et polysémiques. Les textes qui parfois accompagnent et scénarisent les images en déjouent aussi le sens ou nourrissent des allusions à des souvenirs traumatiques.

Le travail de T. Moffatt, assimilé malgré elle aux «études culturelles» et anthropologiques, conjugue au récit de ses origines les voix de narrations secrètes et violentes.

« *Idéalisation désincarnée* »

INEZ VAN LAMSWEERDE
Kirsten Star
1997.
tirage Cibachrome,
100 x 75 cm.
Paris, FNAC. © B. Scotti.

Élève de la Rietveld Academy of Arts d'Amsterdam de 1986 à 1990, Inez van Lamsweerde étudie d'abord le stylisme et la photographie. En 1992, elle séjourne à l'institut d'art contemporain PS1, à New York, avec son mari le créateur Vinoodh Mabadin, et réalise avec lui la série *Thank You Thighmaster*, véritable parodie de la recherche de la perfection corporelle, qui les fait remarquer l'un et l'autre par le milieu de l'art contemporain comme par celui de la mode. Dès lors, outre de nombreux projets menés en complicité avec d'autres artistes – parmi lesquels Philippe Parreno –, Inez van Lamsweerde travaille simultanément pour les deux domaines, multipliant les images qu'elle transforme et retouche à l'ordinateur en autant de sujets vitrifiés et artificiels. L'idéalisation désincarnée de ses sujets, les univers vidés de toute représentation ou décor, dans lesquels des personnages, adultes ou enfants, semblent poser hors du temps, suspendus sur des fonds souvent blancs, évoquent l'atmosphère que Jeffrey Deitch restituait dans l'exposition réalisée en Suisse, en 1992, intitulée «Post Human».

213

« *Un univers new age et glamour* »

MARIKO MORI
Naissance d'une star
1995. Tirage Duratrans
et technique mixte,
183 x 122 cm. Courtesy galerie
Emmanuel Perrotin, Paris.

D'abord mannequin, Mariko Mori évolue dans l'univers de la mode jusqu'au milieu des années 90. Elle décide alors de développer son projet à partir des procédés que lui offrent les différentes formes du langage de la reproduction et de l'image, parmi lesquels le Diasec et le Duratrans, qui lui permettent d'obtenir des photographies et un univers au caractère artificiel.
Pour autant, c'est la complexité des scénarios et des mises en scène qu'elle imagine qui rend la production de Mariko Mori analogue à celles des protocoles du cinéma, du clip et des jeux multimédias qui l'inspirent. Les repérages de par le monde, les décors et les accessoires, tout autant que les costumes qu'elle conçoit et endosse, jouant des antagonismes entre science-fiction et archaïsmes, sont les composants d'un univers *new age* et glamour où elle-même apparaît, transfigurée sous de multiples panoplies. Tantôt poupée issue d'un imaginaire de mangas, tantôt figure mutante d'un Japon ancestral soumis à la loi des médias et du marketing, Mariko Mori semble évoluer complaisamment au cœur du cyberespace, mêlant rituels bouddhiques, traditions japonaises et artifices d'une «*glocal culture*» toujours plus désincarnée.

MES PHOTOS SONT VÉRIDIQUES... » Araki

« Puissances du faux »

THOMAS DEMAND
Archives
1995. Tirage Cibachrome, 183,5 x 230 cm. DR.

Sculpteur de formation, Thomas Demand (né à Munich en 1964) développe une œuvre sur «les puissances du faux», à partir de maquettes qu'il construit comme autant de décors inhabités. Ses premières images s'attachent à des objets usuels qu'il reproduit à l'échelle un, cherchant à abolir l'écart entre le réel et sa représentation. De cette attention minutieuse et patiente sont nées de grandes photographies en couleurs du quotidien, images d'archives proches de ce que T. W. Adorno appelait «la vie administrée», bientôt suivies d'autres, reconstruites à partir de l'espace urbain. Des imperfections volontaires laissent entrevoir des failles entre le sujet et sa reproduction. Les détails sont effacés au point que chaque forme restituée offre une surface lisse et standardisée. Depuis peu, Thomas Demand réalise selon un processus analogue, mais pour des films courts montrés en boucle, les décors d'espaces de reportages qui, du *Tunnel* où Lady Di trouva la mort (1999) au balcon derrière lequel Milosevic s'est terré dans l'instant de son arrestation, sont autant d'images martelées et indifférenciées, frappant l'imaginaire collectif et «nous ramenant inexorablement, précise l'artiste, aux magazines et aux médias».

« La disparition du sujet »

ANDREAS GURSKY
Bundestag
1998.
Tirage Cibachrome, 258 x 210 cm. DR.

Andreas Gursky est désormais connu pour ses photographies monumentales qui ont succédé aux premières images de format plus modeste qu'il réalise depuis le milieu des années 80. Élève de Bernd et Hilla Becher à Düsseldorf, il reprend à son compte l'inventaire systématique du monde urbain et d'une photographie allemande entre analyse sociologique et anthropologique, auquel il ajoute la mémoire de sujets infinis réalisés au gré de ses voyages. Gursky adopte un point de vue spécifique éloigné et distant sur les sujets qu'il s'approprie. Ses photographies traitent avant tout des foules et des masses : un monde transformé en une succession d'images arrêtées, où l'individu disparaît pour n'être plus qu'un signe parmi les signes.
À l'ère du néo-libéralisme, du CAC 40 et des médias, l'œuvre de Gursky traite de l'homme contemporain sous les dehors de l'objectivité. Elle analyse froidement, et d'un point de vue dominant, un univers réduit à sa surface. À l'aide de l'informatique, les images de Gursky tendent désormais à l'abstraction et à l'inanité. Les effets spectaculaires d'agrandissement du champ de vision et du format saisissent tout à la fois l'immensité du monde et la disparition du sujet qui l'habite.

« Renverser l'arbitraire en le surexposant »

JEAN-LUC MOULÈNE
La Pantinoise
(série Objets de grève)
2000. Tirage Cibachrome sous Diasec, 49 x 38 cm.
Courtesy galerie
Anne de Villepoix, Paris.

«Hors des traditions et des tendances reconnues de la photographie d'auteur, Jean-Luc Moulène, écrit Jean-François Chevrier au début des années 90, réinvente un naturalisme élargi au signe et au produit de la société postindustrielle.»
Né en 1955, Jean-Luc Moulène vit et travaille à Paris. Il présente ses premiers travaux à partir de 1989. Son œuvre tend à interroger la complexité des différentes formes de la représentation à partir du médium photographique. Refusant toute séduction, les images de Moulène constituent un corpus de sujets de tous ordres, allant du portrait à la nature morte, de l'instantané du quotidien aux référents publicitaires. Entre signe et sens, Moulène «inventorie des productions de révolte». L'ensemble des *Disjonctions*, composé dans les années 90, comme les séries qui suivent, au-delà de tout style et de tout sujet, marquent les prémisses d'une investigation des multiples formes de représentation et de figuration contemporaines. Au travers de Cibachromes et d'images au format d'affiches publicitaires, Moulène questionne les modes de production et de diffusion à l'ère de la guerre des images.
Figures de passage travaillant les normes et les signes du pouvoir, les images de Moulène s'approprient aussi, tel un *teasing*, les codes constitutifs du marketing, et substituent à l'impact des marques et des produits une réflexion sur la rhétorique des codes

publicitaires jusqu'à en neutraliser la loi de production. Contre le principe de valeur ajoutée, Moulène oppose, écrit Vincent Labaume, une dimension «déqualifiée». Commerce sans économie, tels les *Documents/Objets de grève* – objets fabriqués par des ouvriers pendant des grèves –, la pratique de Moulène refuse la loi de la marchandise et s'attache aujourd'hui aux emballages et autres modes de conditionnement pour en «renverser l'arbitraire en le surexposant».

« IL Y A TOUJOURS DES FORMES

Chronologie 1900-1999

Cette chronologie est essentiellement consacrée aux principales inventions, découvertes et manifestations propres à la photographie du siècle.

1900
• Londres, Royal Photographic Society : «The New School of American Photography».

1902
• Paris : création du Photo-club.
New York : A. Stieglitz, groupe Photo-Secession.

1903
New York : Photo-Secession publie *Camera Work*.

1904
• Les frères Lumière inventent l'autochrome.

1905
New York : A. Stieglitz, création de la galerie 291.

1907
• Edward Curtis : *The Nord American Indian*.

1909
• Jacques-Henri Lartigue, instantanés et autochromes.

1910
• Albert Kahn et Jean Bruhnes : «Archives de la Planète».
• Buffalo, Albright Art Gallery : «International Exhibition of Pictorial Photography».

1912
• A. G. et A. Bragaglia, *Fotodinamismo futurista*.
• George Eastman invente l'appareil de poche.

1916
New York, galerie 291 : «Paul Strand».

1917
Cessation de la publication de *Camera Work*.
• Alvin Coburn réalise les «vortographs».

1918
Zurich : Christian Schad invente la schadographie.

1920
• Berlin, 1re foire internationale Dada.
• Paris, *Revue française de photographie*, éditions Montel.

1921
• Lucerne, création de la revue *Camera*.
Man Ray invente les rayogrammes.

1922
• Iristan Tzara, *la Photographie à l'envers, introduction aux Champs délicieux*.

1925
L. Moholy Nagy : *Malerei, Fotografie, Film*.
• Inventions du flash et du Leica 35 mm.

1926
• New York, Metropolitan Museum of Art : création d'une collection de photographies.

1927
• Création de la société Kodak-Pathé.
A. Rodtchenko devient photographe professionnel.

1928
• Jan Tschichold : *la Nouvelle Typographie*.
Paris : Lucien Vogel crée *Vu*.

1929
• Essen, musée Folkwang : «Fotografie der Gegenwart».
• Stuttgart, Deutscher Werkbund : «Film und Foto».

1930
• Paris, *Photographie, Arts et Métiers graphiques* sous la direction de Lucien Peignot et Emmanuel Sougez, article de Waldemar George

1931
• Paris : Florent Fels crée *Voilà*.
Walter Benjamin : *Petite Histoire de la photographie*.

1932
• Le parti communiste français crée la revue *Regards*.
New York : fondation du groupe F/64.

1933
Paris : Charles Rado, Emile Savitry, Ergy Landau et Brassaï créent l'agence Rapho.
Henri-Cartier Bresson : *Paris la nuit*.

1934
• Zeiss crée le premier appareil à cellule photoélectrique.

1935
• Leopold Mannes et Leopold Godowsky inventent le Kodachrome.
États-Unis : lancement du Farm Security Administration.

1936
• New York : création de *Life*.
Walter Benjamin, *l'Œuvre d'art à l'ère de sa reproductibilité technique*.

1937
• New York, MoMA : «Photography 1839-1937».
Chicago : Moholy-Nagy, «The New School of Bauhaus».

1938
• Paris : création de *Paris-Match*.

1940
• New York, MoMA : ouverture du département photo.

1941
• Suisse : création de la revue *Du*.

1943
• New York, MoMA : «Helen Levitt: Photographs of Children».

1944
• Apparition du Kodacolor.

1946
New York, MoMA : rétrospective Henri Cartier-Bresson.

1947
Paris : Robert Capa, Henri Cartier-Bresson, Georges Rodger et David Seymour créent Magnum-Photos.
• États-Unis : Edwin H. Land invente le Polaroid.

1948
• Japon : apparition du Nikon.

1949
• Rochester, États-Unis, George Eastman House : International Museum of Photography.
• Otto Steinert crée le groupe Fotoform.

1950
• La firme Rank Xerox lance la première photocopieuse.
• Cologne : 1er «Photokina».

1951
• New York, MoMA : «5 French Photographers : Brassaï, Cartier-Bresson, Doisneau, Izis, Ronis».

1952
• New York : Minor White crée *Aperture*.

1955
• New York, MoMA : «The Family of Man».

1957
New York, MoMA : «Brassaï, graffiti».
• Création de l'Agence France Presse.

1958
• New York, MoMA : «Abstraction in Photography».
Robert Frank : *les Américains*.

1959
• Essen, Folkwang Museum : Otto Steinert fonde la collection de photographies.
• Nikon lance un appareil reflex 35 mm.

1960
• Bièvres : Jean et André Fage élaborent le musée français de la Photographie.
• New York, MoMA : «The Sense of Abstraction».

1963
• Kodak invente l'Instamatic 50.

1964
• Paris : la Fnac crée une collection de photographies.
• Développement du Cibachrome.

1966
• New York, Cornell Capa : International Center of Photography.

1967
Gilles Caron et Raymond Depardon créent Gamma.

1969
• Paris : Jean-Claude Lemagny crée la collection photographique de la Bibliothèque nationale de France.
• Paris : création de l'agence SIPA press.

1970
• Arles : Lucien Clergue, Jean-Maurice Rouquette et Michel Tournier créent les «rencontres internationales de la Photographie».
• Georges Herscher crée la collection photographique des éditions du Chêne.

1971
• Larry Clark, *Tulsa*.

1972
• Kodak invente le Pocket Instamatic, Polaroid le SX-70.
• Chalon-sur-Saône : Paul Jay crée le musée Niépce.

1973
• Paris/New York : agence Sygma
• John Szarkowski, *Looking at Photographs*.

D'EXISTENCE À INVENTER POUR L'IMAGE » Moulène

1934.
Robert Doisneau,
*Photographie
aérienne,*
épreuve aux sels
d'argent (vers 1981),
24,7 x 30,9 cm.
Paris,
centre G. Pompidou,
MNAM-CCI.

1962.
Edward Rusha,
*Phillips 66, Flagstaff
Arizona,* extrait
du livre *26 Gasoline
Stations.*
Courtesy galerie
Anthony d'Offay,
Londres.

1986.
Andy Warhol,
Autoportrait,
Polaroid couleur,
9,5 x 7,2 cm.
Paris,
centre G. Pompidou,
MNAM-CCI.

216

1996.
Richard Billingham,
Sans Titre,
photographie
couleur marouflée
sur aluminium,
120 x 80 cm.
Courtesy galerie
Jennifer Flay, Paris.

1995.
Balthasar Burkhard,
Cheval,
triptyque, trois épreuves
aux sels d'argent
montées sur chassis,
tirage unique
2,30 x 2,88 cm.
Paris, centre G. Pompidou,
MNAM-CCI.

Chronologie 1900-1999

1974
• Toulouse, Jean Dieuzaide : galerie du Château d'eau.
• Gisèle Freund, *Photographie et Société.*

1975
• Kassel : «Photography as Art-Art as Photography».
• Raoul Hausmann : *Je ne suis pas un photographe.*

1977
• Centre G. Pompidou-MNAM : 1re section de photographie.
• Jean Clair : *Duchamp et la photographie.*
• Zurich, Kunsthaus : «Peinture et photographie en dialogue de 1840 à aujourd'hui».

1978
• Lyon : fondation nationale de la Photographie.

1979
• Susan Sontag, *la Photographie.*
• Jean-Luc Monterosso crée l'association Paris-Audiovisuel.

1980
• Paris, MAMVP : «Ils se disent peintres, ils se disent photographes».
• Roland Barthes : *la Chambre claire.*

1981
• Centre G. Pompidou : création du cabinet photographique du MNAM dirigé par Alain Sayag.
• Mission photographique du ministère de la Culture dirigée par Agnès de Gouvion-Saint-Cyr.

1982
• Robert Delpire crée le centre national de la Photographie.
• Arles : Alain Desvergnes crée l'école nationale de la Photographie.

1983
Jean-François Chevrier crée la revue *Photographies.*

1984
• France : création par Bernard Latarjet et François Hers de la mission photographique de la DATAR. Parmi d'autres, S. Basilico, C. Milovanoff, R. Doisneau, J. L. Garnell, F. Hers, S. Lafont, S. Riestelhueber, H. Trülzsch participent à la mission.

1985
• Paris, centre G. Pompidou : «Explosante fixe. Photographies et surréalisme».

1989
• 150e anniversaire de la photographie.
• Paris, musée d'Orsay : «l'Invention d'un regard, 1839-1918».
• Paris, centre G. Pompidou : «l'Invention d'un art».
• Paris, CNP : «Une autre objectivité».
• Perpignan : création de «Visa pour l'image».

1990
• Paris, centre G. Pompidou : «Passage de l'image».
• Kodak : 1re diffusion de la photo numérique.
• Apparition des appareils photo jetables.

1991
• Cahors : création du «Printemps de Cahors».

1996
• Paris, ouverture de la maison européenne de la Photographie : «Une aventure contemporaine 1955-1995».

1999
• Paris, MEP : «Une passion française. Photographies de la collection Roger Théron».

**Études sur
la Photographie**

L'Invention d'un art, Paris, 1989, éd. du centre Pompidou.

L'Invention d'un regard, Paris, 1989, éd. de la RMN.

Malerei und Photographie im Dialog, vom 1840 bis heute, Zurich, 1977, Kunsthaus.

Paysages photographiés en France, les années 80, Paris, 1989, Mission DATAR, Hazan.

D. Baqué, *les Documents de la modernité,* Nîmes, 1993, éd. Jacqueline Chambon.

R. Barthes, *la Chambre claire,* Paris, 1989, Gallimard.*

A. Bazin, *Ontologie de l'image cinématographique,* in *Qu'est-ce que le cinéma ?,* Paris, 1961, le Cerf.

Beaumont Newhall, *l'Histoire de la photographie depuis 1839 et jusqu'à nos jours,* Paris, 1967.*

R. Bellour, *l'Entre-images,* Paris, 1990, Galilée.

P. Bourdieu et alii, *Un art moyen, essai sur les usages sociaux de la photographie,* Paris, 1965, éd. de Minuit.*

C. Buci-Glucksmann, *la Folie du voir,* Paris, 1986, Galilée.

J.-F. Chevrier, *Une autre objectivité,* Paris, 1989, Idea Books/CNAP.

J.-F. Chevrier, *la Photographie, 10 ans d'enrichissement des collections,* Paris, 1992, RMN.

G. Deleuze, *l'Image-mouvement,* Paris, 1983, Minuit et *l'Image-temps,* Paris, 1985, Minuit.*

G. Didi-Huberman, *Ce que nous voyons, ce qui nous regarde,* Paris, 1992, Minuit.*

Ph. Dubois, *l'Acte photographique et autres essais,* Paris, 1990, Nathan.

R. Durand, *le Regard pensif,* Paris, 1988, La Différence.

R. Durand, *la Part de l'ombre,* Paris, 1990, la Différence.

M. Frizot, *Nouvelle Histoire de la photographie,* Paris, 1994, Bordas.*

M. Guerrin, *Profession photoreporter,* Paris, 1988, Gallimard/ éd. du centre Pompidou.

E. Jaguer, *les Mystères de la chambre noire, surréalisme et photographie,* Paris, 1982, Flammarion.

J.-C. Lemagny et A. Rouillé, *Histoire de la photographie,* Paris, 1998, Larousse-Bordas.

P. Rogiers, *Façon de voir,* Paris, 1992, Castor Astral.

D. Roche, *la Disparition des lucioles,* Paris, 1982, l'Étoile.

N. Rosenblum, *Une Histoire mondiale de la photographie,* Paris, 1992, Abbeville Press.

J. M. Schaeffer, *l'Image précaire. Du dispositif photographique,* Paris, 1987, le Seuil.*

P. Virilio, *la Machine de vision,* Paris, 1992, Galilée.*

* à lire en priorité.

CINÉMAS, VIDÉOS

« l'image en mouvement : projections et installations »

PIERRE HUYGHE
L'Ellipse
1998. Installation, triple projection,
13 min., PAL, couleur, sonore.
Courtesy Marian Goodman, New York, Paris.

JEAN-LUC GODARD
Histoire(s) du cinéma I, **1989.**
50 min. et 20 s., PAL, couleur,
sonore. © Cahiers du cinéma.

« Ô mes amis, l'opium, les vices honteux,
l'orgue à liqueurs sont passés de mode :
nous avons inventé le cinéma ». Louis Aragon

Depuis les années 80, plusieurs expositions tentent d'explorer et de mettre en scène la complexité des relations entre les arts visuels, le cinématographe et les pratiques de la vidéo. L'«image-mouvement» s'expose et, ce faisant, expose la diversité de ses procédures qui deviennent autant de modèles et de sujets pour les différentes formes de la création à l'âge contemporain. Certes, la relation des arts plastiques (dans la diversité des sens que l'on assigne au mot) et du cinéma, puis de la vidéo depuis le début des années 60, traverse le siècle et nourrit, de façon réciproque, de Luis Buñuel à Germaine Dulac, de Viking Eggeling à Michael Snow, de Marie Menken à Marcel Broodthaers, de Hollis Frampton à Thierry Kuntzel, jusqu'à une toute jeune génération, le conflit récurrent de la toile et de l'écran. Mais les différentes formes cinématographiques, et plus tard vidéographiques, ont longtemps subsisté comme des formes à part, voire marginales, aux yeux d'une critique qui ne jugeait de l'œuvre qu'à l'aune du modèle   > > >

initié par la tradition des beaux-arts et dont le musée, somme toute, s'est voulu le dépositaire. Pressé par plusieurs décennies de création qui ne cessent de solliciter le cinéma et les techniques d'enregistrement sous toutes leurs formes et dans tous leurs aspects comme modèles, le regard sur la création du siècle ne cesse de réévaluer la place qui revient à «l'image mouvement».

Après ceux des avant-gardes, plusieurs textes de Gilles Deleuze à Raymond Bellour, de Serge Daney à Pascal Bonitzer, de Paul Virilio à Jean-Louis Schefer, pour ne citer ici que quelques sources d'ordre théorique, ont mis en évidence la complexité et la fascination du modèle filmique à l'ère de l'image contemporaine. Plus, ils ont rappelé combien, entre chimie du cinéma et électronique de la vidéo, du kinétoscope au magnétoscope et au vidéodisque, les écarts pratiques et théoriques se sont creusés et combien la vidéo, d'outil technique essentiellement mobile et à l'usage de tous, s'est affirmée comme une forme propre, dans l'instant où la télévision s'insinuait et submergeait notre quotidien.

De nombreuses expositions et catalogues, de «Projected Images» (Minneapolis,1974), «The Luminous Image» (Amsterdam, 1984), «Peinture Cinéma Peinture» (Marseille, 1989), «Image World» (New York, 1989) à «Passages de l'image» (Paris, 1990), de «Halls of Mirrors» (Los Angeles, 1995) à «Projections, les transports de l'image» (Le Fresnoy, 1998) ont progressivement donné les éléments d'une nécessaire réécriture des relations entre espace filmique et espace de la création contemporaine. Le cinéma sous toutes ses formes et la vidéo dans tous ses états s'y côtoient nonobstant les clivages et territoires, parce qu'ils constituent l'un et l'autre des formes par lesquelles l'art du XXe siècle explore des perspectives physiques et mentales inconnues, en repousse les limites et, ce faisant, invente de nouvelles géographies.

Le vocabulaire, lui-même, a désormais changé. La notion de cadrage prévaut sur celle de composition et force est de constater qu'il faut les mots du cinéma pour juger du principe de > > >

218

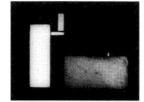

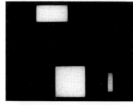

MARCEL L'HERBIER
L'Inhumaine, 1924.
66 min., décors de
Robert Mallet-Stevens
et Fernand Léger.
© Cahiers du cinéma.

HANS RICHTER
Rhythmus 21
1921-1924. 2 min. et 10 s.,
noir et blanc, sonore.
Coll. centre G. Pompidou. DR.

RENÉ CLAIR
Entr'acte
1924.
20 min., noir et blanc, sonore.
Coll. centre G. Pompidou. DR.

JORIS IVENS
Regen (la pluie)
1929. 9 min. et 40 s.,
noir et blanc, muet.
Coll. centre G. Pompidou. DR.

« LE MONTAGE PERMET L'UNITÉ ORGANIQUE

> > > montage d'une image dada ou surréaliste, des contre-champs des constructivistes russes, du principes des photogrammes de l'œuvre plastique d'un Warhol ou de la nature ô combien cinématique du projet sans fin de Raymond Hains, de John Baldessari, d'Ed Ruscha, de la forme panoramique des œuvres de Jeff Wall et de tous ceux qui, après Bruce Nauman, Dan Graham et tant d'autres, ont convoqué la dimension filmique comme médium et modèle du dispositif qu'ils élaborent.

Dès lors, parce que le cinéma est à lui seul toutes les techniques et aussi tous les genres, il rend caduque, par juste retour des choses, la distinction entre les techniques et les genres. Il les invalide. Hybride par essence, il est par excellence l'espace où l'on peut revendiquer, rappelle Jean-Louis Schefer, «un droit d'usage imprescriptible […] contre toute appropriation par des spécialistes, des historiens qui n'ont que trop tendance à forger une conception figée du cinéma comme dernier des arts majeurs, toujours passéiste et mélancolique».

Mais, le cinéma n'est pas seulement la part cognitive indispensable à l'appréhension de la création du siècle. Il est l'expression-même de ses ambitions comme de ses interrogations les plus fondamentales. Interrogations stylistiques et théoriques quant à la fixité et au mouvement, à la ressemblance et à l'illusion, à la réalité et à l'apparence. Interrogations aussi quant à la perception et au visible, et plus encore que pour toutes les raisons qui font confondre son histoire à celle des anciens mythes, parce qu'il est, comme le souligne Dominique Païni, «un art moderne» par excellence, immergé dans les conflits du temps, conflits de tous ordres et de toutes natures, conflits des idées, des techniques et des moyens propres à son existence et à sa survie.

Devant la multiplicité des questionnements des artistes et la nature des œuvres qu'ils sollicitent et réalisent aujourd'hui, le musée, dans l'instant nécessaire de sa réinvention, s'attache à introduire «l'image-mouvement» dans le parcours qu'il entend maintenant proposer de l'histoire du siècle. > > >

DZIGA VERTOV
L'Homme à la caméra
1929. 70 min., muet.
© Cahiers du cinéma.

JEAN GENET
Un chant d'amour
1948-1950.
26 min. noir et blanc, muet.
Coll. centre G. Pompidou. DR.

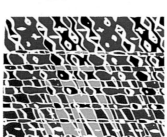

RAYMOND HAINS
Pénélope
1949-1954/1980.
20 min., couleur, muet.
Coll. centre G. Pompidou. DR.

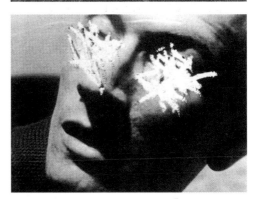

STAN BRAKHAGE
Reflections on Black
1955.
11 min., noir et blanc, sonore.
Coll. centre G. Pompidou. DR.

CHRIS MARKER
La Jetée, **1962.**
«Photo-roman»,
16 mm, 29 min.
Coll. centre G. Pompidou. DR.

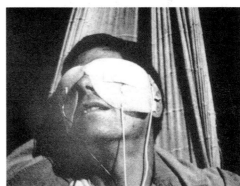

ANDY WARHOL
The Chelsea Girls
1966. Bobines 12 et 11.
195 min., noir et blanc et couleur, sonore, double écran.
Coll. centre G. Pompidou. DR.

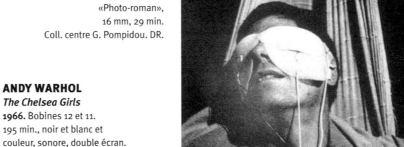

219

ET PATHÉTIQUE DE TOUTE COMPOSITION » Eisenstein

> > > Ainsi du musée national d'Art moderne qui expose désormais là le *Ballet mécanique* de Fernand Léger, là *Entr'acte* de René Clair, *Pénélope* de Raymond Hains, *Ex-* de Jacques Monory, *l'Homme qui tousse* de Christian Boltanski… et n'aurait plus à l'idée que des projets s'étant justement bâtis au risque et au dépens des classifications formalistes n'aient pas là la place qui leur revient. Le film *Spiral Jetty*, réalisé par Robert Smithson en 1970, au-delà du simple document, est à ce titre le paradigme de l'œuvre ouverte face à sa relation à l'espace du musée, un vertige indispensable au cœur d'un *white cube*, objet parmi les objets qu'il abrite.

Mais la création de près de 40 années impose d'autres lois. À la présentation conjointe de films qui rythment tout au long du siècle les relations des avant-gardes et du cinéma, comme à celle d'une salle dévolue à la consultation permanente de bandes vidéo *on demand*, répond désormais une dimension de l'œuvre qui, au propre comme au figuré, en appelle aux paradigmes cinématographiques et vidéographiques sous toutes leurs formes. D'écho de la pensée des différentes investigations du temps, le cinéma est devenu modèle de toutes ses productions. Pas une œuvre, un projet, une proposition qui ne le sollicite et ne requiert sa présence. Pas un espace qui ne trouve avec lui la nécessité de l'interroger là où lui-même, pris au piège de ses propres codes, semble impuissant à poser les questions qui lui reviennent et ce, malgré les efforts de ses héros, tels Chris Marker, Marguerite Duras, Jean-Marie Straub et Danièle Huillet ou Jean-Luc Godard qui, avec *Histoire(s) du cinéma*, dont le projet naît au début des années 80, a sans aucun doute ouvert un des plus grands chantiers jamais entrepris d'essai filmé, «suffisamment spéculatif dans le fond et la forme», note Alain Bergala, pour exercer sur nos générations une influence jamais démentie.

Certes, le cinéma est le modèle de la création contemporaine, mais il pose à son endroit un ensemble de questions que lui-même finit rarement par pouvoir appréhender. > > >

220

MICHAEL SNOW
Wavelength, 1966-1967.
16 mm, 45 min., couleur, sonore.
Coll. centre G. Pompidou. DR.

MARCEL BROODTHAERS
Figures of Wax (Jeremy Bentham), 1974.
16 mm, 15 min., couleur, sonore.
Courtesy succession M. Broodthaers.

CHRISTIAN BOLTANSKI
L'Homme qui tousse, 1969.
3 min., couleur, sonore.
Coll. centre G. Pompidou. DR.

ROBERT FILLIOU
And So On, End so Soon :
Done 3 Times, 1977.
U-Matic, 32 min., PAL, couleur.
© B. Rodoreda/centre G. Pompidou.

THIERRY KUNTZEL
Nostos I, 1979. 45 min.,
PAL, couleur, muet.
Coll. centre
G. Pompidou. DR.

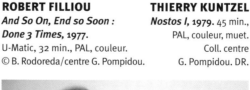

BILL VIOLA
Vegetable Memory, 1978-1980.
NTSC, 15 min. et 13 s., couleur, sonore.
© A. d'Offay et B. Viola. Photo K. Perov.

« QUELQUE CHOSE COMME CE DÉSIR INSENSÉ :

> > > Ainsi de la fascination pour un rêve de star de Cindy Sherman et Sophie Calle qui rejouent l'une et l'autre, sur un mode critique et en autant de métamorphoses, ce que Stanley Cavel appelle «la comédie du remariage». Ainsi de l'esthésie de Gary Hill et Bill Viola. Ainsi de la réflexion de Pierre Huyghe sur un cinéma à interpréter, telle une partition, ou de la confrontation d'une œuvre avec son modèle, dans le principe de *Remake*. Ainsi de la torpeur des dispositifs déjouant l'illusion des 24 images-seconde qui, après Warhol, étire, avec Douglas Gordon, le rapport du temps et de l'image, et de la confrontation d'une œuvre comme *Feature Film*, bâtie telle une expérience de mémoire, dans sa relation sonore continue au souvenir d'une image absente. Ainsi de Pierre Bismuth, dont chaque dispositif travaille bande-son et image, lecture et langage, et trahit notre fascination du «cinéma des origines». Ainsi d'une exposition construite tels un scénario et son découpage que Pierre Huyghe, Philippe Parreno et Dominique Gonzalez-Foerster élaborent sur le mode collectif propre à l'entreprise cinématographique. Ainsi de Johan Grimonprez, dont *Dial H.I.S.T.O.R.Y.* sur une bande-son de David Shea, sample terrorisme et terreur des images du tube cathodique. Ainsi de Eija-Liisa Ahtila qui, aux frontières du reportage mêlant la dimension fictive et le récit, vient installer en autant de dispositifs ses films comme ses vidéos dans le contexte des arts plastiques. Ainsi de Doug Aitken qui, au-delà des clips publicitaires qu'il réalise, porte un regard sans complaisance en recyclant les images d'un monde contemporain que violence et vitesse menacent d'engloutir. Ainsi des arrêts sur images de Sharon Lockhart, mettant en scène des acteurs amateurs pour créer, après John Cassavetes et Larry Clark, une dichotomie sensible entre surface visible et contenu psychologique au cœur de l'espace de l'exposition. Ainsi de la série des *Cremasters* de Matthew Barney, fictions sans dialogue et métaphores baroques du processus de (re)production. Ainsi du rapport à l'identité et la sexualité que Gus van Sandt instaure à partir de > > >

BRUCE NAUMAN
Clown Torture, 1987.
Installation, NTSC, Couleur, sonore, 4 moniteurs et deux vidéoprojecteurs. Courtesy Donald Young Gallery, Chicago.

CHRIS MARKER
Zapping Zone (Proposals for an Imaginary Television), écran du Hérisson-lumière 1990-1992.
Installation multimédia.
Coll. centre G. Pompidou. DR.

PIERRICK SORIN
Réveils
1988. PAL, 10 min., couleur, sonore.
Coll. centre G. Pompidou. DR.

GARY HILL
Between Cinema and a Hard Place
1991. Installation vidéo, NTSC, couleur, sonore.
Courtesy of The Bohen Foundation, New York.

STAN DOUGLAS
Hors Champs, 1992.
Deux projections vidéo, 13 min. et 20 s., PAL, noir et blanc , sonore. Coll. centre Pompidou. DR.

MATTHEW BARNEY
Cremaster 4 : Triple Option (détail), 1994. 35 mm, 42 min. et 16 s., couleur.
Fondation Cartier pour l'art contemporain.

221

RENDRE VISIBLE LA LUMIÈRE » Kuntzel

> > > son remake de *Psychose* et d'une réflexion implicite sur la série B… Autant de modèles cinématographiques, rejoués, transgressés, déplacés où une large part de l'art d'aujourd'hui travaille avec et contre le cinéma; avec lui pour tout ce qu'il suggère, et contre lui pour tout ce qu'il ne peut (et ne veut) dire.

Car si le cinéma – tout le cinéma et tout du cinéma – opère désormais comme modèle essentiel de la création plastique, c'est qu'il conjugue et convoque et tient en émoi tous nos sens : le regard, certes, mais aussi les autres – ah! la musique du *Mépris*, d'*India Song*, de *l'Île nue*, de *Vertigo* ou de *Pulp Fiction*… Le cinéma est la parabole de toutes nos attentes. Redoutable et implacable, entre «pureté et impureté», il s'arme de suffisamment de pièges pour nous soumettre à sa loi. Guy Debord, Isidore Isou, Maurice Lemaître et Andy Warhol, encore, le savent parmi d'autres qui, «contre le cinéma», de *Hurlements en faveur de Sade* (1952), *Traité de bave et d'éternité* (1951) au *Film est déjà commencé ?* (1951) et à *Chelsea Girls* (1966) veulent interférer dans la projection par autant de griffures et de collages faits à la pellicule, déjouer les pièges de la narration pour produire ce nécessaire effet permettant de maintenir la distance critique à l'image et au récit.

Parce qu'il recouvre tous les genres dont lui-même s'est nourri, parce qu'il doit faire face à tous les conflits, qu'il est implicitement une entreprise à plusieurs et une industrie, parce qu'il excite ce que Paul Virilio appelle «la guerre des images», parce qu'il est populaire là où les arts plastiques semblent s'y refuser, parce qu'il témoigne de la vie dans tous ses états, qu'il est un objet et un outil inépuisables et qu'après tout, il est «un art jeune», le cinéma – comme la vidéo qui pousse encore plus loin la libre disposition et la possible appropriation des images sur un mode immédiat et intime – est la somme de tous les questionnements contemporains, de tous les sujets comme de toutes les formes. On comprend alors qu'une histoire de l'art de ce siècle veuille le souligner. <

222

JOHAN GRIMONPREZ
Dial H.I.S.T.O.R.Y.
1997. Beta, 68 min.,
PAL., couleur, sonore.
Coll. centre G. Pompidou. DR.

EIJA-LIISA AHTILA
Anne, Aki and God
1998. Installation vidéo.
Courtesy Anthony Reynolds,
Londres. © Crystal Eye Ltd.

STEVE McQUEEN
Drumroll, **1998.**
Triple projection vidéo (image de gauche).
Courtesy Anthony Reynolds, Londres et Marian
Goodman, New York, Paris. © S. McQueen.

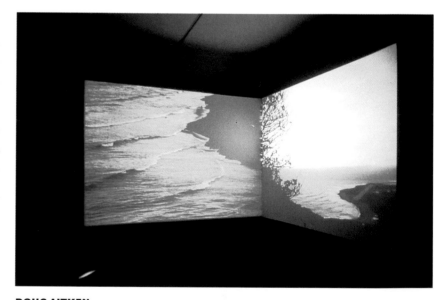

DOUG AITKEN
Eraser
1998. Installation vidéo.
Courtesy 303 Gallery,
New York.

DOUGLAS GORDON
Feature Film
1999. Beta, 75 min., PAL,
couleur, sonore.
Coll. centre G. Pompidou. DR.

« IL FAUT CONFRONTER DES IDÉES VAGUES

Chronologie 1895-1999

En regard du sujet traité, cette chronologie par trop succincte propose essentiellement quelques éléments de repère sur les différents cinémas, films, vidéos, inventions et événements du siècle.

1895
• T. Edison, le kinétoscope devient sonore et en couleur.
• A. et L. Lumière, brevet (13 fév.) et 1re projection publique (28 déc.).
• L. Lumière, *la Sortie des usines*.

1898
• T. Edison commence la «guerre des brevets».

1899
• G. Méliès, *l'Affaire Dreyfus* (1er long métrage).

1902
• G. Méliès, *le Voyage dans la lune*.
• Vincennes : construction du studio Pathé.

1906
• Mise au point du kinémacolor.

1908
• V. Jasset, *Nick Carter*.
• Hollywood : 1ers studios de cinéma.

1911
• T. Ince, *Renegade :* 1er western.

1913
• C. Chaplin, *Charlot est content de lui* (1er film de Chaplin).
• L. Feuillade, *Fantômas*.

1914
• G. Pastrone, *Cabiria :* 1er péplum.
• P. Wegener, *le Golem*.

1915
• D. W. Griffith, *Naissance d'une nation*.

1916
• D. W. Griffith, *Intolérance*.

1919
• R. Wiene, *le Cabinet du Dr. Caligari*.

1920
• V. Sjöström, *la Charette fantôme*.
• R. Flaherty, *Nanouk*, 1er film documentaire.

1921
• F. Lang, *der Müde Tod*.
• C. Chaplin, *le Kid*.
• H. Richter, *Rhythmus 21*.
• V. Eggeling, *Symphonie diagonale*.
• W. Ruttmann, 1ers *Opus*.

1922
• F. W. Murnau, *Nosferatu*.
• M. L'Herbier, *Eldorado, la Roue* (avec F. Léger).
• G. Kozintsev et L. Trauberg créent la Fabrique de l'acteur excentrique (FEKS).

1923
• E. von Stroheim, *les Rapaces*.
• R. Clair, *Paris qui dort*.
• Man Ray, *le Retour à la raison*.

1924
• M. L'Herbier, *l'Inhumaine*.
• R. Clair, *Entr'acte*.
• F. Léger, *Ballet mécanique*.

1925
• S. Eisenstein, *le Cuirassé Potemkine*.
• C. Chaplin, *la Ruée vers l'or*.
• G. W. Pabst, *la Rue sans joie*.
• M. Duchamp, *Anémic Cinéma*.
• J. Painlevé réalise ses 1ers films scientifiques.

1926
• F. W. Murnau, *Faust*.
• F. Lang, *Metropolis*.
• A. Cavalcanti, *Rien que les heures*.

1927
• J. Epstein, *la Glace à trois faces*.
• A. Gance, *Napoléon*.
• S. Eisenstein, *Octobre*.
• A. Crosland, *le Chanteur de jazz*, 1er film parlant.
• W. Ruttmann, *la Symphonie de la grande ville*.
• G. Dulac, *la Coquille et le clergyman*.
• Hollywood, création des Oscars.

1928
• E. Sedgwick, *le Cameraman*.
• V. Sjöström, *le Vent*.
• G. W. Pabst, *Loulou*.
• C. T. Dreyer, *la Passion de Jeanne d'Arc*.
• L. Buñuel et S. Dalí, *Un chien andalou*.

1929
• D. Vertov, *l'Homme à la caméra*.
• Man Ray, *les Mystères du château de dé*.
• J. Ivens, *le Pont*.
• L. Lye, *Tusalava*.
• L. Moholy-Nagy, *Marseille vieux port*.
• W. Disney et T. Avery, 1ers dessins animés.

1930
• J. von Sternberg, *l'Ange bleu*.
• J. Vigo, *À propos de Nice*.
• J. Cocteau, *le Sang d'un poète*.
• L. Buñuel, *l'Âge d'or*.

1931
• J. Renoir, *la Chienne*.
• F. Lang, *M le Maudit*.
• F. Murnau (avec Robert Flaherty), *Tabu*.

1932
• C. T. Dreyer, *Vampyr*.
• H. Hawks, *Scarface*.
• R. Clair, *À nous la liberté*.
• A. Medvedkine : «ciné-train».

1934
• J. Vigo, *l'Atalante*.

1935
• R. Mamoulian, *Becky Sharp* (1er technicolor).
• J. Renoir, *le Crime de M. Lange*.
• J. Duvivier, *la Bandera*.
• A. Hitchcock, *les 39 Marches*.

1936
• C. Chaplin, *les Temps modernes*.
• J. Duvivier, *la Belle Équipe*.
• H. Langlois crée la Cinémathèque française.

1937
• J. Renoir, *la Grande Illusion*.
• F. Capra, *les Horizons perdus*.
• G. Cukor, *le Roman de Marguerite Gautier*.
• Création du prix Louis-Delluc.

1938
• L. Riefenstahl, *les Dieux du stade*.
• M. Carné, *Quai des Brumes, Hôtel du Nord*.
• A. Cauvin, *Memling*.

1939
• J. Renoir, *la Règle du Jeu*.
• E. Lubitsch, *Ninotchka*.
• J. Ford, *la Chevauchée fantastique*.
• V. Fleming, *Autant en emporte le vent*.
• E. E. Cummings, *Dancing Broadway* (1re comédie musicale).

1940
• C. Chaplin, *le Dictateur*.
• L. Emmer, *il Dramma di Christo*.

1941
• J. Huston, *le Faucon maltais*.
• O. Welles, *Citizen Kane*.

1942
• M. Carné, *les Visiteurs du soir*.
• L. Visconti, *Ossessione*.

1943
• R. Bresson, *les Dames du Bois de Boulogne*.
• M. Deren, *Meshes of the Afternoon*.

1944
• O. Preminger, *Laura*.

1945
• M. Carné, *les Enfants du paradis*.
• R. Rossellini, *Rome, ville ouverte*.
• R. Clément, *la Bataille du rail*.

1946
• J. Cocteau, *la Belle et la Bête*.
• F. Capra, *la Vie est belle*.
• H. Hawks, *le Grand sommeil*.
• Fondation du festival de Cannes.

1947
• K. Anger, *Fireworks*.

1948
• J. Tati, *Jour de fête*.
• V. De Sica, *le Voleur de bicyclette*.
• R. Rossellini, *Allemagne, année zéro*.
• O. Welles, *la Dame de Shangaï*.
• J. Genet, *Un chant d'amour*.

1950
• A. Kurosawa, *Rashomon*.
• B. Wilder, *Sunset Boulevard*.
• J. Huston, *Asphalt Jungle*.

AVEC DES IMAGES CLAIRES » Godard

1915.
David Griffith,
Naissance d'une nation.
© Cahiers du cinéma.

1922.
Robert Flaherty,
Nanouk l'Esquimau.
© Cahiers du cinéma.

1922-1923.
Friedrich W. Murnau,
Nosferatu le vampire.
© Cahiers du cinéma.

1925.
Serguei M. Eisenstein,
le Cuirassé Potemkine.
© Cahiers du cinéma.

1927.
Fritz Lang,
Metropolis.
© Cahiers du cinéma.

1926.
Jean Renoir,
Nana.
© Cahiers du cinéma.

- J. Ford, *la Charge héroïque.*
- C. Reed, *le Troisième Homme.*
- R. Hains, 1res esquisses de *Pénélope.*
- Apparition des 1ers magnétoscopes.

1951
- E. Kazan, *Un tramway nommé désir.*
- J. Mankiewicz, *Eve.*
- R. Rossellini, *Europe 51.*
- I. Isou, *Traité de bave et d'éternité.*
- M. Lemaître, *le Film est déjà commencé ?*
- Fondation des *Cahiers du Cinéma.*

1952
- L. Buñuel, *los Olvidados.*
- J. Renoir, *le Carosse d'or.*
- J. Becker, *Casque d'or.*
- C. B. De Mille, *Sous le plus grand chapiteau du monde.*
- G. Debord, *Hurlements en faveur de Sade.*

1953
- S. Guitry, *la Poison.*
- J. Tati, *les Vacances de monsieur Hulot.*
- K. Mizoguchi, *Contes de la lune vague après la pluie.*
- C. Marker et A. Resnais, *les Statues meurent aussi.*

1954
- C. T. Dreyer, *Ordet.*
- E. Kazan, *Sur les quais.*
- F. Fellini, *la Strada.*
- V. Minnelli, *Tous en scène.*
- N. Ray, *Johnny Guitare.*
- A. Kurosawa, *les Sept Samouraïs.*
- Y. Ozu, *Voyage à Tokyo.*
- R. Breer, *Image by Images.*

1955
- A. Resnais, *Nuit et Brouillard.*
- N. Ray, *la Fureur de vivre.*
- C. Laughton, *la Nuit du chasseur.*
- O. Welles, *Mr. Arkadin.*
- M. Ophuls, *Lola Montès.*
- B. Wilder, *Sept Ans de réflexion.*
- S. Ray, *Trilogie d'Apu.*
- J. et A. Mekas fondent la revue *Film culture.*

1956
- C. B. De Mille, *les Dix Commandements.*
- J.-Y. Cousteau, *le Monde du silence.*
- H.-G. Clouzot, *le Mystère Picasso.*

1958
- A. Hitchcock, *Vertigo (Sueurs froides).*
- I. Bergman, *les Fraises sauvages.*
- J. Rouch, *Moi, un noir.*
- P. Kubelka, *Arnulf Rainer.*

1959
- H. Hawks, *Rio Bravo.*
- B. Wilder, *Certains l'aiment chaud.*
- R. Bresson, *Pickpocket.*
- F. Truffaut, *les 400 Coups.*
- J.-L. Godard, *À bout de souffle.*
- A. Resnais, *Hiroshima mon amour.*

1960
- A. Hitchcock, *Psychose.*
- F. Fellini, *la Dolce vita.*
- M. Antonioni, *L'Avventura.*
- L. de Heusch, *Magritte ou la Leçon de choses.*

1961
- P. P. Pasolini, *Accatone.*
- J. Huston, *The Misfits.*
- S. Brakhage, *The Art of vision.*

1962
- F. Fellini, *Huit et demi.*
- M. Antonioni, *l'Éclipse.*
- E. Rohmer, *la Boulangère de Monceau* (1er des *Six Contes moraux*).
- Y. Ozu, *le Goût du saké.*
- C. Marker, *la Jetée.*

1963
- J.-L. Godard, *le Mépris.*
- J. Losey, *The Servant.*
- A. Warhol, *Sleep.*
- J. Smith, *Flaming Creatures.*

1964
- S. Imamura, *Désirs meurtriers.*
- C. T. Dreyer, *Gertrud.*
- J. Demy, *les Parapluies de Cherbourg.*
- G. Markopoulos, *The Illiac Passion.*
- J. Mekas commence *Walden* (1964-1969).

1965
- J.-L.Godard, *Alphaville, Pierrot Le fou.*
- M. Menken, *Mood Mondrian.*
- J.-Ch. Averty, *Ubu Roi.*

1966
- I. Bergman, *Persona.*
- J. Rivette, *la Religieuse.*
- E. Rohmer, *la Collectionneuse.*
- A. Warhol, *The Chelsea Girls.*
- P. Sharits, *Piece Mandala/End War.*

1967
- J. Tati, *Play Time.*
- M. Antonioni, *Blow up.*
- R. Rossellini, *la Prise du pouvoir par Louis XIV.*
- J.-P. Melville, *le Samouraï.*
- J.-M. Straub et D. Huillet, *Chronique d'Anna Magdalena Bach.*

1968
- L. Buñuel, *la Voie lactée.*
- S. Kubrick, *2001, l'odyssée de l'espace.*
- J. Monory, *Ex-.*
- G. Pane, *Solitrac.*
- D. Buren, *la Partie de cartes.*
- R. Serra, *Hand Catching Lead.*

1969
- A. Tarkovski, *Andreï Roublev.*
- P. P. Pasolini, *Porcherie, Théorème.*
- D. Hopper, *Easy Rider.*
- N. Kaplan, *la Fiancée du pirate.*
- G. Rocha, *Antônio das Mortes.*
- M. Raysse, *Camembert Martial extra-doux.*
- C. Boltanski, *l'Homme qui tousse.*
- B. Nauman, *Pulling Mouth.*

1970
- B. Bertolucci, *la Stratégie de l'araignée.*
- H. Frampton, *Zorns Lemma.*
- E. Ruscha, *Premium.*
- M. Snow, *la Région centrale.*

1971
- L. Visconti, *Mort à Venise.*
- S. Kubrick, *Orange mécanique.*
- K. Loach, *Family life.*

« PAR AILLEURS, LE CINÉMA

1928.
Edward Sedgwick,
le Caméraman.
© Cahiers du cinéma.

1928.
Carl Theodor Dreyer,
la Passion de Jeanne d'Arc.
© Cahiers du cinéma.

1931.
Fritz Lang,
M le maudit.
© Cahiers du cinéma.

1936.
Charlie Chaplin,
les Temps modernes.
© Cahiers du cinéma.

1941.
John Huston,
le Faucon maltais.
© Cahiers du cinéma.

1941.
Orson Welles,
Citizen Kane.
© Cahiers du cinéma.

1972
• B. Bertolucci, *le Dernier Tango à Paris.*
• I. Bergman, *Cris et Chuchotements.*
• J. Van der Keuken, *Diary.*

1973
• M. Ferreri, *la Grande Bouffe.*
• J. Eustache, *la Maman et la Putain.*
• R. Laloux, *la Planète sauvage.*
• E. De Antonio, *Painters Painting.*

1974
• M. Pialat, *la Gueule ouverte.*
• M. Duras, *India Song.*
• M. Broodthaers, *Voyage en mer du Nord.*
• G. Matta-Clark, *Splitting.*
• Y. Rainer, *Film About a Woman Who.*

1975
• C. Saura, *Cría Cuervos.*
• Ch. Akerman, *Jeanne Dilman, 23, quai du Commerce, 1080 Bruxelles.*
• M. Lakhdar Hamina, *Chronique des années de braise.*

1976
• N. Oshima, *l'Empire des sens.*
• E. Rohmer, *la Marquise d'O.*
• M. Forman, *Vol au dessus d'un nid de coucou.*
• M. Scorcese, *Taxi Driver.*
• J.-L. Godard : *Six fois deux (sur et sous la communication).*
• Paris : création des Césars.

1977
• G. Lucas, *la Guerre des étoiles.*
• A. Resnais, *Providence.*
• P. et V. Taviani, *Padre Padrone.*
• W. Wenders, *Alice dans les villes.*
• T. Hernandez, *le Corps de la passion.*
• R. Filliou (et G. Brecht), *And So On, End So Soon.*

1978
• R. M. Fassbinder, *le Mariage de Maria Braun.*
• R. Ruiz, *l'Hypothèse du tableau volé.*

1979
• F. F. Coppola, *Apocalypse Now.*
• V. Schlöndorff, *le Tambour.*
• W. Allen, *Manhattan.*

1980
• J. Cassavetes, *Gloria.*
• A. Kurosawa, *Kagemusha.*
• D. Lynch, *The Elephant Man.*
• P. Grimault, *le Roi et l'Oiseau.*

1981
• A. Wajda, *l'Homme de fer.*

1982
• I. Bergman, *Fanny et Alexandre.*
• J.-L. Godard, *Passion.*
• R. Scott, *Blade Runner.*
• S. Spielberg, *E.T. l'extra-terrestre.*
• W. Wenders, *l'État des choses.*
• Ch. Marker, *Sans soleil.*

1983
• M. Pialat, *À nos amours.*
• F. Truffaut, *Vivement dimanche.*
• S. Inamura, *la Ballade de Nayarama.*
• R. Depardon, *Reporters.*

1984
• J. Doillon, *la Pirate.*
• T. Gilliam, *Brazil.*

1985
• J. Jarmusch, *Down by Law.*
• A. Varda, *Sans toi ni loi.*
• E. Kusturica, *Papa est en voyage d'affaires.*
• H. Babenco, *le Baiser de la femme-araignée.*
• C. Lanzmann, *Shoah.*
• P. Fischli et D. Weiss, *le Cours des choses.*

1986
• L. Carax, *Mauvais sang.*
• D. Jarman, *Caravaggio.*

1987
• W. Wenders, *les Ailes du désir.*

1988
• L. Moulet, *la Comédie du travail.*
• P. Sorin, *Réveils.*

1989
• D. Sijie, *Chine, ma douleur.*
• S. Soderbergh, *Sexe, Mensonges et Vidéo.*
• C. Marker, *Zapping zone.*
• J. Shaw, *The Legible City.*

1990
• C. Denis, *S'en fout la mort.*
• J.-M. Straub et D. Huillet, *Cézanne.*

1991
• J. Rivette, *la Belle Noiseuse.*
• J. et E. Coen, *Barton Fink.*
• Ph. Garrel, *J'entends plus la guitare.*
• H. Hartley, *Trust Me.*

1992
• M. Haneke, *Benny's Video.*
• P. Rist, *Pimple Porno.*

1993
• A. Resnais, *Smoking/No Smoking.*
• T. Burton, *l'Étrange Noël de M. Jack.*

1994
• Q. Tarantino, *Pulp Fiction.*
• A. Egoyan, *Exotica.*
• J.-L. Godard, *JLG/JLG.*
• N. Moretti, *Journal intime.*

1995
• J.-C. Monteiro, *la Comédie de Dieu.*
• T. Angelopoulos, *le Regard d'Ulysse.*
• M. Kassovitz, *la Haine.*
• S. Calle, *No Sex Last Night.*

1996
• D. Cronenberg, *Crash.*

1997
• A. Kiarostami, *le Goût de la cerise.*
• T. Kitano, *Hana-Bi.*
• C. Sherman, *Office Killer.*

1998
• L. von Trier, *les Idiots, Festen.*
• T. Ming-Liang, *The Hole.*
• J.-L. Godard, *Histoire(s) du cinéma.*

1999
• H . Korine, *Gummo.*
• J.-M. Straub et D. Huillet, *Sicilia !*

EST UNE INDUSTRIE » Malraux

1942.
Marcel Carné,
les Visiteurs du soir.
© Cahiers du cinéma.

1963.
Jean-Luc Godard,
le Mépris.
© Cahiers du cinéma.

1945.
Roberto Rossellini,
Rome, ville ouverte.
© Cahiers du cinéma.

1967.
Michelangelo Antonioni,
Blow Up.
© Cahiers du cinéma.

1950.
Max Ophuls,
la Ronde.
© Cahiers du cinéma.

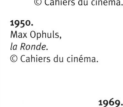

1969.
Marcel Ophuls,
le Chagrin et la Pitié.
© Cahiers du cinéma.

1955.
Charles Laughton,
la Nuit du chasseur.
© Cahiers du cinéma.

1971.
Stanley Kubrick,
Orange mécanique.
© Cahiers du cinéma.

1958.
Jacques Tati,
Mon Oncle.
© Cahiers du cinéma.

1974.
Wim Wenders,
Alice dans les villes.
© Cahiers du cinéma.

1958.
Alfred Hitchcok,
Vertigo.
© Cahiers du cinéma.

1985.
Claude Lanzmann,
Shoah.
© Cahiers du cinéma.

1959.
Robert Bresson,
Pickpocket.
© Cahiers du cinéma.

1999.
Jean-Marie Straub
et Danièle Huillet,
Sicilia !
© Cahiers du cinéma.

Études sur le cinéma et la vidéo

Art Press hors-série n° 1, *Audiovisuel,* 1982; n° 12, *Nouvelles Technologies,* 1991; n° 14, *Cinéma,* 1993; n° 2, ns, *Internet,* 1999. éd. Art Press.*

J. Aumont, *l'Image,* Paris, Nathan, 1990.

M. Bardèche et R. Brasillach, *Histoire du cinéma,* 2 v., Paris, nlle éd. le Livre de poche, 1964.

G. Battcock, *New Artists Video, A critical Anthology,* New York, 1978, Dutton.*

M. Bessy et J.-L. Chardens, *Dictionnaire du cinéma,* 4 vol., Paris, J.-J.-Pauvert,1965-1971.

J. M. Bouhours (sous la dir.), *l'Art du mouvement, collection cinématographique du MNAM,* 1919-1996, Paris, éd. du centre Pompidou, 1996.*

R. Boussinot (sous la dir.), *l'Encyclopédie du cinéma,* 2 vol., Paris, Bordas, 1989.

R. Bellour et J.-J. Brochier, *Dictionnaire du cinéma,* Paris, éd. universitaires, 1966.

R. Bellour, *l'Entre-Images,* Paris, 1990, éd. de la Différence.*

R. Bellour, A. M. Duguet (sous la dir. de), *Vidéo,* Communication n°48, Paris, 1988, le Seuil.

D. Boyle, *Video Classics: A Guide To Video Art and Documentary Tapes,* Phoenix, 1986, Oryx Press.

G. Breteau, *Abécédaire des films sur l'art moderne et contemporain,* 1905-1984, Paris, éd. du centre Pompidou/Cnap, 1985.*

A. Cauquelin, A.-M. Duguet, T. Kuntzel, F. de Mèredieu, J.-L. Weissenberg, *Paysages virtuels,* Paris, 1988, Dis-Voir.

S. Cavel, *À la recherche du bonheur, Hollywood et la comédie du remariage,* Paris, éd. des Cahiers du cinéma, 19.

Y. Chevrefils Desbiolles (sous la dir.), *le Film sur l'art et ses frontières,* Aix-en-Provence, Université de Provence/ Institut de l'image, 1997.

M. Chion, *le Son au cinéma,* Paris, Cahiers du cinéma/ éd. de l'Étoile, 1982.

Cinéma du Réel, festival international de Films ethnographiques et sociologiques, centre Pompidou, Bibliothèque Publique d'Information, 22 publications depuis 1978.*

C. M. Cluny, *Dictionnaire des nouveaux cinémas arabes,* Paris, Sindbad, 1978.

F. Forest, *Art sociologique.* Vidéo, Paris, 1977, col. 10/18.

R. Goldberg, *Performance Art from Futurism to the Present,* New York, 1988, Harry Abrams.

G. Hennebelle et A. Gumucio-Dagron (sous la dir.), *les Cinémas d'Amérique latine,* Paris, Lherminier, 1981.

Image World, Whitney Museum of American Art, 1989.*

R. Jeanne et Ch. Ford, *Histoire encyclopédique du cinéma,* Paris, Laffont, 1957-1962.

T. Johnson, M. Klonaris, K. Thomadaki, *Technologies et imaginaires, Art cinéma, Art vidéo, Art ordinateur,* Paris, Dis-Voir, 1990.*

D. McClelland, *The Golden Age of B Moovies,* New York, Bonanza Books, 1981.

J.-C. Masséra, *Amour, Gloire et Cac 40 (esthétique,sexe, entreprise, croissance, mondialisation et médias),* Paris, 1999, P.O.L.

M. McLuhan, *Understanding the Media,* New York, McGraw-Hill Book Cy, 1964.*

J. Mitry (sous la dir.), *le Cinéma des origines,* Paris, Cinéma d'aujourd'hui/Lherminier, 1976.

D. Noguez, *Éloge du cinéma expérimental,* Paris, éd. du centre Pompidou, 1979; nouvelle éd., Paris, 1987.*

D. Païni, *le Cinéma, un art moderne,* Paris, éd. des Cahiers du cinéma.

Passages de l'image, Paris, éd. du centre Pompidou, 1990.*

J.-L. Passek (sous la dir. de), collections «Cinéma pluriel» et «Cinéma singulier», éd. du centre Pompidou.*

J.-L. Passek (sous la dir.), *Dictionnaire du cinéma,* 2 vol., Paris, Larousse, 1995.

J.-L. Passek, *75 Ans de cinéma,* Paris, Nathan.

Peinture, Cinéma, Peinture, Marseille/Paris, Musées de Marseille/Hazan, 1989.

Projections, les transports de l'image, Le Fresnoy-Tourcoing, Hazan, Afaa,1999.

G. Sadoul, *Histoire générale du cinéma,* 6 vol., Paris, Denoël, 1948-1975 (éd.1975 revue par B. Eisenschitz).

J.-L. Schefer, *Du monde et du mouvement des images,* Paris, éd. des Cahiers du cinéma.

J.-P. Simon, *le Filmique et le Comique,* Paris, Albatros, 1978.

Ch. Solomon, *The History of Animation,* New York, Knopf, 1989.

J. Tulard, *Dictionnaire des films,* Paris, Laffont, 1990.

C. van Assche (sous la dir.), *Vidéo et après,* éd. du centre Pompidou et éd. Carré, 1992.*

C. van Assche (sous la dir.), *Encyclopédie nouveaux médias Internet,* 1998, www.newmedia-arts.org

D. Villain, *le Cadrage au cinéma,* Paris, Cahiers du cinéma/éd. de l'Étoile, 1984.

P. Virilio, *Guerre et Cinéma,* Paris, Cahiers du cinéma/ éd. de l'Étoile, 1984.*

Voices, Le Fresnoy, Witte de White, Fondation Miro, 1998.

B. Wallis (sous la dir.), *Art After Modernism: Rethinking Representation,* New York, The New Museum, 1984.*

R.Williams,*Technology and Cultural Form,* Londres, 1997, Routledge.

G. Youngblood, *Expanded Cinema,* New York, 1970, Dutton.

* à lire en priorité.

EXPOSITIONS
« façons de voir »

« Vanité »

**EXPOSITION
UNIVERSELLE**
*La porte monumentale
érigée place de la Concorde,
le champ de Mars
et le palais de l'Électricité,
et la tour Eiffel (1889)
flanquée du Globe céleste*
1900. Paris. © Rue des Archives;
© LL-Viollet; © ND-Viollet.

Le guide officiel de l'Exposition universelle de 1900 est tout à l'enthousiasme du «bilan extraordinaire de tout un siècle, le plus fertile en découvertes, le plus prodigieux en sciences, qui [a] révolutionné l'ordre économique de l'Univers.» L'exposition, pourtant, ne connaît qu'un succès relatif. Un témoin, Gustave Babin, dans son livre publié en 1902, *Après faillite*, cité par Jean-Luc Daval, s'interroge sur les raisons de l'échec : «D'abord au point de vue de la diffusion des idées et des inventions, la Vanité des expositions est aujourd'hui absolue. Pas de découverte [...] qui, moins de trois mois après sa venue à la lumière, ne soit adoptée dans le monde civilisé tout entier [...]. Il n'y a peut-être pas deux engins, dans toute cette Exposition si énorme, que la vieille Europe contemple pour la première fois, ou que l'Amérique ait une première occasion de voir.» «L'époque de conquête scientifique semble se fermer, précise Daval, celle de leur aménagement commence.» Paris, pourtant, inaugure son métro, après New York, Chicago et Vienne. On regrette que les États-Unis ne saisissent pas l'occasion pour montrer leurs gratte-ciel : «L'art des Richardson, des Burnham et des Root n'a pas paru assez officiel, assez pompeux, assez triomphal.» Avec le ciment armé utilisé pour différents pavillons et structures de l'exposition, le pont Alexandre III révèle, sous ses ornements, sa structure d'acier. Le public se passionne pour de nouvelles compétitions : courses automobiles, concours de ballons et Zeppelin célèbrent la vitesse. La photographie et la carte postale sont partout. Sur 300 000 entrées journalières, 50 000 visiteurs viennent avec une chambre photographique. Au Grand Palais et au Petit Palais, construits pour l'occasion, on présente l'exposition centennale et décennale de l'art français. Organisée par les membres des salons, le résultat de cette dernière fait piètre figure : pas un nom ne comptera dans le siècle suivant. Mais Claude-Roger Marx, à qui est confiée l'exposition centennale, réunit à côté des grands noms du classicisme, du romantisme et du réalisme, nombre de ceux qui feront l'histoire de l'art moderne. Parmi eux : Cézanne, Degas, Gauguin, Manet, Monet, Seurat et Rodin... Deux ans plus tard, au nom de «l'art pour l'art», ouvrira à Vienne l'exposition de la Sécession.

On ne distinguera pas ici les expositions conçues par l'institution de celles construites contre elle. Car les unes et les autres permettent de comprendre comment, au gré du temps, le modèle et son contraire constituent autant de fragments et de synopsis dialectiques et contradictoires. On ne distinguera pas non plus celles qui invitent à la méditation de celles qui, de plus en plus souvent, requièrent une participation active du public. L'exposition est, quels qu'en soient

> > >

> > > la forme et le but, un spectacle et une façon de voir qui cherchent à subjuguer comme à nous introduire dans l'histoire qu'elle raconte. Plus, l'exposition fait aujourd'hui face à la société des loisirs et prend souvent l'allure d'un marathon et d'un jeu de pistes. Tout sera bon pour que la chose soit mémorable et que, de l'idéologie du cube blanc à l'actuelle fascination de la chambre noire, «l'histoire de l'exposition, comme l'écrit avec justesse Pierre Leguillon, semble s'inscrire par impressions successives de souvenirs-écrans», et cela sur un mode spatio-temporel tel que Freud le définit. Aussi, l'évocation de la mise en œuvre de ce qu'il faut bien désormais qualifier de véritables «entreprises» est-elle également l'évocation de ceux et celles qui les réalisent. Des jurys et autres présidences des salons et manifestations du pouvoir aux commissariats parodiques que Dada, les surréalistes et Fluxus ont proclamés, du rôle toujours plus prégnant du commissaire tenté de se substituer à l'artiste aux expositions «immatérielles» n'ayant de réalité propre que dans le livre ou par les différents moyens de «traduction» électronique, allant de la télévision aux modes les plus actuels, des «non-expositions» aux «sur-expositions»… ce sont, après tout, les visiteurs, entre liberté et contrainte, qui font les manifestations, en épousent ou en refusent le rythme. Pour autant, entre «exposition-spectacle» et «exposition-recherche», à l'heure de «l'industrie culturelle» transformant le spectateur en consommateur, on refusera de conclure avec certains qu'il y a trop d'expositions. On préférera y voir une façon essentielle d'occuper «l'espace public» à des fins que Jean-Christophe Royoux qualifie de «transitives», parce que, quels qu'en soient l'organisation et le scénario, la vérité et le mensonge, s'y ménage une relation entre l'œuvre et celui qui regarde, dont la valeur indiscutable reste avant tout celle d'une expérience et d'un possible élargissement du champ de la connaissance. Difficile alors, comme le suggère Pierre Leguillon dans la revue *Art Press*, reprenant l'adage platonicien selon lequel tout système périt des excès qu'il produit, d'«oublier l'exposition». <

« Entre tradition et avant-garde »

ARMORY SHOW
Vue de l'exposition
1913. Armurerie militaire de Lexington Avenue, New York. © Archives of American Art, Smithonian Institution.

C'est dans le cercle de la revue *Camera Work* et de la galerie 291 que naît l'idée d'une vaste exposition internationale. Elle sera organisée par l'Association des peintres et sculpteurs américains dans l'armurerie d'une caserne militaire située sur Lexington Avenue, et prendra le nom d'«Armory Show». L'exposition ouvre ses portes le 15 février 1913. Elle réunit plus de 1100 œuvres. S'ouvrant sur les peintures de Goya, Ingres et Delacroix, elle rassemble un important corpus d'œuvres impressionnistes et tente de dresser un panorama général des nouvelles tendances. Les Fauves et les cubistes y sont amplement représentés. Marcel Duchamp y occupe une place essentielle, alors que les mouvements Die Brücke, Der Blaue Reiter et le futurisme sont moins présents.
Près de 200 000 visiteurs s'y pressent. Le *Nu descendant un escalier* de Duchamp fait scandale. *Art News* ouvre un concours pour déterminer quel pourrait être le sujet de cette toile qu'on baptise «Explosion dans une fabrique de tuiles» ou «l'Heure de la ruée dans le métro». Les quolibets vont bon train; le tableau devient le symbole de la décadence et Duchamp en est la figure manifeste, reléguant les autres artistes en arrière-plan. Désormais, il faut choisir entre tradition et avant-garde. Et l'Amérique ne s'y trompe pas, qui y reconnaît par la voix de Mabel Dodge, proche de Gertrude Stein, «l'événement national le plus important depuis la signature de la déclaration d'indépendance».

« Exposer l'absence de l'objet »

0.10
Vue de l'exposition avec des tableaux suprématistes de Malevitch
1915. Petrograd. © Stedelijk Museum, Amsterdam.

Alors que l'exposition «Tramway V» de Petrograd, en février 1915, présente des œuvres de Tatline de caractère plus avant-gardiste, telles que les *Constructions* et *Reliefs en coin*, Malevitch n'y expose aucune des 35 œuvres de caractère suprématiste qu'il présente à l'exposition «0.10». Organisée par le peintre Jean Pougny, l'exposition «0.10» permet à Malevitch d'y proclamer son manifeste suprématiste : «En intitulant certaines de ces peintures, je n'ai pas voulu marquer la forme qu'il fallait y chercher, mais plutôt indiquer que des formes réelles furent conçues comme fondements de masses informes pouvant faire l'objet d'un tableau sans aucun rapport avec des formes existant dans la nature.» Sommé de s'expliquer devant l'indignation que suscite l'exposition, il précise quelque temps après : «Le carré que j'avais exposé n'était pas un carré vide, mais le sentiment de l'absence de l'objet.»

« NOUS ÉTIONS LA DOUCEUR MÊME AU VU

« Dilettantes, élevez-vous contre l'art ! »

PREMIÈRE GRANDE FOIRE INTERNATIONALE DADA
Au plafond : l'Archange prussien; à gauche : O. Dix; à droite : G. Grosz
1920. Berlin. DR.

Manifestation essentielle du dadaïsme berlinois, la Première Grande Foire internationale du mouvement ouvre le 24 juin 1920 dans les salles de la galerie du Dr Burchard, historien et marchand. Un athlète de foire fait office de «videur» à l'entrée. Le Maréchal Grosz, le Dadasophe Raoul Hausmann et le Monteur Dada John Heartfield y signent l'épilogue d'une tournée organisée à travers l'Allemagne.
L'affiche de l'exposition fait office de catalogue. Elle a l'allure d'un tract. On y lit une déclaration de Raoul Hausmann : «L'individu dadaïste est l'opposant radical à l'exploitation, le sens de l'exploitation ne produit que des sots et l'individu dadaïste hait la sottise et aime le non-

sens !» Les pages intérieures sont autant d'inventions et de transgressions des modèles dont se réclament les avant-gardes. L'exposition elle-même ne présente, il va sans dire, que très peu de peintures – mais une, d'Otto Dix, sera reproduite quelque 15 ans plus tard dans le catalogue de l'exposition nazie «Entartete Kunst» (lire ci-contre). Le principe d'accumulation est de rigueur. Au plafond, dans l'une

des salles, un officier allemand «empaillé» à tête de porc donne le ton. Dada n'a cure de présenter de l'art. Sa Grande Foire, à coup de calicots, proclame : «Dilettantes, élevez-vous contre l'art !», «Dada est la décomposition volontaire du monde des concepts bourgeois», «Un jour, la photographie supplantera et remplacera l'ensemble de l'art pictural».

« Un ciel de roupettes »

EXPOSITION INTERNATIONALE DU SURRÉALISME
S. Dalí, le Taxi pluvieux
1938. Paris.
© Fonds photographique D. Bellon/les Films de l'équinoxe.

Plusieurs expositions, parmi lesquelles «l'Exposition surréaliste d'objets» à la galerie Charles Ratton (1936) se réclamant du primitivisme, précèdent «l'Exposition internationale du surréalisme», célébrée le 17 février 1938 en tenue de soirée, dans la respectable galerie des Beaux-Arts de Georges Wildenstein, rue du Faubourg Saint-Honoré.
«L'invitation, à laquelle, rappelle Uwe M. Schneede, le Tout-Paris se rendit, annonçait des apparitions, de l'hystérie, un ciel de roupettes et la présence d'un androïde,

descendant de Frankenstein.» Le catalogue désignait les responsables. Les organisateurs étaient André Breton et Paul Éluard, le générateur-arbitre Marcel Duchamp, les conseillers spéciaux Salvador Dalí et Max Ernst. Man Ray intervenait comme maître des lumières et Wolfgang Paalen était en charge des eaux et broussailles. Ne manquaient à l'appel que ceux qui, depuis longtemps déjà, se tenaient à l'écart du groupe, tels Miró, Tanguy et Magritte, qui vivait à Bruxelles. De nouveaux venus étaient présents et les «exclus» avaient été admis. Malgré les dissensions, Breton avait cette fois encore veillé à préserver la cohésion de la communauté.
Trois sections avaient été conçues : la cour avec *le Taxi pluvieux* de Dalí, deux autres

pièces – *les Plus Belles Rues de Paris* – peuplées de mannequins de vitrines, et la pièce centrale, véritable monde intérieur et mise en scène hybride, habitée de toutes choses, conçue par Marcel Duchamp comme «une caverne et un ventre maternel» et mise en lumière par Man Ray.

« Folie intellectuelle »

ART DÉGÉNÉRÉ
1937. Affiche. Munich. Coll. Granger. © Rue des Archives.

En 1937, le parti nazi organise à Munich l'exposition dite «d'art dégénéré», intitulée *«Entartete Kunst»*. Marc Dachy a relevé dans *Mein Kampf*, publié par Hitler lors de son emprisonnement après son putsch manqué de 1924, des passages qui témoignent déjà d'un acharnement contre l'art moderne et Dada : «Il y a 60 ans, une exposition des témoignages que l'on a appelés "dadaïstes" aurait paru tout simplement impossible et ses organisateurs auraient été internés dans une maison de fous, tandis qu'aujourd'hui ils président des sociétés artistiques. Cette épidémie n'aurait pas pu voir le jour, car l'opinion publique ne l'aurait pas tolérée et l'État ne l'aurait pas regardée sans intervenir. Car c'était une question de gouvernement d'empêcher qu'un peuple soit poussé dans les bras de la folie intellectuelle. Mais un tel développement devait finir un jour; en effet le jour où cette forme d'art correspondrait vraiment à la conception générale, l'un des bouleversements les plus lourds de conséquences se serait produit dans l'humanité. Le développement à l'envers du cerveau humain aurait alors commencé… mais on tremble à la pensée de la manière dont cela pourrait finir.»

DE L'ATROCITÉ DISSIMULÉE QUI ALLAIT VENIR » Breton

« Cinétique »

LE MOUVEMENT
Œuvres de (de g. à d.) :
R. Jacobsen, J. R. Soto,
J. Tinguely, M. Duchamp,
A. Calder, Y. Agam
1955. Courtesy
galerie Denise René, Paris.

«**L'**art cinétique, écrit Alain Bonfand, continue à fonder ses préoccupations dans le fil, sinon d'une tradition, du moins d'une filiation dont il prétend poursuivre et enrichir le développement. Les travaux du dernier Bauhaus, le constructivisme russe, le mouvement De Stijl peuvent être considérés comme les premières manifestations de son esprit général. À cet égard, à l'intérieur du dépliant édité à l'occasion de l'exposition «le Mouvement», à la galerie Denise René, en avril 1955, Pontus Hulten rédige un *Petit Mémento des arts cinétiques*. Il attribue leur primauté, chronologiquement, aux cubistes et aux futuristes,

à Tatline, à Gabo et à Pevsner au travers de leur *Manifeste réaliste*, aux *Rotary Glass Plaques* de Marcel Duchamp et à sa série des disques visuels, à Moholy-Nagy, aux *Mobiles* à main et aux *Mobiles* à moteur de Calder et, enfin, à Richard Mortensen.
Ce dépliant, qu'on a appelé «le manifeste jaune», contient en outre un texte de Roger Bordier, *l'Œuvre transformable*, qui, après avoir posé la question «Quel visage nouveau prendrait l'art dans cette seconde moitié du XXe siècle ?», répond : «Nous voici devant l'œuvre transformable. Qu'il s'agisse de la mobilité de la pièce, du mouvement optique, de l'intervention du spectateur, l'œuvre d'art est devenue […], peut-être indéfiniment, recréable.»

DYLABY, UN LABYRINTHE DYNAMIQUE
Œuvre de R. Rauschenberg
1962. Amsterdam. © Stedelijk Museum, Amsterdam.

Six artistes participent, après de nombreuses transformations de la liste, à la création de «Dylaby», environnement de six salles créé pour le Stedelijk Museum d'Amsterdam, en 1962. Montée en trois semaines, l'exposition réunit Tinguely, Niki de Saint-Phalle, Spoerri, Raysse, Rauschenberg et Ultvedt. Elle fut conçue avec des matériaux de récupération. La plupart des pièces exposées furent détruites. «Acte extrême, "Dylaby" fut, précise Ad Petersen, le résultat de la collaboration entre des artistes et un musée unique en son genre, qui avait souvent, et de bien des manières, tenté d'élargir les frontières de l'art, de rapprocher la vie et l'art, de rendre le public actif et de l'inciter à participer.»
Née de la rencontre du directeur du Stedelijk Museum et de Daniel Spoerri, qui avait

« Rapprocher l'art et la vie »

expérimenté avec Claus Bremer et Tinguely de nouvelles formes théâtrales dans lesquelles le spectateur devenait acteur, «Dylaby» fut d'abord pensée telle une exposition «cinétique». Pontus Hulten, complice de Tinguely, contribua à son élaboration après avoir réalisé pour le même musée, l'année précédente, l'exposition «Bewogen Beweging». Conçue comme un «labyrinthe dynamique» réalisé par Spoerri, «Dylaby» réunit *le Stand de tir* de Niki, *la Piscine* de Raysse, *la Passerelle-labyrinthe* de Ultvedt, *les Grands Appareils inutiles* de Tinguely, et la machinerie de Rauschenberg. Véritable champ de bataille, l'exposition reste aussi comme l'expression d'une conception du musée mué en laboratoire.

« L'allure d'une fête foraine »

THIS IS TOMORROW
Collage de Richard Hamilton, John McHale et John Volcker
1956. Whitechapel Art Gallery, Londres. DR.

L'exposition «This is Tomorrow» fut organisée à la Whitechapel Art Gallery, d'août à septembre 1956. Elle marque l'avènement du pop art à Londres et fait suite à l'exposition «Parallel of Life and Art», organisée en 1953 par l'Independent Group, Eduardo Paolozzi et Richard Hamilton, et à celle conçue par Richard Hamilton seul, à l'Institute of Contemporary Art, intitulée

«L'Homme, la Machine et le Mouvement». Sorte d'anthologie en douze parties, «This is Tomorrow» fut à l'origine initiée par le groupe Espace, qui avait proposé d'organiser une exposition faisant la synthèse entre art abstrait et architecture. Mais, à l'initiative de l'architecte Theo Crosby, la manifestation prit une tournure différente, puisque chacune des douze sections fut réalisée selon des principes spécifiques et que, comme le précise Lawrence Alloway, «il en résulta une gamme de réalisations allant des pavillons d'architecture pure et d'étalages de grands magasins à

une effervescente fête foraine qui n'est pas près d'être oubliée». L. Alloway ajoute : «La pléthore d'éléments qui composaient "This is Tomorrow" entraîna, jusque chez les plus discrets, des affrontements voisins de ceux qu'impose la diversité de la rue.» Parmi ces espaces, celui de R. Hamilton, du graphiste J. McHale et de J. Volcker avait l'allure d'un parc d'attraction, avec une fausse perspective, un sol mou et une lumière noire à l'intérieur. L'extérieur était couvert de motifs empruntés à la culture populaire et mêlait aux panneaux publicitaires l'effigie de Marylin, une bouteille de bière géante et un robot de cinq mètres de haut extrait d'un décor du film *Planète interdite*. Le célèbre collage d'Hamilton, *Qu'est-ce qui rend les intérieurs d'aujourd'hui si différents, si sympathiques ?*, tenait quant à lui de l'inventaire et du programme. L'art ne trouverait sa nécessité d'être que dans sa capacité à stigmatiser la cité et les signes d'un monde livré «au culte de la marchandise».

« LE DÉSAVANTAGE ET LA VERTU DE L'EXPOSITION

« Au-delà de l'exposition »

FLUXUS FESTSPIELE NEUESTER MUSIK
Happening de N. J. Paik
1962. Wiesbaden, Städtisches Museum. © Archiv Sohm Staatsgalerie, Stuttgart.

Sur la scène de l'auditorium du Städtisches Museum de Wiesbaden, Nam June Paik plonge sa tête, ses mains et sa cravate dans un récipient rempli d'encre et de jus de tomate, puis s'essuie sur la longueur d'une bande de papier. Nous sommes en 1962, Paik participe au premier festival Fluxus, «le Festival international Fluxus de très nouvelle musique». Il y présente *Zen for Head,* œuvre de l'un de ses amis compositeurs, La Monte Young, qui, en 1968, demandera simplement à l'interprète : «Tirez un trait,

puis suivez-le.» «*Zen for Head,* précise Elizabeth Armstrong, marqua les mémoires en heurtant les esprits. Mais cette œuvre, née comme une composition, concrétisée par une performance, puis conservée sous forme d'objets au musée de Wiesbaden, n'est intrinsèquement que la relique de sa signification artistique.»
Tout Fluxus est là. Et pareil inventaire des manifestations et expositions qui ont marqué le XXᵉ siècle ne saurait esquiver les questions que le mouvement initié par George Maciunas posent au musée et à la notion d'œuvre et d'exposition, comme à leurs limites. Fluxus excède le champ des catégories et des disciplines traditionnelles ; il les bouleverse en mettant tous les sens en émoi. Avec lui, l'idée de l'œuvre et tout ce qui s'y attache s'élargit et s'amplifie, au-delà de l'objet et du musée, au-delà de la seule question de l'exposition. Le territoire de la création s'en trouve fondamentalement remodelé. «Fluxus se donnait pour but le voyage. Hélas, écrit Willem de Ridder, c'est devenu un art !»

« Tout ce qu'on n'avait pas encore vu »

QUAND LES ATTITUDES DEVIENNENT FORME
Œuvres de K. Sonnier, R. Tuttle, A. Saret, G. Kuehn, B. Bollinger, T. Bang, R. Morris, R. Artschwager
1969. Kunsthalle, Berne. © B. Burkhard/Agentur für Geistige Gastarbeit/H. Szeemann.

Sous-titrée «Live in Your Head», l'exposition conçue par H. Szeemann veut montrer, précise Grégoire Muller, «tout ce qu'on n'avait pas encore vu, tout ce qui venait après le pop

art et le minimal art, sans véritable critère de choix : [...] des œuvres aussi diversifiées qu'un reportage photographique sur l'exécution d'une excavation dans le désert du Nevada, une giclée de plomb sur le sol, un texte dans les journaux locaux ou un amoncellement de matériaux bruts disparates..., des techniques utilisant aussi bien le métal, le néon, les réactions physico-chimiques que le feutre, la corde, la terre, la cendre ou même le saindoux... enfin, pour ce qui est des formes, la géométrie voisine avec l'informel, avec un certain baroquisme ou avec l'absence totale de forme (l'information pure).» L'exposition est une concrétisation sensible de la relation de l'artiste avec celui qui l'expose, une interrogation essentielle quant à la fonction de l'institution dans son rapport à la création et à l'expérimentation, dont les conséquences restent déterminantes.

« Questionner la réalité »

DOCUMENTA V
Action de J. L. Byars
1972. Cassel. © B. Burkhard/Agentur für Geistige Gastarbeit/H. Szeemann.

Née en 1955 de la volonté d'organiser une «réhabilitation démonstrative de la modernité classique, explique Walter Grasskamp, la documenta répondait à une nécessité spécifiquement allemande de réparation». Rendue possible par une conjonction politique et intellectuelle, portée par l'historien de l'art Werner Haftmann et Arnold Bode, l'expo-

sition est devenue le forum périodique de l'art actuel. La documenta V représente «la césure la plus importante» dans l'histoire de la manifestation. Elle est pensée par Harald Szeemann, qui entend «questionner la réalité et les mondes imagés d'aujourd'hui». Parmi les différentes sections, outre celle des «mythologies individuelles», Beuys met en place «l'organisation pour la démocratie directe à travers son plébiscite» : une façon de restituer la fonction de l'artiste dans sa relation critique au politique.

231

« Guerillas »

ARTE POVERA ET IM SPAZIO
Œuvre de Jannis Kounellis
1967. Galerie La Bertesca, Gênes. © Jannis Kounellis.

Cette exposition collective, organisée par Germano Celant, marque les prémisses de la notion d'*arte povera,* qui consti-

tue la première partie de la manifestation. La section consacrée à l'*arte povera* regroupe des artistes comme Alighiero Boetti, Luciano Fabro, Emilio Prini, Jannis Kounellis, Giulio Paolini, Pino Pascali. Celant élabore la notion à partir du «théâtre pauvre» du metteur en scène polonais Jerzy

Grotowski. Il l'applique à «des œuvres réalisées avec des matières peu usuelles qui déplacent l'optique artistique sur la présence des événements et sur les éléments naturels». L'autre section de l'exposition, intitulée «IM Spazio», réunit des œuvres de Bignardi, Ceroli, Mamboa et Mattiaci. La même année, Alberto Boatto et Maurizio Calvesi organisent à Rome, dans la galerie L'Attico, l'exposition «Lo Spazio degli elementi, Fuocco, immagine, acqua terra», où apparaissent des notions parallèles, alors qu'à Foligno, l'exposition «Lo Spazio dell'Imagine» explore les relations entre arts visuels, architecture et ambiance spatiale. Autant de «guerillas», où l'artistique et le politique ne sauraient être séparés.

ÉTAIENT SON INCOHÉRENCE ET SON OBSCURITÉ » Hamilton

« État des lieux »

72, DOUZE ANS D'ART CONTEMPORAIN EN FRANCE
Manifestation des Malassis devant le Grand Palais
1972. © R. Kalvar/Magnum.

Coordonnée par François Mathey, l'exposition «72, douze ans d'art contemporain en France» se propose comme un état des lieux de la création. F. Mathey s'explique : «À travers une exposition c'est la démarche d'un artiste, d'une génération ou d'une époque qu'essaient d'évoquer ceux qui en ont la charge [...]. Mais quand l'exposition concerne l'actualité [...] et que la connaissance elle-même est incomplète alors il s'agit bien plutôt de sentiment, de parti pris.» «L'affaire» remonte à 1969, quand le président Pompidou évoqua l'intérêt que présenterait «une grande exposition réunissant une sélection d'œuvres de tous les principaux peintres et sculpteurs vivants qui habitent et tra-

vaillent en France, qu'ils soient français ou qu'ils aient précisément cherché dans notre pays le milieu approprié à l'exercice de leur art». Conçu comme une synthèse, le projet s'orienta autour de 72 participants représentatifs de la décennie écoulée. Plusieurs artistes ou groupes, exploitant, entre autres, la notion d'«actions», refusèrent d'y participer. D'autres ne furent pas invités. «72» fut un scandale nécessaire. François Mathey, dans l'épilogue du catalogue, ajoutait : «L'expérience valait la peine, mais elle n'aurait guère de sens si elle demeurait unique en son genre.» Quelque 30 années après, la chose n'a pourtant toujours pas été reconduite.

« Relations physiques et perceptives »

AMBIENTE ARTE...
Œuvre de Wolf Wostell
1976. Biennale de Venise.
© ASAC/biennale de Venise.

Vaste projet bâti pour la biennale de Venise de 1976, l'exposition «*Ambiente Arte, dal futurismo alla body art*» fut conçue sur un mode historique par Germano Celant, critique et exégète de l'*arte povera*. Partant du principe que les avant-gardes historiques et contemporaines avaient fondamentalement travaillé à investir l'espace au-delà de la redéfinition de la nature des œuvres qui le peuple, Celant s'est attaché à reconstituer et réaliser différents environnements qui apparaissaient comme de possibles paradigmes pour une approche de la modernité.
Des futuristes aux *Ambiances spatiales* de Lucio Fontana et aux différentes investigations des mouvements successifs

et souvent antagonistes du siècle, l'exposition se proposait comme une succession de sites et de territoires investis par les artistes sur des modes aussi différents que ceux proposés par les acteurs de Fluxus ou du minimalisme, sans pour autant oublier la singularité de la démarche de Joseph Beuys, ouverte à la notion «d'œuvre d'art totale». Quelque 25 années après, «*Ambiente Arte*» apparaît comme une anticipation et une méthodologie intéressante pour considérer la production artistique contemporaine dans sa relation à la notion d'environnement, «une série de relations physiques et perceptives» dont l'art, au tournant d'un siècle nouveau, ne cesse de se réclamer.

« La réconciliation de l'art et du quotidien »

CHAMBRES D'AMIS
Travail «in situ» de Daniel Buren : «Le décor et son double» (photos-souvenirs, Museum van Hedendaagse Kunst et chez A. et A. Herbert)
1986. Gand. Courtesy D. Buren.

À l'initiative de Jan Hoet, directeur du Museum van Hedendaagse Kunst, la ville de Gand se mobilise en 1986 autour d'une exposition qui conduit des particuliers à présenter chez eux un projet réalisé par un artiste. La notion d'*in situ*, inaugurée par Daniel Buren,

qui participe à cette manifestation, apparaît bien comme le principe de base de l'exposition : toute proposition artistique ne saurait exister qu'en relation directe avec le contexte dans lequel elle est réalisée, contexte qui joue dialectiquement avec l'œuvre, puisque celle-ci le transforme et qu'elle-même se détermine dans sa relation directe avec lui. L'exposition avait l'avantage de poser de façon claire la question de la relation de l'œuvre avec l'espace qui l'abrite et qui la révèle. Pendant trois mois,

50 habitants de Gand mirent ainsi leur maison ou leur appartement à la disposition d'autant d'artistes pour servir de lieu d'exposition, «ultime tentative, souligne J. Hoet, pour réaliser le vieux rêve avant-gardiste de la réconciliation de l'art et du quotidien». Mais «Chambres d'amis» est aussi l'expression d'une inversion de la relation privé-public, puisqu'elle retournait le protocole de l'exposition en transplantant celle-ci dans la sphère de l'intime.

« TOUTES CES HEURES QUI NOUS TRANSFORMENT

« Une vision globale du réel »

**MAGICIENS
DE LA TERRE**
Œuvre de C. Tokoudagba
1989. Paris, centre Pompidou
et Grande Halle de la Villette.
© K. Ignatiadis/
MNAM-CCI Paris.

Organisée par Jean-Hubert Martin, en collaboration avec différents conservateurs et chercheurs, l'exposition «Magiciens de la terre» suscite encore aujourd'hui un ample débat sur les relations entre cultures occidentales et non occidentales, comme sur les possibles rapprochements formels et spirituels qu'elle entendait initier. Violemment critiquée par tous ceux qui y ont vu le dernier avatar d'une manifestation coloniale ou exotique, l'exposition n'en demeure pas moins la première tentative, bien après le surréalisme et les mises en garde de Claude Lévi-Strauss, de faire dialoguer, entre utopie et naïveté, des cultures qui se sont parfois combattues, souvent ignorées et qui, somme toute, ne procèdent, pour la plupart d'entre elles, absolument pas des mêmes

enjeux ou des mêmes vitalités. Reste que, placée sous le signe de «la multiplication des images du globe terrestre [vues] comme un des symptômes du resserrement de la communication et des liens, médiatiques et personnels, entre les hommes sur la planète», cette exposition se voulait un défi à l'arrogance de la culture occidentale. Pensée néanmoins par des Occidentaux, elle est aussi l'exaltation de la curiosité. Entre le conservateur et l'explorateur, très loin de l'avertissement de Victor Ségalen en exergue de son *Essai sur l'exotisme,* Jean-Hubert Martin concluait : «Avant le musée

qui classe, enrégimente et ordonne, il y avait en Europe le cabinet de curiosité, lieu d'émerveillement et de connaissance, où l'un suscite l'autre, et où le jeu des similitudes et des analogies ne craint pas l'unique et l'exception. Ne serait-ce pas aujourd'hui le rôle d'un musée à l'école des artistes, que de redonner par le sensible une vision globale du réel, des interprétations par déduction, analogie et discernement favorisant les raccourcis éclairants?» L'exposition «Partage d'exotisme», onze années après, voudra sans démordre renouveler l'expérience.

« Une manière d'échapper au monde »

POST HUMAN
Œuvre de J. Armleder
1992. Pully-Lausanne
et Turin, Castello di Rivoli.
© P. Pellion/Castello di Rivoli.

Conçue en Europe par le critique et marchand américain Jeffrey Deitch, «Post Human» demeure, au-delà de l'exposition elle-même, une notion et un titre exceptionnels pour qualifier les pratiques artistiques d'une société plongée dans la réalité virtuelle à l'heure de *Twin Peaks.*
Entre intelligence artificielle et le cogito de l'androïde, «Post Human» est une exposition pensée et organisée comme une méditation sur le pouvoir dans le sens ubiquitaire que lui confère Michel Foucault.

Au royaume de l'irréalité et du simulacre, au sein d'une culture «politiquement correcte», «Post Human» est un plaidoyer pour la culture de l'image, comme une immersion volontaire dans le fantasme, entre les pacotilles de Jeff Koons et les clonages de Charles Ray, entre les hybridations de Janine Antoni et le formol de Damien Hirst.
On peut, somme toute, y voir un écho à ce que l'écrivain new-yorkais Bruce Benderson appelle «une manière d'échapper au monde», et une approche de ce que Jeffrey Deitch lui-même croit inéluctable : «Dans le futur, écrit-il dans la publication qui accompagne l'exposition, les artistes ne se contenteront

plus de redéfinir l'art. Dans un futur "post-humain", ils auront aussi à redéfinir la vie».

« De nouvelles formes de résistance »

L'HIVER DE L'AMOUR
*Œuvres de General Idea
et Li Edelkort*
1994. MAMVP, Paris.
© A. Morin/MAMVP.

«**I**ci, annoncent les organisateurs, vous traverserez une succession de zones chaudes et froides, avec 45 participations, 11 pays, des artistes nés entre 1943 et 1974, parmi lesquels des plasticiens, des cinéastes, un architecte, des vidéastes, des créateurs de mode, une chorégraphe, des photographes et un cabinet de tendance. [...] C'est "l'Hiver de l'amour". Une saison complexe et dure, d'autres comportements, d'autres matériaux, d'autres désirs, beaucoup de situations...»
Entre février et mars 1994, Elein Fleiss, Dominique Gonzalez-

Foerster, Bernard Joisten, Jean-Luc Vilmouth et Olivier Zahm concevaient, avec l'équipe du musée d'Art moderne de la ville de Paris, l'une des manifestations, «sans hiérarchie et limites de genres», les plus aiguës, dans un contexte économique et social troublé, refusant de se réfugier dans un attentisme contemplatif.
Marquant un état d'urgence comme un profond désir de solidarité, à l'opposé de l'enthousiasme révolutionnaire des années 70, «l'Hiver de l'amour» fait face à un désenchantement lucide à la recherche de nouvelles formes de résistance.
Quelque six ans après, la même équipe se retrouvera au centre Pompidou pour organiser «Elysian Fields» : les temps, pour un temps, avaient changé. Et les mêmes s'étaient réorganisés.

233

VALENT LA PEINE D'ÊTRE EXPOSÉES » Zahm

« Une nécessaire réflexion critique et politique »

DOCUMENTA X
«Wallpaper», de Peter Kogler
1997. Cassel. © Documenta
Archiv/Werner Maschmann.

Le commissariat de la documenta X fut confiée à Catherine David. Son projet, bâti d'abord en complicité avec Jean-François Chevrier, visait à analyser les conditions de réalisation d'une pareille manifestation au-delà des seuls territoires définis par l'idéologie de l'art contemporain. La documenta renouait alors avec une nécessaire réflexion critique et poli-

tique sur le statut des expositions à l'ère de la mondialisation. En contrepoint des expositions proprement dites, qui visaient aussi à définir un parcours dans la ville et de nouveaux territoires possibles, Catherine David élaborait une manifestation intitulée «les Cent jours» et invitait des intellectuels de tous les continents à venir débattre sur le monde contemporain et sur ses enjeux, afin de considérer l'espace et le scénario de la documenta dans sa dimension potentiellement engagée.

« Plaisirs coupables »

« Chaos urbain »

CITIES ON THE MOVE
*Œuvres de S. Kuzolwong,
Wang Du, N. Rawanchaikul*
1997. Vienne, Sécession,
et Bordeaux, capcMusée.
© F. Delpech.

Conçue par les critiques Hou Hanru et Hans Ulrich Obrist pour la Sécession de Vienne et le capcMusée de Bordeaux en 1997, «Cities on the Move» témoigne, avec plusieurs manifestations qui lui sont contemporaines, du «chaos urbain et des changements globaux au cœur de l'Asie du Sud-Est à l'aube du XXIᵉ siècle».
L'exposition comme sa scénographie en appellent aux réflexions de Rem Koolhaas sur l'hybridation. De Hong-Kong à Singapour, de la Corée du Sud à Taiwan, les nouveaux pouvoirs économiques en

Chine, Malaisie, Thaïlande, Inde, Indonésie, Viêt-Nam..., à l'ère post-coloniale et post-totalitariste, métamorphosent la ville en lieu de tous les conflits et des proliférations anarchiques. Koolhaas reconnaît dans la mégalopole «non plus la création méthodique d'un idéal, mais l'exploitation opportuniste des flux, accidents et imperfections».
Cent artistes explorent alors différents thèmes, dont l'écologie, la communication, les droits de l'homme, le trafic, la densité, la croissance, le boom et les avanies de la *«glocal economy»*. Proliférante, bâtie dans le mimétisme des dédales urbains et des territoires instables, «Cities on the Move» tente de reproduire la vérité et «l'impétuosité d'un contexte».

AU-DELÀ DU SPECTACLE
*Œuvres de T. Murakami
et D. Hirst*
2000. Paris, centre Pompidou.
© J.-C. Planchet/MNAM-CCI Paris.

Conçu par Philippe Vergne pour le Walker Art Center, à Minneapolis, ville du chanteur Prince et du plus grand centre commercial du monde, «Let's Entertain» deviendra, pour sa présentation renouvelée et augmentée au centre Pompidou, à l'hiver 2000, «Au-delà du spectacle».
Le sous-titre initial de l'exposition «Life's Guilty Pleasures», permet d'en comprendre le

ton incisif et moqueur, cherchant résolument à prendre ses distances avec la multiplication de manifestations bien-pensantes de l'époque contemporaine.
«Let's Entertain» ne vise pas tant à dénoncer les pratiques du spectacle à l'heure de la globalisation qu'à mettre en évidence, sur un mode pragmatique, les pratiques artistiques qui ont pour modèles les différentes formes du spectacle dans les deux décennies écoulées. Aussi l'exposition ne trouve-t-elle pas tant sa justification dans la critique de projets jouant

insidieusement avec les multiples formes du spectacle que dans leur surexposition sur la scène de l'art. Micro-trottoir, piste de danse, karaoke, combat de catch, babyfoot géant ou billard ovale rythmaient ainsi un parcours ponctué de quelque 60 projets, où le rire était amer et où les formes du divertissement cachaient, sous l'apparence du fard et de la paillette, le désarroi d'une société vaincue par «l'extase de la marchandise» et ce que Nietzsche appelait «les puissances du faux».

« LES DESTINATIONS CULTURELLES

234

Chronologie 1900-2000

En regard du sujet traité, les éléments de cette chronologie privilégient les seules manifestations ayant favorisé l'émergence d'artistes et de mouvements, comme de nouvelles réflexions propres à la conception même de l'exposition.

1900
Paris : Exposition universelle.

1902
• Vienne : exposition de la Sécession.

1905
• Paris, salon d'Automne : «la Cage aux Fauves».

1910
• Milan : «Famiglia artistica», 1re exposition futuriste.

1911
• Paris, salon des Indépendants : 1re exposition cubiste.

1912
• Paris, galerie La Boétie : «la Section d'or».
• Paris, galerie Bernheim-Jeune & Cie : «les Peintres futuristes italiens».

1913
New York, caserne de Lexington Ave : «Armory Show».
• Berlin : 1er salon d'Automne allemand.

1914
• Cologne : exposition du Deutscher Werkbund.

1915
• Petrograd (Saint-Pétersbourg) : «Tramway V».
Petrograd (Saint-Pétersbourg) : «0.10».

1916
• Moscou : «Magasin».

1920
• Paris : festival Dada.
Berlin : Première Grande Foire internationale Dada.

1921
• Moscou : «5 x 5 = 25».

1922
• Düsseldorf : congrès des Artistes de progrès.
• Weimar : 1er congrès constructiviste.
• Berlin : 1re exposition russe.

1923
• Paris, galerie l'Effort moderne : «De Stijl».

1924
• Varsovie : «Mecano-facture».

1925
• Paris, galerie Pierre : «la Peinture surréaliste».
• Mannheim : 1re exposition de «la Nouvelle Subjectivité».
• Paris : «Exposition des arts décoratifs et industriels modernes».

1930
• Paris, galerie 23 : «Cercle et Carré».

1931
• Hartford : 1re exposition surréaliste aux États-Unis.

1932
• New York, MoMA : «l'Architecture en Europe depuis 1922».

1936
• New York, MoMA : «Fantastic Art, Dada, Surrealism».
• Paris, galerie Ratton : «Exposition surréaliste d'objets».
• Londres, New Berlington Galleries : «Exposition internationale du surréalisme».

1937
Munich : «l'Art dégénéré».
• Paris : Exposition universelle des arts et techniques.

1938
Paris, galerie des Beaux-Arts : «Exposition internationale du surréalisme».

1939
• New York, MoMA : «Art in Our Time», 10 ans du MoMA.

1941
• Paris, galerie Braun : «Jeunes Peintres de tradition française».

1942
• New York : «First Papers of Surrealism».

1945
• Paris, galerie René Drouin : «Art concret».

1946
• Paris : 1er salon des Réalités nouvelles.

1947
• Paris : «Exposition internationale du surréalisme».
• Paris : «Abstraction lyrique».
• New York, MoMA : «Road to Victory».

1948
• Paris, galerie C. Allendy : «HWPSMTB».
• Allemagne : «Grande Exposition de peinture abstraite française».

1949
• Paris : fondation du salon de la Jeune Peinture.
• Paris, salon des Réalités nouvelles : exposition du groupe Madi.

1950
• New York, Metropolitan Museum of Art : «American Painting Today, 1950».

1951
• Paris : «Véhémences confrontées».

1952
• Paris, galerie Giraud : «Un art autre, où il s'agit de nouveaux dévidages du réel».

1955
Cassel : fondation de la documenta.
Paris, galerie Denise René : «le Mouvement».
• Paris, MNAM : «50 Ans d'art aux États-Unis».
• Paris : fondation du salon Comparaison.
• Londres, ICA : «Man, Machine and Motion».

1956
Londres, Whitechapel Art Gallery : «This is Tomorrow».

1958
• Bruxelles : Exposition internationale.

1959
• Paris : fondation de la biennale de Paris.
• Paris : «The New American Painting en 1958».
• New York, MoMA : «Sixteen Americans».
• Paris, galerie Cordier : «Exposition internationale du surréalisme».

1960
• Paris, musée des Arts décoratifs : «Antagonistes».
• Milan, galerie Apollinaire : «le Nouveau Réalisme».

1961
• Paris, galerie J : «À 40° au-dessus de Dada».
• Amsterdam, Stedelijk museum : «Bewogen Beweging, le mouvement dans l'art».
• New York, MoMA : «The Art of Assemblage».

1962
Wiesbaden, Städtisches Museum : Fluxus Internationale Fetspiele Neuster Musik.
Amsterdam, Stedelijk Museum : «Dylaby, un labyrinthe dynamique».
• New York, galerie Sidney Janis : «The New Realists».

1963
• New York, Jewish Museum : «Toward a New Abstraction».

1964
• Los Angeles : «Post Painterly Abstraction».
• Paris, MAMVP : «Mythologies quotidiennes».
• Paris : 1er festival de la Libre Expression.

1965
• New York, MoMA : «The Responsive Eye».
• Paris, galerie J : «les Objecteurs».
• Paris, 16e salon de la Jeune Peinture : «Salle verte».

1966
• New York, Jewish Museum : «Primary Structures: Younger American and British Sculptors».
• Paris, galerie Stadler : 1re exposition Gutaï.
• Saint-Paul-de-Vence : «10 Ans d'art vivant 1945-1955».

1967
Gênes, galerie La Bertesca : «Arte Povera/IM Spazio».
• Paris, MAMVP : «Lumière et Mouvement».
• Paris, MAMVP : «Manifestation n° 1 : Buren, Mosset, Parmentier, Toroni».

1968
• New York, MoMA : «The Machine as Seen at the End of the Mechanical Age».

1969
Berne, Kunsthalle : «Quand les attitudes deviennent forme».
• Leverkusen, Städtisch Museum : «Konzephon/Conception».
• New York, Whitney Museum : «Anti-Illusion : Procedures/Materials».
• New York, MoMA : «Abstraction perceptuelle».
• New York, MoMA : «The Five».
• Paris, ARC/MAMVP : «Salle rouge» pour le Viêtnam.
• Berlin : galerie télévisuelle de Gerry Schum.

1970
• New York, MoMA : «Information».
• Paris, ARC/MAMVP : «Supports/Surfaces».

SONT DES ESPACES SCÉNARISÉS » Vergne

Chronologie 1900-2000

- Cologne : «Happening and Fluxus, 1959-1970».
- Turin, Galleria civica d'Arte moderna : «Conceptual Art, Arte Povera, Land Art».

1971
- Düsseldorf, Städtische Kunsthalle : «Prospect».

1972
Paris, Grand Palais : «1960-1972 : 12 ans d'art contemporain en France».
Cassel : documenta V.
- Paris, CNAC : «Hyperréalistes américains, Réalistes européens».
- Düsseldorf, Kunsthalle : «Section des figures. L'Aigle de l'Oligocène à nos jours, département des Aigles».

1974
- Paris, MAMVP : «Art Vidéo/Confrontation».

1976
Venise : «Ambiente Arte».
- Paris, musée des Arts décoratifs : «les Machines célibataires».

1977
- Münster : «Skulptur : Austellung und Projektbereich».

1978
- New York, Whitney Museum : «Art About Art».

1979
- Paris, ARC/MAMVP : «Tendances de l'art en France : 1968-1978/79, Partis pris 1 et 2, Partis pris autres».

1980
- Saint-Étienne, musée d'Art et d'Industrie : «Après le classicisme».
- Aix-La-Chapelle, Neue Galerie Sammlung Ludwig : «les Nouveaux Fauves».

1981
- Cologne, Museen der Stadt Köln : «Westkunst».
- Paris, chez B. Lamarche-Vadel : «Finir en beauté».
- Londres, Royal Academy : «A New Spirit in Painting».

1982
- Amsterdam, Stedelijk Museum : «60'80 Attitudes/Concept/Images».
- Berne : «Leçons de choses».
- Berlin, Martin Gropius Bau : «Zeitgeist».

1983
- Paris, hôpital Curie : «À Pierre et Marie...».
- Zurich, Kunsthaus : «l'Angoisse de l'œuvre d'art total».

1984
- Düsseldorf : «Von hier Aus».
- New York, MoMA : «Primitivism in 20th Century».
- Paris, ARC/MAMVP : «Figuration libre, France/USA».

1985
- Paris, centre Pompidou : «les Immatériaux».
- Toronto, Art Gallery of Ontario : «The European Iceberg. Creativity in Germany and Italy Today».
- New York, PS1 : «The Knot Arte Povera at PS1».

1986
Gand : «Chambres d'amis».

1987
- Münster : «Skulptur Projekte in Münster 1987».
- Paris, centre Pompidou : «l'Époque, la Mode, la Morale, la Passion...».

1988
- Lyon, Elac et musée Saint-Pierre : «la Couleur seule, l'expérience du monochrome».

- Berlin, Berlinishe Galerie : «Stationen der Moderne».
- New York, MoMA : «Deconstructivist Architecture».

1989
Paris, centre Pompidou et Grande Halle de la Villette : «Magiciens de la terre».
- Paris, MAMVP : «Histoires de musée».
- Poitiers, le Confort moderne : «Bestiarium jardin-théâtre, art contemporain».
- Los Angeles, MoCA : «A Forest of Signs...».

1990
- New York, MoMA : «High and Low».
- Paris, centre Pompidou : «Art et Publicité, 1880-1990».

1991
- Lyon, halle Tony Garnier : «l'Amour de l'art».
- Nice, villa Arson : «No Man's Time».
- Berlin, Martin Gropius Bau : «Metropolis».

1992
Pully-Lausanne : «Post Human».
- Paris, centre Pompidou : «Passages de l'image».
- Bonn, Kunst und Austellunghalle : «Territorium Artist».
- Tours, CCC : «Il faut construire l'hacienda».

1993
- Lyon, halle T. Garnier : «Et tous ils changent le monde».

1994
Paris, ARC/MAMVP : «l'Hiver de l'amour».
- Paris, Grand Palais : «l'Âme au corps».
- Bruxelles et Marseille, palais des Beaux-Arts et MAC : «Wide Withe Space, derrière le musée, 1966-1976».

1995
- Paris, centre Pompidou : «Fémininmasculin...».
- Paris, centre Pompidou : «Hors limites : l'art et la vie, 1952-1994».
- Paris, MAMVP : «Passions privées».
- Villeurbanne : le Nouveau Musée, institut d'Art contemporain : «Artistes/Architectes».
- Venise : «Identity and Alterity, Figures of the Body».

1996
- Paris, centre Pompidou : «l'Informe, mode d'emploi».
- Marseille, MAC : «l'Art au corps».
- Bordeaux, capcMusée d'art contemporain : «Traffic».
- Rotterdam : «Manifesta 1».

1997
Cassel : documenta X.
Vienne, Secession, et Bordeaux, capcMusée d'art contemporain : «Cities on the Move».
- Paris, centre Pompidou : «l'Empreinte».
- Grenoble, le Magasin : «Dramatically Different».
- Londres, Royal Academy of Art : «Sensation».
- Humlebaeck : «Sunshine & Noir : Art in LA, 1960/1997».

1998
- New York, Solomon R. Guggenheim Museum : «Premises : Invested Spaces in Visual Art, Architecture and Design from France 1958-1998».

1999
- Los Angeles, MoCA : «Out of Action».
- Paris, centre Pompidou : «Dijon/le Consortium coll.».
- Paris, ARC/MAMVP : «ZAC 99».
- Londres, Royal Academy : «Sensation».

2000
Minneapolis, Walker Art Center, et Paris, centre Pompidou : «Let's Entertain» («Au-delà du spectacle»).
- Lyon, halle T. Garnier : «Partage d'exotisme».
- Bruxelles, palais des Beaux-Arts : «Voici».
- Paris, MAMVP : «Voilà : le monde dans la tête».

Études sur l'exposition

B. Althuler, *The Avant-Garde in Exhibition, New Art in the 20th Century*, New York, 1994, Abrams.

Art Press hors-série n° 21, Oublier l'exposition (sous la direction de Pierre Leguillon), 2000.*

E. Barker, *Contemporary Cultures of Display*, New Haven, 1999, Yale University Press.

E. Beer, R. de Leeuw, *l'Exposition imaginaire: The Art of Exhibiting in the Eighties*, Rijksdienst Beeldende Kunst, Gravenhage, 1989, La Haye.

Ph. Bouin et Ch. Ph. Chanut, *Histoire française des foires et des expositions universelles*, Paris, 1980, Baudoin.

D. Buren, *les Écrits, 1965-1990*, Bordeaux, 1991, capcMusée d'art contemporain.*

J. Davallon, *Claquemurer, pour ainsi dire, tout l'univers. La mise en exposition*, Paris, 1986, éd. du centre Pompidou.

En revenant de l'expo, Cahiers du musée national d'Art moderne n° 29, Paris, 1989, éd. du centre Pompidou.

B. Fibicher, *l'Art exposé, quelques réflexions sur l'exposition dans les années 90 : sa topographie, ses commissaires, son public, ses idéologies*, Sion, Musée cantonal des Beaux-Arts, 1995, Cantz Verlag.

R. Greenberg, B. W. Ferguson et S. Nairne, *Thinking About Exhibitions*, Londres, New York, 1996, Routledge.

B. Guelton, *l'Exposition, interprétation et réinterprétation*, Paris, 1998, l'Harmattan.

N. Heinich, *Harald Szeemann, un cas singulier, entretien*, Paris, 1995, l'Échoppe.

H. P. Jeudy, *Exposer, Exhiber*, Paris, 1995, éd. de La Villette.*

B. Klüser et K. Hegewisch, *l'Art de l'exposition, une documentation sur trente expositions exemplaires du XXᵉ siècle*, Paris, 1998, éd. du Regard.*

M. Levasseur, E. Veron, *Ethnographie de l'exposition, l'espace, le corps et le sens*, Paris, 1983, éd. du centre Pompidou.

B. O'Doherty, *Inside the White Cube, the Ideology of the Gallery Space*, San Francisco, 1986, The Lapis Press.

J. M. Poinsot, *Quand l'œuvre a lieu, l'art exposé et ses récits autorisés*, Genève, 1999, MAMCO.*

M. A. Staniszewski, *The Power of Display, a History of Exhibition Installations at the Museum of Modern Art*, Cambrige, 1998, MIT Press.*

R. Zaugg, *le Musée des Beaux-Arts auquel je rêve, ou le Lieu de l'œuvre et de l'homme*, Dijon, 1995, les Presses du réel.

* à lire en priorité.